新时代数字企业管理系列教材
新形态教材

数字人力资源管理

许志星　鞠　冬　蔡子君◎主编

DIGITAL HUMAN
RESOURCE MANAGEMENT

北京师范大学出版集团
BEIJING NORMAL UNIVERSITY PUBLISHING GROUP
北京师范大学出版社

图书在版编目(CIP)数据

数字人力资源管理/许志星，鞠冬，蔡子君主编．—北京：北京师范大学出版社，2024.3
新时代数字企业管理系列教材
ISBN 978-7-303-28691-1

Ⅰ．①数…　Ⅱ．①许…　②鞠…　③蔡…　Ⅲ．①数字技术－应用－人力资源管理－教材　Ⅳ．①F243-39

中国国家版本馆 CIP 数据核字(2023)第 132695 号

图书意见反馈: gaozhifk@bnupg.com　010-58805079
营销中心电话: 010-58802181　58805532

SHUZI RENLIZIYUANGUANLI

出版发行: 北京师范大学出版社　www.bnupg.com
　　　　　北京市西城区新街口外大街 12-3 号
　　　　　邮政编码: 100088
印　　刷: 保定市中画美凯印刷有限公司
经　　销: 全国新华书店
开　　本: 787 mm×1092 mm　1/16
印　　张: 21.25
字　　数: 491 千字
版　　次: 2024 年 5 月第 1 版
印　　次: 2024 年 5 月第 1 次印刷
定　　价: 59.80 元

策划编辑: 陈仕云　　　　　　责任编辑: 陈仕云
美术编辑: 焦　丽　李向昕　　装帧设计: 焦　丽　李向昕
责任校对: 陈　民　　　　　　责任印制: 陈　涛　赵　龙

总 序

在数字经济时代，数字企业的良性健康发展成为重塑国家竞争优势的新机遇。数字经济的发展速度之快、辐射范围之广、影响程度之深前所未有，正在推动社会生产方式、生活方式和治理方式的深刻变革，成为重组全球要素资源、重塑全球经济结构、改变全球竞争格局的关键力量。2021 年 12 月 12 日，国务院印发的《"十四五"数字经济发展规划》明确提出，"十四五"时期，我国数字经济将转向深化应用、规范发展、普惠共享的新阶段。党的二十大报告指出，要加快发展数字经济，促进数字经济和实体经济深度融合，打造具有国际竞争力的数字产业集群。在数字经济大背景下，科技与商业双轮驱动的世界正在到来，依托数字技术形成的数字企业成为推动数字经济进一步发展的关键市场主体。与传统企业管理思维相比，数字企业的商业运行逻辑发生了根本转变，从而涌现出一系列蕴含新思想与新逻辑的管理实践。

因此，高等院校企业管理相关课程教材有必要在新时代进行重新设计，以指导数字企业的管理实践。在工业经济时代，以斯蒂芬·罗宾斯、迈克尔·波特、菲利普·科特勒为代表的学者出版了《管理学原理》《竞争战略》《营销管理》等经典教科书，极大地推动了工商管理实践的发展。如今，随着数字经济的迅猛发展，基于平台的数字企业管理活动成为时代主旋律，培养适应数字经济时代的经济管理人才成为新趋势。一方面，国内外数字企业对数字管理人才具有巨大而迫切的需求，数字管理人才供给存在巨大缺口。针对这一问题，一些世界一流商学院进行了积极探索，如美国斯坦福大学工商管理专业增加了"大数据挖掘与商务智能""数据主导型决策""数字化竞争战略"等课程，为本科生与 MBA 学员开展数字企业管理工作提供指导。另一方面，我国大部分高校经济管理类院系相对缺乏针对数字企业管理领域的课程教材和培养体系，而传统的企业管理系列教材已不能完全适应数字经济时代企业管理的要求。因此，在数字经济时代背景下，有必要设计数字企业管理原理、战略管理、营销管理、创新管理、人力资源管理等方面的核心课程和教材。

出于上述考虑，北京师范大学经济与工商管理学院组织出版了"新时代数字企业管理系列教材"，旨在为我国各行业培养面向数字经济的经济管理类创新型人才服务。为了更加全面、系统地反映数字经济时代企业管理理论与实践的发展，本系列暂定 10 本教材，首批 5 本教材是：

（1）《数字企业管理原理》。这本教材以数字企业为研究对象，揭示和阐述数字企业管理的新原理，以期对数字经济时代的企业管理理论与实践有所助益。具体内容包括数字企业运行机制、数字企业管理逻辑、数字企业管理目标、数字企业产权结构与治理结构、数字企业商业模式等方面。

（2）《数字企业战略管理》。这本教材聚焦数字经济时代背景下数字企业如何获取持续竞争优势这一核心问题，主要目的是指导数字企业应对数字时代企业管理变革的要求，探索适应数字经济时代的企业战略管理新模式。具体内容包括数字化情境的基本规律、数字技术、数字企业的愿景和使命与利益相关者管理、识别数字机会、构建数字能力、业务层数字战略、数字平台战略、数字并购战略、数字生态系统战略、数字化战略变革等方面。

（3）《数字营销管理》。这本教材的主要目的是为数字经济时代的市场营销学提供理论与实践指导。具体内容包括数字营销基础、数字营销的价值识别、数字营销的价值创造、数字营销的价值触达、数字营销的伦理与法律等方面。

（4）《数字创新管理》。这本教材结合数字企业创新管理的最新实践，从指导企业实践的角度出发，揭示数字技术与企业数字创新的全貌。具体内容包括数字技术与数字创新、数字创新的过程、数字组织创新、数字创新的产出与应用、数字创新生态系统等方面。

（5）《数字人力资源管理》。这本教材介绍了数字时代人力资源管理的特性，以及企业如何运用数字经济时代的人力资源管理工具和技术进行知识管理、学习管理及绩效管理。具体内容包括数字时代的工作模式、数字人力资源的相关技术、变革导向的人力资源战略等方面。

总的来看，"新时代数字企业管理系列教材"涵盖了当今数字企业管理的热点领域和学术前沿研究成果，将相关领域的知识点有机地融合在一起。本系列教材在编写过程中遵循企业管理各个知识点的教育教学规律，注重把握当前数字企业的发展现状，精心设计教材内容，体现科学性与现实性。在形成篇章内容体系时，力求涵盖数字经济时代企业管理的基本原理、方法、手段和实践内容，体现系统性、前瞻性和创新性。

"新时代数字企业管理系列教材"作为数字经济与管理领域的跨学科研究成果，在资料收集和撰写过程中，参考了国内外许多专家的研究成果，在此谨向他们表示敬意和谢意。在编写过程中，得到了北京师范大学经济与工商管理学院领导班子的指导和支持，也得到了"数字经济与管理"教研团队的通力协作。在出版过程中，得到了北京师范大学出版集团党委书记、董事长吕建生的鼎力支持，责任编辑陈仕云为丛书策划、编辑、校对付出了巨大心血，在此一并表示衷心感谢！

数字企业管理是一个全新的领域，其运行过程和机制比较复杂，我们边研究边教学，由于理论认知水平有限，研究可能不够系统深入，内容体系尚不成熟。因此，本系列教材难免存在不足与缺憾，恳请专家和读者批评指正。

戚聿东　焦　豪

2022 年 10 月 30 日

前　言

党的二十大报告提出要加快建设数字中国，构建现代化产业体系。云计算、大数据分析、人工智能、传感器和移动通信技术等颠覆性技术使我们的生产经营方式发生了根本性的改变，也对人力资源管理产生了革命性的影响。由数字技术引发的数智化浪潮，成为影响中国经济高质量发展的重要因素。鼓励并帮助企业顺应数智化趋势、打造基于数智化的相对竞争优势成为人力资源管理领域的重要课题。凭借技术的力量，人力资源组织正朝着现代化、动态化和网络化的方向发展。这些组织利用前沿技术招聘人才；基于小型、敏捷的工作团队开展员工学习；通过社交网络、大数据分析和云资源访问等技术提供持续（非定期）反馈的绩效评估模型；通过移动应用程序、人工智能和其他蓬勃发展的创新型技术为人力资源管理开拓全新的体验。

如今的人力资源部门拥有包括人力资源信息系统、人力资本管理系统和人力资源管理系统在内的各种基于数据的先进系统，可以处理员工整个生命周期的各种事情，为人力资源管理的各项活动提供了预测性分析和管理服务，使得人力资源管理变得更加数字化，"数字人力资源管理"应运而生。人力资源数字化的核心价值在于盘活人力资源管理中的各项数据，重塑管理与业务流程，达到提升企业管理能效、优化员工工作体验的效果。人力资源数字化的主体为企业的人力资源部门，狭义上是指在人力资源部门内部进行数字化转型，广义上则是指将人力资源业务融入企业运行生态，与企业数字化转型形成交互配合。在实施流程中，人力资源数字化往往通过云与人工智能等技术对底层数据进行分析预测，进而赋能企业决策，并在文化层面培养员工的数字化心智，形成数字化管理的文化氛围。人力资源数字化的流行与普及，改变了人力资源专业人员的角色。这是一个转折点，也许是人力资源部门第一次坐在"驾驶座"上做出影响组织的关键决策。推动社会组织尤其是企业人力资源管理数智化转型，事关企业发展、组织变革乃至数字中国战略的顺利实现。

本书的特色主要表现在两个方面：一是在深入了解数字技术趋势的基础上，帮助读者思考如何以最佳方式选择、管理、实施和评估人力资源技术并实现数字化转型。本书在每个章节的开始都会介绍关键的人力资源技术术语和相关主题，概述这些技术是如何对人力资源产生积极影响的。这样设计的目的是让读者在没有技术专家指导的情况下，思考人力资源数字化转型在技术的规划、选择、设计、实施和评估方面可以做出哪些有价值的贡献。本书中讨论的话题涉及组织中任何一个具有人员开发或人员管理职责的人，企业所有者、管理人员，以及信息技术和人力资源专业人员也都能从本书中受益。二是每个章节都包含经典案例分析和课堂互动，案例介绍了 IBM、华为、微软等世界级组织中的人力资源部门如何利用技术最大限度地提高员工的工作绩效，表明开发良好、应用良好的人力资源技术可以提高人力资源部门的业务价值，有利于组织的整体成功，也指出了组织考虑和制定独特的人力资源技术战略时需要关注的关键问题。限于篇幅，大部分案例以在线拓展阅读形式呈现，读者可扫描书中二维码进行在线阅读。

本书共 15 章，分成五个部分。其中，第一部分主要介绍工作 4.0 时代的挑战与机遇，包括第 1～3 章；第二部分主要介绍数字时代的人才管理，包括第 4～6 章；第三部分主要介绍数字时代的组织激励及绩效评估，包括第 7～9 章；第四部分主要介绍技术如何改变组织学习的形式，包括第 10～12 章；第五部分主要介绍持续演进中的组织文化与结构，包括第 13～15 章。

本书的编写凝聚了很多人的努力。首先，感谢"新时代数字企业管理系列教材"的主编戚聿东教授，戚聿东教授的领导力和远见卓识促使了本书的诞生。其次，感谢焦豪教授的组织协调，焦豪教授优秀的组织协调能力加快了本书的出版过程。再次，感谢参与本书编写的各位作者，包括北京师范大学经济与工商管理学院以及北京大学光华管理学院的各位硕士、博士研究生。本书的具体编写分工如下：第 1 章由臧金亮、许志星撰写，第 2 章由许志星、刘成祥撰写，第 3 章由蔡子君、关晓莹撰写，第 4 章由许志星、李丽撰写，第 5 章由臧金亮、许志星撰写，第 6 章由蔡子君撰写，第 7 章由李玥青、曾一智、蔡子君撰写，第 8 章由臧金亮、鞠冬撰写，第 9 章由许志星、刘翠华撰写，第 10 章由许志星、郭茜撰写，第 11 章由许志星、郭茜、马晓庆撰写，第 12 章由许志星、张庆阳撰写，第 13 章由季晓得、鞠冬撰写，第 14 章由鞠冬、关晓莹撰写，第 15 章由鞠冬、王为凤撰写。书稿完成后，由许志星统稿并校对，在此过程中，王玥也协助统一书稿的格式并校对清样，在此一并感谢。最后，特别感谢责任编辑陈仕云女士为本书的出版付出的辛勤劳动，没有她的鼓励和督促，这本书不可能这么顺利完成。

希望本书能成为想了解人力资源行业复杂性和企业数字化与人力资源管理融合的相关人士的指导手册。限于作者水平，书中错误和表达不妥之处在所难免，恳请读者不吝批评指正，以便我们在后续版本中做出修正。

许志星　鞠冬　蔡子君
2024 年 1 月

目　录

第1章　数字时代的工作模式

【学习目标】
➤ 掌握工作设计的发展阶段和过程
➤ 熟悉现代工作设计中的相关理论和实践
➤ 理解数字时代工作特征的变化和新的工作类型
➤ 了解数字时代工作模式的类型和问题
【关键术语】
工作模式、工作设计、工作特征、工作扩大、工作充实

开篇案例

摩登时代 VS 数字时代

《摩登时代》是卓别林最伟大的喜剧电影之一，这部电影不仅拥有丰富的想象力和搞笑的招牌式肢体动作，更是以夸张的手法揭示了工人阶层遭受压榨与剥削的不平等现象。在很长的一段时间里，《摩登时代》都被看成"现代社会批判"的典型作品，其中一些经典场面，如工人在压力下精神错乱，拿别人的鼻子当螺丝钉拧等，哪怕没看过整部片子的人也耳熟能详。如今，一个世纪过去了，技术的进步是否改变了《摩登时代》的悲观预言？

流水线奴隶 VS 机器人工厂

电影中，卓别林饰演的装配工人被流水线搞得疲于奔命。他只有使出浑身解数、一刻也不能停歇，才能勉强跟上传送带运转的速度。然而人不是机器，生理和心理都存在极限。于是我们看到可怜的卓别林终于坚持不住、手忙脚乱，最后导致整条生产线都陷入混乱。

现在，不少工厂的装配流水线都已经开始使用机器人。世界领先的工业机器人企业库卡（KUKA）就与微软合作，提出了智能机器人自动化解决方案。该方案可以实现人与机器人协同工作，还能将管理层与生产车间直接连接到一起。该公司的轻型机器人"iiwa"不仅能从事灵敏、精准的工作，更是全球第一款智能工业操作助手。通过智能化的微软云基础架构和物联网技术，机器人能够主动联系并呼叫人类同事，还可以自动将所有问题和状态报告发送至云端，使管理层能够监视整个供应链，并在问题发生时迅速做出响应。

工厂压榨员工时间 VS 数字化工作场所

电影中，工厂老板在办公室里时刻监视每位员工的举动，通过直接调快生产线的运转速度，把人逼到极限。这还不够，资本家连工人吃饭的时间都不放过，甚至想通

过"自动喂食机"来实现压榨的最大化。

一味榨取员工时间的做法早已被大多数现代企业摒弃。如何创造便捷高效的工作环境，充分调动员工的创造力，才是新时代的企业管理目标。比如，瑞士高科技企业泰科电子（TE Connectivity）就与微软合作，共同创建数字化工作场所。整个计划的关键是 Microsoft Office 365 ProPlus，通过在近四万名员工中部署该办公软件，企业改进了工作流程，节省了时间和成本，还建立起一个联通全球技术社区的协作环境。同时，该软件也解决了移动办公的问题，让员工能够随时随地在任何可信任的设备上工作。

设备维护噩梦 VS 混合现实

在电影中，卓别林钻进一台超大机器中修理机械，却不慎被巨大的齿轮卷入……这是《摩登时代》最经典的一个场景，既令人惊恐又富有喜感，既荒诞又发人深省，活灵活现地表现了卓别林的担忧：技术并没有带来期许中的幸福，却成为一场噩梦。

其实在现实中，"设备维护"也一直是令各家制造企业最为头疼的事。设备一旦宕机，每一秒都会带来巨大损失。然而故障又往往是不可预测和难以确定的，何况维修人员和专家有时又无法在第一时间赶到现场，仅靠普通的通信器或仪表盘推送的数据人们无法深入了解设备状况和问题所在。幸好，在智能时代，我们有了新的解决办法。美国软件公司 PTC 与微软合作，在这方面进行了许多有益探索。比如，PTC 将物联网系统与微软的混合现实技术结合，为矿业设备制造商豪顿（Howden）提供了一种直观简便的方式，令该公司能轻松维护设备、优化生产流程。具体来说，一方面，利用物联网，并结合微软 Azure IoT 的数据，PTC 可将豪顿模型库中的 3D 数字模型进行快速编辑，生成可以在混合现实场景中展示的全息内容。这样，每个一线员工都可以通过微软 Hololens 2 和手势操作，将设备的状态尽收眼底。另一方面，企业通过对设备的核心数据实时监测，并在出现异常时将维修数据同步上传到物联网系统中，能够实现设计优化方案，预防宕机的情况发生。

案例来源：《卓别林没想到的事：〈摩登时代〉VS 智能工厂》，搜狐网，2022-06-28。

思考与讨论：

1. 与传统的工作模式相比，数字时代的工作模式发生了哪些变化？
2. 技术的进步在工作设计中发挥了什么作用？
3. 数字时代的工作有哪些新特点？

本章将重点介绍工作设计从传统到现代的发展过程以及数字时代工作模式的新变化，帮助读者了解工作设计的相关理论，明确数字时代工作模式可能会遇到的一些新问题。其中，第一节主要介绍传统工作设计中较为典型的劳动分工和科学管理；第二节以现代工作设计的人际、动机、健康、成长和个人五种导向为主线，梳理每一个导向的形成原因及解决的问题；第三节则展望未来，介绍数字时代工作模式的新变化及遇到的新问题。通过本章的学习，读者将对数字时代的工作模式未来如何发展等问题有一定的了解。

1.1　传统工作设计

1.1.1　劳动分工

劳动分工是指将社会总劳动划分为相互独立而又相互依存的若干部分，每一部分固定地由不同的劳动者分别完成。在工作设计中，劳动分工也叫劳动专业化，是指将生产的每一部分分解成多个具体的任务，由不同的劳动者承担具体任务的过程。最早提出劳动分工观点的是亚当·斯密（Adam Smith），1776 年 3 月，他在《国富论》中系统全面地阐述了劳动分工对提高劳动生产率和增进国民财富的巨大作用，明确提出"富裕起因于分工""促使国家富裕的正是分工"，以此强调分工是财富的源泉。另外，他通过对扣针工厂的调查发现工厂内部分工大大提高了扣针产量，说明分工确实可以提高劳动生产率。斯密认为，劳动分工可以使劳动者重复完成单项操作，从而提高劳动熟练程度，提高劳动效率；可以减少由于变换工作而损失的时间；可以使劳动简化，使劳动者的注意力集中在一种特定的对象上，有利于创造新工具和改进设备。同时他也看到了劳动分工的消极后果：劳动者会失去运用智力的习惯，并且变成最愚蠢、最无知的人……他对自身特定职业知识所掌握的熟练程度……似乎是以牺牲他的智力、社交能力为代价而获得的。

【拓展阅读 1-1】
劳动分工的优势、
不足和实例

1.1.2　科学管理

科学管理又称为泰勒制，是指用科学方法提高生产现场生产效率的管理制度和管理理论。泰勒制的产生源于现代科学管理之父泰勒（F. W. Taylor）在实践中对工人"磨洋工"问题的发现和研究，他跟同事进行了"时间-动作分析试验""搬运生铁块试验""铁锹试验"等一系列科学研究，创立了"劳动定额""工时定额""工艺流程图""计件工资制"等一系列科学管理制度和方法。具体来说，科学管理的基本内容包括五个方面：①劳动方法标准化。根据工人的生理和心理特点，选用合适的劳动工具，采用最佳的操作方法，制定出各种工作的标准操作法，以指导工人的生产劳动。②工时的科学制定。通过"时间-动作分析试验"，科学地制定出劳动的时间定额，从而创立了劳动定额和时间定额制度。③计件工资制的创立。实行计件工资制，利用物质利益的差异性刺激工人的劳动积极性。④以标准操作法训练工人。以各种工种的标准操作法培训工人，不但代替了传统的师傅带徒弟的学徒制训练方式，而且使训练方法科学化，节省了训练时间，提高了训练效果。⑤在企业中建立职能制。在企业管理部门和工人之间实行分工，以便各自履行自己的职责，提高工作效率。

从设计和测量工人工作的标准开始，泰勒逐渐总结出一套系统的科学管理方法，并在 1911 年出版的《科学管理原理》一书中系统地归纳和梳理了其思想理论。泰勒的科学管理思想自诞生起就对企业和管理者产生了重要影响，它解决了劳动生产率低下的问题：在管理方法上依然继承了劳动分工；在内容上阐明提高劳动生产率首先要科学地划分工作元素，即工作分工需要基于科学的角度，而不是凭借经验，其次要对承担分工的员工进行选择、培训和开发。泰勒第一次把员工摆在最为重要的位置，也是第一次明确提出劳动效率取决于员工的素质和培训的结果，所以管理者必须和员工进行有效的沟通，必须明确两者之间清晰的分工和相应的职责，并通过这样的工作模式实现劳动效率最大化。尽管科学管理理论是在 20 世纪初开创的，但在 20 世纪余下的时间里，它继续对管理理论的发展做出了重大贡献。随着用于科学管理的统计方法的进步，20 世纪二三十年代质量保证和质量控制方法产生，到四五十年代科学管理又发展为运营管理、运筹学和管理控制论。20 世纪 80 年代，全面质量管理开始广泛流行。到了 90 年代，流程再造变得越来越流行，这一切的发展皆得益于泰勒的科学管理理论。

1.2　现代工作设计

虽然泰勒的科学管理理论在管理思想和管理实践中都发挥了重要的里程碑式的作用，但是随着时代的发展，也暴露出一些问题。首先，科学管理被认为是建立在确定性与时间可逆性基础之上的，但是过度的专业化分工切断了系统内部应有的联系，因而科学管理不适用于复杂性和不确定性越来越高的组织；其次，科学管理忽视了对人的关注。虽然泰勒提出了管理者要重视员工素质和培训以及要跟员工有效沟通的理念，但是这都是把人看作"经济人"，其本质是为了提高劳动效率，忽视了人作为"社会人"的角色。随着人们对工作中"人"的重视，现代工作设计出现了五种导向，分别为人际导向、动机导向、健康导向、成长导向和个人导向。

1.2.1　人际导向的工作设计

人际导向的工作设计是指在工作设计中更加关注人际关系。梅奥（G. E. Mayo）领导的霍桑实验通过照明实验、继电器装配实验、访谈计划、绕线观察室研究等一系列研究发现，人是"社会人"，而非科学管理时代所认为的"经济人"。"社会人"时代的主导思想是：员工满意度和劳动生产率取决于员工之间以及员工与其上司之间良好的社会交往和互动，因而实现效率和工作场所和谐的关键在于支持性的人际关系。通过对工作场所人际关系的重视，组织被视为协作的社会系统。更进一步，对人际关系的研究扩展到各个领域，比如巴纳德（C. I. Barnard）的系统组织理论、库尔特·勒温（Kurt Lewin）的场论等都是研究人际关系的分支，其中对工作设计有重要影响的是社会技术系统理论和自主工作小组理论。

1. 社会技术系统理论

社会技术系统（socio-technical system）是塔维斯托克（Tavistock）人际关系研究所提出的概念。他们在研究中发现，工作中许多矛盾的产生是由于人们只把组织看成一个社会系统，没有看到它也是一个技术系统，而技术系统对社会系统有很大的影响；同时，个人态度和群体行为都受到人们工作中的技术系统的重大影响。于是，他们提出了社会技术系统的概念。其思想核心是组织既是一个社会系统，又是一个技术系统，并着重强调技术系统的重要性，认为技术系统是组织同环境进行联系的中介。从此，社会技术系统成为工作设计领域的重要原则。

2. 自主工作小组理论

自主工作小组（autonomous work groups），也被称为半自治工作小组（semi-autonomous work groups)或自我管理团队(self-managing teams),指同一工作场所的员工会主动组成一个互助的小组,从而可以更高效和便捷地完成工作任务。在自主工作小组中,团队执行相对完整的任务,其成员拥有一系列技能,团队对何时和如何完成工作有自主权,其典型特征是团队成员之间的相互依赖性。在社会技术系统的影响下,自主工作小组的工作设计方式使得个体在工作中既能够以科学的方式发挥技术的作用,又能够在与他人的合作、互助中充分发挥自主性。这种工作设计的方法提高了劳动效率和产品质量,也提升了员工的满意度,解决了泰勒科学管理时代雇主和雇员之间的矛盾。

1.2.2　动机导向的工作设计

动机导向的工作设计强调,影响员工满意度和工作绩效的主要因素是激励因素。因此,如何激励员工是工作设计需要思考的问题,也就是寻找员工工作的动机。下面介绍几个动机导向的工作设计中具有代表性的理论。

1. 工作特征模型

工作特征模型(job characteristics model,JCM)是指能够激发员工工作动机、提高工作满意度的工作所具有的核心特征,包括技能多样性、任务一致性、任务重要性、任务自主性和任务反馈性。技能多样性是指在完成工作过程中对多种技能的需求程度,因此它不仅能扩大工作的横向数量(工作扩大),也能扩大工作的纵向水平(工作充实);任务一致性是指工作要求完成完整任务单元的程度,也就是说,个人可以从头到尾完成一项任务的程度;任务重要性是指该项工作对组织内外其他人的工作和生活产生重大影响的程度;任务自主性是指个人能够自主地安排任务完成进度的程度;任务反馈性是指个人能够得到自己工作效果的明确信息的程度。工作特征模型的开发在一定程度上解决了工作的动机问题,即在工作设计时尽可能地保证该项工作具有这五个核心特征,这样才能使员工更加积极主动地去工作。

2. 心理授权理论

心理授权(psychological empowerment)是指个人从工作中获得的积极的、有价值的经历,是一个内在激励的过程,是一种持续的工作动力,是个体体验到被授权的一种心理状态或认知的综合体。它的核心思想在于提高员工对授权的认知,从而激发其内在工作动机,帮助员工拥有能够采取行动并成功执行某一项任务的信心。因此在进行工作设计时需要考虑该项工作应如何提高员工的心理授权,从而激发其工作动机。比如,在工作设计时需要让员工感受到工作的重要意义,要让完成该项工作的员工感受到已具备所需的技能和充分的自信,同时让员工对该项工作拥有一定的决策权和控制权,能感受到该项工作对于整个部门或企业具有重要影响。这也是心理授权的四个维度——工作意义、自我效能、自我决策和影响力。

3. 工作繁荣理论

工作繁荣(thriving at work)是指个体所感知体验到的工作积极状态,包括活力与学习两个维度,其中活力维度是个体工作活跃和热情的心理状态,学习维度是个体通过知识或技能学习提升的工作效能感。工作繁荣的社会嵌入模型指出,个体工作繁荣的影响因素主要有工作情境、工作资源和动因性工作行为。工作情境是指完成工作的主要方式，包括决策自主性、分享广泛性和信任与尊重氛围等；工作资源是指工作中的知识、积极意义、积极情感和关系等资源；动因性工作行为是指个体的工作方式，包括任务聚焦、开发新的工作方式、与工作场所的其他人加强联系等。当个体被嵌入在鼓励自主决策、享有自由裁量权、信息广泛共享以及信任和尊重的氛围中时，更可能产生动因性工作行为，这有助于促进其工作繁荣。此外，当个体表现出动因性工作行为时，其所进行的工作提供的资源反过来又会推动个体的动因性工作行为，从而进一步促进个体的工作繁荣。处于繁荣状态的员工个体，积极情绪多于消极情绪，对生活满意度较高，能充分发挥自己的潜能，具有自我实现感等特点，这对提升组织绩效、满意度、忠诚度和促进团队和谐等有着积极的作用。

1.2.3　健康导向的工作设计

健康导向的工作设计是指在工作设计时重点关注人的身体健康和心理健康，因为个体的身体健康和心理健康将直接影响个体的工作状态和工作投入情况。随着科技的发展和社会的进步，工作场所基本可以保证员工的身体安全，然而却忽视了员工的心理健康。工作投入理论、资源保存理论和认知评价理论为健康导向的工作设计提供了理论依据和启示。

1. 工作投入理论

工作投入（work engagement）是个体在工作中表现出的一种持续、积极的情感状态，反映了个体对所做工作重要性的认知以及对工作的认同和投入程度。目前，有两个主要的模型来解释工作投入。一是工作要求-控制模型（job demands-control model，Karasek，1979），该模型认为工作幸福感主要受到要求、控制这两类工作场所心理特征的影响。要求指各种形式的工作负荷或压力源；控制指在工作中的掌控程度，即工作的自主性。控制能缓解要求带来的紧张，有助于问题的解决，能提高个体的工作投入。二是工作要求-资源模型（job demands-resources model，Demerouti，2001），该模型的核心假设是：每种职业都有影响工作者身心健康及工作状况的独特因素，所有这些因素可归为工作要求和工作资源。工作要求指工作中与身体、社会或组织有关的，需要持续不断地付出身体或心理努力的因素，主要包括工作负荷、角色冲突、情绪要求等；工作资源是指能为工作者提供支持和帮助的工作因素，如社会支持、自主性、工作报酬、绩效反馈等，有助于工作者达成工作目标，减轻工作要求及相关的身心消耗，激励个人成长、学习和发展。该模型的一个关键进步之处是，它认为工作要求主要是通过紧张和倦怠损害健康，而工作资源则通过参与导致高水平的绩效。这种观点表明，在评估工作设计的效果时需要考虑多个标准。

2. 资源保存理论

资源保存理论（conservation of resources theory）认为，个体会尽最大努力获取、保存并维护他们认为有价值的资源，以避免资源损耗。资源是指个体认为有价值的实物、条件、人格特征和能量等事物及其相应的获取渠道。这些资源具体可分为物质性资源（如生存环境、劳动工具等）、条件性资源（如社会关系、资历、经验等）、人格特质（如自我效能、自尊等）和能源性资源（如时间、金钱、知识与社会性支持等）四类。资源对于提高组织绩效、促进组织发展具有重要作用。当资源匮乏或现有的工作资源无法满足高工作要求时，个体可能会对各种内外刺激因素做出防御性反应，包括非适应性生理唤醒与负面工作行为。另外，有一些工作特征也被当作资源，比如工作自主性通常是指对工作的控制水平，往往被个体认为是一种重要的工作资源。资源的缺乏和消耗会导致情绪耗竭、职业倦怠、低工作绩效与高离职意向等，因此工作设计中需要注意尽量避免工作资源的缺乏和消耗。

3. 认知评价理论

认知评价理论（cognitive appraisal）是一种基于评估的压力理论，描述了一个涉及认知评价和应对反应的主观过程，广泛用于研究个体对压力反应的差异性。评价可以是有意识的，也可以是无意识的，并且受到情境、时间和个人因素的影响。应对是为了使情况更易于管理而做出的认知和行为上的努力，应对的两个方式分别是调节紧张情绪和改变引起焦虑的人与环境之间的关系。评价包括初级评价和次级评价，初级评价是给任何事件或情境赋予意义，判断其是否会对自身产生威胁；次级评价是指个体可以做什么，是个体对内外部应对资源的评估过程。在工作设计中应考虑工作压力对个体的影响，依据不同的个体匹配异质性的工作压力，避免工作压力过大或无任何压力。

1.2.4　成长导向的工作设计

成长导向的工作设计是指采取降低工作专业化程度、改变工作内容、改变工作职能和加强反馈等相关措施来提高员工对工作的满意度。科学管理理论的指导造成了过分的专业化分工，使每位员工的工作越来越简单和枯燥，于是出现了大量的消极怠工现象，缺勤率和离职率居高不下。面对这种情况，在工作设计时需要考虑解决因为过度细分而产生的工作单调和无聊的问题，从工作的广度和深度分别扩展和丰富工作内容。

1. 工作扩大

工作扩大（job enlargement）是指通过增加与工作相关的任务数量，并提供适当的培训，从工作广度方面来增加工作活动的多样性，是一种横向的重组方法。例如，员工从单调地执行系列中的一项任务转变为负责一系列任务。工作扩大需要与培训相结合，以培养员工执行额外任务的能力。如果设计得当，工作扩大可以提高员工满意度。然而，如果工作扩大被认为只是增加了更多机械性的任务，而没有情感回报，那么甚至可能降低满意度和绩效。一些动机理论认为，劳动分工造成的无聊和异化实际上会导致效率下降，因此，工作扩大是通过逆转专业化的过程来激励员工。比如，一种典型的方法是用模块化工作取代装配线，使员工不是在每个产品上重复相同的步骤，而是在一个项目上执行多个任务。或者进一步将具体工作的层级提升，使员工不再只是在某一个单独的岗位，而是在不同的岗位之间轮换，这也是工作扩大的典型形式，叫作工作轮换。工作轮换通过岗位变化和交叉培训使员工获得不同的经验和更多样化的技能，以提高工作满意度。值得注意的是，工作轮换也可能产生不利影响，如果员工从喜欢的职位，被轮换到一个不喜欢的职位，他们可能会变得不满。因此，在实施工作轮换计划之前，应与员工进行清晰的沟通，以确保他们对这些变化感到满意。

2. 工作充实

工作充实（job enrichment）是指在工作中赋予员工更多的责任、自主权和控制权，并使工作的结果迅速形成自我反馈,从工作的深度方面来增加工作的多样性,让工作富有挑战性和责任感,从而一方面提高工作效率,另一方面又增加员工的满意度。工作充实的提出归功于弗雷德里克·赫茨伯格(Frederick Herzberg),他认为员工满意度可以通过"工作充实"来提高,即增加工作的深度和丰富性,从而激励员工更多地参与工作。具体而言,他建议:"工作必须利用员工的全部能力,并为他们提供足够的挑战,能力水平越高的员工应该相应地承担更高的责任。"工作扩大只是增加了任务数量,是一种水平结构调整的方法,而工作充实是垂直结构调整的方法,给予员工额外的权利和对工作完成方式的控制。

工作设计最开始关注的是工作本身,所以出现了劳动分工,随着劳动分工的进一步发展,工作设计在分工和技术上都更加深化和细化。科学管理聚焦对工作方法、步骤等的简化以提高劳动效率,在之后很长一段时间内的工作设计领域甚至整个管理学领域中都扮演着重要角色;但它也逐渐暴露出一些弊端,如过于注重工作本身的机械性,这不仅不利于提高工作效率,甚至使工人和管理者之间产生了激烈的矛盾。随着工业心理学的发展和人际关系学说的兴起,工作设计开始意识到除了关注工作本身之外,也应该关注人的因素,人际导向的工作设计开始走上历史舞台,进而出现了社会技术系统、自主工作小组等工作设计的理念。随着对人的因素的进一步探索以及科学技术和心理研究的进一步发展,学者们又意识到人作为一个独立的个体,具有强烈的主观能动性,因此对人的激励是工作设计必须考虑的因素,工作特征模型、心理授权理论和工作繁荣理论等以动机为导向的工作设计应运而生。在工作设计兼顾工作本身以及人的动机和人际关系等因素之后,研究发现员工内在的心理健康对工作绩效有着重要的影响,因此在工作设计中需要考虑人的心理因素,以健康为导向的工作设计开始涌现,工作要求-控制模型和工作要求-资源模型成为工作投入理论中被广泛应用的典范。另外,较具代表性的理论还有资源保存理论和认知评价理论。伴随着从工作到人本身的焦点转移,工作设计逐渐变得完善和充实,以成长为导向的工作设计伴随着整个发展过程,从科学管理时代对工作的过度简化进行纠偏开始,工作扩大和工作充实的理念一直伴随着工作设计的发展,并成为今天工作设计中仍不可或缺的重要考量因素。

【课堂互动】

讨论:随着时代的进步和管理理论的发展,工作设计经历了劳动分工、科学管理、"社会人"等多个发展阶段,变得越来越科学化,但为什么当今社会仍有很多设计不合理的工作岗位存在呢?

1.2.5 个人导向的工作设计

在工作设计领域,传统的方法侧重于探索由组织发起的自上而下的流程,但越来越多的研究人员意识到"最佳"的工作设计是来自主动塑造或重新设计自己工作的积极员工。下面将介绍自上而下与自下而上的工作设计的区别。

1. 自上而下的工作设计

传统工作设计中的劳动分工和科学管理以及现代工作设计中的以人际、动机、健康、成长为导向的工作设计都有一个共同点，即站在管理人员的角度去给员工"设计"工作，对员工在工作中的主动性关注有限。这是因为工作设计受到组织面临的外部因素和管理者个人因素的影响。

组织的决策通常是由组织的各级管理者做出的，比如首席执行官、经理和团队领导。影响管理人员决策的外部因素主要有国家和地区的环境、所处的行业、市场竞争对手、人力资源（human resources，HR）的战略和组织结构、团队内的交互等。首席执行官依据各种外部因素做出的战略决策，将影响整个组织所有员工的工作设计，因为组织中任何一个部分都要服从组织的整体发展战略。高层管理者的决策会直接决定整个工作设计的方向，而中层和基层管理者可能会做出影响较小工作设计的决策。这是因为在工作设计时，中基层管理人员受到诸如动机、知识、技能和能力以及机会等个人因素的影响。从动机方面来说，他们面临留住员工、降低成本、应对竞争对手的压力等困境，需要在工作设计上做出相应的改变；从知识、技能和能力方面来说，他们自身的知识、技能和能力的水平将影响他们对于工作设计的认识和决策；从机会方面来说，机会也意味着权力，管理者都有对权力的渴望，因此管理者会将工作设计在一定程度上能够满足其调动资源或影响他人的机会作为决策的重要因素。

2. 自下而上的工作设计

工作重塑（job crafting）是工作设计中个性化的、自下而上的主动变化。它意味着员工可以以一种特定形式的主动性工作行为来积极改变他们的工作特征，即对工作进行重新塑造。员工之所以愿意去主动积极地寻找工作中的灵活性，是因为他们有动力更好地平衡家庭生活和工作，通过精心设计工作，以匹配他们的知识、技能和能力，或利用新技术提供的机会，更多地与同事互动。工作重塑的过程是通过社会过程和突发性过程来重新塑造工作，比如，一个团队通过长时间的调整和改进形成了一套有效的工作规范，这反过来又会影响这项工作对员工胜任力的要求。另外，员工因为一些目的主动去改进他们的工作方法和流程，也会直接影响工作要求，从而实现对工作的重新塑造。

目前，企业管理中工作重塑的干预手段主要是激发员工工作重塑的动机和提升员工工作重塑的知识、技能和能力。

（1）工作重塑干预的具体流程

Van Wingerden 等（2017）提出了一套关于工作重塑干预的流程，包含理论学习、计划制订与独立工作、反馈讨论三个阶段，共六个步骤。

第一步，进行个人分析，分析内容包括自己的优势、动机、在团队中的人际关系和贡献，学员需要对他人的分析结果进行评价并给予反馈。此外，学员还需要对团队的胜任力做出评价，并回顾与分享团队的成就和值得自己骄傲的地方。

第二步，进行工作分析，包括总结员工当前的工作任务和职责，并将它们按照所需时间由少到多的顺序排列。员工按照所需时间的少、中、多三个类别将自己的工作任务进行分类描述：需要花费大部分时间的任务、经常需要做的任务、偶尔需要做的任务。然后分析自己的工作任务是单独完成还是与同事一起完成，并根据紧迫性和重要性给任务贴上标签，并把这些分析结果记录在纸上。

第三步，进行工作和个人的匹配分析，即将自己的优势和动机与工作任务和职责相匹配。这样做的目的是让员工意识到工作任务能够强化个人的优势和动机，从而将他们擅长的和他们喜欢的工作结合起来。

第四步，让员工构想出工作情境中可能出现的有意义的转变，即他们在工作中可以改变什么来增加他们的工作资源或增加他们具有挑战性的工作要求。制订工作重塑计划，包含工作重塑的目标，以及具体的旨在增加资源和挑战的行动。然后在实际工作中执行自己的工作重塑计划，重新塑造自己的工作行为。

第五步，对员工工作重塑计划的完成情况进行评估和反馈。

第六步，员工根据第五步的结果进行自我总结和反思，包括完成了哪些转变并获得了哪些收益，面临哪些困难与障碍，应该如何克服等，最重要的是思考对未来的工作重塑提供了哪些经验和启示。

（2）SMART 智能工作设计模型

澳大利亚研究委员会教授莎伦·帕克（Sharon Parker）在未来工作研究所开发的 SMART 智能工作设计模型是一个工作设计框架，可用于设计有意义和激励性的工作。基于几十年的研究，SMART 智能工作设计模型确定了五个关键主题，分别是激励型（stimulating）、掌握型（mastery-oriented）、代理型（agentic）、关系型（relational）、宽容型（tolerable），这些主题会对工作设计产生积极的结果，有助于创建一个繁荣的组织。[①]

1.3 数字时代工作模式的新变化

数字时代最大的特点就是数字技术的应用，包括5G、人工智能、云计算、区块链等，其与前三次工业革命最大的区别是解决了以前不同的技术系统无法相互连接的问题。数字技术不但使不同的技术系统可以交换信息，保证了人、机器和物体之间的相互交流，同时也大大降低了三者之间的通信成本。比如，人与人之间可以通过微信、邮件、视频会议等方式实现实时的互动和远程协作；人与机器之间可以通过嵌入式计算（embedded computation）、增强现实（augmented reality）、脑机接口（brain-computer interaction）等方式实现人机交互；机器与机器之间可以通过传感器、控制器、广域网、局域网、个域网、M2M 网关、数据收集部件等方式实现互联互通。数字时代涌现出很多新兴的技术，这些技术不仅改变了人们做事的方式，也改变了工作的协调和控制方式，带来了组织整体运行成本的下降，以及时间和位置边界的消除。这些变化正在重塑劳动者与工作相关的特征，比如，在信息获得上具有了实时性，在工作地点的选择上具有了自由性，在协作模式上增加了人与机器的互动。得益于数字技术的加入，数字时代的工作模式正在发生巨大的变化，呈现出新的工作特征。

---

① 详细内容可到 SMART 模型官网阅读，官网地址：https://www.smartworkdesign.com.au/。

1.3.1　数字时代工作特征的变化

1. 任务自主性的改变

任务自主性是指员工在工作中有一定程度自由决定的权力，主要包括三个方面：工作方法自主性、工作调度自主性和决策自主性。它是一项基本的任务特征，并且是所有工作特征中最为关键的因素，因为它可以满足一个人最基本的需求，即自我决定的需求。任务自主性在数字时代包含任务自主性的提升和任务自主性的降低两方面的改变。

（1）任务自主性的提升

①员工可以通过数字技术获取必要的资源或信息并从事数字化工作，可以自主地决定工作的时间、地点以及方式，如下班后工作、在虚拟团队中工作、远程工作等，提升了任务自主性。

②数字技术模糊了工作和生活的边界，使员工在家庭中可以处理与工作相关的事情，在工作场所也可以关心与家庭相关的事宜，提升了任务自主性。

③数字技术使中央集权式管理得以分权，增强了员工的工作自主权。

（2）任务自主性的降低

①数字技术可以通过电子监控或使用标准化电子系统而管理和控制员工，从而导致员工任务自主性降低。

②数字技术提高了对持续连接的期望，不仅会增加工作需求，而且会使员工陷入始终在线的状态，从而降低任务自主性。

【拓展阅读 1-2】
3M 公司：基于信任的灵活办公模式

2. 工作要求的改变

工作要求指的是工作对体力或脑力的要求，与个人的生理和心理有关。工业时代的技术主要是对体力要求的改变，比如蒸汽机节省了体力，而数字时代的技术主要是对脑力和认知要求的改变。数字技术对工作要求的改变同样包含增加工作要求和降低工作要求两方面的内容。

【拓展阅读 1-3】
"监控"争议与数字化管理的边界

（1）增加工作要求

数字技术增加工作要求主要表现在以下几个方面。

①信息超载和多任务处理导致工作要求的提高。数字技术使得员工获取信息的数量和渠道增加，从而发生了信息超载。员工需要提升对这些数量巨大、来源广泛的信息的接收和处理能力。另外，数字技术使多个信息流同时流向个人，个人通常被期望或必须在同一时间从事各种任务并满足不同的目标，从而要求个人具备多任务处理能力。

②数字技术要求员工具备持续学习的能力。数字技术更新迭代的速度非常快，这就要求员工不断地学习最新的知识以更好地利用新的技术和工具。比如 PPT 设计的不断升级，从简单的文字，到图文并茂，到各种动画，这一切均需要员工不断学习。

③数字技术本身带来的问题。数字技术的快速发展，使现有的规章制度和法律很难覆盖所有的问题，这增加了员工使用数字技术的难度，员工需要消耗一定的认知去

甄别其是否符合法律和伦理道德要求。

导致工作要求增加的具体因素包括以下几个方面。

①工作过程监控。使用数字技术监控工作过程的目的是避免生产过程中空闲时间的浪费，但这可能会导致工作量增加，需要通过提高工作强度或延长工作时间来解决。

②保持联系。员工认为他们必须随时待命，要在短时间内响应要求，从而导致更大的工作压力。

③中断。由于需要时刻在网络上保持联系，员工很容易因为一些消息的打扰而使整个工作日计划中断。未预见的消息和请求也会打断员工预定的工作任务。

④领导和员工之间的社会交换。被给予灵活工作安排的员工可能需要通过付出更多的努力来证明这没有影响他们的职业道德或承诺。

(2)降低工作要求

数字技术可以帮助人们有效地搜索、收集和分析各种数据与信息，甚至给出解决问题的推荐方案等，极大地降低了员工体力和脑力的消耗。

3. 社会关系的改变

社会关系是对人们在社会交往中形成的各种关系的总称。在工作场所主要包括两种：一种是与工作角色和任务密切相关的工具性社会关系，比如领导和下属的关系、代理和客户的关系；另一种是表现性社会关系，通常反映的是工作场所中的友谊或其他非正式社会关系。工具性社会关系主要基于信息和认知产生，而表现性社会关系主要基于规范和情感产生。

(1)增加工具性社会关系

①数字技术的使用可以使交流打破时间和空间的限制，提高检索和记录信息的速度，使多人同步交流成为可能，因此可以促进工具性社会关系。

②数字技术的使用降低了人际交往中获取或传递信息的成本，有助于建立和扩展以信息为基础的社交网络，从而提升工具性社会关系。

(2)降低表现性社会关系

①数字技术使线上沟通交流成为可能，但线上沟通中有限的非语言信息(如表情、语气、肢体语言等)可能带来更多的误解和错误信息，从而引发人际冲突，降低表现性社会关系。

②数字技术的沟通媒介使匿名交流成为可能，因此会导致个体降低自己的行为标准，容易出现网络暴力等现象，从而破坏网络环境，降低个体在网络中的表达欲望，阻碍表现性社会关系的提升。

4. 工作与生活之间关系的变化

在工业化时代，工作与生活之间有严格的界限，且二者是互相对立、彼此竞争的，其中工作领域是指与谋生有关的活动，生活领域是与个人和家庭生活有关的非工作活动。因此，为了解决生活与工作之间的矛盾，人们试图去寻找工作与生活之间的平衡。工作生活平衡(work-life balance)是指个人将时间和精力投入工作和非工作活动以达到令人满意的状态的行为，这通常需要补偿任何一方的一项或多项活动。许多组织为工作生活平衡采取了一些举措，例如弹性工作制①、工作岗位分享②、员工救助计划③等。进入数字时代，信息和通信技术的发展使员工可以实现随时随地工作，如远程工作、在线协作、虚拟团队合作等，这些工作方式打破了时间和空间的限制，使员工可以在工作场所随时处理家庭事务，也可以在家庭中随时处理工作事务。工作和生活之间的界限变得越来越模糊，因此将工作和生活整合在一起成为数字时代的新要求，即工作生活一体化（work-life integration），它要求人们灵活地处理工作和生活中的任务，在工作中生活，在生活中工作。

【拓展阅读 1-4】
Meta 公司：数字化
工具的好处与坏处

5. 团队工作特征的变化

团队工作设计指的是团队成员的具体要求，包括团队任务、目标和成员角色的界定和安排，团队支持的创建以及与更广泛的组织背景的链接。团队工作特征包含多个维度，比如团队自治、相互依赖、反馈、任务要求等。虚拟团队工作成为数字时代团队工作的新模式，随着数字技术的发展，团队工作特征的变化主要表现在以下两方面。

一方面，团队虚拟性的增加，使得虚拟团队任务的复杂性、模糊性等工作特征提升，同时成员的角色模糊性和时间压力也增大。在虚拟环境中，团队任务在拆解和分配时容易造成重叠或遗漏，且很难明确界定工作任务的界线；团队成员必须在无法面对面互动的情况下进行沟通和协调，而且可能需要对其他团队成员的要求做出实时反馈，所以数字技术下的团队虚拟性特征使团队任务的复杂性和模糊性及团队成员的角色模糊性和时间压力增加。

另一方面，由于团队成员角色模糊性和时间压力的增加，虚拟团队需要更多的工作资源来弥补，也就是说，虚拟团队的工作在任务自主性、任务反馈和组织支持等工作资源上的要求会更高。

【拓展阅读 1-5】
虚拟团队的类型

例如，Spotify④ 是利用虚拟团队工作的典范，他们完全放弃了办公室工作文化。以下的核心信念驱使他们走向这种转变。

➤ 只有工作才重要：公司认为重要的是工作而不是工作地点。

➤ 更好地平衡工作与生活：该公司认为远程工作能够更好地帮助员工实现工作与生活的平衡，这不仅能提高员工保留率，还能吸引到更多更好的人才。

➤ 效率：公司赋予员工在任何地方工作的自由。这种自由提供了一种归属感，提高了员工的内驱力。

➤ 更好的机会：该公司认为，员工队伍分散于全球各地可以带来更好的网络和增

---

① 弹性工作制是指在规定的任务和时间条件内，员工自主、灵活安排自己工作的时长、工作地点、工作方式的一种方法，具体措施包括：弹性工作时间、年总工作时间、弹性工作地点、远程办公、兼职等。

② 工作岗位分享是指两个或者两个以上的员工共同承担一个工作日或者工作周的工作责任，即将原有的日工作时间或者周工作时间进行重新安排，增加一个或多个就业岗位的工作分享形式。

③ 员工救助计划是指企业在员工家庭和心理上提供相应的帮助，以提高员工的工作效率和工作场合的氛围。

④ Spotify 是一个正版流媒体音乐服务平台，2008 年 10 月在瑞典首都斯德哥尔摩正式上线。2018 年 4 月，Spotify 登陆纽交所，成为首家"直接上市"的公司。

长机会，并使公司从全球人才和资源中受益。

【课堂互动】

讨论：数字时代工作特征的变化给人们带来了哪些影响，你如何看待"应用数字技术在提高工作效率的同时也增加了员工的工作压力和工作强度"这一说法。

1.3.2 数字时代新的工作类型

1. 人机交互

随着数字技术的发展，机器人在某些方面可以代替人进行工作，机器换人和虚拟员工将会越来越普遍。所谓的机器换人是指通过工业机器人的方式，将人从恶劣、危险的工况环境中解放出来。工业和信息化部在《建材工业智能制造数字转型行动计划（2021—2023 年）》中提到："在搬运码垛、投料装车、抛光施釉、喷漆打磨、高温窑炉等繁重危险岗位，以及图像识别、切割分拣、压力成型、取样检测等高精度岗位加快实施'机器换人'。"目前机器换人主要应用于简单功能性岗位和重复性高、疲劳感强的行业。随着触觉感知、图像识别、自然语音处理、深度认知学习等技术的发展，机器换人将继续向中高端岗位升级。

【拓展阅读 1-6】
万科虚拟员工崔筱盼

2. 分布式工作

在分布式工作中，员工被"分布"在传统的集中式工作场所以外的位置，一些员工可能在公司总部工作，而另一些员工则在卫星城市的办公室、联合办公空间或其家庭办公室工作。分布式团队的组成存在很大差异，他们可以是全职工作，也可以是兼职工作；可以在本地，也可以在国外。但是，需要保证分布式工作的员工可以实现实时连接以及共享企业的所有资源和工具。分布式团队依赖于强大而敏捷的业务系统和软件解决方案，人工智能（artificial intelligence，AI）技术为分布式团队提供了实时访问数据和连接系统的能力。其他数字技术，如传感器和聊天机器人，可以帮助团队领导和人力资源专家通过云与远程员工保持联系，且培训、绩效评估和体检等任务可以在分散的员工队伍中进行个性化和无缝管理。

分布式工作与远程工作、居家办公以及混合工作的区别主要表现在以下方面。

①远程工作是个人工作的一种方式，其基础是个人不需要在特定位置工作即可完成工作任务。

②居家办公是远程工作的其中一种地点选择方式，也属于远程工作范畴。

③混合工作是指员工可以部分时间选择远程办公，部分时间选择在办公室集中办公；或者安排公司的一部分员工远程办公，另一部分员工在办公室办公。

④在分布式工作中，虽然员工也可以远程工作，但相对于远程工作，它是一种新型的工作模式。这种工作模式是实现企业目标的一种战略，是对传统以办公室为中心的工作模式的颠覆；而远程工作并没有摆脱以办公室为中心的工作模式。简单来说，分布式工作是数字时代企业对工作理念、员工与企业关系、工作模式等方面的新实践；远程工作只是在传统工作模式中应用的一种新方法。

为了满足员工分布式办公及混合办公的需要，谷歌于 2020 年 10 月推出了取代

G Suite 的新的生产力套件 Workspace，它包括 Gmail、表格、任务和文档等工具，同时也包含谷歌空间（Google Space）、谷歌会议（Google Meet）和谷歌语音（Google Voice）等功能。在 2022 年 3 月 31 日的更新中，谷歌将 Space 的团队规模限制由最初的 8 000 人增加到 25 000 人，以支持各种规模的团队；实现了 Meet 用户可以主持多达 500 名活跃与会者的会议，并能够在 Workspace 域中向多达 100 000 名观众进行实时直播；为了实现远程工作员工参会者与在办公室工作的同事之间的交互，谷歌增加了同伴模式和视频通话功能，使其他参会者更容易看到他们的表情和手势；为了帮助欧洲客户采用 Google Voice，谷歌将许多欧洲号码的 Google Voice 呼叫纳入许可证中，使其不再受国际和国内费率的约束。

3. 数字化工作场所

数字化工作场所是在技术进步过程中的工作场所的自然演变，包括人们在今天的工作场所中完成工作所使用的所有技术，以及超前部署还未实现的技术。数字化工作场所的范围包括 HR 应用程序、核心业务应用程序、电子邮件、即时消息、企业社交媒体工具、虚拟会议工具等。数字化工作场所的实现在很大程度上改变了传统的工作模式，提升了工作效率和员工满意度。

【拓展阅读 1-7】
数字化工作场所
的框架

1.3.3 数字时代工作模式的类型

关于未来的工作模式，CHREATE[①] 根据工作的民主化程度和技术授权程度做了一个分析矩阵，共分为四种类型（见图 1-1）。

1. 现有工作模式

今天的大多数工作都是现有工作模式，这类工作往往有着相似的技术联系和工作安排，主要依赖正规的全日制雇佣关系。落入这一象限的工作模式，意味着员工需要在统一的办公地点工作，而且这类工作模式的产生还与一些政治、规范和社会常态的要求相关，比如那些与安全设施、无菌空间、石油钻机、零售网店等相关的技术工作。如果试图通过数字技术使员工形成连接，将有可能产生高昂的费用，甚至可能违反相关法规。在稳定的工作状态、充裕的福利和绩效系统下，这一象限的工作模式将得到优化。

数字技术刚刚开始应用，还有巨大的发展空间，而传统的组织工作接入数字技术需要一定的过渡期，因此，当下很多企业和组织仍然采用这种较为传统的工作模式，比如以中小企业为主的加工业、制造业、服务业企业等均采用这种工作模式。

2. 极速化工作模式

与技术变革的日新月异相比，组织管理和工作模式的发展较为缓慢。个人移动设备、基于云计算的人力资源管理信息系统等更快、更好、更廉价的技术将为传统工作关系提供支持。这一象限中工作模式的典型岗位包括各种呼叫中心，这些员工将会远

---

① CHREATE(the global consortium to reimagine HR, employment alternatives, talent, and the enterprise)，是指一个"重新构想人力资源、就业方式、人才和企业的全球联盟"。

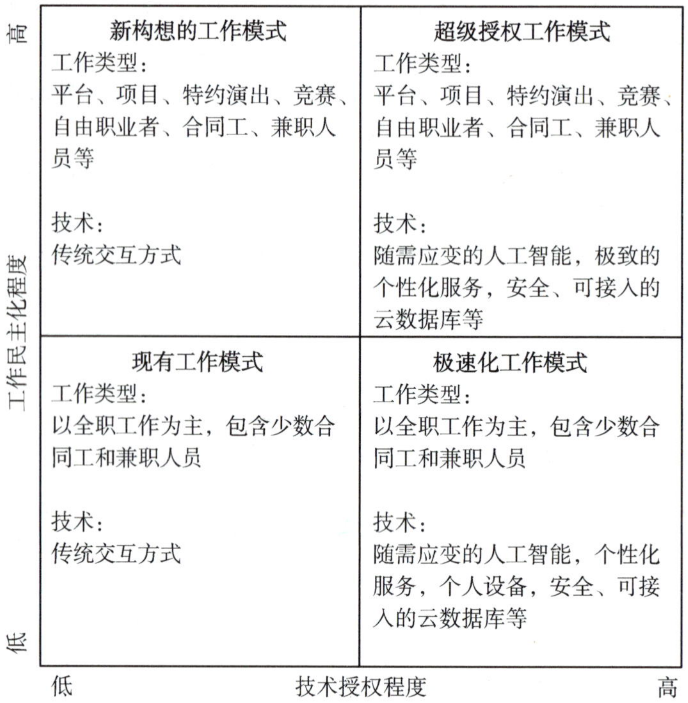

高	**新构想的工作模式** 工作类型: 平台、项目、特约演出、竞赛、 自由职业者、合同工、兼职人 员等 技术: 传统交互方式	**超级授权工作模式** 工作类型: 平台、项目、特约演出、竞赛、 自由职业者、合同工、兼职人 员等 技术: 随需应变的人工智能,极致的 个性化服务,安全、可接入的 云数据库等
工作民主化程度	**现有工作模式** 工作类型: 以全职工作为主,包含少数合 同工和兼职人员 技术: 传统交互方式	**极速化工作模式** 工作类型: 以全职工作为主,包含少数合 同工和兼职人员 技术: 随需应变的人工智能,个性化 服务,个人设备,安全、可接 入的云数据库等
低	低　　　　　技术授权程度　　　　　高	

图 1-1　未来的工作模式①

程办公或在家工作,例如 JetBlue 呼叫中心。另外,IBM 的 Watson 人工智能技术能够与肿瘤医生合作,帮助其进行医学研究。目前,许多人力资源技术产品都致力于运用设备,基于云计算学习、智能手机 App 和远程性能观测等方法,实现传统人力资源系统和工作关系管理的自动化。

这种工作模式可能是技术发展推动组织变革的一个阶段性产物,在这种工作模式中,组织的基础架构依然是传统的,但在具体工作中应用了最新的技术。比如,在医疗领域应用 iPad 或者手机等移动终端进行患者个人信息登记及病情检查和诊疗结果的记录等,使患者免于在不同的医院重复检查同一项目,以及生成患者清晰的、纵向的健康档案,从而解放了医务工作者整理病人档案等传统工作。目前很多企业采用的都是这种工作模式,比如在传统组织管理和架构中使用钉钉、飞书、企业微信等数字技术工具来提高工作效率。

3. 新构想的工作模式

这一新的工作模式已经发展到平台、项目、特约演出、竞赛、自由职业者、合同工和兼职人员等工作类型,但是支持性技术的发展却相对缓慢。一些为自由职业者服务的常见平台就属于上述情形,比如 UpWork、Tongal 和 Gigwalk。这种工作模式还包括就业系统的内部创新,比如将自由职业者、合同工和兼职人员考虑在组织人力资源系统里,运用社交工具对被动的求职者进行跟踪和交流,或在社交媒体平台上举办

---

① 改编自 John Boudreau:《未来十年的 4 种工作模式,你会是哪一种?》,载《哈佛商业评论》,2020(2)。

创新竞赛，以改善传统的招聘系统等。

这种工作模式会随着技术的进步有更大的潜力和空间。它打破了传统的组织架构和管理模式，以平台为基础，以工作任务或者项目为目标。劳动者不再是企业单独所拥有，而是随着项目开始聚集在一起，随着项目结束而分开，且劳动者往往具备多种技能，能够在不同的平台中发挥不同的作用。因此，劳动者类似于一个移动硬盘，即插即用，即拔即走，非常灵活和自主。比如，在滴滴出行平台上，不同的人可以在上面发布自己的供给信息或需求信息，然后司机和顾客可以依据自己的意愿选择匹配，从而满足各自的需求。此外，美团、跑腿、蜂鸟等平台也是典型的新构想的工作模式。

【课堂互动】

扫描右侧二维码，阅读材料并讨论：灵活用工模式属于数字时代新的工作模式吗？为什么？

【拓展阅读 1-8】
数字时代的新型
灵活用工模式

4. 超级授权工作模式

加速进步的技术和更加民主的工作安排，将会以循环的方式彼此推进。新的工作形式和技术模型包括随需应变的人工智能，极致的个性化服务，安全、可接入的云数据库等。这些数据库不会受到任何单一雇主的控制，并可为职位和应聘者提供搜索定位，使得同一类的工作和劳动力可以互相配对。

这种工作模式对传统组织模式的颠覆得益于数字技术的赋能，它是未来一段时间内工作模式发展的终极形态。当下还没有企业完全采用这种工作模式，但已经有一些企业开始逐渐接近这种工作模式。比如，海尔实现整个流程的数字化，首先是人的数字化，包括员工、用户、客户；其次是能力的数字化，包括物流、服务、营销；最后是商品的数字化，就是供应链从研发到企划再到制造，最终交给用户使用。"数字化直销员""数字化服务兵"等数字化平台项目的推进，"三翼鸟"场景品牌的建立，与海尔内部"人单合一"和"创客精神"等分别在技术方面和组织方面颠覆了传统工作模式，助推海尔向新的工作模式迈进。

1.3.4 数字时代工作模式问题

1. "赋"能还是"负"能

第一，在数字时代，随着互联网、社交媒体和人工智能的发展，人们可以通过技术有效地搜索、呈现、存储、分析数字信息，从而从日常工作中解脱出来。员工可以在信息相关的任务上花费更少的时间和心理认知资源，这似乎是给员工赋能，提高了员工的工作效率。但是，也正是这些技术的应用，使人们的大脑学会了偷懒，对资源的处理只进行表层加工，久而久之人们的记忆力、注意力和认知能力等都会下降，甚至严重威胁个体的进步和发展。

第二，数字系统、企业资源规划系统等信息技术的应用可以使员工更便捷地获得组织中与自己岗位相关的工作信息，降低了信息传递的成本和可能存在的不对称性及滞后性，使员工在工作时有更多自我决策的空间，从而为员工赋能。但是，数字系统等信息技术也使得员工在工作时需要依托严格的系统制度，经历层层汇报、事事审批的烦琐工作流程，这在一定程度上降低了员工的主观能动性，抹杀了潜在的创新。

第三，数字技术的使用使员工可以轻而易举地获得所需要的信息和资源，但大数据、云计算等技术也使得员工淹没在信息的海洋中，获取有效信息的成本增大。同时，尽管 5G 等新兴通信技术的使用能够使多种信息同时流向个人，使员工可以实现多渠道实时的信息交流和沟通，提高工作的效率，但也要求个人具备多任务处理的能力。虽然多任务处理可以提高工作效率，但是由于人类的注意力持续时间有限，同时执行多个任务会使任务处理的效果大打折扣。更重要的是，多任务处理实际上意味着要在多个任务之间短时间快速切换，长此以往会破坏大脑内侧颞叶记忆系统，且不断进行任务切换容易受到不相关环境刺激和记忆中不相关表征的干扰，对注意力、记忆和学习等认知结果会产生不利影响。

2. "武器"还是"镣铐"

在工业时代，人们需要监控自动化系统以保持机器的可靠性，而在数字时代，技术的进步却使得对人的全方位监控成为可能。首先，数字时代除了降低人们之间的通信成本，实现了异地实时沟通之外，也让实时工作成为可能。在很多工作中，通信技术的进步会强迫员工在人际协作和通信中总是在线，这可能会降低员工的自由程度，打破员工的个人计划，甚至剥夺员工的私人生活，使其始终处于为工作待命的紧绷状态。其次，技术的进步也使员工受到无处不在的管理控制。例如，越来越多的组织使用电子技术来收集、存储、分析与报告个人和团体的行为及绩效，甚至有些组织会把对员工的监控具体到登录购物网页、娱乐网页以及必要工作网页的浏览时间和流量规模等。这是否涉嫌侵犯员工的隐私？对于这些问题的激烈探讨，其焦点在于对员工工作场所和工作时间行为的界定，本质上是对劳动者出卖劳动力范畴的探讨。事实上，过度使用监控系统会让人们感到与工作脱节、无力，就像卓别林的《摩登时代》所讽刺的那样，人会变成机器的奴隶；如果使用不足则又可能导致工作效率低下。只有恰当且适度地使用监控，人们才能及时调整自己的行为，集中精力工作。

3. "助力"还是"压力"

随着大数据、云计算、物联网、区块链等新兴技术的应用，工作中所用到的技术也在不断地更新迭代，这虽然在一定程度上提高了工作效率，但使用先进的技术通常会导致个人当前已有知识和技能与未来所需的知识和技能之间存在巨大差异，且随着技术迭代周期越来越短，个人的学习周期也变得越来越短，这增加了员工的学习压力，需要员工具备

【拓展阅读 1-9】
印度的混合工作悖论

不断学习的能力。另外，随着工作中各种技术和数字化系统的渗入，员工工作时可能会面临很多与技术有关的问题需要解决，比如技术不兼容、信息安全威胁和信息通信故障等。因此，组织除了需要专门的技术运维团队之外，也需要其他工作人员具备基本的解决技术相关问题的能力，即员工不仅要具备岗位的专业知识和技能，还要具备基本的技术相关技能。这是因为在数字时代，工作与技术之间很难割裂，工作中需要各种技术支持，技术发展又必须与各项工作任务相融合。

本章小结

　　本章主要介绍数字时代的工作模式。通过本章的学习，读者首先可以了解工作设计的发展历程，并对各种工作设计的基本内容和基本原理有初步的认识，在此基础上认识到数字时代工作模式会发生怎样的变化。这些变化包括个体工作特征的变化和团队工作特征的变化，以及由此带来的数字时代新的工作类型。其次可以进一步了解数字时代工作模式的类型以及数字时代工作模式可能遇到的问题，从而对数字时代工作模式的发展和变化有一个全面的了解，并对未来可能面临的机遇和挑战有正确的认识。

复习思考题

　　1. 传统工作设计包含哪些内容？

　　2. 简述社会技术系统理论、心理授权理论、工作繁荣理论、工作投入理论、资源保存理论和认知评价理论的内容。

　　3. 什么是工作特征模型？什么是工作重塑？两者之间有什么相似和不同？

　　4. 概述工作扩大与工作充实的区别。

　　5. 数字时代工作特征有哪些变化？团队工作特征有什么表现？

　　6. 什么是人机交互、分布式工作和数字工作场所？

　　7. 数字时代的工作模式面临什么问题？我们应该如何应对？

案例分析

扫一扫，看资源

数字化赋能办公带来的改变

第2章 数字人力资源的相关技术

【学习目标】
▷掌握数字技术与人力资源融合的场景
▷熟悉数字化转型下人力资源承担的角色
▷了解数字化带来的管理问题及法律问题

【关键术语】
数字技术、人力资源数字化转型、人力资源三支柱模式

📹 开篇案例

微软中国的数字化人力资源转型

在讨论微软中国的数字化人力资源转型前，需要先了解其转型背后的核心理念——数据反馈循环（digital feedback loop）。该理念由客户交互、优化流程、产品转型、赋能员工及数智化决策平台五部分组成，它们相互牵动、相互关联（见图2-1）。

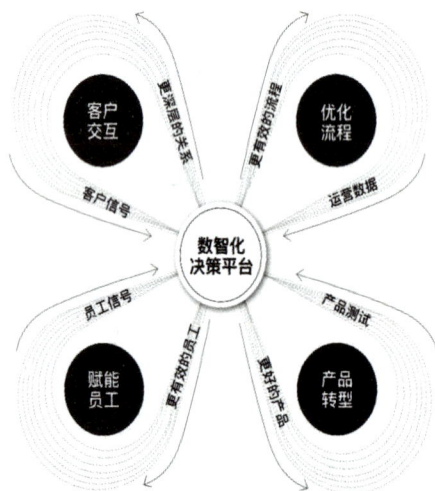

图2-1 微软数据反馈循环

客户交互（engage customers）：随着移动技术和社交技术的兴起，客户可以长期在线并随时查阅信息。企业如何开发并维护客户关系？企业C端客户到底是谁？客户如何评价产品？从图2-1中可见，客户交互行为的有效数据可以促进产品转型。

优化流程（optimize operations）：在数字时代，每家企业都需要有数字化思维，这意味着为了支持新业务的发展，组织的每个部分都需要转型或者重新设计运营。在优

化业务运营与流程方面，物联网是核心的颠覆性技术。微软的 IT 团队与基础设施团队合作，通过传感器了解公共会议室的使用情况，从而更好地分配和利用公共会议室资源。

产品转型（transform product）：为了实现产品与服务的转型，企业应该侧重于连接员工，实现思维的无缝共享，并从市场趋势中洞察先机，从而进一步驱动产品路线图的决策。利用数字技术可以有效地接触到不同类型的客户（包括潜在客户），继而优化流程。

赋能员工（empower employees）：多数组织认为当前劳动力技能与未来业务需求之间的差异巨大，为确保企业的健康发展，必须要对员工进行数字技术"扫盲"。此外，在大面积推广数字技术时，还要注重提高员工的参与度。

数据反馈循环是微软在帮助客户的过程中获得的宝贵经验，四个板块无先后顺序，最重要的是这四个板块通过中间的数智化决策平台（data intelligence），有效地管理整个公司的数字资产，这也形成了微软新的商业模式。当然，在运转过程中数据的安全性非常重要。

随着数字化转型的推进，技术更迭加速、人才持续流失、人才多元化等现象在企业劳动力市场凸显。为了应对这些变化，微软人力资源工作进一步向数字化转型，主要有以下四个工作重点。

（1）战略引导：微软近几年获得的最重要的经验是——数字化转型应是文化先行，即数字化转型中最重要的是文化转型。严格来说，"数字"只是工具的一部分，重要的是怎么塑造文化。思维转化有利于促进数字化转型，即员工不是根据原本的架构和流程按部就班地工作，而是借助数字化平台从固定型思维转变为成长型思维。员工充分利用平台获得数据后，可以考虑哪些工作能做且能做成功；即使失败了，也可以用系统来评估哪里做得不好，进一步分析失败的原因以及后续应如何改进等核心问题。

（2）数据驱动：运用数字化工具能充分获得海量数据样本辅助决策。因为大数据能够将企业中发生的事情进行汇总，呈现出来的结果较为客观，可以帮助 HR 部门进行科学决策。

（3）简化流程：微软人力资源组织通过数字化产品运营改变了员工工作及业务流程，比如专门设计和实现了 HR Reimagined，它致力于提供云自助式人力资源门户，以及开发用于吸引、培养和留住人才的新型应用程序。新的人力资源门户网站可让微软员工更新个人信息，让管理人员能够跟踪和批准人力资源流程，还提供对人力资源中央支持服务台 AskHR 的访问。

（4）提高技能："云时代"下，微软优化了在线培训系统的互动体验。微软人需要具备"成长心态"，过去微软注重的是"你是微软的明日之星"，是指员工懂很多技术，属于超人。而随着技术的推陈出新，挖掘超人越来越难，这就需要推行"成长心态"，从"Know it all"变成"Learn it all"，让员工学习更多的知识及技能。

案例来源：冯国华、尹靖、伍斌：《数字化——引领人工智能时代的商业革命》，北京，清华大学出版社，2019。

思考与讨论：

1. 在微软数据反馈循环中，数智化决策平台对整体业务起到了什么作用？

2. 微软人力资源数字化转型如何向成长型思维转变？

3. 怎样理解微软人力资源数字化转型的四个工作重点？

企业数字化转型对人力资源管理提出了重大挑战。本章将重点介绍目前人力资源数字化涉及的几种主要技术及其使用场景，简述数字化人力资源管理发展的几个阶段，并对日后数字化人力资源的发展趋势进行展望。本章内容可以帮助读者认识到人力资源数字化转型遇到的困境，人力资源应承担什么样的角色以及如何帮助企业完成数字化人力资源转型。最后，本章还分析了人力资源在数字化转型中需要克服的管理问题和应当注意的相关法律问题。

2.1 技术融合及发展趋势

2.1.1 数字技术

在人力资源管理方面应用的数字技术，主要包含5G、大数据、区块链、人工智能、云计算和物联网等，它们正在以革命性的方式改变人力资源领域的实践（见图2-2）。充分采用这些技术并将其纳入人力资源战略的组织将对组织职能、运营系统、职位描述、决策、流程和业务实践产生深远的影响。应用这些技术需要对组织架构进行较大的调整。此外，在将它们纳入整体数字化人力资源战略时，必须根据隐私和安全性要求来检查这些技术中的每一个细节。

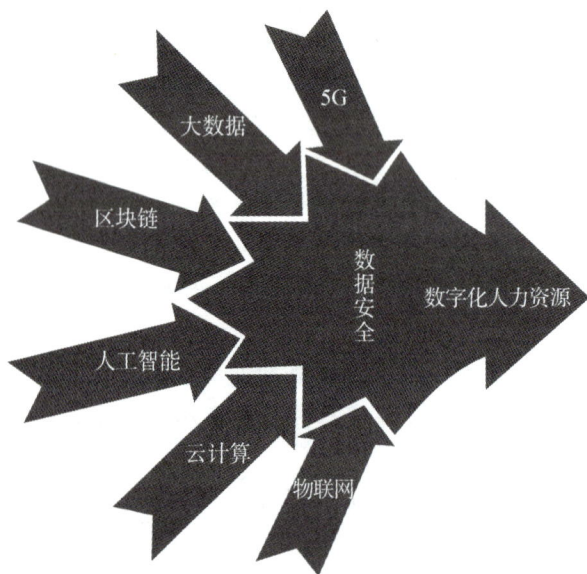

图 2-2　数字技术融合图

1. 第五代移动通信技术(5G)

第五代移动通信技术是最新一代移动通信技术，其特点是高数据速率、减少延迟、节省能源、降低成本、提高系统容量和支持大规模设备连接等。5G技术越来越深入地渗透到现代社会中，比如 2022 年北京冬奥会中 5G 技术的应用就随处可见。其中，5G 物联网医疗保障指挥调度平台是智慧医疗的全新应用，它运用 5G、物联网技术，结合地理信息系统（geographic information system，GIS）、全球定位系统（global positioning system，GPS）、遥感（remote sensing，RS）技术、远程会诊系统等，通过智能穿戴式装备、移动会诊客户端、救护车载（直升机）数据采集端等支持设备，将音视频、影像及医疗检测数据传输至指挥调度平台，使专家远程指导场地医生实施现场救治，为冬奥会的成功举办保驾护航。

2. 大数据

大数据指的是传统数据处理应用软件不能处理的庞大或复杂的数据集，也可以定义为各种来源的大量非结构化或结构化的数据。从学术角度看，大数据的出现促成了各种主题广泛的新研究，也推动了各种针对大数据的统计方法的发展。大数据没有遵守统计学的抽样方法来选取数据，它只是观察和追踪发生的事情。因此，大数据的容量通常超出了传统软件在可接受的时间内的处理能力。随着技术的日益进步，收集新数据变得更加便捷、高效，加上全球大多数政府都提高了在公开透明方面的要求，大数据分析在现代社会中的运用越来越突出。

3. 区块链

区块链（block chain）是运用密码学与共识机制等技术创建并存储庞大交易资料的点对点网络系统。每一个区块包含了前一个区块的加密散列、相应时间戳记以及交易资料，通常用默克尔树（Merkle tree）算法计算的散列值表示，这样的设计使得区块内容具有难以篡改的特性。用区块链技术所串接的分布式账本能让双方有效记录交易，且可永久查验此交易。区块链作为新兴技术之一，具有去中心化、公开透明、不可篡改等特点，在现代商业中有着广泛的运用。

4. 人工智能

人工智能（AI）亦称机器智能，通常是指通过普通计算机程序来呈现人类智能的技术，也指研究这样的智能系统是否能够实现，以及如何实现的技术。随着医学、神经科学、机器人学及统计学等学科的进步，有预测认为，人类的很多职业及工作内容将逐渐被人工智能所取代。

5. 云计算

云计算（cloud computing）是一种基于互联网的计算方式，通过这种计算方式，共享的软硬件资源和信息可以按需求提供给各种计算机终端和其他设备，使用服务商提供的电脑设施即可享受相关服务。云计算包含以下三种服务模式。

（1）软件即服务（software as a service，SaaS）

SaaS 是指消费者使用应用程序，但并不掌控操作系统、硬件或运作的网络基础架构。软件服务供应商以租赁的形式提供客户服务。比较常见的模式是软件服务商提供一组账号密码供客户使用，例如北森的 HR SaaS。

（2）平台即服务（platform as a service，PaaS）

PaaS 是指消费者使用主机操作应用程序。消费者掌控运作应用程序的环境（也拥有主机部分掌控权），但并不掌控操作系统、硬件或运作的网络基础架构。平台通常是应用程序基础架构，例如 Google App Engine。

（3）基础设施即服务（infrastructure as a service，IaaS）

IaaS 是指消费者使用"基础计算资源"，如处理能力、存储空间、网络组件或中间件。消费者能掌控操作系统、存储空间、已部署的应用程序及网络组件（如防火墙、负载平衡器等），但并不掌控云基础架构，例如 Amazon AWS、Rackspace。

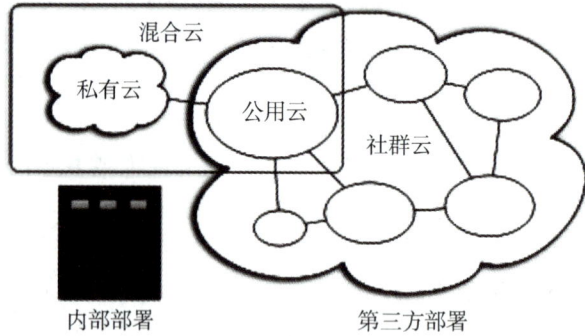

图 2-3　云计算部署模型

图 2-3 展示了关于云计算的几种部署模型，具体描述如下。

（1）公用云（public cloud）

公用云服务可通过网络及第三方服务供应者开放给客户使用。"公用"一词并不一定代表"免费"，但也可能代表基本免费或相当廉价，公用云并不表示用户资料可供任何人查看，公用云供应者通常会对用户实施使用访问控制机制。公用云作为解决方案，既有弹性，又具备成本效益。

（2）私有云（private cloud）

私有云具备许多公用云环境的优点，如弹性、适合提供服务等，两者的差别在于：私有云服务中资料与程序皆在组织内管理，且不会受到网络带宽、安全疑虑、法规限制等因素的影响；此外，私有云服务让供应者及用户更能掌控云基础架构、改善安全性与弹性。

（3）社群云（community cloud）

社群云由众多利益相仿的组织掌控及使用，他们有特定的安全要求和共同宗旨等。社群成员共同使用云资料及应用程序。

（4）混合云（hybrid cloud）

混合云综合了公用云及私有云的特点。在这个模式中，用户通常将非企业关键信息外包，并在公用云上处理，但同时使用私有云掌控企业关键服务及资料。

6. 物联网

物联网（internet of things，IoT）是一种计算设备、机械、数字机器相互关系的系统，具有通用的唯一识别码（UID），并且具备无须人与人或人与设备的交互就可以通过网络传输数据的能力。物联网将现实世界数字化，应用范围十分广泛。物联网可拉近分散的资料，统合物与物的数字信息，其应用领域主要包括运输和物流、工业制造、健康医疗、智能环境（如家庭、办公、工厂等）等。虽然物联网是备受瞩目的新兴领域，但其安全性也是物联网应用受到各界质疑的主要原因之一，这就涉及有关法律变更等一些更加基础性的问题。

2.1.2　数字技术与人力资源的融合

数字技术能够影响和改变人力资源的业务与实践，可以提高生产力和员工敬业度，并可能给企业带来巨大的发展商机。例如，基于云计算的 SaaS 平台从本质上释放了 HR 人员的双手，提高了工作效能，提升了员工使用体验，通过数据分析助力企业科学智慧决策；云计算支持从任何地方移动访问支持云的工具，从而提高任务效率；基于 5G 技术的移动技术使用大多数员工随身携带的工具，在需要的时候提供即时信息；人力资源分析师通过检查各种来源（包括社交媒体）收集的大数据，打开了对员工行为、交互和技术使用模式理解的新大门；物联网简化 HR 职能（如招聘、工作场所设计和继任计划等），并影响员工绩效，从而提高 HR 部门的服务水平和质量。此外，数字技术通过加强对隐私和安全的保护变得更加强大。

数字技术与人力资源的融合，就是人力资源管理的数字化转型。它通过充分发挥数字技术和数字系统的优势来探索和改变人力资源管理模式，进而实现发展理念的革新、操作工具的创新、业务流程的优化、运营管理的赋能、创造价值的增值和整体效能的提升。人力资源数字化转型本质上是采用数字化人力资源工具和战略，通过数据驱动的自动化实践来改善员工体验和提高运营绩效的过程。

【拓展阅读 2-1】
跨国巨头的
数字化转型

2.1.3　数字化人力资源管理的发展阶段

数字化人力资源转型是一个过程，也是一个结果。这是一种革命性的变化，也是一种进化现象。数字化转型不仅是以技术为中心的商业转型，也是企业文化和思维方式的转变。就像组织的其他部门一样，在这个技术颠覆成为常态的时代，人力资源数字化转型同样至关重要。随着人工智能、区块链、机器学习、自动化绩效管理等技术的出现，仍然依赖 Excel 表格收集和解释数据的人力资源团队已经跟不上时代进步的浪潮。数字化人力资源管理转型迫在眉睫。

企业的数字化，映射在企业人力资源管理中，一方面推动了理念升级，创造了人才资源价值；另一方面也推动了业务升级，使 HR 拥有更多元、更开放的管理手段。把这两个方面结合到一起，即可将数字化人力资源管理按成熟度的不同划分出五种进阶水平（见图 2-4）。

2.1.4　数字技术与人力资源管理融合的场景应用

相对于传统的人力资源管理工具，HR SaaS 运用互联网思维，结合云端和移动端的技术，提供更加智能、便捷的管理服务。企业进行数字化转型的重要一步就是建立企业内部人力资源系统，实现去中心化的组织结构，HR SaaS 软件能够充分发挥其灵活、弹性、迭代的优势，更好地帮助企业进行数字化转型。在去中心化的组织架构中，业务管理更加灵活。员工对 HR SaaS 模块的数据打通和智能分析需求增加，HR SaaS 也逐步从线上化、敏捷化过渡到一体化、智能化的发展阶段。一体化 HR SaaS 包含员工全生命周期所有环节的应用，贯穿人力资源的各个模块，包括核心人事功能、招聘管理、企业培训管理、绩效管理、薪酬福利管理、劳动力管理等

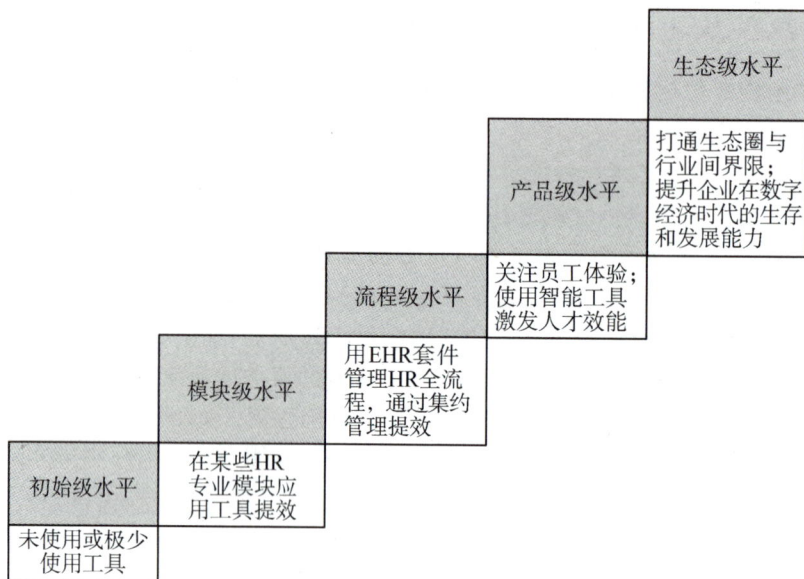

图 2-4　数字化人力资源管理五种进阶水平

应用场景。

1. HR SaaS 一体化系统的特点

首先，如图 2-5 所示，HR SaaS 一体化需要构建在 PaaS 平台上，这是一个多租户、基于元数据架构的、安全可信任的平台。很多人认为 SaaS 软件是标准化的软件，不能定制开发，这个观点其实是错误的。SaaS 软件是构架于 PaaS 平台之上的，可以根据不同客户的业务需求定制开发，而且它的开发效率很高，开发成本也相对较低。

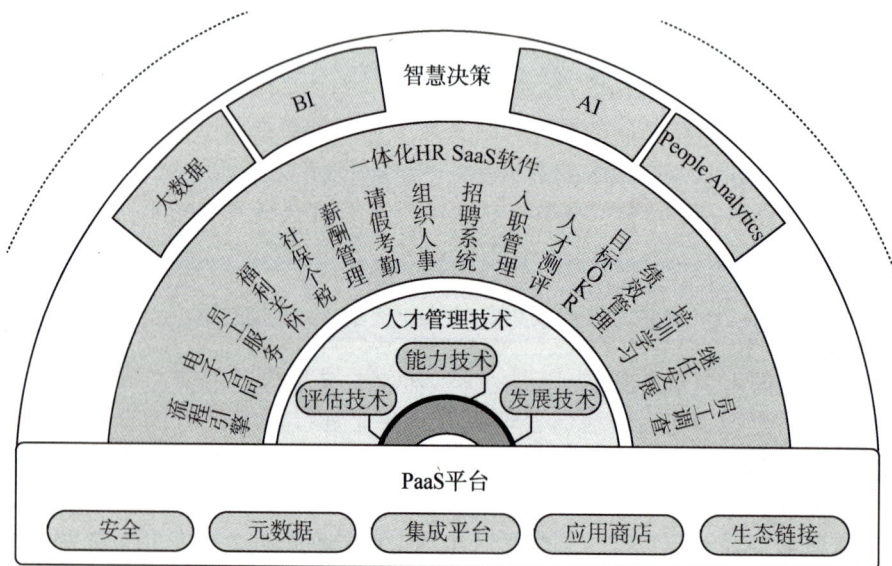

图 2-5　某公司 HR SaaS 一体化系统图

其次，当下正是人力资源管理走向人才管理的转折点，SaaS 软件厂商从一开始就把人才管理技术，包括能力技术、评估技术、发展技术放到了整个软件的核心，然后以 PaaS 为基础、人才管理技术为核心来构建一体化 HR SaaS 软件，涵盖了员工从投递简历、人才测评、入职管理、消假考勤、薪酬管理、绩效管理、继任发展、培训学习到离职的全生命周期。

最后，最上层构建了一个智慧决策层，包括做报表、BI、AI 分析等功能。新生代的 HR 产品会把 AI、机器学习引擎架构在平台层，收集到足够多的应用数据以后，就可以做出更多 AI 应用场景。

2. 招聘云

随着数字时代来临，招聘数字化趋势逐渐增强，招聘产品的用户体验成为关键考量因素之一。在员工全生命周期中，招聘与相关环节、场景的连接以及相应问题的解决成为招聘云发挥作用的重要场景。招聘云具备如下几个特点。

①对应聘者来说，系统界面与交互设计为使用者带来轻盈、高效、愉悦的感受。

②摆脱割裂，招聘迈入深度一体化。随着对招聘质量的强化考核与长线跟踪，以及对候选人体验持续改善的不断追求，招聘不再是独立模块的场景。人才吸引、甄选评测、面试、背调、录用入职、新员工学习等系列场景正在逐步摆脱割裂。招聘云的设计，融合了招聘全场景应用，引领企业招聘迈向深度一体化，做到招聘测评一体、招聘人事一体和人才数据一体。

③AI＋招聘，让企业招聘更智能。在新招聘云的重塑过程中，基于 AI 技术的招聘设计融合了 HR 人员常见并关注的智能化场景，辅助提升招聘效率、提高招聘质量、优化招聘体验。

智能简历解析：支持招聘网站进行文字、PPT、PDF 或图片等多格式简历智能解析，高效精准并能智能查重，这极大地减少了 HR 人员的简历录入工作量。

AI 视频面试（闪面）：基于语音语义解析和人岗匹配等 AI 技术，结合硬性条件和软性素质评测，打破面试时空限制，AI 多维度辅助分析候选人。

智能筛选：AI 可为简历中的教育背景、工作经验、技能特长等模块自动打标签，实现岗位画像与人才画像智能匹配，高效辅助简历筛选。

人才智能激活：基于人岗匹配模型，AI 智能推荐人才库匹配简历，外呼机器人自动激活候选人，实现人才库的闭环盘活。

应聘咨询机器人：在招聘官网中，应聘咨询机器人能 7×24 小时应答候选人的咨询，自动引导报名或投递简历，释放了 HR 人员的沟通压力。

④PaaS 平台加持，既可开箱即用，也能灵活扩展。招聘云是基于 PaaS 平台的最新技术而搭建的新一代招聘系统。在 PaaS 平台的支撑和加持下，一方面，系统预置贴合大部分企业业务的常见流程、模板、表单等，可以帮助大部分中小企业实现轻量实施、开箱即用；另一方面，针对在业务流程上有个性化需求的企业，可以在招聘后台对招聘流程、表单、模板、页面功能等灵活配置，满足企业多变的业务需求，同时基于低代码 PaaS 平台，快速实现定制化开发与应用，实现灵活扩展。

3. 数字化贯穿的全面绩效管理

全面绩效管理包括五个方面，分别是全面支撑战略、多元化绩效模式、全过程管理、多源评估和全方位应用（见图 2-6）。

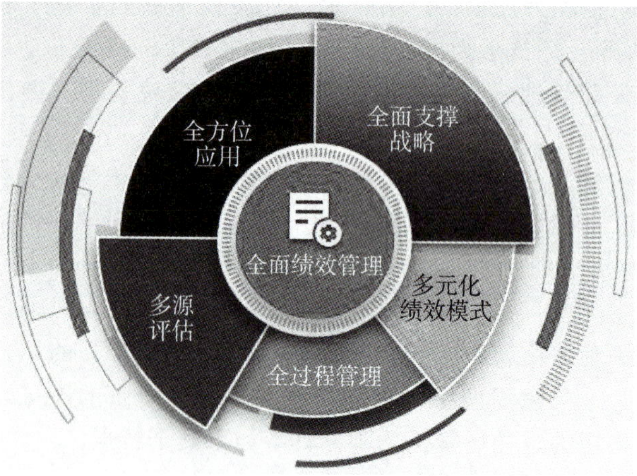

图 2-6　全面绩效管理系统

全面绩效管理主张员工必须准确理解企业战略和价值观，将个人目标与组织目标相结合；员工设定目标时需兼具工作任务目标和个人发展目标；企业可结合不同体系、业务或职能设置不同的绩效考核方案；主管需定期辅导员工或即时反馈，员工也应有主动围绕目标沟通的意识；企业应对员工进行周期性考核，既关注目标完成情况，又综合考虑能力、价值观等方面，评价维度更多元。数字化在全面绩效管理中起着贯穿连接的作用。

4. 全面智能化的人力资源管理

大多数 HR SaaS 开发商集人力资本管理的专家智慧、实践经验及数字化为一体，借助 AI、大数据、5G 等新技术，打造一体化 HR SaaS 服务体系，赋能企业发展。他们将数字技术与人力资源管理融合在一起，并在企业中进行推广。比如北森开发的 AI 产品"北森 AI Family"致力于通过人才甄选、自助服务、业务洞察、流程自动化等场景赋能，帮助企业匹配真正需要的人才，提升组织效能，助力科学决策。

（1）模拟 HR 行为，开启智能人才甄选

在人才甄选的场景中，AI 产品可以实现简历解析、人岗匹配、AI 闪面以及人才助手等功能，开启流程化、智能化、科学化的人才甄选。其中，简历解析基于深度学习神经网络架构，通过增强 NLP（自然语言处理）技术，从多种类的非结构简历文本中批量、快速、准确、稳定地提取基本信息、技能、经历经验等信息，形成结构化数据，让简历筛选更高效。而人岗匹配基于机器学习、自动建模和模型计算技术，结合测评数据，深度洞察人才技能、性格、社会关系、胜任力、品质等各项特质，与岗位职责要求匹配，同时学习并模拟 HR 人员的筛选行为，进行智能推荐与淘汰，并主动在人才库中激活匹配的人才。之后通过 AI 闪面，系统可以自动解构候选人的口语表达内容，预测其关键胜任力情况，并生成智能性分析报告，使候选人评价从量化研究转向质性研究。在此过程中，AI 人才助手还可以基于人才管理知识图谱，自动推荐岗位描述，并基于应聘者所做的测评和应聘的职位，推荐体系化的面试问题。人才标准的统一有利于后续横向对比筛选，让评价更科学、更精准。

（2）机器人自助服务，提升员工和应聘者体验

以"95 后""00 后"为代表的年轻群体对组织赋能、自身在组织中的参与度和话语权等更为关注。因此在企业数字化转型的过程中，收集员工心声与智能化服务变得更加重要。在员工自助服务中，应聘咨询机器人和员工服务机器人两大产品有着广阔的应用场景。前者对外，及时响应应聘者关于公司信息、岗位信息、招聘信息、福利待遇等方面的问题，提升应聘者体验，打造雇主品牌；后者对内，及时响应员工关于社保、公积金、HR 流程、财务、IT、行政等员工常规问题，并通过机器学习沉淀知识，提升工作准确率，最终赋能员工服务，释放 HR 效能，提升员工体验。

（3）洞察业务场景，实现流程自动化

智能化 AI 人力资源管理产品不仅要通过 AI 与大数据智能解决问题，还强调让数据主动预警。这些产品可以主动推送动态数据，而且主动提醒有关招聘、考勤、组织管理、员工事务等业务场景中的异常。同时，通过 AI 技术打造流程自动化组织，将 HR 人员从以往大量烦琐和重复的任务中释放出来，将时间和资源集中在高价值或战略性的任务上。比如，智能外呼机器人可以代替人工拨打电话，与人对话，激活企业存量人才，协助 HR 人员处理招聘事务等。在有效降低人力成本的基础上，帮助企业有效激活并开发人才，提升招聘工作的效能。

【拓展阅读 2-2】
格力电器校招
项目的转型之旅

而机器人通过自动化、智能化技术，将招聘系统内重复性高、价值低、无须人工决策的关键固定性操作转化成自动流程性操作，辅助企业 HR 人员进行高效招聘，提升招聘工作的准确性和效率。

2.1.5　人力资源数字化转型趋势

HR 部门只有洞察到数字化转型的趋势，才能提前做好准备，顺应数字化转型的潮流。以下数字技术中，部分技术已经成熟，需要进一步推广，从而让更多企业受益；有些技术则有待完善，可以在进一步更迭后助推企业智能化发展。

1. HR SaaS 云服务逐渐成为主流模式

国外大多安装版软件已经转移到了云端。以前在国内提供安装版软件的国外公司，已经开始推出并全力推广 SaaS 解决方案。原有部分购买了安装版的客户也不得不重新更换供应商。同时，由于看出了 SaaS 的商业未来，中国软件公司调配精锐力量专注研发 SaaS 软件，力图在这个领域有所突破，赶上并超过国外的优秀同行。

2. 人力资源管理一体化系统取代分散的单品

客户如果不是采购一体化的系统，而是购买多个软件并在不同的软件之间进行集成，最终的结果往往是不仅集成未达到预期，而且数据可能无法统一，所谓的人力资源数字化就变成了空中楼阁。一体化的系统不仅可以满足个性化需求，又涵盖了员工任职的全生命周期，不仅可以打通各个模块数据，进行整体分析，还能有较好的客户体验。

3. 模块功能的专业深度和要求与时俱进

数字技术促进各个模块功能的开发与实现，使人力资源管理技术更加贴近业务，更易于落地。数字技术助推了模块的专业深度。

4. 标准化与个性化融合矛盾逐步淡化

因为标准化的 SaaS 系统是基于客户个性化的 PaaS 平台而建立的，所以既能满足客户个性化定制的需求，又能做到规范管理和低成本运行。

5. AI、大数据、云技术正在重塑 HR 需求与应用场景

AI 及大数据是下一代 HR SaaS 的颠覆式力量。例如，智能机器人与 SaaS 系统的融合能应用于招聘流程的自动化、AI 简历解析、AI 人才面试助手、智能推荐面试问题等多种智能化场景。另外，使用云原生技术可以解决软件过时的问题，它具有敏捷迭代、快速免费升级、总体拥有低成本等特点。

6. 人性化需求愈加凸显

未来对解决方案的要求可能不仅需要提升员工体验，还要通过人力资源分析的应用，帮助人力资源部门对员工的需求和行为建立一个新的、更全面的理解。

7. 数字化人力资源管理的重要性与日俱增

考虑到目前的劳动力市场状况，适应数字化的人力资源运营对企业来说至关重要。今后的工作场所将更注重效率和参与。有了坚实的数字化人力资源战略和正确的工具，人力资源团队可以更好地装备自己，在劳动力市场上保持竞争力；在正确的时间吸引合适的人才；创造有吸引力的员工体验；提高员工的忠诚度；优化员工工作的时间和流程；获得时间、资源和成本节约的可靠投资回报率。

8. 人工智能的运用日益普及

【拓展阅读 2-3】
企业数字化转型
中的虚拟员工

随着数字技术的逐步发展，机器智能日渐强大并展现出类人(human-like)的外形甚至互动模式。ChatGPT 技术的出现更是给人工智能技术在人力资源管理领域的运用带来无限遐想。不论是网络上的智能客服，商场、医院、银行中的服务机器人，还是具有强大运算能力的机器学习算法，都体现了数字技术与人类功能和形态在一定程度上的等同性。更加令人瞩目的是，据《科技日报》2021 年 12 月 9 日报道，SpaceX 和特斯拉等公司的创始人马斯克已经在猴子大脑上完成芯片"无痕"植入。自 2022 年开始，马斯克旗下脑机接口公司 Neuralink 在人脑进行实验，截至目前实现人类首次接受脑机接口芯片植入，这是人与机器的进一步融合。脑机接口用于人类将对数字化人力资源的发展带来更多可能。

2.2 人力资源管理的数字化转型

2.2.1 数字时代人力资源管理的挑战

乌卡(VUCA)时代，充满易变性(volatility)、不确定性(uncertainty)、复杂性(complexity)、模糊性(ambiguity)的商业环境给人力资源管理的专业性带来了巨大考验。多数企业在组织与人力资源管理方面遇到了如下挑战。

1. 效率低下

人力资源管理流程长，节点多，HR 人员的事务性工作影响管理效率。这类问题在大中型企业中尤为突出。企业具备一定规模后，随着员工人数的增加，企业管理制度开始变得复杂，管理层级变多，这造成管理成本越来越大，边际效益递减。

以制造业为例，制造业企业的工厂分布广泛，工厂员工占比最大的是厂房工人。除了生产车间之外，每个工厂还需要给工人配备宿舍、食堂等生活区域，并配齐负责招聘、基础人事、薪酬社保等的各类 HR 人员以支持工厂运作，这是一个小型生态系统。工人的流动率高，HR 人员每天都疲于办理工人的入转调离手续，工作量大。同时，工厂缺乏流程化的工具，从员工信息录入到离职手续办理，全部要手工录入电脑，这不仅无法保证准确率，而且极其耗费时间。HR 人员始终处于工作饱和的状态且价值感低。对于企业而言，HR 人员结构冗余，大部分人在做应对合规性与流程化的事务性工作，不贴近业务本身，难以真正辅助企业发展。

2. 人才管理颗粒度粗，缺乏过程管理

如果业务部门想招聘某一职位的人员，只能找到 HR 人员或者直接对接猎头，再通过筛简历、排面试等流程，招聘进度慢，而且应聘者选往往无法胜任工作岗位。在人才挖掘和人才管理方面，越是知识密集型企业，越需要具备多维度能力的人才，HR 部门招聘到符合业务需求能力的人选难度越大。

硬性技能（hard skills）是"有"和"无"的判断，但越是高级人才越需要其具备更多的软性技能（soft skills），如管理团队的能力、横向沟通的能力、对业务的认知能力，这些能力是"强"和"弱"的判断。HR 人员除了在招聘时需要把能力维度切割得足够细，使人才画像更加立体之外，对软性技能的考核还需要一定时间的验证。而只靠绩效评定或者年度评定判断人才的能力，会产生很大误差，导致不能及时进行调整。导致这种现象出现的原因不是人岗不匹配，而是能力和岗位不匹配。目前 HR 人员缺少对于人才的过程化管理工具和方法，软性技能既无法精确地在招聘过程中被挖掘，也无法通过关键过程指标进行管理。

3. 绩效管理与实际业务目标不对齐

目前，多数企业绩效管理可能面临两个问题。

①对于正处于高速发展的企业而言，战略调整速度快，业务目标也随之快速变化。企业制定员工的绩效目标是为了企业整体业务目标的达成，员工的绩效目标应该和企业整体业务目标直接挂钩。但是目前企业的绩效目标一般是提前制定好的，并没有根据业务目标调整而变化，因此容易发生员工绩效目标达成，而企业业务目标却未达成的情况。换言之，在这个快速变化的时代，员工的绩效管理工作经常事倍功半，如何更及时地根据战略调整绩效是 HR 人员在绩效管理中需要解决的突出问题。

②绩效管理维度片面，无法全面考查和评判员工的业绩，这也是很多企业都面临的难题。企业的目标是业绩增长，但只围绕业绩指标进行绩效考核是远远不够的。绩效制定维度不足不仅会影响企业对人才能力的判断，更会影响企业业务目标的达成。员工绩效目标与实际业务目标产生偏差，会影响业务的推进速度，也影响员工的工作士气。HR 人员亟须调整绩效管理手段，让绩效管理充分发挥价值。

4. 组织抗风险能力差

组织抗风险能力差在新型冠状病毒感染疫情（以下简称"新冠疫情"）期间表现得尤为突出。新冠疫情对企业业绩增长造成严重影响的原因，一部分来自市场需求量的波动，而更多源于企业内部运营管理能力无法适应市场需求的变化。企业组织架构不够

灵活，当外部的压力传导过来时，企业无法快速调整内部运营方式。

在这些应急调整措施中，有一定比例的企业出现超额减员、超额增加灵活用工和超额薪酬调减的现象。与此同时，仍有一大部分企业没有及时对人员进行调整，这一方面是由于企业没有应对"黑天鹅"事件的经验；另一方面是由于企业在做组织管理时缺乏全周期的系统化、数据化管理，对于疫情下如何调整缺少数据支持的因素考虑得不够周全，疫情期间无法及时采取解决短期增长阻力的紧急措施。在"黑天鹅"事件不断出现的今天，企业需要更及时地响应各种突发事件的冲击，这就对组织的韧性和灵活性提出了更高的要求。

2.2.2 数字技术对人力资源管理模式的影响

数字人力资源技术正在改变企业与员工互动的方式。数字人力资源技术的核心是降低成本、改善运营和提升员工体验。随着公司争夺人才竞争的加剧，这些变得越来越重要。人力资源数字化转型的应用主要包括通过自动化处理重复、繁重的事务性工作节省时间和资源，优化员工体验，满足员工提高工作效率的需求；通过提供最大化人员数据和分析，优化商业决策等。

1. 人力资源管理的主要模式

目前，人力资源管理模式主要包括六大模块和三支柱两种模式，分别适用于不同发展阶段的企业，企业需要根据战略及业务发展选择适合的人力资源管理模式。

与三支柱模式相比，人力资源六大模块的管理模式更早被广泛应用，它是通过人力资源规划、招聘与配置、培训与开发、薪酬与福利、绩效管理和劳动关系之间的横向管理，来完成企业的人力资源管理与配置的。

而三支柱模式则是纵向管理模式，通过 HRSSC（shared service center）、HRBP（business partner）、HRCOE（center of excellence）三个层级之间的相互协同，服务于企业业务，优化人力资源管理模式，减少企业组织架构的冗余，再造组织能力。

无论是哪一种人力资源管理模式，HR 人员都需要数字化的系统工具辅助，以更高效地支持业务，增强人力资源管理与业务之间的协同。

2. 数字技术对人力资源管理模式的影响

随着数字技术在组织中的广泛运用，传统人力资源管理系统已经不能匹配企业的需求。组织业务板块的壮大以及外部环境的变化都给人力资源管理带来更大的挑战。人力资源管理信息化程度无法匹配新的组织形态和业务模式，成为制约人力资源发展的短板，也影响了六大模块或三支柱模式实施的效果。以三支柱模式为例，数字技术对人力资源管理模式带来的影响是革命性的。

人力资源共享服务中心（HRSSC）成为人力资源数字化转型的必经之路。HRSSC 可以承担企业全部的流程性事务工作，打造云端共享服务大厅，提供触手可及、优质高效的服务，使 SSC 彻底摆脱办公场所和地域限制，全面提升服务体验和客户满意度，提高协同效率，降低管理成本。在共享服务模式下，每一个业务子系统不再是信息孤岛，必须严格按照流程连接起来。只有这样，效率才能提高，流程才能固化，共享服务才能出效益。

HRSSC 的关键能力在于共享和服务，前者指对业务单元进行协调和整合，以实现跨业务单元的协同增效、规模效应和成本节约；后者则是根据市场原则，按照服务水平协议（service level agreement，SLA）为各业务单元提供支持服务。

人力资源业务合作伙伴（HRBP）作为一个扎根业务的人力资源管理者，首要任务是洞察业务问题和痛点，进行组织诊断、企业文化的建设、人才梯队的建设，最终实现组织绩效提升。数字化的平台为 HRBP 提供人才洞察、招聘、培训、绩效、调配等全生命周期人才管理工具，帮助 HRBP 更好地贴近业务、亲近员工，快速成长为合格的业务伙伴。数字化转型让 HRBP 从程序化、重复性的工作中解放出来，让他们有精力关注更重要的工作，如文化建设、体验感提升、组织赋能等。

人力资源专家中心（HRCOE）的职责是提供包括人力资源规划、干部管理、企业文化、人事测评、制度管理、培训设计、流程设计等方面的建议。HRCOE 团队要与HRBP 协同，帮助各条线解决人力资源管理方面的专业问题，指导 HRSSC 团队服务于各条线。

HRCOE 根据 HRSSC 及 HRBP 的数智化反馈，综合企业内外部环境，在数字技术的帮助下制定组织的愿景与使命、应用与目标一致的政策，并执行人力资源战略。

人力资源数字化转型的本质是以员工为中心，赋能个体，激活组织，创造人力资本价值的最大化，进而促进组织业务战略的实现。它为员工、高层经营管理者、人力资源管理部门、直线经理人、IT 部门都带来了不可估量的好处。对员工来讲，移动化、社交互动化、便捷自助服务带来更好的用户体验、更贴心的服务，这激发了员工的工作积极性，并牵引员工努力提升技能。对于企业高层经营管理者，他们能从 SaaS 中清晰地看到企业人才的经营效能，如人均效率、创收、利润等指标，也能一目了然地看到人才地图，清楚公司人才的分布及特征，便于做出更精准的决策。对于人力资源管理部门，SaaS 如同机械手一般，能够快速提升工作效率，不断提升专业性。对于直线经理人，可以通过 SaaS 实时监控、辅导和帮助自己的团队，洞察团队中的人才，更好地管理好自己的团队，提升管理效能。对于 IT 部门，在数字化转型的过程中引入云服务、HR SaaS 等平台可减轻自身工作负担。早先使用的 ERP 等系统需要经常更新维护，占用了大量的人工成本，而云原生技术的产生不仅节省了 IT 部门的人工成本，而且让系统更轻、更快、更先进，解除了 IT 部门的后顾之忧。

◎【课堂互动】

请同学们分析自己所在公司或熟知公司的人力资源管理模式在数字技术浪潮中所受到的影响。

2.2.3　组织数字化转型中人力资源管理者的角色

实现人力资源数字化转型需要全员思维及全员行动。这就好比高铁，每节车厢都有动力，把动力合到一起加速，速度才能达到高铁设计的要求。人力资源数字化转型需要企业全体员工达成共识，形成数字化思维，从而产生一种合力，一起向战略目标推进。所以数字化思维需要在企业文化的指导下，并由人力资源部门承担起以下角色，以实现企业数字化转型。

①人力资源管理必须与战略对齐才能最大化发挥价值。HR人员需要与高层管理者一起，根据组织内外部环境制定并执行企业战略，让数字化转型服务于企业战略。

②建立和公司战略相适应的企业文化，赋能组织，激活个体，建设敏捷又具备韧性的组织以应对未来的变化。人力资源部门应规划好阶段性目标，打造浓厚的企业文化，做好长期变革的准备。

③从结果导向管理转变到过程导向管理，要求HR人员更加主动地了解业务，并与业务部门实时沟通。同时，HR人员不仅需要具有解决问题的能力，还需要具有发现问题的能力，从人力资源角度帮助业务持续推进。HR人员需要建立与业务部门齐头并进的意识，多年来HR部门习惯于被动执行，缺乏主动意识。因此，从被动执行到主动服务的过程，需要HR人员快速转换角色。

④在引进数字技术前期，人力资源部门需要评估新技术对工作流程可能带来的改变，做好促进颠覆性新技术适应调整工作流程的预演，然后根据目标对员工技能、知识、能力的要求安排培训，让员工快速掌握新技术。事先进行评估分析有助于组织轻松过渡到新的数字技术运用。

⑤数字技术可以改变组织开展业务的模式，忽视实施这些新技术带来的挑战可能会造成重大损失。HR人员可通过预测潜在的变化提前研究布局，为利益相关者准备材料并向其传达信息和利益变化。通过提前预测，打造灵活性组织，可以降低潜在的风险，减少企业损失。

⑥数字化转型不是引进一套系统就能解决问题的。系统是工具，而如何正确地使用工具，使工具变成利器，为企业发展保驾护航是每个人力资源工作者应有的核心能力。每个组织具有自身特点，HR人员要从企业业务特点出发善用工具，不可生搬硬套，也不可过度依赖工具，要始终清楚人才是企业的核心价值。

⑦随着事务性工作的减少，未来HR人员将进一步优化。管理模式的升级必将带来人员职能乃至组织职能的迁移。人力资源部门的数据采集、数据计算、数据统计等基础性工作将被人力资源管理数字系统逐步替代，HR人员可以将精力重点放在围绕业务目标进行的人才管理和组织发展方面。因此，HR人员应具备更专业的人力资源管理能力，这也对HR人员提出了更高的要求。

2.2.4 数字化人力资源转型前的评估

在数字化转型前，HR部门要做多方面的评估，做到有的放矢，避免给企业带来巨大风险。

1. 对组织战略的评估

引进新技术并不是一件简单的事情。HR部门需要对将要遇到的阻力水平和总体人力资源技术战略进行评估。

人力资源技术战略独立于组织战略，却建立在组织战略之上。首先，HR部门必须制定、执行政策和实践，以提高员工的能力和行为，并实现组织的战略目标。其次，HR部门必须使数字技术与组织战略保持一致，并支持所需的员工能力、技能和行为。这就是HR技术战略极为重要的原因，它既是HR技术选择的蓝图和路线图，又是支持组织战略实施的关键。

与组织战略一致的人力资源技术战略需要包含以下内容：

①组织当前的宗旨与使命宣言；

②组织未来目标的愿景声明；

③人力资源技术目标及详细信息；

④如何实现人力资源技术战略目标的定义；

⑤衡量人力资源技术战略目标达成的方法；

⑥对实施人力资源技术战略所需资源和措施的详细说明；

⑦完成目标的时间表（通常为 3～5 年）；

⑧人力资源技术战略的年度评估和调整（如有必要）。

2. 对组织内障碍的评估

人力资源专业人员、高管、经理、战略规划师、变革推动者、行政专家及普通员工，都可能既是数字技术的拥护者，也有可能有意无意变成组织数字化转型中的绊脚石。随着越来越多的数字人力资源技术的出现，组织文化及其对新技术的态度变得越来越重要。评估组织对新技术的准备情况是人力资源部的责任。

麦肯锡的一篇由朱莉·戈兰（Julie Goran）、劳拉·拉贝吉（Laura LaBerge）和拉梅什·斯里尼瓦桑（Ramesh Srinivasan）撰写的调查报告《数字时代的文化》，为评估组织对新技术的准备情况提供了深刻洞见。组织在转型前首先需要确定有哪些障碍，然后思考如何克服它们。

（1）职能和部门孤岛

职能孤岛代表了三位作者所说的"员工的狭隘心态"。因为员工不愿分享信息和跨职能协作，导致在组织内部形成职能和部门孤岛。孤岛在组织中已经存在了几十年，之前可能并不那么碍眼。但在新时代，它们的存在阻止了组织支持和投资对业务受益的人力资源技术。这种狭隘的观点可以通过一些简单的方法来克服，例如制定日常管理工作轮换、多学科团队构建、数据透明度和知识共享政策等。

（2）害怕冒险

注重规避风险的组织往往缺乏创新。但冒险不代表鲁莽地大规模实施数字化转型项目。相反，它应该允许组织在风险可控的状态下小步试错。为一线员工提供处理问题的工具，培养其决策能力，可以更好地对抗和规避风险。

（3）缺乏以客户为中心的心态

缺乏以客户为中心的心态也限制了新技术的采用。当客户至上的理念深入人心时，管理层被迫提供工具以精确地为客户提供服务。这些工具应该能够收集和分析有关客户兴趣、偏好和需求等方面的信息。以客户为中心的经营理念需要组织投资提供卓越客户服务所需的技术和工具。

3. 对 HR 部门自身能力的评估

人力资源数字化转型需要大胆的新领导方式，这种方式不是以往看到的自上而下专制的领导风格，而是真实的、协作的、变革性的和鼓舞人心的变革型领导。HR 部门必须做出会影响组织财务状况的决策。负责 HR 部门工作的总监应该制定政策，使用最佳业务实践和可以衡量的积极成果来展示自身的价值。

缺乏对数字人力资源技术的了解不应阻碍 HR 部门负责人的领导力发展。相反，

HR部门负责人应当接受领导角色并与信息技术部门及其他业务部门一起寻找最佳解决方案。在决策和技术选择过程中，HR部门负责人必须与业务部门、员工和IT专业人员合作，具备这种能力的领导需要有谦逊和热爱学习的特质。为了形成并支持他们的决策，人力资源部门主管领导必须时刻从国内外同行、咨询机构、竞争对手中寻找信息。HR部门必须用愿景激励他人，并展示所选择的技术如何赋予员工权利。

随着人力资源技术的快速发展，企业对HR人员的能力需求也发生了变化，更需要HR人员具备与技术相关的技能。例如，HR SaaS平台的出现，要求HR人员必须具备甄别平台技术的能力，并根据平台中的信息做出分析决策。这种技能包括了解如何使用大数据为人力资源决策提供信息、发现系统漏洞以及提出建设性意见的能力。HR人员必须具备最大限度地发挥这些技术内在价值的技能和能力。

另外，数字技术的推广涉及与高层经营管理者、直线经理人、员工、服务提供商等多个关键岗位的业务交流，这就要求HR人员具有很强大的沟通能力。数字技术给HR人员增加了机遇与挑战，如果使用得当，可以提高HR个人、团队、部门和组织的效率。

2.2.5 实现人力资源数字化转型的目标、步骤与阶段

人力资源管理与数字技术的结合已成为席卷全球的浪潮。与互联网产品开发类似，做好人力资源的数字化转型，同样需要具备产品思维。HR部门应对转型目标坚定不移，而且要清晰地规划好实现目标的路线图。

1. 明确实现人力资源数字化转型的目标

人力资源数字化转型正在改变企业内部的运营方式。依靠人工记录及纸质化的人力资源流程的时代已经一去不复返了，取而代之的是数字化工具和前瞻性的人力资源团队。人力资源数字化转型本质上是采用数字化人力资源工具和战略，通过数据驱动的自动化实践来改善员工体验和提高运营绩效的过程。企业人力资源数字化战略可自行开发方案，也可与咨询公司合作制定方案，通过这些方案来协助实现既定的转型目标。

人们普遍认为，数字化转型是将一系列数字化工具引入公司的实践操作，但其实数字化转型更重要的是以人为本。它通过使用数字化工具来改善员工、客户和用户流程，达到的最终目标是"3E"，即提升企业的效率（efficiency），提升员工的体验（experience），改变企业与员工之间的情感连接，加强企业和员工的黏度（engage）。

2. 实现人力资源数字化转型的步骤

实现人力资源管理的数字化转型，包括以下三个步骤。

第一步，人力资源数字化计量（HRM metrics）。计量化解决的问题是把零散的日常发生的有关人事管理的数据标签化，并将它们进行结构化的数字存储。在企业里建立一套结构化的数据点和数据簇，让新增的人才数据积累成企业的数字资产。每位员工都被分配到一个数据账户，每个人产生一个数据标签，形成人才画像。员工的各个关键行为将转化为数据，不断地积累并存储在数据库中，并根据需要进行可视化呈现。

第二步，人力资源分析（HRM analytics）。有了数据之后，基于组织的管理场景和需要解决的管理问题引入相关算法及统计方法，然后找寻、挖掘数据和数据之间的关

系，对数据进行分析。人力资源分析为管理奠定坚实的实证基础，这提高了管理手段的可靠性和有效性，管理者可以通过反复迭代、升级管理手段与管理机制，最终用实证方法寻找规律，推动管理的循证优化。

第三步，人力资源智能化（HRM intelligence）。HR SaaS 等人力资源智能化的管理工具已经深入人力资源管理工作之中。比如，很多跨国企业和人力资源咨询机构已经开发了智能招聘系统，通过智能算法可以筛选出最合适的简历进行面试。面试的过程也通过线上的平台，系统甚至可以通过分析应聘者的微表情和简历数据的拟合程度等给出分析结论。在人才的盘点和考核上，基于数据对人才进行评价、考核、鉴定等更加有的放矢，员工画像更加精准，后续配套的激励和开发工作也更有针对性。另外，在培训端有很多企业把培训资源共享化和平台化，通过智能化的工具精准推送给不同层次、不同工作领域的员工，让他们都能够通过移动端或 PC 端实时获得最有利于提升工作能力的精准推送。所以，通过开发和使用智能化的人才管理功能产品、系统及云服务，能够提升人力资源的智能化水平，在为企业的决策提供支撑的同时，也能够在数据中发掘潜在规律，着眼现在并预见未来。

3. 人力资源数字化转型的关键阶段

人力资源数字化转型不是一朝一夕的事情，不仅需要投入大量的时间精力，也需要一定的策略。但是，实现数字化飞跃也不是看上去那么令人生畏。在一定程度上，数字化转型也是有章可循的，并体现出阶段性的特征。从客户体验的角度来看，人力资源数字化转型大体需要经历以下六个关键阶段。

①一如既往的业务模式：组织以传统的思路开展客户、流程、指标、业务模型和技术的运营，并相信它仍适用于数字时代。

②提出和参与：开展一些探索性的实验举措，这些做法虽然不尽相同，但目标都是为了改进和放大数字化的触点和涉及的流程，帮助整个组织内部开展数字化扫盲和提升员工创造力。

③正规化：随着有价值的产出和数字化能力的提升，接下来的实验变得更有目的性，相应举措变得更加大胆。随之而来的是，变革推动者会寻求对新技术和新资源的更多支持。

④战略化：数字化转型提升到战略层次，企业在制定新战略路线图的努力中不断研究、实践、交流不同见解，以定义数字化转型的权责、行动、投入的计划。其间，各个团队将认识到协作的重要性。

⑤融合：成立专门的数字化转型团队，根据业务和以客户为中心的目标指导战略及运营。随着推动变革的角色、专业知识、模式、流程和体系的固化，企业的新组织形式逐步显现。

⑥创新与适应：随着企业高管认识到变化是永恒的，数字化转型催化出了一种应对新业务的方式。为了识别和应对新技术和新市场的趋势变化，新的业务生态应运而生。

【拓展阅读 2-4】
企业数字化转型
面临的四大挑战

2.3 技术带来的管理及法律问题

2.3.1 管理问题

企业人力资源管理数字化转型过程布满荆棘，可能会面临以下管理问题：

①缺乏明确的数字化转型战略或目标；

②相关利益方对数字技术的抵制；

③组织高层对数字化系统建设的重视程度不够，相应的投入不足；

④组织内部人力资源管理体系不够完善；

⑤人力资源管理系统各个模块之间数据的连接度低；

⑥人力资源管理系统与其他业务系统之间的连接度低；

⑦人力资源数字化能力与数字化人力资源管理产品市场供应的不对称性；

⑧人力资源部门缺乏解决问题的应变能力。

这些问题很普遍，解决这些问题需要企业 HR 部门营造进行数字化转型的紧迫感，同时也需要 HR 部门提高应变能力。HR 部门需要快速提升自己的技能并扩展视野，从而跟上技术趋势和实施的步伐。

【拓展阅读 2-5】
GE 数字化转型
历程与反思

哈佛商业评论(Harvard Business Review)网站的调查报告显示：企业数字化转型失败率高达 78%，此调查量化了企业数字化转型的难度。该报告同时显示，成功与否的关键在于公司能否让员工参与进来。学者们经仔细研究 28 家最成功的转型公司，发现其具有六个方面的共同特征。

员工薪酬：与类似规模的公司相比，这些员工的薪酬更高；

员工股票期权：与类似规模的公司相比，这些公司的员工获得了更多的股票期权；

员工满意度：这些公司的员工在工作中表现出更高的满意度；

多元化和包容性：这些公司采用注重公平的招聘方式；

女性经理：这些公司雇用更多女性担任管理职位；

女性员工：这些公司的女性员工占比较高。

2.3.2 风险与挑战

数字技术在给企业带来飞速发展的同时也可能带来一些潜在风险，需要引起管理者的重视。

1. 伦理问题

所有数字技术必须要在承诺对用户及员工隐私安全的保障后才可实施。相关企业必须遵守商业道德，否则可能导致严重的伦理问题，并可能引起舆论风暴。这不仅会让企业文化受到质疑，员工心理契约严重受损，而且可能给企业的经营带来不可预估的风险。

2. 弹性用工与劳动权益保护

企业用工弹性化与灵活化涉及就业稳定性、就业质量下降率、劳动权益保护复杂度等问题。数字化的力量结合互联网平台的灵活用工，导致传统的二元式的雇佣关系变得更加复杂。这对就业稳定性、就业质量以及员工的劳动权益保护提出了更高的要求，也带来了一些潜在的挑战。比如很多平台与企业有用工合作，平台与员工通过App建立联系，这种情况下假如员工出现工伤，那么用人单位跟平台容易相互推诿责任，损害劳动者的权益。

3. 各类评测、评估算法中的歧视

HR部门在招聘甄选人才时，使用智能化软件工具和算法进行测评有可能产生算法的歧视和偏见。美国一家著名的电商公司很早就推出了用来筛选简历并判断应聘者匹配度的人工智能，经过一段时间的数据验证发现，使用人工智能以后，女性员工的占比较低。后来据媒体披露，该系统自动过滤了女性的应聘简历。

4. 信息茧房效应

很多信息平台基于用户过去的浏览数据，精准把握用户的浏览偏好，从而不断地推送与其过去浏览信息相关的信息包围用户，这种现象称为信息茧房。比如，企业在线上培训时，通过一些算法分层分类地针对不同职业周期的员工，为其精准推送学习资料。这虽然提高了培训的精准性，但也是一种信息茧房，它只让员工学习它认为应该学习的资讯和信息，在某种程度上阻碍了员工的全面发展和视野拓展。

5. 监控资本主义

2014年，哈佛大学教授肖珊娜·佐伯芙（Shoshana Zuboff）找到一个词为压迫她许久的权力命名——监控资本主义。她给监控资本主义下的定义是，利用数据产品帮助信息技术公司预测人们未来的消费行为，从而有针对性地投放广告和商品，实现这些数据产品潜在的商业价值，从中获得巨额收益。她解释说，"事实上，你连产品都不是，你不过是一个被用完即弃的残骸而已。"按佐伯芙的说法，监控资本主义剥削了被监控者的数据价值，所以必须反抗。另外，未来数据点无处不在，即时监控的摄像头可以收集各种信息，包括员工每天日常的言行信息、E-mail、线上即时通信信息。假设没有一些规制及规范的管理，数字创新反而可能变成一种更强的数字牢笼。

6. 工作生活界面模糊问题

移动端连入智能工作平台穿透并模糊了员工工作与生活的界限，这就导致员工在非工作时间还能收到新分配的工作任务，这些功能让员工超额付出并遭受超额剥削。

7. AI带来的大量结构性就业替代

数字技术及AI，包括未来有形机器人的应用将越来越多，这很可能带来大量结构性就业替代，导致社会就业结构改变，失业和技能转换再造的问题将变得越来越突出。大多数人因为这些现实而担忧，正经历因期望与现实断裂而造成的焦虑和身份迷失。

8. 数据确权问题

数据确权问题越来越引起管理者的关注，在欧盟出台相关法律后，我国也于2021年9月1日起开始施行《中华人民共和国数据安全法》。另外，口语化也需要探讨将来有没有可能实现一种基于数据确权的更广泛的共同分享机制。无论是社会分配机制，还是企业级的一些分配机制，都需要数字化共有机制的创新，需要从实证上以及实践中去不断地探索、探讨和创新。

🔵 **【课堂互动】**

1. 伦理问题

据《每日经济新闻》2022 年 2 月 13 日报道，某检测系统可根据员工上网记录等信息提供员工离职倾向的详情报告，相关信息包含员工姓名、所属岗位等内容。同时，监测系统还能够检测到员工访问求职网站的次数、聊天内容和搜索离职相关关键词量、所申请的职位、投递时间以及简历投递次数等内容。此举遭到了员工的抵制，对企业文化造成了极大的损伤。

2022 年 4 月 15 日，美国《华盛顿邮报》网站刊发的题为《乌克兰扫描俄罗斯阵亡人员面部并联系其母亲》的报道称，自俄乌冲突爆发以来的 50 天里，乌克兰官兵已经对俄罗斯阵亡或被停士兵进行了 8 600 多次面部识别搜索，通过扫描来确定尸体身份并联系了数百名俄罗斯人的家属，通知了他们的死讯，包括向家属发送被遗弃尸体的照片。这可能是迄今为止人脸识别技术最令人毛骨悚然的一次应用。

要求：阅读以上两则关于数字技术带来的伦理问题的材料，发表你对此类问题的看法。

2. 监控资本主义的剥削行为及消费行为预测

随着 Google 基于搜索引擎数据的定向广告投放模式的出现，用户行为的秘密被大数据资本家发现了。Google 定向广告的模式是通过对该公司所收集的大量用户数据进行分析和运算，计算用户点击率的规律，在此基础上形成未来用户点击率的预测，并有针对性地投放广告，以增加在线广告的定向精准性。这一基于数据收集和分析基础的定向在线广告模式取得了巨大的成功，2001—2004 年 Google 的利润实现了 3 590% 的增长。Google 的成功打开了大数据经济的大门。能够获得广泛用户数据的互联网企业，可以利用这些数据获得巨额的利益。用户在互联网平台或网站上留下的大量行为数据，包括搜索、浏览记录、逗留时长以及回答平台的调查问卷等绝大部分数据被平台无偿占有，成为大数据产业链的原材料。

大数据企业开始扮演"无所不在的技术上帝"的角色，它能够收集庞大的、囊括社会系统运行多方面的数据，通过对这些数据进行总体分析，大数据企业可以对人、事、物未来的发展状况做出准确预测。典型的案例包括 Google 地图通过智能手机内置的传感器对城市交通中驾驶人的驾驶速度、所处街道、驾驶习惯、常去的饭店以及活动半径等情况了如指掌。通过对驾驶人行为的了解，Google 地图就可以和汽车保险公司合作，根据驾驶人发生事故的可能性差别化地制定能使保险公司利润最大化的保险政策。

要求：阅读并思考，你有没有亲身感受到数字技术带来的剥削或对消费行为的预测。

2.3.3 法律问题

2022 年第 2 期《求是》杂志发表的习近平总书记重要文章《不断做强做优做大我国数字经济》指出："我们要看到，同世界数字经济大国、强国相比，我国数字经济大而不强、快而不优。还要看到，我国数字经济在快速发展中也出现了一些不健康、不规范的苗头和趋势，这些不仅影响数字经济健康发展，而且违反法律法规、对国家经济金融安全构成威胁，必须坚决纠正和治理。"

企业在形成数据思维的同时，也要增强法律意识以应对风险和挑战。HR 部门应该联合法务部门对组织如何达到法律和法规规范性提出意见。在某些情况下，需要对公司政策进行修订。HR 部门要清楚知道相关法律政策如何影响组织的发展。为了成功实施数字化转型，跨国组织需要审查并确定相关国家的监管要求并确保组织遵循东道国的相关法律准则。例如，一些国家的版权法相对模糊，而美国的版权法则有明确的概述。因此，如果组织位于美国，应遵守美国版权法。

我国在数字经济发展初期，由于用户的个人信息保护意识及相关法律法规意识相对较弱，使得厂商收集到了大量数据，大型平台更可能也更容易滥用用户数据，在制定价格时对消费者实施不公正对待。在数据算法方面，算法推荐技术正频频遭遇"算计用户"的诟病，人们对收集数据、用户画像、区别对待的大数据"杀熟三部曲"质疑频频。如果一个企业的商业模式违规，那么其无论是在日常经营、融资阶段还是随后的境内外上市过程中，都将存在巨大的风险。所以 HR 部门还需要协助企业完成商业模式的合法性、合规性、合理性论证。

合法性论证，是指通过对商业模式全过程的合法性进行分析，排除和调整其中违反法律、法规明确规定的环节和内容。

合规性论证，主要是基于商业模式是否符合有关规范性文件的要求、是否符合行业规则和行业指引的论证。

合理性论证，主要是基于商业环节、商业层级、特许经营与加盟、组织架构、商业规划等是否合理等方面的论证。

影响我国数字技术及数据合规的主要法律文件梳理如下：2017 年 6 月 1 日，《中华人民共和国网络安全法》实施；2018 年 7 月 1 日，国家标准《合规管理体系指南》正式发布；2018 年 5 月 25 日，全球最严的个人数据保护法——欧盟《通用数据保护条例》(GDPR)生效；2018 年 8 月 31 日通过的《中华人民共和国电子商务法》强化了个人信息保护；自 2021 年 9 月 1 日起施行的《中华人民共和国数据安全法》；自 2021 年 11 月 1 日起施行的《中华人民共和国个人信息保护法》；为规范互联网信息服务算法推荐活动，自 2022 年 3 月 1 日起，国家网信办等四部门联合发布的《互联网信息服务算法推荐管理规定》正式施行，这是我国首个具有针对性的互联网信息服务领域算法推荐规章制度。算法新规将维权逻辑由结果导向变为过程导向，将监管逻辑由事后监管调整为事前、事中监管，更注重全流程合规。从全球范围看，其中的算法权利体系是中国首次提出的，在其他国家的立法中尚未出现。

虽然我国法律体系越来越健全，但随着网络犯罪的增加，国家之间的不同法律问题变得越来越重要。由于发展中国家针对网络犯罪的法律通常较少，而且执法部门往往侧重于与技术无关的犯罪，因此网络犯罪分子的活动更加自由。由于未能立法或执行与技术相关的法律，欠发达国家可能会无意中为网络犯罪分子提供避风港。这要求HR 人员及企业管理者牢记这些问题并制定最佳策略以保护机密数据，也说明了企业(尤其是跨国组织)熟知不同国家技术相关法律的重要性。此外，了解全球范围内每个国家的文化习俗对于组织技术的成功起着至关重要的作用。最后，分析组织内的特定文化以及新技术将对目标受众产生的影响也有助于 HR 人员为应对技术举措做好准备。

🎬 本章小结

本章首先介绍数字时代产生的几种典型技术，以及这些技术如何与人力资源管理相结合来提升管理能力。并进一步介绍了数字人力资源技术在公司业务中的各种融合场景及实际应用，描述了数字化人力资源管理发展的几个阶段及其趋势与展望。其次通过列举数字时代人力资源管理面临的诸多挑战，分析数字化转型对人力资源管理模式的影响，让读者认识到数字化转型的好处、在人力资源转型之前需要做什么准备工作、如何实现人力资源数字化转型，以及员工在人力资源数字化转型中起到什么作用。最后梳理了企业人力资源管理数字化转型中可能遇到的管理问题、面临的风险与挑战以及相应的法律问题。

🎞 复习思考题

1. 列举几个数字技术与人力资源管理融合的场景。
2. 数字技术对人力资源管理模式带来什么影响？
3. 数字化人力资源转型中，人力资源管理者应该承担什么角色？
4. 企业人力资源数字化转型前需要做哪些评估工作？
5. 如何实现人力资源数字化转型？
6. 组织数字化转型时可能会面临哪些问题？如何应对？

⚛ 案例分析

扫一扫，看资源

平安人力资源数字化转型

第3章　变革导向的人力资源战略

【学习目标】

➤掌握组织变革失败的原因

➤了解组织变革的过程

➤掌握员工支持组织变革以及自主变革的途径与方法

➤熟悉变革导向的人力资源管理实践

【关键术语】

组织变革、组织惯性、学习型组织、主动性行为

开篇案例

飞书：字节跳动 B 端崛起的幕后功臣

2020 年的调研报告显示，字节跳动营收达到 2 400 亿元。然而在互联网 C 端流量增长见顶的背景下，用户增速减缓，红利逐渐消退，字节跳动因而逐渐把目光投向 B 端这块待挖掘的金山。

从时间上来看，字节跳动早在 2015 年左右就开始入局 B 端市场，到了 2018 年，先后投资或并购了石墨文档、坚果云、朝夕日历、幕布、蓝猫微会等，分别对应了企业服务领域中的文档协作、企业云盘、日程管理、笔记应用、视频会议等场景。

通过一系列的投资，字节跳动在短时间内就组建了一支企服团队。其中，朝夕日历创始人程昊、幕布 CEO 王旭在企业被收购后，都加入到其协同办公软件飞书（Lark）旗下并负责相关业务。通过飞书文档、飞阅会、飞书妙记等功能，飞书用工具将协作效率做到极致，助力团队提效与组织升级。

飞书从后台走向前台，不仅是因为技术的成熟，更重要的是远程协同办公的风口已经出现。

早在 2020 年初新冠疫情暴发之前，随着企业数字化转型工作的开展，远程办公市场就已经开始了高速增长。2019 年远程办公软件市场的规模已达 290.2 亿元。随着新冠疫情的暴发，大量企业被迫寻求远程办公软件，作为线下办公的临时性替代方案。最初远程办公主要用于视频会议，解决开会问题。然而，疫情的持续时间超过了乐观的预期，大量企业纷纷延长了远程办公的时间，一时之间，远程办公成为企业新的"刚需"，远程协作软件开始迅速崛起。

随着企业应用远程办公软件的逐步深化，从最初的远程会议，到现在的文档协作、项目协同，企业发现，无论是否远程办公，运用协作软件都可以更高效地完成工作。

脸书(Facebook)、推特(Twitter)等公司甚至宣布，允许部分员工永久在家办公。

案例来源：《飞书：字节跳动 B 端崛起的幕后功臣》，https://www.shangyex-inzhi.com/article/4220540.html，2021-09-23。

思考与讨论：

从最初的今日头条，到后面的抖音、西瓜视频、懂车帝、皮皮虾、飞书等，字节跳动一直在飞速地成长，营业收入也一直呈现出倍数级增长的趋势，每年都保持超过200％的增长率。回溯字节跳动一路走来的超高速增长之路，其迅猛发展背后的引擎是什么呢？

推动人力资源管理的数智化转型是企业把握时代潮流、实现高质量发展的必由之路。本章将从两条主线展开：首先，围绕自上而下的由管理层发动的组织变革来介绍其失败的原因及对策，包括如何进行设计、如何获取员工支持等；其次，围绕自下而上的由员工发动的工作变革来介绍如何激励员工主动地采取行动。通过本章的学习，读者将对如何在数字时代发动变革，如何让员工支持变革以及如何让员工自主变革产生更深刻的认识。

3.1　组织变革的失败

组织变革(organizational change)是指组织根据内外环境的变化，对组织结构、组织文化、技术水平、人力资源、作业流程等内容进行适当调整、改进和革新，从而适应客观发展的需要，以更好实现组织目标的过程。由于内外部环境变动持续存在，为了适应这些变动，组织变革已成为企业管理中的一项重要活动。通过适当变革，企业能够提高风险应对能力，提升自身竞争优势。但对于绝大部分企业来说，组织变革的结果并不如意：尽管投入了大量人力、物力、财力等资源，却收效甚微；流程、架构、激励等在不断改进，员工士气却依旧低迷，公司陷入了进退两难的境地。

例如，天长保险浙江公司在市场竞争加剧、价格战愈演愈烈的环境下，定下了"规模、品牌、效益"有机协调发展的基调，以"做强"为目标，高举变革大旗，通过人事政策变动、组织架构重组、流程改造、激励优化等一系列自上而下的变革，试图改变传统的增长方式，建立价格优势和价值优势。然而，变革措施一旦推行到下面，犹疑、顾虑层出不穷，矛盾、冲突出乎意料。最终，大拳落在了棉花上，改革变成了改良，设想成了过场。[①]

3.1.1　组织变革失败的原因

组织变革失败是指组织变革无法达到预期的目标、阈值、愿望或期望的结果，从而导致组织所有权中断或正式破产的现象。常见的组织变革失败的原因有以下几种。

[①]　许小东、朱庭芝：《天长保险浙江公司的组织变革路在何方?》，中国管理案例共享中心，案例编码 OB-0117，2014。

1. 变革行动前的问题

（1）变革时机选择

在决定发起组织变革时，领导者通常面临一个悖论。一方面，他们需要有力的数据来证明转型或者变革是必要的，表明公司已经处于需要变革来促进自身发展的情境；另一方面，如果已经有足够的数据或充分的信息表明市场正在发生天翻地覆的变化，那此时可能已经错过了变革的最好时机。这就是信息-行动悖论（见图 3-1），即公共数据和行动自由是负相关的。市场上能够获得的公开数据越多，采取行动的自由度就越低，因为其他人也看到了同样的机会和风险，并很有可能提前做出了反应。

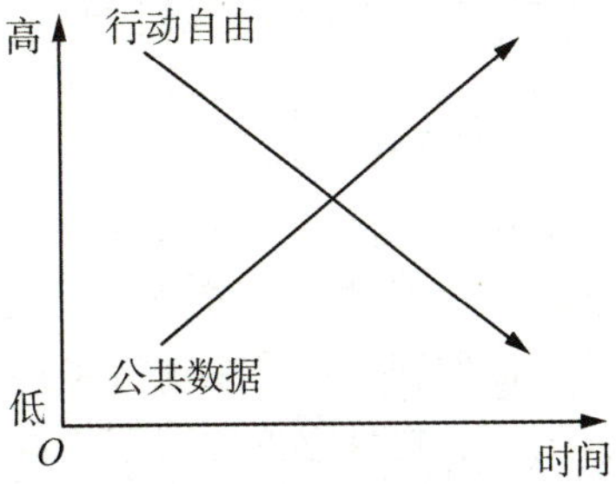

图 3-1　信息-行动悖论

每个公司的信息门槛不一样，选择变革的时机也不同。在小型公司中，人员关系与利益链较为简单，因此可以在信息较少的情况下采取行动。但是，在大型组织或老牌企业中，高管需要更多的信息来说服自己和股东以及其他利益相关者，因此需要等待足够强的信息出现。但无论是复杂的大型组织还是简单的小型企业，大胆的行动都是必要的。管理者需要把握好组织变革的时机，顺应环境，勇于变革，否则就有可能错失先机。

（2）组织变革设计

在变革行动之前要设计组织变革的方案。领导者不可能事前就预计到所有的情况和问题，尤其是在瞬息万变的数字时代。但是，变革必须与组织的实际情况、外部的市场环境等相匹配。这时候，需要有一个既有一定前瞻性，又有一定说服力的科学、系统的框架来指导变革设计。然而大多数的组织变革方案在科学性上缺乏充分的调研和论证，内在逻辑关联性不明确，因此在实施时很容易使员工觉得摸不着头脑。在系统性上，不能将多项变革措施有机整合起来、相互协调促进，反而给人东打一枪、西放一炮的感觉，这使得大部分变革的设想最终都成为一纸空文。

2. 变革行动中的阻力

（1）未能达成共识

面对自上而下的组织变革，大部分员工在变革初期都会有抵抗心理。一方面，人们对自己长期从事的工作有一种熟悉感和安全感。而变革意味着员工需要走出舒适区，改变已经熟悉的工作习惯，重新学习、适应新的工作与行为方式。这会导致心理上的失衡与安全感丧失。另一方面，员工与管理者对于变革是机遇还是风险这一问题的理解也不同，通常难以形成统一的认识。这种认识上的差异性会使人们产生对变化、改革的焦虑与恐慌，最终导致抵制行为。

（2）损害员工利益

从经济利益角度出发，组织变革往往会直接威胁到员工的经济利益、社会地位、组织权威、个人发展等。一方面，员工可能会担心自身的技能和知识无法适应组织变革的需求，从而视组织变革为威胁，对变革持否定与抵制态度。例如，企业的数字化转型推动了人工智能、移动设备等新兴技术在一些标准化、可重复、常规基础性、操作难度低的工作中的应用，但也给相关员工带来了较大的风险和不确定性，容易引起员工的抵制。另一方面，组织变革通常会导致组织内群体的结构、关系变化，打破现有组织结构，对涉及部门和员工个人的利益进行重新分配，从而导致员工产生抵触心理。

(3)实际执行力弱

公司在确定了变革方案后，理应调动起一切内部资源，动员所有的员工，为变革做好准备。但是，通常来说，底层员工只能被迫执行，行动力自然大打折扣。对参与程度较低的变革，员工更有可能会消极应付甚至抵制组织变革；而对于自己亲自参与出谋划策、提供意见的变革，群体会相对容易接受并支持。另外，公司的中高层管理人员未必会积极地参与变革。如果他们对公司战略意图的理解不清晰，没能与战略目标及高层管理者的行为保持高度一致，没有意识到变革的重要性和紧迫性，存在投机心理、侥幸心理等，没有能够发挥连接公司上下的桥梁作用，就会导致战略执行不力。最后，高层领导也会因变革的前途未卜，以及有可能导致的矛盾激化等阻力而犹豫不决，或者表面上、言语上赞成，实际上消极、被动甚至反对，战略执行力必然受到削弱。

3. 变革行动后的维持

(1)组织惯性的存在

组织惯性是组织运行过程中固有的内在属性，其中，认知惯性即固定思维模式，这是认知有限理性的结果；结构惯性指组织结构、制度规范、机制体制等方面柔性较低，难以协调、变更；行为惯性即组织形成的既定工作模式；文化惯性主要体现为原有组织文化比较保守、排他。由于存在这些惯性，即使在发起变革之后，组织也难以迅速、及时地进行跟进和落实，使得信息沟通不畅、变革程度不深，以及变革资源有限等问题更加凸显，导致组织内"顽固派"的抬头，增加了对变革的抵制和阻碍。另外，面对问题与挑战时，由于个人惯性，员工很容易回到原来的行为方式，进而使组织的总体行为还原到变革之前，导致组织变革名存实亡。

(2)成果难以巩固

一方面，组织变革不是一蹴而就的。大多数公司过多关注和部署更长远的目标任务工作，忽视了推进变革需要建立扎实的基础，需要不断适应环境来调整方向、策略，需要逐步巩固短期改革成果来实现长期目标。另一方面，组织变革也不是一帆风顺的。在组织变革出现危机、面对困境时，员工很容易对变革产生质疑，丧失对变革的信心，但变革不能朝令夕改，特别是一些涉及员工利益的变革举措。因此，是否积极解决存在的问题和不足、固化已有的变革成果，也影响着变革的成功与否。

【课堂互动】

思考：你认为怎样才能减少变革失败，巩固变革成果。请举例说明。

3.1.2　组织变革的过程

组织是一个开放、复杂、动态的系统，无时无刻不在与其内外部环境相互影响。

要在复杂、变化的环境中长期生存和发展，就要求组织快速反应，提高灵活性、适应性，不断进行变革。针对以上挑战，学者们提出了许多有关变革管理的模型，这些模型对于数字时代的组织变革也具有重要意义。

1. 勒温三阶段模型

库尔特·勒温（Kurt Lewin）的变革管理模型发展于 20 世纪 40 年代，又被称为勒温三阶段模型。作为一名物理学家，勒温以一块冰变成冰锥为例，提出组织变革管理可以分为三个更小、更易于管理的阶段，即解冻、变革和重新冻结。在变革的不同阶段，变革者所关注的变革要点有所不同。

解冻、变革、重新冻结的周期是一个不断变化的螺旋式发展的过程，重新冻结不是变革的终点，而是新的变革的开始。勒温三阶段模型虽然对某些公司来说过于简单化，但这一模型能够发现组织原有模式中被忽视的问题，提供重新思考的思维方式，这在数字化的组织变革中必不可少，因而受到了管理者的青睐。

2. 六步变革管理模式

哈佛大学商学院教授迈克尔·比尔（Michael Beer）提出了一种详细的系统变革方法，共分为以下六个步骤。

第一，对问题情况进行准确诊断，并提高员工对变革的承诺。在数字化变革中，组织应当研判当前存在的问题，确定可以在哪些领域采用哪些数字技术来解决问题，并通过交流使员工知晓变革的必要性以支持变革。

第二，制定变革愿景，依此来定义新的角色和职责，并根据具体和实际问题让利益相关者参与到计划、落实变革的过程中。组织在进行数字化变革时，同样需要制定愿景目标，根据目标以明确变革的重点。

第三，建立对于组织变革的共识，包括向利益相关者传达愿景、获得他们的参与等。数字技术的应用往往渗透到工作的方方面面，员工是最密切的利益相关者，只有让员工在变革上达成共识并积极参与，数字化变革才能真正落地。

第四，通过利益相关者的参与使变革意愿与方案传播到整个组织中，促进全员实施。

第五，制度化，即将数字化变革措施与正式的结构和系统相结合。例如，餐饮行业利用机器人技术进行外卖无接触配送，自然需要将机器人与原有的配送系统进行对接。

第六，根据需要对变革进行监测和调整。在数据要素快速发展的数字时代，企业也可以采用各种智能检测设备来反馈变革成果。

3. 肯定式探询（appreciative inquiry）

肯定式探询是库珀里德（Cooperrider）和斯里瓦斯瓦（Srivastva）开发的一种指导变革过程的方法。与其他变革模型不同，肯定式探询并不聚焦于组织存在的问题，而是试图推广、扩大组织的优势。该过程称为 4-D 循环，这一循环也可以运用于数字化变革。

第一，发现（discovery）。数字变革的发起者或参与者探索什么是"最好的"，来确定组织的优势、最佳实践以及达成最佳绩效的因素，思考如何结合自身优势将数字化转型成果最大化。

第二，梦想（dream）。鼓励参与者设想一个他们真正想要的未来，也就是思考、想象数字转型后使组织变得更好的"理想"特征。

第三，设计（design）。结合以上两点，数字变革的参与者设计有影响力、竞争力的数字战略和实施步骤，使组织朝着理想的方向前进。

第四，部署（destiny）。参与者将数字战略付诸行动，使"理想"成为现实，并在必要时进行调整、修改。

这个方法可以帮助组织发现在组织内存在的最佳实践，并在广泛共识的基础上制订战略计划、改变组织文化，创造推动变革前进的动力。此外，个人也可以通过该方法来制定战略愿景，以实现个人最好的发展。

4. 科特组织变革八步骤模型

科特（John Kotter）指出了八种可能导致变革失败的关键因素，同时提出了著名的组织变革的八个步骤。

第一步，创造一种紧迫感。组织要让每位员工走出他们的舒适区，尤其是在"落后就要挨打"的数字时代，必须要让员工清楚地知晓组织中存在问题，以理解即将要进行的变革是至关重要的。

第二步，建立强大的变革领导团队。在进行数字化变革时，组织应当挑选那些有丰富技能和转型经验，并且对数字变革流程感兴趣的领导者组建成一个团队，以鼓励组织中的员工参与转型。

第三步，树立明确的愿景。这一步的目的是创造一个明智的、清晰的且可实现的愿景，以帮助员工理解为什么要求他们做出改变。

第四步，广泛地传达愿景。领导者需要与员工积极沟通，利用一切机会与员工讨论。只有通过有效地传达愿景，才能让员工接受并支持变革举措。

第五步，授权员工，扫除变革障碍。组织需要提供必要的培训和指导来增强员工的变革能力，并在此基础上适当地授权员工。

第六步，系统规划并取得短期成效。成功是最好的动力，在变革过程中，组织应更多地关注短期目标，尽早让员工尝到成功的滋味，从而进一步激励员工的变革行动。

第七步，拒绝松懈，进一步推动变革。变革是一个缓慢而长期的过程，因此组织需要在实施过程中持续保持变革的动力，不断设定目标并监控进度。

第八步，把变革固化到组织文化中。为了使变革产生持久的效果，组织必须将变革嵌入到组织的文化中。

科特同时指出，组织变革面临的真正挑战不在于企业组织的制度或战略，而在于行为改变。这八个步骤中最核心的就是改变人们的行为，即改变人们工作的内容和方式。如果行为不改变，变革就落不到实处，组织也无法获得想要的结果。

5. ADKAR 模型

由杰弗里·希亚特（Jeffrey Hiatt）创建的 ADKAR 变革模型因其以人为本的变革管理方法而广受欢迎。他认为变革成功与否通常与变革本身无关，而更多地与人们对变革的反应有关。ADKAR 是以下各项的首字母缩写。

第一，意识（awareness），即让员工意识到数字化变革的必要性，包括加强员工对变革的信念，创造并传达变革愿景等。

第二，欲望(desire)，即让员工渴望参与和支持数字化变革。该阶段需要就变革愿景达成共识，并授权员工积极参与变革。

第三，知识和能力(knowledge and ability)，即通过培养员工的数字化相关知识和技能来让他们学习如何变革，以获得他们对变革的支持。

第四，加固(reinforcement)，即强化员工行为以维持变革，将变革整合到组织流程和结构中。

6. 组织变革的完整模型

史托顿(Stouten)、卢梭(Rousseau)和克里默(Cremer)认为，以上五种模型有相当大部分的重叠，并在综合每个模型关键成功因素的基础上，总结出了一个适应数字时代的组织变革模型。

(1)评估组织变革的动因

组织变革的第一步就是根据组织所处的外部环境与自身的内部条件进行变革动因分析，根据动因的轻重缓急，决定变革时机并进行针对性的变革设计。

不同行业受数字化的影响不同，虽然说组织数字化变革是企业维持生存并取得发展的必备条件，但在常态情况下，只要企业仍然能够维持常态化运作，变革常常会被视为一个"非必要的软任务"。问题在于，如果非要等到企业无法运营再进行数字化变革，必然为时已晚。因此，组织需要时常监督内外部因素，并对它们的变化、需求做出及时的反应，以把握好时机进行变革(见图 3-2)。

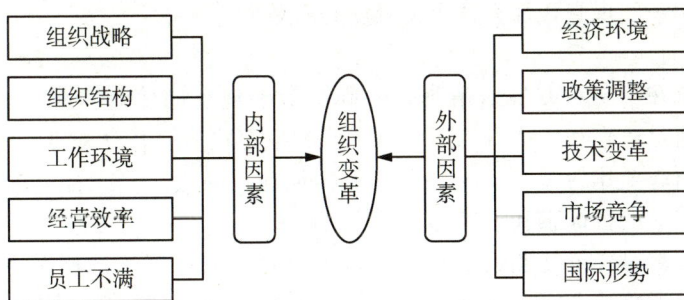

图 3-2　组织变革动机

(2)进行合适的变革设计

企业应通过变革整合组织的各种资源和竞争力量，形成新的竞争优势。主要有以下几种方式。

①组织结构变革：包括对权力关系、协调机制、集权程度、职务工作等方面进行调整。目前数字化的结构变革的主要趋势是扁平化、弹性化、虚拟化和网络化等。

②技术与任务变革：包括对工作流程与方法的重新设计、修正和组合，更换机器设备，采用新工艺、新技术和新方法等。在数字时代，这一点是重中之重，人工智能、物联网、云计算等数字技术俨然已广泛应用于生产与生活之中，企业要进行数字化变革必然离不开将数字技术融于任务与工作流程中，必然离不开技术本身的创新与发展。

③人员变革：是指员工在态度、技能、期望、认知和行为上的改变。变革的主要任务是将权力和利益等资源在员工之间进行重新分配。在数字化转型过程中，企业引入大量的智能操作流程、电子移动设备、网络协同工具等，需要员工通过学习新技术、

新方法、新流程，来适应人机协作、电子化、智能化的新环境，因此员工的角色与任务也会随之发生改变。

④组织文化变革：组织文化是组织中绝大多数成员认同并遵循的共享价值观，包括理念层、制度文化层和物质层三个层面。在数字化变革过程中，组织要打破原有理念，建立符合数字战略的创新理念，重视员工参与和授权，增强组织凝聚力，形成文化认同和文化融合，提高员工的积极性和组织素质。

（3）建立强大的变革领导团队

组织变革需要一支强大的领导团队，并带领全员广泛参与。在大多数企业中，变革方案和过程往往是高管拍板的。但高管的影响力毕竟有限，因此有一个彼此信任、充分授权的变革领导团队尤为重要。这个领导团队应既有高层管理者，又有中层管理者，组合成变革的核心力量，利用其地位、专业知识、信誉等有力推动变革的进程，及时洞察变革中的问题，并监督变革的实施。

（4）制定共同的变革愿景

愿景指变化过程想要引导的方向，不应过于具体。一个好的愿景应该足够灵活，在情感上有吸引力，能够吸引广泛的利益相关者。数字化转型不是一次性事件，而是一项战略决策，需要员工使用新兴技术来解决生产问题，监督技术自动执行工作任务以及进行创新。如果组织想维持从数字化转型中获得的业务收益，就需要员工自愿参与转型。因此，在实施变革之前可以让员工参与制定愿景。就像目标一样，如果员工能够接受并致力于实现它，那么这个愿景就是有效的。

（5）充分沟通

沟通的重点在于向对方发送清晰、明确、易于理解的信息。在数字变革过程中，组织领导需要通过语言和非语言沟通跟员工沟通以下内容：传达对变革的信心和把握；了解因变革所引起变化的员工个人感受并做出回应；表达对员工能力的信任程度及期望；展示对于变革的目标感和承诺感。

不是每个人都对变革持相同的观点，也不是每个人都同样地能接受现实。比如公司的员工可能会顾虑自身的技能和知识过时，担心自己遭遇淘汰或者丧失原有地位，其现有的经济收入、个人地位会受到一定程度的冲击，对于自己可能被替代产生焦虑，并对于自身未来的发展产生担忧，从而会视数字化变革为威胁。

因此，领导者需要通过沟通交流来深入了解每位员工的思维模式、对变革的想法等，阐明有争议或不清楚的问题，鼓励员工积极地接受发展趋势，也使员工能够了解变革过程，理解管理层的观点，形成一个相互交流、双向反馈的系统，通过动态互动和共享以促进对变革的理解，共同寻求解决分歧和误解的方法。

（6）充分授权他人采取行动

授权指领导者允许更多的人参与到重要的决策或工作中，以动员变革的各方力量。授权包括：让员工制订具体的变革计划，以使他们可以对流程实施和系统变更产生一定的影响；建立跨越边界、职能、部门和层级的团队，让团队中的员工为每个项目承担责任并制定具体的行动。

基层管理者与底层员工是变革中的弱势群体，有害怕变革的天然心理。但是通过授权，更多的员工参与到了组织变革过程中，他们得以内化变革目标，参与变革过程，负责变革具体环节，在出现问题时提出自己的解决方案，进而营造一个自我管理、自我超越的环境，使得变革更易落实。

(7) 提高与变革相关的知识和技能

员工即使有动力支持变革，也可能缺乏足够的知识或能力去改变，因此在数字化变革过程中，员工应该有足够的时间来发展、应用新的技能和知识。管理者也应该帮助员工，并积极给予反馈，以评估他们在能力发展方面的进展，使员工可以从失败中学习。

在数字时代，技术确实改变了我们的工作方式，但这并不意味着每位员工都必须学习如何编码或如何编写机器学习算法。更为重要的是要确保员工不会落后，即学习如何拥抱变化，如何更具弹性地适应工作，以及如何更快地做出决策。

(8) 长期监控和不断强化变革

数字化变革的成效不是一朝一夕就能实现的，随着时间的推移，组织还应对变革进行监测，持续投入包括领导者的时间和努力、人员和金钱等在内的资源来强化、巩固改变，以时刻提醒员工变革的紧迫性，并保持变革的步伐。通过短期的激励措施鼓励员工维持与变革相关的行为，不断强化变革。

长期监控和不断强化变革并不意味着保持对于原有计划的过度承诺。在必要时也可以对变革计划做出调整，以更好地实现目标。例如，可以通过组合新的项目团队来重组当前的结构、系统和程序，以进一步推动变革。另外，可以通过定期的员工调查来收集员工对变革的反馈。根据反映的问题适当组建规划小组，以便有效地解决问题。

(9) 公司文化、实践和管理的变革制度化

组织变革的最后一步是将这种变化纳入组织的日常活动中，使变化制度化。这一步的关键在于两个方面：首先，让员工清楚地知道由于变革业绩得到了改善，如通过多种沟通渠道来解读数字变革的结果，使员工看到变革的益处，增强现有变革的可信性和合法性。其次，高层管理人员和中层管理人员的晋升、继任等应该与变革挂钩。如果未来的管理人员不接受已经实施的变革方向或措施，那么当下进行变革所作的努力就失去了意义。制度化能够更好地将现有的结构和与变革的新实践结合起来，在组织中形成变革惯例，以维持变革成果。

3.2　如何获取员工对变革的支持

组织变革在某种程度上是一种创造性破坏。上文提到，这种带着冒险意味的行为必然带来观念碰撞、利益纷争、关系调整，因此变革经常会遭遇许多阻力。尽管这些阻力来自组织内外部的方方面面，但是一般都更多地将企业变革失败归因为内因，其中最为突出的原因即员工抵制。抵制可能来自底层员工，也可能来自中层甚至高层员工。

组织要想获取员工的支持，推动变革顺利进行，就应当做好组织变革的准备工作，包括组织成员和组织本身的准备。其中，前者是指组织成员在情感和认知上能够接受和容忍组织即将实施变革的程度，体现在组织成员对实施变革的承诺和在执行变革方案过程中的自我效能等方面。后者指的是组织本身已经处于变革就绪待发状态，体现

在组织现有特征能够支持即将实施的变革以及组织有能力为支持变革获取相应的资源。

3.2.1 组织成员的准备

变革是困难的，首先要做好组织员工应对变革的准备工作，包括情感准备、认知准备以及能力准备。

1. 情感准备

奥雷格和巴图内克（Oreg & Bartunek，2018）等人认为，个人情绪的效价和激活往往与其行为反应的效价和激活相对应。对事件的积极情绪往往与旨在支持该事件的行为相关联，消极情绪往往与旨在阻碍它的行为相关联，而情绪激活的水平与行为激活的水平相对应。在此基础上，他们提出了个人对组织变革事件的行为反应模型（见图3-3）。

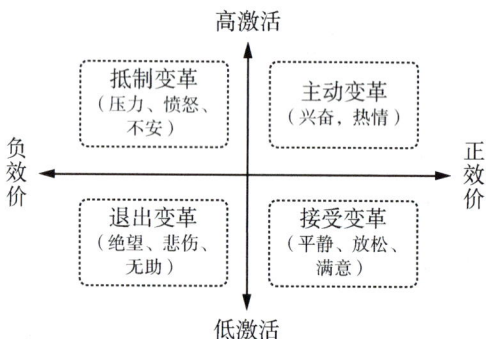

图 3-3 个人对组织变革事件的行为反应模型

员工的积极情绪具有催化作用，能促使人们积极地应对变革。而消极情绪不仅使他们对变革抱有不满，还有可能通过他们的语言和非语言交流在部门、团队或整个组织中传播、扩散，进而影响其他人的情绪。组织可以采用以下几种方法塑造员工的积极情绪，降低消极情绪。

（1）合理宣泄

不要试图说服员工立刻摆脱他们的困惑、焦虑、怀疑等消极情绪，而应让他们能够安全积极地表达自己的情绪。组织可以为员工提供交流机会以及平台，进行一对一或者小组情绪宣泄，让人们告别过去，向前迈进，拥抱未来。当情绪得到认可、受到尊重时，员工更有可能参与变革。

（2）积极倾听

组织要了解员工对变革的看法和不同观点。组织不一定要同意或认可这些不同的观点，但需要理解它们是怎样产生的。不同员工对变革的反应可能大不相同，因此组织必须根据情况识别他们的需求、解决他们的问题，促进他们产生积极的情绪。

（3）创造希望

组织可以尝试加强对于变革指向愿景的宣传，描绘希望的未来。这样做可以帮助员工摆脱焦虑，将他们的担忧变成好奇心，使他们关心组织，并将自己和组织绑定。而这种好奇心可能会激发兴奋、自信、团队精神和成就感等积极情绪，并转化为行动力。

(4)管理者的情绪

人们会观察其他人的情绪从而进行推测并做出反应。因此，管理者不仅需要意识到员工的情绪，还需要管理好自己的情绪。比如，忧心忡忡的领导会使下属产生对变革的消极情绪，而充满热情的领导会提高下属对于变革的积极情绪。

2. 认知准备

组织应当使员工了解变革动机、变革愿景、变革内容，使其认为变革对他有利，从而增强员工对变革适宜性的认知，提高他们参与变革的效能感。

首先，管理者应当进行变革宣传，开诚布公地说明组织进行变革的初衷和主要想法，使员工意识到组织所处的内外部环境的变化，以及这些变化将会给组织带来何种影响，使员工明白变革势在必行，激发员工变革的愿望。其次，管理者要充分描绘希望的未来，使员工产生对变革美好愿景的认知，并为变革指出大的方向，提供变革的动力。最后，管理者还应将变革内容告知员工，或者与员工一同制定变革的具体方案，使员工对变革有整体上的把握，产生变革框架认知并发现变革内容间的关联，理解变革的意图，了解涉及自身的变革信息，从而为变革营造良好的氛围。

3. 能力准备

组织还应当考虑员工的知识、技能等是否能够支撑组织变革的实施及落地。在变革的推进过程中，现有员工可能会因为能力不足而对变革进行抵制，因此企业要做好能力准备工作，加强对员工的培训，进而提升员工的胜任感并增强他们的工作自主性，使员工自觉、自发地积极支持组织变革，不断加强自我学习与自我提升，使得企业的人力资源素质和企业变革同步推进。另外，也可以通过招聘甄选与吸引外部优秀人才，填补变革中所需的关键技能，快速补充组织的能力缺失。

3.2.2　组织本身的准备

除了做好组织员工应对组织变革的准备工作之外，组织本身也需要创造有利于变革的客观环境。为此组织应做到以下几点。

1. 循序渐进、把握时机

组织变革的方式可以分为渐进式变革和激进式变革两类。渐进式变革指的是组织在较长时间内通过连续有限的方式持续转变，这种变革以维持组织总体平衡为基础。而激进式变革截然不同，是指在短时间内对企业内部进行大幅度全面调整，使整个组织发生巨大的改变。激进式变革对企业本身的素质要求较高，存在较大的变革风险性，因此在不影响变革实际内容以及变革效果的情况下，应尽量放慢节奏，采用渐进式变革给员工提供较为宽松的自我转变环境，从而减少员工对变革的抵制。

此外，组织可以采用先试点后推广，先部分后全面的方式，给出一定的缓冲时间来促进员工认可，推进组织变革。组织变革通常会涉及组织结构、工作任务和技术、人员、组织文化等多个方面。如果一下子全面铺开推进，变革的效果可能会大打折扣。因此，组织可以合理安排相关的变革节奏，先进行员工沟通、制度变革、激励强化等变革实验，逐步进行全面推广。

2. 建立支持变革的公司规章制度或相关机构

组织在进行变革行动之前，还需要建立支持变革的公司规章制度或相关机构。

组织的制度设计应走在行动之前，应在计划变革时就充分考虑到变革过程中可能出现的阻力、困境等，并通过制度设计保证员工最低限度的支持，以实现基本的变革成果。在变革过程中，制度也应随着组织结构的变化而进行调整，以适应新的变革措施。另外，还需要建立专门的领导和支持组织变革的机构。领导机构负责监测外部环境，识别机会与风险，评估变革的可行性，设计适应组织的变革方案；支持机构则为组织提供变革的政策建议、技术支持、技能培训、后勤保障和激励措施等，及时纠偏组织变革的方向，确保变革顺利进行。

3. 创建学习型组织，从成功和失败中学习

学习型组织是指促进其成员学习并不断自我转变的组织，共包括五个维度：系统思考、自我超越、心智模式、共同愿景和团队学习。学习可以帮助员工挖掘内在的自我，挖掘他们长期持有的隐性执念并消除，从而为新变化、新趋势让路。

学习型组织可以通过促进持续学习的措施形成，包括但不限于培训、指导、能力培养、信息共享、愿景共享、授权、项目小组和一对一会议等。在学习型组织环境的支持下，员工有机会提高他们的技能，接收分享的知识，获得对意见的反馈，从而实现个人成长。当员工对现状的不满、对想要实现愿景的渴望以及为实现愿景而迈出的步伐大于抵制组织变革的动力时，变革就会发生。因此，组织必须建设学习型组织，创造持续的学习机会，促进知识探索和信息对话，通过团队成员关系鼓励合作和团队学习，从而将组织与其环境连接起来，建立共同的组织变革愿景，为有效的组织变革做好准备。

4. 培养成长型的组织变革文化

组织变革不仅需要企业改变组织结构或工作方式，更重要的是需要了解员工是否有正确的心态与思维方式来拥抱技术变化带来的变革和创新的机会。

心理学家卡罗尔·德韦克(Carol Dweck)将人类的思维方式分为两种：固定型思维与成长型思维。在固定型思维模式下，人们认为自己的基本品质（如智力、才能）是天生的、固定的；而在成长型思维模式下，人们认为智力或天赋只是一个起点，他们的能力可以通过后天的学习和努力得到发展。

在数字经济时代，组织和员工都需要不断探索、实验和学习。成长型思维使员工更有动力自主学习新技术、新流程，更有勇气与毅力克服新的挑战，甚至能够发现组织待改进与待探索的方向，从而更能够支持变革。同理，具有成长型文化的组织能够源源不断地认识、发展新事物，探索环境变化带来的机会与潜力。因此，成长型的组织变革文化能促进员工与组织自主学习、不断成长，是推动组织变革成功的重要因素，也是促进员工支持变革的重要因素。

3.3 如何激发员工自主进行变革

自上而下的变革来自企业高层对于内外部危机的觉察。然而，在高度不确定以及充满变动的环境中，通常是冲在第一线的员工能够了解到更多的情况。为了保证企业的效率，还需要让员工发动自下而上的变革，即做出主动性行为。

3.3.1　主动性行为

1. 主动性行为的概念

员工的主动性行为(proactive behavior)指员工自发地创造变革的行动。这些变革既可以指向环境，也可以指向自己。在传统理论中，员工被视为被动的接收者，目标是组织或管理者给员工的，他们只需要接受并执行。然而，现在管理者和学者们都逐渐认识到员工会积极主动塑造和影响环境：他们可以自己设定目标，设想更具挑战性的未来，并以此激励自己积极做出行为来创造改变。

在组织中，主动性行为有多种模式，比如尝试积极改变工作流程、为解决问题提出意见、引入创新的方法、给组织战略出言献策等。所有这些行为都建立在对于员工能动性的强调上。积极主动是控制事情发生而不是看事情发生，是创造未来而不是适应未来，因此可以为组织提供自下而上的变革。

2. 主动性行为的产生机理

在实际工作中，因为积极主动的结果通常是未知的，因此通常被认为是有风险的：变革可能在中途失败，领导可能会不喜欢这个想法，同事可能会觉得多事。面对充满未知的结果，对员工进行激励，提高他们的动力，促使他们做出主动性行为变得非常重要。

帕克(Parker)、宾德尔(Bindl)和斯特劳斯(Strauss)总结了现有的文献和理论，提出了包含能做(can do)、有理由做(reason to do)和有精力做(energized to)在内的主动动机模型，以回答如何激励主动性行为的问题。其中，"能做"反映对能否完成行为的判断，"有理由做"注重人们为什么做出该行为，"有精力做"涉及情绪上的动力(见图 3-4)。

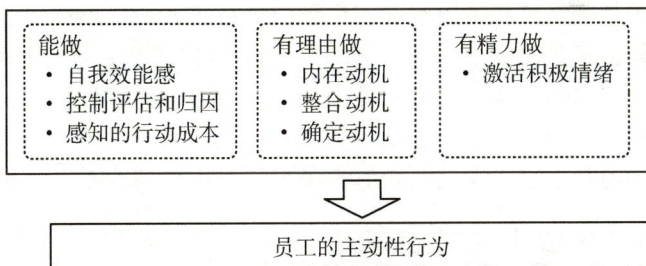

图 3-4　主动性行为的产生机理

(1)能做(can do)

能做反映人们对自己能否顺利落实变革的判断，是员工发挥积极主动性的基础。有三个因素与能做紧密关联，包括自我效能感(例如，我能做到吗?)，控制评估和归因(例如，它的可行性如何?)以及感知的行动成本(例如，它的风险有多大?)。

第一个因素是自我效能感，即人们对自己能够按指定水平来执行某个行动的信心。创造变革是需要跳出现有框架的，因此角色宽度自我效能感，即人们在多大程度上有信心去完成既有职责之外的事情非常重要。该效能感越高，人们越认为自己可以成功发动变革，因此会更加主动。

第二个因素是控制评估和归因，反映人们在多大程度上相信自己可以通过努力来获得想要的结果，即对于自己的事情有多少的控制力。控制评估水平较高的个人，能够保持强烈的责任感，不轻易放弃，积极寻找信息，努力寻找行动的机会，并对成功寄予厚望，因而能产生更大的个人主动性。

第三个因素是感知的行动成本，反映发动变革的消极方面或不利影响，例如对失败的恐惧、从事这一行为的机会成本等。如果个人认为自己的努力和付出在时间、金钱、精力或其他资源方面相对于能获得的收益来说过于昂贵，即感知的行动成本较高，就不会积极主动地行动。

（2）有理由做（reason to）

虽然能做（can do）很重要，但个人为什么会选择或坚持主动也很重要。例如，人们或许相信自己能够改变工作流程，但为什么要这么做呢？通常认为，这是因为人们能从中获得利益。而这种利益，就是人们的理由。

自我决定理论提出，人们会因为内外部原因来采取行动。所谓外部原因，就是这个行为所带来的结果，比如晋升、奖励等；内部原因，就是这个行为本身的价值。由于采取变革需要长期不懈的努力以及克服困难、冲破险阻的勇气，因此外部原因通常并不能够成为主动性行为的底层理由。相反，如果行为就是为了行为本身，人们更有可能打破现状，进行自我革新。在组织中，与变革相关的内部原因主要有三种：一是本身喜欢挑战和变革，即内在动机；二是认为发动变革是自己的责任，即整合动机；三是对于团队、组织的高度认同，即确定动机。

（3）有精力做（energized to do）

能做（can do）和有理由做（reason to）更多涉及利益计算，即当人们认为自己能够完成某件事情，并且做这件事情有好处的时候，人们才会做。而有精力做则更多涉及感性的方面，主要是指与情感相关的状态。积极的情绪一方面可以扩大人们的认知边界，让他们结合更多的信息，看到更多的可能性，促使他们进行创新性思考；另一方面也可以给人们提供足够的心理能量，让他们更有活力去创造变革。因此，积极情绪被认为是引发主动性行为的重要原因。担心、焦虑、害怕等指向问题的消极情绪也有可能会让人们采取主动的行动来解决问题，但是研究发现它们无法维持变革行为。

3.3.2 激发员工自主变革的因素

在认识到个人主动性行为的产生机理后，下面进一步探究激发主动性行为的相关因素，以及这些因素如何促进员工进行自主变革。

1. 个人变量

（1）主动性人格

贝特曼（Bateman）和克兰特（Crant）于1993年首次提出了主动性人格的概念。拥有主动性人格的人不会轻易地受环境的外在力量所限制；相反，他们会寻求机会，主动采取行动，并坚持不懈地改变环境。因此，主动性人格和主动工作行为密切相关。拥有主动性人格特质的员工会积极地规划自己的职业路径，并为了达成目标而主动参与培训以提升自身的知识与技能。这些员工还会为了应对未来环境的变化，主动预测、解决工作问题，积极进言献策并且承担更多的工作责任。当意识到组织需要通过一定程度的变革以适应外部挑战、顺利达成组织的战略目标时，他们也会尝试对组织战略施加影响。

（2）生活价值观的开放性

人们的生活价值观代表着他们理想的生活状态以及实现这些状态的行为模式。拥有较为开放价值观的人更容易接受其他观点，并吸取合理因素发展为自身观念的一部分；而价值观较为保守的人则只关注自身的想法，不太认同超出自身认知的观点，也不愿改变。因此相比于保守的员工，持开放态度的员工更愿意、也更容易发现新观念、新方法、新技术，并利用这些来做出改进。

（3）对未来结果的考虑

事情的结果在长短期可能不一样。对于公司的一项措施或要求的某一种工作行为，有些员工不关注近期的效果是否明显，而更关心的是远期的结果，判断未来所取得的收益是否值得；另一些员工则更关心怎样最大化眼前的利益。由于主动性行为着眼于未来的行动，考虑未来后果的员工更为积极主动。

（4）目标导向

不同的目标导向会带来不同的行为。如果一个人有着强烈的学习目标导向，就会主动学习与理解新的知识技能，将具有挑战性的事件视为发展机会，并在充满挑战的情况下设定更高的目标，因此会认为积极主动的行动是值得的，也更有可能自发变革以促进组织发展和个人成长。相反，如果一个人有着强烈的绩效目标导向，就会更强调完成任务或工作的效率，有较强的竞争意识，希望尽可能地减少失败来证明自己。组织变革是充满不确定性与风险的，绩效目标导向的员工感知成本较高，不愿因为变革的负面影响威胁到他们的自我形象，因此也不会主动发起变革。

（5）员工的心理安全感

心理安全感指员工在组织机构中可以自由地表达意见和想法而不会感到畏惧、害怕、不安等。在工作场所中，具有较高心理安全感的员工更有可能认为他们与雇主不是纯粹的经济关系，会形成强烈的归属感。他们不会为了避免难堪或处罚而刻意隐藏他们的想法和行为；相反，他们会通过自愿承担更多的工作责任，执行额外角色的行为来回应对组织的承诺。因此，员工的心理安全越感高，越愿意为了组织积极寻求发展的路径而做出主动的探索变革。

（6）知识、技能和能力

知识、技能和能力是员工完成工作任务的基础与关键。拥有较高知识、技能和能力的员工往往拥有更多的资源、更过硬的知识以及更丰富的工作经验，因此会设定更积极的目标，更灵活地进行思考，从而做出更多的主动性行为。在组织变革方面也是如此，拥有大量相关知识、技能和能力的员工能够认清未来发展方向与趋势，及时推动组织采取相应措施以应对环境变化，并利用自身技能与能力带动组织中其他员工主动行动，适应变化。

2. 环境变量

（1）工作特征

在主动性行为的产生机理中，我们提到员工"有理由做"的一个原因是内在动机，即人们对这个行为本身感到愉快、有趣。因此在组织管理中，组织可以通过改变工作特征来提高内在动机。

哈克曼（Hackman）和奥尔德姆（Oldham）于 1976 年提出了工作特征模型（job characteristics model，JCM），也称五因子工作特征理论。该模型将工作分为五个维度：技能多样性、任务一致性、任务重要性、任务自主性和任务反馈性。组织通过改变这些特征，可以使工作丰富起来，更具趣味性与挑战性，同时也赋予员工更多的责任、自主权和控制权，使员工在完成任务时更加灵活，有一定的空间来自行分析并解决问题。员工能够在工作过程中充分利用自身优势，触发新的视野，进而促进组织变革行为的产生。

（2）领导特征

变革型领导在塑造员工积极目标和激发员工动力方面发挥着作用。变革型领导通过不断强化员工的责任感与使命感，激发员工的高层次需求来调动员工的积极性，使员工为了团队、组织利益而超越个人利益。这种领导会鼓励员工提出新想法或建设性的意见，包括对组织变革的想法和建议，并为这些想法的实施提供资源上的帮助，进而提高员工的主动性行为。

此外，领导-成员交换的水平也会影响员工的主动行为。领导-成员交换理论认为，在同一个团队中存在着不断变化的领导-成员的相互关系，领导者会与团队中一小部分员工建立较为紧密、特殊的关系，而与其他员工保持一定的距离，进而发展出不同质量的交换关系。而高质量的领导-成员交换可以使管理者与员工之间产生紧密的对话与联系。此时，领导和员工已不只是纯粹的正式的上下级关系，而衍生出一种基于信任、相互支持、互相成就的情感关系。高质量的领导-成员交换能够提升员工在工作场所的满意度、参与度、心理安全感等，让员工更加积极地看待工作，从而做出更多主动性行为。

（3）氛围特征

除了工作本身的特征与领导者特征外，组织的氛围也能够对员工的主动性行为产生影响。如果组织能营造一种自由、宽松的环境使员工能够畅所欲言，并提供丰富的资源准备来支持员工的想法与行为，使员工感受到保障与安全，则更有可能激发员工的创新意识，使其大胆提出变革的想法。

另外，和谐的人际关系，如领导信任以及同事友好，也能够促进员工积极主动地提出想法和解决问题。一方面，在彼此信任的环境中，矛盾和冲突将会降低，成员之间具有相容性，使得个人更愿意承担风险；另一方面，积极的关系不仅会产生积极的情绪，还会使团队形成较为一致的目标，并将其内化，从而产生更强烈的动机。因此，同事或组织的支持能促进员工在工作中做出更多主动性行为。

3. 个人与环境相互作用

个人和环境因素会产生相互作用。一方面，如果组织能够鼓励人们运用某些个人特质，这些个人特质将会对主动性行为产生更大的影响；另一方面，如果某些组织因素缺失，个人能用自己的特质来弥补。比如，当领导不是变革型的时候，高主动性人格和高学习导向的员工仍然会做出更多的主动性行为。因此，无论个人还是环境都不是独立存在的，要想使组织中的员工产生主动行为，自发促进组织变革，组织应当充分考虑各种因素，使个人与组织相匹配，共同营造促进变革的氛围。

【拓展阅读 3-1】
主动性人格量表

3.4　变革导向的人力资源管理实践

为了顺利推动组织变革，提高员工主动性，应对现有的人力资源管理系统进行重新设计。根据 AMO 框架，影响员工主动性的人力资源管理系统总共包括提升员工能力（ability）、动机（motivation）和参与机会（opportunity）三个方面。提高能力的人力资源实践要求雇用和培训具有积极主动倾向的员工，提高动机的人力资源实践激励员工积极主动工作，提高参与机会的人力资源实践支持员工充分发挥其积极主动的潜力。

为了促进与变革相关的员工行为的出现，组织必须对人力资源管理系统进行重新设计，重新定义业务的关键角色，重新进行工作设计，增加培训支出，提升人力资源管理功能，为员工的相关行为和后续成就提供奖励，并与员工定期沟通以提升其工作满意度。

3.4.1　提高能力的人力资源实践

人力资源管理能够直接影响员工完成任务的能力。为了使员工积极主动，人员配备和培训系统必须有效，因此需要甄选出具有积极主动倾向的员工，或培训现有员工使其学会积极主动。

培训可以提升员工产生积极主动倾向所需的技能与能力，使员工提出新颖有价值的想法，并通过落实想法让组织做出改变。在这个过程中，员工会逐渐相信自己有能力产生积极的行为。具体而言，可以采用行动学习的办法。先通过概念讲解和例子讲授来让员工明白主动性的概念，然后让他们模仿指定变革导向的目标并制定自己准备如何行动的规划。通过给予支持、反馈等来帮助员工将规划落实，然后循环此步骤直到员工掌握了相关方法并形成了对应的习惯为止。

在数字化变革的深入演变使得软件工程、数字设计和数据科学领域的许多职位人才缺失，劳动力市场难以填补的背景下，解决这些问题的最佳方式是公司对现有员工进行再培训，以弥补现有员工与理想员工之间的能力差距。

根据研究，如果有适当的培训计划以及充足的培训支出，公司未来 60% 以上的职位都可以由现有的员工来填补。相比解雇老员工和雇用新员工的模式，技能培训的成本也更低。原因在于裁员的遣散费是一笔巨大的直接成本，同时老员工的被迫离职可能会使剩下的团队成员士气低迷。此外，招聘新人才的成本可能会很高，特别是数据科学、数字营销和软件工程等人力需求旺盛的行业。

例如，美国最大的人寿保险公司之一——卫士人寿（Guardian Life）就进行了这样的人力资源实践，该公司正在经历一场广泛的数字化变革，专注于技术、数据和流程的现代化，建设以客户为中心的组织文化，以提高组织运作性能。因此，数据科学家这类人才必不可少，但是公司暂时没有并且招聘不到合适的人才。公司的领导层明白，要想变革成功，公司必须从其拥有的资源库中提取尽可能大的价值。因此，公司将精算师安排到了数据科学岗位，并对他们进行了预测分析等一系列重要的新技能培训，使公司的老员工在新岗位上发挥作用。

在公司遇到危机或困难时，领导很容易削减培训和发展的预算来降低支出，但这样做并不明智，培训的效果可能在短期内并不明显，但从长期来看，它对于提升员工的知识和技能所产生的收益远远大于其成本。

3.4.2 提高动机的人力资源实践

可以通过对完成任务的员工提供合适的激励和报酬，包括工资、绩效、奖金、股权、精神激励等，来提升员工完成任务的动机。基于主动性的绩效评估和奖励可以影响员工积极行事的意愿。当员工积极执行组织变革的举措，努力推动变革，或者员工在工作中产生了推动组织变革的创造性想法时，如果其能够获得奖励，则该员工更有可能主动自愿地在工作场所进行变革。在进行激励时，管理者还应注意以下几方面。

1. 及时表彰或奖励优秀的工作

影响员工积极性的最重要因素之一是他们的努力工作能及时得到认可。随着管理者认可度的提高，员工的积极性和士气将大大提高，他们更有可能会继续成为一名高绩效的员工。管理者应当注重员工精神层面的需求，而不是只注重单纯的经济利益考量和物质奖励。

2. 奖励的有效性和公平性

年终奖金是许多组织奖励员工工作的常见形式，但是由于它的发放频率固定、周期较长，因此这种方式的日常动机激励效果并不是很明显。另外，有些年终奖金的金额设置比较例行公事，甚至是不公平的，这种情况下年终奖金反而会损害员工工作的动力。所以，管理者应在日常的工作实践中提供更小、更即时的奖励，增加频率，缩短周期，使员工能够随着时间的推移持续提高积极性。另外，在激励时也应关注公平性和透明度。组织中的关系是建立在信任的基础之上的，透明度有助于每位员工获得一致的信息，促进个人或团队之间建立信任的氛围，使员工更有动力参与团队或组织的工作。

3. 奖励的丰富性与人性化

管理者还可以采取在工作场所提供健康的零食、饮品、水果，或为远程工作的员工提供食物津贴等方式来进行奖励。这些奖励方式的成本虽然较低，但有利于提高团队凝聚力，同时又能使员工感受到人性化的关怀，因而更具归属感。

此外，根据美国劳工统计局的数据，到2030年，"千禧一代"(指出生于1981—2000年的人)将占劳动力总数的75%。因此，人力资源的动机激励还应当弄清新生代员工的想法与要求，思考未来公司需要做些什么来吸引和留住人才，例如灵活的工作时间、工作场所的多样性、拥有自主权等。

现在服务(ServiceNow)是一家企业软件和服务公司，该公司在设计组织变革时关注对保留和激励员工至关重要的因素，如包容的组织文化、便捷的工作场所以及对优秀员工给予一流的奖励等，并重新塑造公司的形象，把公司从一个以技术和工程为中心的组织转变为一个以员工和客户为中心的组织。随着千禧一代进入职场，管理者在对公司已有员工和潜在的新员工的调查中发现，除了丰厚的报酬之外，未来的员工还渴望与雇主及其目标建立深厚的联系，想要获得一种包容和归属感。因此，该公司建立了一种多元化的组织文化来增加工作场所的包容性，其居家办公和个人休假实践也使员工能够在他们想要的时间和地点工作。这一系列满足员工需求的措施大大提高了员工的支持度,使该公司成为全球排名前5%的雇主。

3.4.3 提高参与机会的人力资源实践

人力资源管理应提供完善员工工作的机会,一般包括工作设计、决策参与和授权等。如果环境不支持或鼓励积极的行为,那么将再多的资源和精力投入主动性行为中都是徒劳的。提高员工参与机会的人力资源实践包括以下方面。

1. 重新定义业务的关键角色

研究表明,并非所有的工作都同等重要。在一个组织中,不到5%的业务就能发挥95%以上的战略执行能力和交付成果的能力,这5%即组织中的关键角色,而这些关键角色并不是一成不变的。在组织持续变革的数字时代,企业需要重新思考未来哪些技能是最重要的,并提供足够的机会发展这些关键角色。

以澳大利亚的天然气生产商伍德赛德(Woodside)为例,该公司在2011年是一家典型的液化天然气生产商,拥有数十亿美元的大型项目和复杂的陆上和海上作业。当时的管理团队意识到,公司应对未来挑战的能力在一定程度上取决于数据驱动的技术突破程度。为了测试大数据和数字化对公司战略和竞争力的影响,公司从能源生产业务开始变革。以前公司是通过经验丰富的工程师来监督每处设备,当出现问题时,工程师会根据个人经验和收集的数据制定应对措施,这些工程师在公司中扮演了关键角色。随着新传感器技术的出现,加上低成本计算和大数据分析,公司可以通过使用更广泛的、更易获得的数据源和数据专业知识更好、更快地做出决策。因此,伍德赛德在其海上和陆上作业中试验先进的分析技术和机器学习,员工也开始使用人工智能工具,以确定提高安全性和生产率的方法。将技术融入工作的方式意味着"关键角色"的定义在伍德赛德有所拓展,使数据科学家对该公司的发展变得至关重要。

2. 重新进行工作设计

当员工在组织变革前后的工作大致相同时,传统的员工绩效评估方法十分有效。但是,如果变革后工作的性质发生了变化,这些方法就会失去意义,进而导致公司很难找到能承担新工作任务的员工。就像重新定义业务的关键角色一样,组织也应对职位的工作描述进行重新界定,对工作本身进行重新设计。

工作设计是一种通过对工作内容、工作职责、工作关系等有关方面进行变革和设计来更有效地达到组织目标,同时满足员工与工作有关的需求来提高工作绩效的一种管理办法。组织重新进行工作设计时,可以利用人员分析和行为科学的新工具和技术帮助公司定义特定职位的标准,也就是进行工作描述。描述中不仅要包括基本职责,还要包括每个职位所需的特征、行为和技能,并确定哪些员工已经具备了所需的技能,或者可以通过培训来发展这些技能。

例如,一家移动电话运营商为了应对智能手机市场的变化,需要组织变革以转变零售运营模式,从促进设备销售转向强调客户亲密度和服务。为了实现这一转变,公司鼓励员工积极参加培训和学习,并且在其每个零售商店中增加了一个专注于提高客户体验的新岗位。通过行为测试和数据调查,管理者制定了这个岗位的工作描述,随后评估了2.2万名员工,以发现关键的能力差距,最后得出了一份有潜力的员工名单,并设计了培训来帮助他们迅速做好准备。

3. 有意识地定期沟通

随着组织的发展，人力资源部门也有责任关注员工间的沟通，防止员工与组织脱节。例如，使用内部网络或人力资源系统，在共享空间中发布信息、张贴海报，有助于员工了解正在发生的事情，知晓人力资源政策或其他政策的更改。这些沟通在远程工作或管理远程团队中更为重要。另外，在沟通过程中还要积极倾听员工的声音、创建正式的反馈渠道并适当采取行动，使员工能够在充分了解信息的基础上获得参与组织行动的途径与相关保障。

3.4.4 提升人力资源管理功能

尽管我们根据 AMO 框架在概念上对人力资源实践进行了分类，但并不是指人力资源管理系统的这些维度是独立运作的。人力资源管理系统实践是组织内部一致且相互配合、相互促进的一组具体实践，其影响大于个人的人力资源实践总和。除了提升员工能力、动机和参与机会的实践外，人力资源管理也应当提升自身的功能。从人力资源的角度来看，过于频繁的人际互动模式需要耗费大量的时间与精力，因此依赖大量劳动力的公司更需要改变管理员工的方式。

例如，平安保险是中国最大的保险公司，它依靠近 150 万名代理人与公司的投保人建立信任，并销售一系列保险和金融产品，这意味着公司每年必须聘用数千名新代理人。为了更方便快捷地选择应聘者，平安在招聘和管理发展工作中利用了大数据和人工智能技术。例如，收集并分析其现有代理人的数据（包括业绩数据、客户拜访记录、培训信息），并结合外部专家提出的职业抱负、客户网络、适应能力和销售能力等指标，找出业绩最佳的代理人特征。在面试时会设计相应问题，并将候选人的回答与答案库进行核对，以确定最佳匹配的应聘者。

随着互联网技术的发展，企业数据采集更为便利，获取的信息也更为丰富，人员分析将被逐渐应用到整个人力资源活动中，新技术的应用将使组织以更低的成本在招聘、配置、开发和保留人才方面做得更好。

【课堂互动】

在过去的 20 年里，大多数公司在人力资源规划和人力资源管理方面的做法并没有太大的改变。随着数字技术的发展，以及新冠疫情后企业重建劳动力，人力资源规划和管理必须更具战略性、更全面、更严格、更受数据驱动，也更需要以变革为导向。请同学们结合实际，谈一谈变革导向的人力资源管理实践的优点。

本章小结

本章主要介绍了变革导向的人力资源战略，分别从为什么组织变革总是失败、如何获取员工对变革的支持、如何激发员工自主进行变革以及如何打造变革导向的人力资源管理实践四个方面进行阐述。通过本章的学习，读者可以了解到组织变革的定义，学习组织变革的过程，掌握常见的组织变革失败的原因，同时从这些原因中总结出获取员工支持变革的方法。组织要想获取员工的支持，推动变革顺利进行，就应当做好组织的变革准备工作，结合主动性行为的概念和产生机理激发员工自主产生变革的动力。最后，本章还基于 AMO 框架，将影响员工积极性的人力资源管理实践分为提升员工能力、动机和参与机会三个子维度。为了促进与变革相关的员工行为出现，组织必须优先考虑人力资源实践，重新定义业务的关键角色，重新进行工作设计，增加培训支出，提升人力资源管理功能，为员工的相关行为和后续成就提供奖励，并与员工定期沟通以提升其工作满意度。

复习思考题

1. 组织变革的定义是什么?
2. 常见的组织变革包括哪些步骤?
3. 组织变革通常有几种方式?
4. 组织变革失败的原因有哪些?
5. 如何获取员工对组织变革的支持?
6. 如何激发员工自主进行变革?
7. 怎样打造变革导向的人力资源管理实践?

案例分析

扫一扫，看资源

明宇集团：如何做好组织变革，
实现员工增收与企业增效?

二 第4章 数字时代的人力资源管理系统 二

【学习目标】
▷掌握如何设计合适的人力资源管理系统
▷熟悉什么是人力资源门户，以及如何设计人力资源门户
▷了解如何利用人力资源管理系统进行数据管理和人才管理
【关键术语】
人力资源信息系统、人力资源门户、数据擦洗(数据清理)、生物识别技术

🎥 开篇案例

松下在 Workday 平台开展工作

2011 年，松下的人力资源团队一直在寻找能够提高效率并顺利管理国际人才库的人力资本管理系统(human capital management system，HCMS)。他们需要一个可扩展的、对不断变化的消费者技术敏感的系统。包括智能手机在内的消费者技术正在塑造新的员工期望。很明显，内部人力资源信息服务团队需要一个可以不断更新迭代、全球可访问的移动端解决方案来支持其不断变化的业务。

1997—2011 年，松下原有的旧系统取得了不错的效果，但是这套系统的覆盖范围仅限于日本国内，且不容易扩大规模或与其他软件或系统结合。展望未来，HR 部门需要对人力资源管理有一个全新的认识，并找到一种继续增加服务和功能的方法。但是升级旧系统成本太高，需要太多技术资源。人力资源领导层一致认为效率和一致性是最重要的因素。他们查看了公司的发展历程，并意识到随着公司的发展，将新功能和未来供应商服务集成到 HCMS 中的能力是改善最终用户体验并简化 HR 工作流程的关键。经过深思熟虑，松下决定迁移到 Workday 平台，拥抱云计算及其所有的灵活性。这种改变的目标很简单：消除冗余、最大限度地减少错误，为全球员工提供良好的客户体验。很快，绩效评估、时间跟踪和考勤管理功能在 Workday 中变得深入人心，管理者的反馈变得更加一致，员工也更容易理解和访问。

另一个获得提升的领域是实时反馈。Workday 的可定制 KPI 工作单元功能，允许整个公司的管理人员访问指导日常决策的可视图和数据。在人力资源工作中，招聘团队成员访问他们的 KPI 工作集以审查人力资源分析，例如招聘质量和填补职位的时间。对于高级管理人员来说，工作组为审视劳动力的构成提供了更大的透明度——它的数据驱动了多样性，因为领导者可以将其纳入招聘和晋升的考虑因素。这种单一的信息来源减少了对额外项目和培训的需求，并将 Workday 的使用进一步整合到松下的日常生活场景中。

除了帮助实现人力资源部门的目标之外，过渡到 Workday 系统在 2011 年带来了意想不到的好处。当时，智能手机正在流行，而移动应用程序在涉及企业级安全性或复杂功能时仍处于起步阶段。在过去几年中，移动技术的发展使松下能够利用 Workday 系统的强大优势实现远程访问。Workday 不需要内部网络连接，用户只需登录即可以通过任何网页浏览器访问，并且有一个适用于大多数智能手机的应用程序。终端用户可以自助使用许多常用的人力资源功能，甚至可以直接在他们的移动设备上打印工资单等关键文件。松下在 2015—2017 年收购了一批制造企业，招募了超过 4 000 名不使用公司电子邮件或接收公司电子产品的员工。重要的电子邮件沟通内容，如福利变更或薪酬更新可以通过 Workday 门户网站推送给这些员工，并在移动设备或网络浏览器上被访问，从而减少员工在办公室职位和生产职位之间的人力资源体验差距。

案例来源：改编自 Waddill D D，*Digital HR：A guide to technology-enabled human resources*，New York，Society for Human Resource Management，2018.

思考与讨论：

1. 松下为什么决定迁移到 Workday 平台？

2. 迁移到 Workday 平台后，松下在哪些领域得到了提升？

3. 除了实现人力资源部门的目标之外，松下迁移到 Workday 平台还带来了哪些好处？

本章将介绍人力资源管理系统的发展趋势、如何设计合适的人力资源管理系统、人力资源管理服务平台以及人力资源数据与人力资源系统的应用等内容。人力资源管理系统可以独立工作，也可以与其他系统一起发挥作用。本章研究了一般的人力资源管理系统，以及其他处理入职、时间跟踪、日程安排、薪酬、福利和绩效管理的独立系统，并分析了人力资源管理系统的作用及其对业务流程的潜在影响。

4.1 人力资源管理系统的发展趋势

4.1.1 人力资源活动和人力资源管理系统

在过去的 20 年间，人力资源相关技术得到极大的发展并逐渐成熟。当下较新的人力资源系统通常是基于云技术的，并且利用包括数据分析、移动访问、社交媒体和物联网在内的各种技术。人力资源系统一直在发展，人力资源的角色和活动也在许多方面随之发生变化。卡瓦纳（Kavanagh）、泰特（Thite）和约翰逊（Johnson）在《人力资源信息系统：基础、应用和未来方向》(2012)一书中将人力资源管理工作活动分为三大类：一是交易活动，包括涉及记录保存的日常交易，例如工资发放、员工状态更改和员工福利管理等；二是传统活动，包括计划、招聘、选拔、培训、薪酬和绩效管理等项目；三是转型活动，也叫增值服务，是指那些通过文化或组织变革、战略、创新或重组来增加价值的活动。在过去，HR 人员将 65%～75% 的时间用于事务性活动，将 15%～30% 的时间用于传统活动，将 5%～15% 的时间用于转型活动。

随着新型人力资源系统的出现，人力资源部门的职责发生了变化，HR 人员所需的能力也发生了变化，当前大多数 HR 职能已经转移到转型活动。大卫·尤里奇（David

Ulrich)强调，人力资源必须通过影响组织变革为业务战略做出贡献，提供创新和创造性的解决方案，并重新调整业务实践以满足新的业务文化和技术需求来增加价值。这些是人力资源部门的责任。也就是说，人力资源的特定系统和技术可以帮助组织执行更新、更复杂、更具挑战性的任务。使用专门为人力资源设计的信息系统，可以使人力资源部门的工作效率、权力和影响力成倍增加。

专为 HR 设计的信息系统称为人力资源信息系统(HRIS)，这个定义可以将 HR 使用的所有系统归入该类别。HRIS 一词已经存在了几十年。卡瓦纳等将 HRIS 定义为"用于获取、存储、操作、分析、检索和分发有关组织人力资源的信息以支持 HR 和管理决策的系统"。因此，HRIS 可与其他管理系统相联系。在过去 5 年中，HRIS 产品变得更加强大、复杂和多面化，主要包括四种类型：人力资源信息系统(HRIS)、人才管理系统(TMS)、人力资本管理系统(HCMS)和人力资源管理系统(HRMS)。不同的 HR 系统具有不同的复杂程度(如表 4-1)。

表 4-1　HR 系统类型

核心构成	人力资源信息系统 (HRIS)	人才管理系统 (TMS)	人力资本管理系统 (HCMS)	人力资源管理系统 (HRMS)
招聘/申请人跟踪系统	X	X	X	X
福利管理	X	X	X	X
缺勤管理	X	X	X	X
薪酬管理	X	X	X	X
训练与发展	X	X	X	X
工作流程	X	X	X	X
自助服务	X	X	X	X
报告	X	X	X	X
职业规划		X	X	X
接班人计划		X	X	X
绩效管理		X	X	X
学习管理		X	X	X
人力资源规划			X	X
能力管理			X	X
绩效规划			X	X
薪酬计划			X	X
时间和费用管理			X	X
招聘			X	X
入职			X	X
临时劳动力管理			X	X
组织可视化			X	X

续表

核心构成	人力资源信息系统（HRIS）	人才管理系统（TMS）	人力资本管理系统（HCMS）	人力资源管理系统（HRMS）
复杂的预测分析			X	X
复杂的工作流程			X	X
薪资				X
时间和劳动力				X

当前的 HR 系统产品，无论是 HRIS、TMS、HCMS，还是 HRMS，主要都是基于云计算技术。人力资源系统能为人力资源业务合作伙伴（HRBP）提供真实可靠的人事数据，是实施 HRBP 模型的基础。HRBP 模型依靠共享服务中心（SSC）为业务合作伙伴和员工（客户）提供人力资源客户服务，该方法模仿了其他职能领域，如 IT、财务和采购。共享服务中心的好处包括通过简化管理任务降低管理费用、建立成本和服务之间的关系、提高服务质量以及通过整合系统和消除系统冗余来最大限度地提高技术投资的回报。

【拓展阅读 4-1】
人力资源系统的
组成部分

4.1.2　新技术如何改变人力资源的传统功能

1. 颠覆性技术

人力资源系统领域正在经历一场巨变，这场巨变是由云到移动设备的转变所驱动的——算法的进步和人工智能的爆炸式增长，视频、社交招聘和可穿戴设备在工作场所的出现等促成了这场巨变。人力资源专业人员使用的技术、系统以及底层软件设计的剧烈变化让许多企业购买的传统人力资源系统变得过时。

这些技术趋势主要影响绩效管理、人力分析、人才招聘、团队管理以及自动化人力资源等领域。

（1）绩效管理

绩效管理现在是由数据驱动的，并通过不定时取样调查进行评估。这些调查会通过集成目录直接分发到员工的移动设备，通过游戏化功能增强，并通过云计算持续进行。

（2）人力分析（或劳动力分析）

使用建模软件来获得工作进展和职业前景的预测分析，这些分析是由电子邮件模式分析识别的网络所建立。

（3）人才招聘

在人才招聘领域，现在能够由移动和基于云的软件推动人才获取，处理端到端招聘，并在申请人跟踪系统中记录所有合格的候选人。

（4）团队管理

将团队管理集成到 HR 系统中，通过云启用并交付到移动设备，提供协作、项目管理和工作流管理工具。这些工具以前只存在于人力资源以外的组织部门领域。

（5）自动化人力资源

人工智能的加入，比如 ChatGPT 的运用，已经动摇了自动化人力资源的基础。人工智能咨询是基于云的人力资源系统的自然特征，提供包括职业指导、学习和个人层面的领导决策等服务。

2. 改变传统的人力资源管理系统

企业人事管理的涉及面十分广泛，HR 人员日常的主要工作是考勤统计、薪酬计算、员工信息录入、员工入转调离、职位发布、简历下载等，这些大多是重复性的事务工作，但是却耗费了 HR 人员大量的时间和精力。总结来说，考勤、薪酬、招聘等方面的所有人事管理工作都可以落实到人力资源管理系统中运行。系统自动化处理代替手工操作，能够有效减轻 HR 人员的事务性工作负担。人力资源管理系统主要从以下几个方面影响人力资源传统功能。

（1）组织结构管理

公司的平稳运作离不开优良的组织结构。组织结构亦要保持灵活性，以便融入公司不同阶段的发展趋势。现阶段许多公司组织架构较为紊乱，因此需要利用人力资源管理系统来为公司科学规范地创建组织结构。在系统软件的管理下，公司能够灵活地创建临时性组织结构，融入以新项目为管理中心的组织管理情况。

（2）职工档案管理

职工档案包含职工的重要信息，但在经营规模较大的公司中，大量的职工档案信息内容给 HR 管理工作带来了非常大的困难。而人力资源智能管理系统能够实现档案的信息化存储与管理，录入、添加、删除都省时省力，能够为 HR 人员节约更多的作业时间。并且系统软件中的档案资料能够从不同层面体现员工个人信息，有利于公司全方位、多角度了解员工。

（3）考勤管理与排班表管理

职工数量是影响公司考勤系统的关键要素，若选用传统计算分析管理方法，大量的考勤管理数据信息会给 HR 人员带来巨大的压力，并且依靠人力计算数据也非常容易出错，还有必要进行核对。而考勤管理系统能够提供多种多样的打卡报到方法，即时记录考勤情况，并全自动计算分析考勤数据信息，形成分析表格。公司能够随时随地掌握职工的考勤情况，而且还能够据此打开智能化排班表，对职工加班加点、节假日打卡进行合理监管。

（4）薪资福利管理

薪资福利管理是公司平稳运行的根本，也是管理方案中的关键要素。科学、合理的薪资福利管理方案是让每一位员工信任公司、舒心工作的关键。现阶段许多公司在薪资测算上投入很多时间和人力资源，而人力资源管理系统能够结合考勤管理、业绩考核等数据信息完成薪资的一键测算，并一键关联本地个人社保和个人所得税申报，全自动给职工推送工资单，大大地减少了作业人员的工作量。

（5）决策支持

人力资源管理系统通过生成标准的人力资源报告，如薪酬、新员工和员工调动报告，简化了报告和决策支持活动。这些信息可用于管理业务、衡量组织绩效和计划未来。人力资源管理系统还允许用户生成特殊报告，以分析某些情况和确定趋势，例如组织某个领域的员工流动率变化。

（6）信息共享

人力资源系统促进信息共享和与组织其他基本业务系统（包括财务、会计和供应链）的集成。它还允许与第三方共享数据，例如为监管机构提供的报告以及与医疗保险和退休计划管理员之间的数据传输。

（7）员工自助服务

许多人力资源系统都提供员工自助服务功能，该功能通过内部网进行操作。员工可以登录系统更新个人信息、输入工作时间、注册培训、查看累计休假和病假，而无须与人力资源部门联系，也可以通过电脑随时查阅自己的信息。

除了以上这些功能之外，人力资源系统还可以衡量员工职业生涯过程中生命周期的每一个阶段的表现，包括入职、培训与发展、敬业度调查等，令企业在人才争夺战中提升竞争力。

【课堂互动】

讨论：企业的人力资源管理系统是如何改变人力资源传统功能的？人力资源系统数字化转型能够带来哪些益处？

4.2　设计合适的人力资源管理系统

在数字技术驱动的社会中，组织需要获得即时的数据和信息。新的人力资源系统可以处理员工任职周期中涉及的所有事情，包括从入职到离职的所有环节。新系统里面沉淀积累的数据和信息理应能够满足组织的需求。标准的组成部分包括招聘、绩效管理、培训、员工关系、薪资、福利、时间跟踪和日程安排等。现实中，许多组织仍然受制于他们多年前投资的旧系统。在某些情况下，上述每个功能至少有一个系统，这些系统可能包含各种格式的数据，从而阻止它们交换信息。因此，系统中的信息不可靠，生成的报告也不可靠。随着企业越来越倾向于让 HR 对其展示的内容负责，设计合适的人力资源管理系统、准确衡量和报告人力资源信息的能力变得越来越重要。

4.2.1　人力资源管理日常工作数字化思路

采用新的人力资源系统的组织发现，原来的业务流程会受到影响，需要进行修改以适应新的人力资源系统。此外，原有的技术系统架构也会发生变化。尽管对人力资源系统的投资可能会改变业务流程，但它也带来了优势。基于云的人力资源系统的可扩展实施可以节省费用。此外，基于云的人力资源技术通常结合移动、社交、大数据分析和物联网等先进技术，这为大型组织带来了明显的好处，也使中小型组织能够拥有复杂和领先的线上技术。如果组织将 HR 整合到共享服务中心（SSC）模型中，并且 HR 是值得信赖的业务合作伙伴，那么组织就可以使用专门为 HR 职能设计的人力资源系统。这些职能包括招聘管理、人事管理、薪酬福利管理、绩效考核、培训管理、员工自助服务、分析决策等。

1. 招聘管理

（1）简历发布

企业用人部门提出人员招聘需求，经过各级领导审批后自动发布相关岗位招聘信息到外部招聘网站，如智联招聘、前程无忧、猎聘等，打通内部人力系统与外部招聘系统的连通性，实现一键发布招聘信息。招聘管理发布的招聘职位信息包括单个职位新增、职位所属公司、招聘类型、招聘部门、职位名称、发布日期、截止日期、显示截止日期、工作地点、年龄计算日期、工作职责、应聘条件、关联的简历模板、招聘人数、学历、工作年限等。

（2）简历解析

系统在职位详情页面提供了"完善简历"入口，应聘者可以在这里填写简历和职位申请。点开"完善简历"后，打开简历填写页面，填写完成后单击"职位申请"，在系统提示申请成功后，应聘者可以在个人中心的已申请职位处看到申请信息。应聘者也可以通过其他渠道投递简历，HR系统通过系统接口自动接收应聘者简历，收到简历后进行解析，按照设定格式存储和展现简历。

（3）简历筛选

根据业务需要，系统预置相关简历筛选模型，自动适配符合条件的简历信息，并自动推送经筛选的简历信息给招聘专员，招聘专员对简历进行最终确认。招聘专员根据简历筛选的情况，配置人员简历状态，系统提供了"黑名单""甄选中""材料不全""笔试""面试""加入调剂"等选择。给应聘者配置完简历状态后，应聘者登录招聘网站就可以在个人中心查看到具体状态。由于系统对"黑名单"做了特殊处理，应聘者看到的是"甄选中"。

（4）面试

对于确认通过的简历，招聘专员可以设置面试时间、地点、面试官等信息，并由系统自动推送消息给相关的应聘者和面试官。面试官可以通过移动端在系统事先配置好的简历打分模板中给对应的应聘人员打分，系统会根据各个打分维度的计算关系自动给出打分结果。如果应聘者存在人岗不适配的情况，出于应聘者本身的需要或者招聘管理员根据管理的需要，系统可能会对应聘人员进行岗位调换。招聘专员可以根据简历模板导出所有应聘者的个人信息到Excel中，导出的列可以通过简历模板中的明细项目进行自定义。招聘专员根据简历下载打分信息导入模板后，在模板中给应聘者打分，打分完成后再导入系统中。面试全过程都通过系统实现，实现全程无纸化操作，增加了面试的透明性和可追溯性，以确保面试环节的公平、公正。

（5）入职通知

系统会自动推送信息给面试通过的应聘者，通知信息包括入职时间、薪酬待遇、岗位、上班地点、入职信息登记二维码等。

2. 人事管理

（1）人员入职

收到入职通知书的应聘者通过扫描推送的二维码，可以自助填写HR部门要求的基本个人信息，包括基本信息、政治面貌、教育经历、语言能力、工作经历、家庭成员信息、出国（出境）情况等。提交信息后HR专员会收到待办通知，对相关信息进行确认。

（2）人员信息管理

入职者自助填写的信息，一旦经过 HR 专员审批，则作为人员初始信息进行入库管理。入库管理将对人员信息进行分类管理和完善，便于从不同维度对人员进行能力和行为分析与挖掘。

（3）人事变动管理

人事变动管理主要是指 HR 专员对相关的人事变动进行处理，接着由领导进行审批，审批确认后自动触发薪酬福利标准变化提醒，包括工资、保险和福利的提醒功能。根据系统设置的角色权限，相关角色人员将收到待办提醒，根据提醒进行相关信息的设置和审批。

3. 薪酬福利管理

人员岗位、等级相关信息设置完成后，系统将根据配置的规则自动匹配相关的岗位工资、社保缴费、福利、年金等标准，绩效工资根据绩效考核结果自动计算，每月薪资发放日前系统自动核算工资福利、社保缴费信息，形成员工工资条，薪酬管理员审核并提交领导审批后发放。社保缴费每月按照相关的基数标准和比例由企业代扣代缴，经系统薪酬福利核算完成后，即可生成社保和公积金代缴清单。代缴清单通过社保专员审核后，可以实现一键缴纳，打通与社保机构的信息互通，自动将代缴信息传输到社保系统。每月不必到社保机构柜台办理，既节省了时间，提升了工作效率，又提高了数据精确性。

4. 绩效考核

绩效考核在整个人力资源管理体系中居于核心地位。从理论上讲，绩效考核的有效实施能促进员工个人的绩效提升并最终实现企业整体绩效提升。为了保证绩效考核实施的效果，绩效考核体系的设计主要包括绩效考核周期、绩效考核内容、绩效考核者和被考核者等方面的内容。设定好相关的考核指标和流程后，系统根据设定的周期自动发起考核流程，流程涉及的被考核者和考核者将收到待办提醒信息，考核结果用于薪酬核算。

5. 培训管理

（1）集中学习

对于需要面授的学习课程，由 HR 部门组织人员进行集中培训学习。学员在培训后可以在线上进行学习效果反馈、重新学习以及学习心得分享和互动交流。

（2）自助学习

系统根据员工个人的工作表现和绩效情况、对工作岗位的胜任情况，通过预置的规则模型进行判断，自动推送相关培训课程。需要培训的员工会收到相关培训通知，并在线上自行完成培训，培训完成后进行测试并反馈学习情况，还可以和 HR 部门或其他员工分享学习的心得体会，促进共同进步和能力提升。

6. 员工自助服务

通过移动端，员工本人将收到相关的待办提醒并进行业务操作，如员工自助入职、员工信息完善、绩效考核与反馈、员工履历提交、员工资质提交、员工出国出境申请、差旅申请、假期申请、员工证明出具申请、人力资源规章制度查看、薪酬查询等。员工自助服务增加了人力资源管理工作的透明性，提升了员工对人力资源管理工作的参与感，也提升了人力资源管理的效率和准确性。

7. 分析决策

（1）人力资源基本信息主题分析

从公司、时间、区域、岗位、专业、学历、年龄等角度进行人力资源基本信息主题分析。分析指标包括人数分布、占比。分析周期涵盖月度、季度、年度。分析内容包括人员地区分布、人员单位分布、人员岗位分布、人员专业分布、人员学历分布、人员异动分布、党员岗位分布、党员年龄分布等。

（2）岗位胜任力分析

从公司、时间等角度进行员工岗位胜任力分析。分析指标包括人员职位、岗位能力要求。分析周期涵盖月度、季度、年度。

（3）人力资源经营主题分析

从公司业务、时间等维度进行人力资源经营主题分析。分析指标包括人均收入、人均利润、人均成本。分析周期涵盖月度、季度、年度。分析结果以数据图表方式呈现，用户可以选择把多种数据放在同一页面内，采用直观的方式进行表达。通过各种形象的数据对比、数据标识，相关业务部门领导可以快速掌握复杂数据中最重要的内容，更有效地对业务进行度量和管理，使人力相关数据管理进入一个新的领域。它还为领导提供"一站式"的数据监控和分析、统计报表功能，体现人力资源管理对公司业务开展的独特价值。人力资源数据管理领域的大量研究证实，人力资源数据管理能带来核心竞争优势。

4.2.2 如何设计一个有效的人力资源系统

随着公司的发展，管理人员可能会发现组织对人力资源专家的需求越来越大。许多企业开始时都由企业所有者监督所有的人事任务，但是大量新员工的加入会使这个过程变得复杂和耗时。人力资源专业人员在程序、合规和法律约束方面的专业知识对公司来说是无价的资产。设计人力资源职位是打造一个有效系统的关键一步。

人力资源系统的设计，需要结合先进的管理理念，并且建设综合的人力资源基础数据库。在设计目标上，需要保证人力资源管理系统的相关体系能够和人力资源管理工作进行充分结合，能够减少有关管理人员的工作量，并且提升管理人员的管理能力和效率，加强公司资源的合理调配，从而提高整体企业员工的工作意识。总之，创设具有公司特征的人力资源管理系统的总体设计目标是：提高公司人力资源管理的信息和空间以及资源人力管理在公司发展中的适应能力。

人力资源管理系统在设计过程中，还需要坚持两个原则。一是需要坚持数据聚集管理，坚持标准化原则，契合关键管理思想；二是需要坚持程序化原则，保证人力资源管理过程中的统一规范，通过系统的整体调控方式，实现公司对人力资源的宏观管理。

4.2.3 人力资源系统的选择与获取方式

云计算提供可扩展、敏捷和可分布的功能，通过将选定的功能转移到云上，使小型组织能够立即达到最佳性能，再加上数字化思维，这样就形成了一个灵活的人力资源部门，实现了轻资产或不投资设备。人力资源系统可以采用模块化方式，以实现规模经济。此外，随着组织的发展，还可以根据需要更改或添加其他功能。由于组织仅为使用的东西付费，因此可以节省费用。这是人力资源云技术的独特之处。

云计算的发展对人力资源系统的选择影响巨大。在工业经济时代，选择人力资源系统主要出于对基本技术和成本因素的考量，但在数字经济时代思考人力资源系统时，技术和成本因素已经被对功能的关注所取代。尽管技术和成本因素仍然很重要，但对人力资源系统的考量已转向分析组织需要系统执行哪些主要的人力资源职能。编制人力资源系统需求和预算时，企业需要对供应商进行如下分析：

①了解其人力资源管理系统的受众及其需求；

②研究同行对供应商的看法；

③制定征求建议书以考查潜在供应商，并邀请前三四名的供应商来展示他们的能力；

④做足功课获取供应商的信息资料，并对其进行跟踪，然后做出选择；

⑤完成交易，但要做好谈判的准备。

当组织面临是否应该专门为 HR 职能设计信息系统的决定时，以下内容可以提供一些参考。如果组织处于以下的情境，那么此时需要投资一个专门的人力资源系统：

①了解所在行业的竞争力需要全面的信息图景；

②人力资源依靠数据收集和分析来获取知识和决策；

③HR 部门深陷细节，无暇在战略业务层面做出贡献；

④人力资源部门在管理上缺乏效率和有效性；

⑤人力资源的角色正在从业务支撑转向战略人力资源管理；

⑥正在重新设计人力资源流程和职能；

⑦企业和员工文化要求更快捷、更准确的人力资源服务；

⑧组织正致力于人员招聘；

⑨现有的内部旧系统不再满足组织的人力资源需求。

数字化人力资源系统的投入成本巨大，并非每个组织都能负担得起。幸运的是，除了自建系统，组织还有别的选择。人力资源系统的获取有三种基本方式：构建组织特定的人力资源系统、购买现成的系统产品、将需求功能外包。这三种方式在不同程度上影响投入成本，而业务需求、内部技能、项目管理技能和时间框架四个因素影响人力资源系统获取方式的最终决策。

1. 构建

当业务需求是独特的，并且内部技能同时存在于功能和技术层面时，在内部构建系统是一个相对有吸引力的选择。此时需要有一个熟悉情况的内部项目经理。无论使用内部或外部开发人员，开发时间框架都相对灵活。构建系统的优点包括：能对开发的所有方面进行定制和控制；系统可以更好地满足业务需求；可以增加灵活性和创新的解决方案来适应业务流程。

2. 购买

当业务需求被认为是标准的时候，购买系统是合适的选择。这种情况下只需对购买的标准化系统略作修改以适应内部业务流程即可。

3. 外包

外包使组织可以利用其他组织的系统和流程。人力资源部门经常将工资单外包。

在外包情况下，供应商可能同时负责系统和流程，组织需要对供应商做出选择。

4.2.4 人力资源管理系统软件评估标准

1. 人力资源管理系统软件评估

选择人力资源管理系统软件时，组织可以根据以下标准进行评估：

①用户界面(UI)：是否干净且吸引人，典型的人力资源职能是否很容易找到，个人数据是否清晰、组织良好、易于搜索。

②可用性：是否容易学习和掌握，是否提供良好的技术支持、用户支持、教程和培训支持。

③特点和功能：

▷可伸缩性/灵活性——软件功能是否能够随着公司发展和人力资源需求的变化而不断扩展。

▷参与工具——是否会超越"传统典型"的人力资源功能，为员工参与、满意度评估和文化发展提供一种手段；是否内置学习管理系统(learning management system，LMS)。

▷时间、工资、税收——这个工具是否能处理所有 HR 流程的典型元素。

▷报告和分析软件——是否提供实时和可操作的洞察力，报表是否可定制、易于导出以及其他方面是否灵活。

④集成：是否容易与其他工具连接，是否能连接到其他招聘网站以便于招聘。

⑤价值：这个价格对于特性和功能是否合适，定价是否清晰、透明和灵活。

2. 常用人力资源管理系统工具介绍

（1）Monday.com

Monday.com 最适合创建自定义的人力资源流程和工作流程。Monday.com 是一个人力资源管理平台，允许人力资源团队通过技术定制和运行其所有的人力资源流程和工作流程。该工具还包括各种用于入门的 HR 专用模板，允许招聘经理监督他们的招聘渠道，并通过嵌入式表格自动记录所有相关联系方式来跟踪申请人。Monday.com 还提供了一个预先制作的入职模板，其中包括新员工入职前几周需要的所有课程和阅读材料。

（2）Sapling

这是适合中型企业(50～2 000 名员工)的最佳人力资源管理系统。Sapling 允许用户为招聘和入职建立自动化的工作流程，还允许团队成员存储和管理人员数据，并创建组织图表，最终用户可以创建个人配置文件。

（3）Connecteam

这是为远程团队提供的移动优先人力资源管理系统。Connectea 可用于移动端、桌面或平板电脑的 kiosk 应用程序，它适合任何组织，因为员工不会把他们的工作时间都花在办公室里。从零售和餐饮到制造、建筑、现场服务和医疗保健，Connecteam 正在被数十个行业的数千家企业，用于与移动员工进行沟通和管理。

（4）Eddy

Eddy 是最容易定制的登录设备。Eddy 是一个为本地企业构建的一体化人力资源套件，它简化了烦琐的人力资源流程，并改善了员工体验。Eddy 由职业篮球运动员出身的企业家特拉维斯·汉森(Travis M. Hansen)于 2017 年创立，是一家凭借简单而强大的产品、高评价的客户服务以及专注于无办公桌员工的本地企业。有了 Eddy，企业可以通过一个简单易用的软件来招聘和管理员工，其主要功能包括职位发布管理、跟踪候选者以及全面的求职者跟踪系统(applicant tracking system，ATS)。

(5)Sage HRMS

这是为小企业提供的人力资源管理系统。众所周知，Sage 能够管理会计、人力资源、支付、资产、建筑、房地产等系统。它提供云方案、内部部署，或两者兼而有之。其高度定制化的解决方案可以为初创公司、扩大规模的公司和企业级公司提供量身定制的服务。该软件在培训方面表现出色，通过各种向导设计来帮助每个独特的人力资源流程，如新员工入职、培训、加薪、工作变化等。

(6)用友人力云

用友人力云定位于大中型企业数字化人力资源平台，基于 YonBIP 商业创新平台，以赋能员工、激活组织为产品理念，运用连接、智慧、体验、开放的数字化要素引领组织人力资源数字化转型，实现组织人力运营成本降低、员工创造力提升，推动组织变革与战略目标的达成，从而快速适应复杂多变的外部状况。

(7)金蝶人力云

金蝶人力云通过人力资源管理专业应用平台、多角色社交化的自助服务平台、开放的云端轻应用平台，为企业构建战略驱动、全员互联人力资源管理体系，从人力资源角度构建和提升企业核心竞争力。

(8)欢雀 HR

欢雀 HR 是国内早期做 HR SaaS 的系统厂商之一，欢雀 HR SaaS 专注于为企业提供一体化人力资源管理系统解决方案，整合了互联网技术、云存储技术、大数据分析系统，融入了先进的人力资源管理理念。人事系统主要由两部分构成：一是线上管理模块，它实现了人力资源管埋数字化、智能化，提高了 HR 人员在统计、计算、分析、查询方面的效率，主要的功能模块有人事管理、组织及审批、考勤管理、薪酬绩效管理、人力数据；二是人力服务 O2O 模块，对接线下人力服务，解决企业 HR 工作中重复性高、专业度高并且工作量繁重、需要跑腿落地的工作。

(9)钉钉

钉钉是阿里巴巴集团专为中国企业打造的免费沟通和协同的多端平台，帮助中国企业通过系统化的解决方案，全方位提升中国企业的沟通和协同效率。钉钉办公管理系统可以帮助中小企业建立一个统一、整合的办公管理平台，规范员工的日常工作习惯，提高执行力，让每位员工都可以成为管理者，同时提高工作效率，缩短工作时间，让企业的管理更加高效。

(10)飞书

飞书是字节跳动旗下的企业协作平台，将即时沟通、智能日历、音视频会议、OKR、飞书文档和工作台深度整合，通过开放兼容平台，让成员在一处即可实现高效的沟通和流畅的协作，全方位提升企业效率。飞书为各种规模的企业和组织免费提供音视频会议"线上办公室"实时语音沟通、在线文档与表格创作、企业专属云存储空间、飞书机器人及小程序应用、消息云端保存、高效会议室系统、AI 多语言翻译等多种高级功能。

4.3 人力资源管理服务平台

人力资源管理服务平台，即人力资源门户，是为员工提供使用内部服务的入口。人力资源管理系统与门户的相互配合，能为员工提供访问其个人信息、培训、职位空缺和福利的途径。作为登录组织入口的强大工具，门户可以对客户和潜在客户可见，对人力资源、客户和员工尤其有用。对于 HR 部门而言，门户显示最新的人力资源新闻、政策变化、调查、资源信息等。精心设计的门户网站会对用户产生吸引力，而设计不良的门户则不然。为了实现对人力资源门户的最佳使用，设计至关重要。门户的好坏取决于它提供的内容和服务。要抓住用户的注意力，务必要关注门户提供的业务流程。门户的设计旨在解决与重要业务运营相关的问题，如客户服务或管理人力资源职能。本节将针对 PC 端和移动端两个版本分别介绍基本的门户网站设计原则，并了解设计的含义。

4.3.1 门户网站及设计

1. 什么是门户网站

门户网站是 Internet 上的一个站点，通常为其访问者提供个性化功能，并为访问其他内容提供导航。它既是进入公司网站的入口，也是彰显企业能力的重要窗口，通常是访问者初次了解企业的途径之一。门户网站的设计应同时适应 PC 端和移动端访问需求。

组织在投资建设门户网站时通常会充分利用其功能。门户网站的强大之处在于它提供的各种工具，不仅包含服务、信息、搜索功能，也是各种信息汇集的交流场所。因此，将门户仅仅用作网站使用，就像将一匹赛马拴在犁上，无法发挥它的全部潜力。人力资源门户就像赛马一样，是为高性能而设计的。

一般来说，门户有外部门户和内部门户之分。这里先分析两者的通用设计元素，然后再介绍 HR 最常用的员工自助服务（ESS）功能。

2. 门户网站设计

一个强大的门户应该包含易用性、个性化、在线决策支持、实用性、搜索功能、RSS 提要、单点访问和社交媒体等元素，同时视觉效果也不可忽视。虽然门户页面上有很多方面都要覆盖到，但并不是每一个功能都需要面面俱到。将类似的信息和功能分组可以简化外观。混乱的外观是网站设计的致命伤。

（1）易用性

门户的易用属性必须是明显的，并且导航应该直观明确。如果过于复杂，将给用户带来糟糕的体验甚至放弃继续浏览。要确保门户是从用户的角度设计的。例如，单点登录环境很有吸引力，因为它减少了用户必须记住的密码数量。用户使用一个用户名和密码登录，就可以访问各种服务。许多组织现在将单点登录（SSO）与多因素标识（添加一组两个或多个唯一标识符来验证个人身份）相结合。

（2）个性化

门户允许用户以适合个人偏好和兴趣的方式自定义他们的设置。个性化设置包括自定义启动页面、自定义目录或新内容的自动通知中的任何内容。这对于用户经常访问的门户尤其重要。例如，用户可以自定义用于 HR 功能的工作场所门户，以便最常使用的功能在门户中突出显示并可见。

（3）在线决策支持

决策支持工具旨在帮助收集员工信息以进行评估或判断。例如绩效管理，人力资源系统会提供所有必要信息以做出绩效决策，包括绩效标准、绩效衡量、目标设定和最近的绩效文档。在线决策支持相当于拥有一位私人顾问，因为它会指导用户完成选择的过程。对于 HR 人员来说，人力资源门户中的这些决策支持功能显著地减少了花费在管理任务上的时间，而且这些任务可以由员工自己处理。

（4）实用性

门户网站不应该是一个系统的前端，而是要确保门户能提供对多个系统的访问。如果门户仅仅被当作系统的前端使用，则门户未得到充分利用。门户网站要提供用户想要功能的访问。例如在旅行门户网站中，产品比较是组织提供服务的一部分，那么应确保该功能易于访问。如何知道哪些功能对用户最有价值？这就需要 IT 部门提供大数据分析信息，以明确这类门户中哪些功能的点击率较高。

（5）搜索功能

门户中强大的搜索功能将增加其吸引力。搜索工具应该可以跨多个系统工作。供应商可以创建工具实现对来自内部网、文档管理系统、电子邮件文件夹和数据库应用程序的文档和其他文本的搜索。随着门户搜索功能的增加，使用门户的可能性也会增加。

（6）RSS 提要

许多门户网站都包含的一项功能是 RSS 提要。RSS（really simple syndication）是一系列用于发布频繁更新数字内容的网络提要格式。RSS 提要允许用户收到新内容的通知而无须主动检查。门户网站 RSS 提要的优势在于它可以在防火墙后面使用。RSS 提要提供新闻更新、股票价格、天气和商品等信息，可以根据组织的业务进行定制。

（7）单点访问

人力资源门户是通往 HR 办公所需的所有功能的入口。它显示了从公司数据到人力资源、差旅安排、费用申报、内部采购以及无数其他工具等覆盖广泛的信息。门户应结合客户档案和智能内容以吸引回访。单点访问可以为员工提供自助服务。

（8）社交媒体

目前对大多数用户友好的门户网站一般都加入了社交媒体功能。社交网络群组等工具允许员工组建内部亲密群体（例如所有游戏玩家或慢跑者）、实践社区（例如人力资源招聘）或学习社区（例如对学习新语言感兴趣的人）。由公司的首席执行官撰写的博客文章可以在内部和外部广泛传播以增加门户的影响力。另一个相关的技术技巧是将图形、视频、信息图表和其他类似项目合并。网站吸引用户的次数越多或黏性越强，目标受众就越有可能使用该门户网站。视频剪辑和图形可以吸引注意力并且可以传达观点，博客也可用于吸引访问者的注意力。

4.3.2　人力资源门户与员工自助服务（ESS）

设计人力资源门户为组织内部各部门之间的协作提供了机会。人力资源经理会发现自己与 IT 部门的人一起工作，其他关键参与者可能还包括财务（预算和成本）、营销人员以及高管团队等。人力资源经理可以借此深入了解内部最有价值的业务、基于人力资源的职能以及如何通过门户网站提供这些功能。此外，人力资源部门如何通过门户网站为员工提供非正式的学习机会（例如视频或博客），门户网站如何推送最新信息以及如何最大限度地发挥其潜力。

一个设计良好的人力资源门户网站应该消除大部分由 HR 专员每天处理的行政事务，即日常琐碎但必不可少的细节。通过门户网站，可以向内部受众提供有关福利、医疗保健和个人发展的信息。了解组织内的核心业务可以使 HR 专员锁定对员工有价值并可能影响其工作绩效的特定信息主体。例如，如果存在与组织目标和使命相关的立法，人力资源部门可以协助开发人员提供该信息以及其他法律资源。此外，常规课件或认证课件可以在内部门户网站发布广告，与员工相关的重要公报也可以通过门户发布。因此，通过在战略层面对人力资源门户设计的投入，HR 专员可以产生显著的、积极的影响。那些向 HR 专员咨询有关工资单、福利、标准人力资源政策和程序的员工，可以直接访问他们自己的记录以获取问题的答案。这让 HR 专员可以腾出时间来完成他们的工作，减少了他们回答重复、烦琐问题的时间，进而提高了他们的工作效率。

对于 HR 专员来说，员工自助服务（employee self service，ESS）平台具有真正的优势。ESS 平台提供了许多不同的功能，并将各种组织资源、工具和服务直接带到员工界面。门户设计的原则同样也适用于 ESS 平台。ESS 与标准内部门户的区别在于，每位员工都可以访问他们自己的信息。

1. 个人信息

（1）培训和发展状况

（2）福利登记和福利服务

（3）与税务相关的变化（例如，房贷或婚姻状况）

（4）退休信息和访问养老保险、医疗保险等个人数据

2. 个人资料

（1）紧急联系人、地址、电话信息

（2）以前和当前的工资、绩效信息

（3）考勤报表、假期或病假以及差旅费用报告

（4）在线学习（内部和外部课程）

（5）入职和迎新活动

（6）内部职位空缺

（7）就业测试和认证

（8）组织范围的沟通

（9）公司政策或程序

（10）人力资源政策手册和电子邮件查询或帮助请求

（11）员工调查

以下情形建议不要使用 ESS 平台：不要将其变成一个链接场，尤其是过期信息、基本福利和地址变更表格等链接；不要在 ESS 平台上提供注册表格；不要让 ESS 门户

成为供应商广告的刊登页面。相反，ESS 平台应该提供对目标受众有用的服务和应用程序的访问。衡量门户的实用性，需要评估员工对其易用性、可靠性、准确性、功能性和安全性等指标的反馈。这些反馈可以通过门户网站中嵌入的调查、投票或其他反馈机制来收集。

4.3.3　移动门户

如前所述，门户可以有多种使用方式。拥有基本门户设计信息和人力资源知识的 HR 经理可以洞察到最有价值的内部信息、基于人力资源的功能以及如何通过门户提供这些功能。通过给员工更多访问个人信息的控制权，内部门户可以更好地为他们提供服务。ESS 平台是访问人力资源所有事务的门户，它赋予员工权力并让员工参与其中。此外，平台可通过云进行操控和调整，以支持移动入口。

移动门户与任何其他类型的门户不同，因为它必须适用移动设备，使其可通过移动设备随时访问。移动设备上的屏幕尺寸会影响移动门户的设计。具体来说，必须将内容剥离到最低限度。页面上的信息过多会使用户感到困惑，造成不必要的下载延迟，甚至使设备崩溃。一个设计良好的移动门户看起来应像图 4-1 所示的那样简洁。

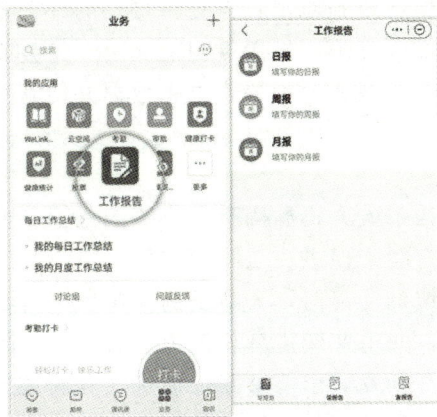

图 4-1　某公司的移动门户

【拓展阅读 4-2】
中软国际华为云
Welink 解决方案

4.4　人力资源数据与人力资源系统的应用

处理员工整个任职周期（从招聘、福利、入职到离职）的人力资源系统是多种多样的，每个系统都有不同的属性和功能。本节将介绍人力资源功能以及人力资源系统在获取和存储可靠的人力资源数据方面所扮演的角色。

没有一个单一的、绝对正确的人力资源系统适合所有组织。也没有一个单一的人力资源系统可以很好地执行所有人力资源职能。组织使命和愿景以及它的技术基础设施、原有系统和不断发展的技术需求是独一无二的。因此，人力资源技术解决方案的设计应满足组织不断变化的需求。

4.4.1 人力资源数据

基于云的人力资源系统的优势有很多，其中最重要的是数据真实性的单一来源："结构化信息模型和相关模式的实践，使得每个数据元素都精确存储一次。"与这个概念相关的是单一版本的原理："单一版本是一个描述具有单一集中式数据库的数据仓库的技术概念。"这些概念共同造就了人力资源系统的优势。原先的信息散落在多个不同系统中，这导致数据收集碎片化、数据可能不可靠。

1. 数据清理

许多人力资源部门担心把数据从旧系统传输到新的基于云的人力资源系统的过程将是一场噩梦。这种顾虑使组织无法取得进展，也无法从此类升级中获得的报告和有价值的信息中获益。然而，这些担忧必须得到解决。为了将数据从一个或多个旧系统转移到单个新的集成系统，需要清理数据以使其可访问和可用。这不是一个简单或快速的过程。"数据擦洗，也称为数据清理，是对数据库中不正确、不完整、格式不正确或重复的数据进行修改或删除的过程。"这个过程既可以在单个数据集内进行，也可以在多组数据集之间进行，可以手动（在简单情况下）或自动（在复杂操作中）操作。当从使用各种系统和不同协议存储数据切换到使用具有独特协议的一个系统时，可能会出现无效数据。这可能是由许多因素造成的，包括重复记录、不完整或过时的数据，以及对来自不同系统的记录字段的不当解析。如果要更正数据并使其可用，则必须进行数据清理。

2. 大数据和数据分析

企业大数据人力资源管理加强了人力资源用数据决策的意识和能力，使更精确地计量人力资本的价值成为可能，有利于促进员工特征与职位进一步匹配，降低管控成本。当我们审视一个人力资源系统的功能时，大数据的作用就变得显而易见了。大数据可以通过一个集成的系统获得，并由此产生分析能力。从员工任职周期的角度来看待这一问题可以得到不同的启示。开发一个能够跟踪候选人和新员工的系统，可以收集员工第一次听说公司直至员工结束整个任职周期的所有记录，这样的系统将帮助员工充分发挥自己的才能，并使员工能够更好地管理个人活动。开发过程中要集成公司中的多种数据，而不是局限在人力资源领域来分析人力资源数据，适当整合的人力资源系统是提取有意义数据的最终来源。如果数据未被整合，则无法保证报告的完整性。

比如，为什么组织应该关心人员分析？人员分析将公司与员工相关的数据整合在一起，以解决销售效率、员工保留率和客户满意度等领域的特定业务问题。全球化的兴起、竞争性招聘、员工忠诚度的下降以及数字技术对劳动力的影响使得招聘和留住合格员工变得更加困难。预测性人员分析提供的信息可以减少潜在的人员流动。

3. 人力资源系统、指标和财务数据

人力资源指标和数据至关重要，因为组织的声誉可能会随着数据和指标的变化而起起落落。由于人力资源通常不会制定衡量其战略业务价值的措施，因此它在某种意义上成为衡量组织绩效的标准。HR 部门是唯一在整个员工任职周期中与员工互动的部门。但根据调查显示，只有不到三分之一的受访者在做业务决策时信任或使用人力资源团队提供的数据。这个现实有点令人沮丧。如果企业决策者并不信任人力资源团队

提供的数据，HR 部门提供的用于内部决策的数据和生成的报告有何意义？

评估组织绩效的关键指标对整个组织的决策者来说非常重要。在评估人力资源绩效时，建议可以参考效率、效力、结果等指标，详细内容参见本书 9.2.2 节。

4. 数据分析和可视化表格

许多基于云的人才管理系统都内置了以图形形式创建报告的功能。此功能称为可视化表格，它显示了组织的指标和关键绩效指标(KPI)的当前状态。可视化表格在单个屏幕上以图形形式整合并排列数字、指标，有时甚至是绩效计分卡。可视化表格的最大优势在于提供了组织用于跟踪 KPI 度量的可视化表示。可视化表格还允许用户生成显示新趋势的详细报告，有助于用户做出明智的决策。可视化表格整合了来自不同系统和数据库的信息。

图 4-2 显示了作为一个独立的系统或更大的人力资源管理套件的一部分，人力资源管理系统可以提供多种格式的有价值的管理信息，包括可视化表格和报告。

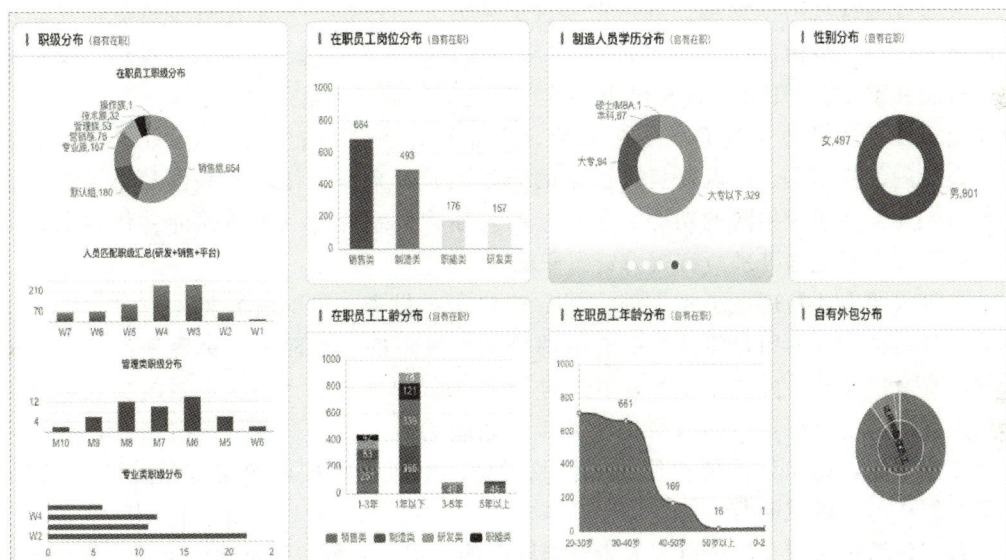

图 4-2　某公司的人力资源可视化表格

5. 人力资源数据的用处

(1)优化和精简招聘流程

有了人力资源数据，企业可以做出更明智的招聘决策。在招聘之前，合理使用招聘数据可以使组织拥有更敬业、更高效的员工队伍。在招聘过程中，人力资源数据的一个明显的好处是利用人才招聘软件，人力资源经理可以收集、存储和评估收到的多份简历，大大提高工作效率。

(2)更好地识别机会

数据分析可以帮助人力资源和组织领导者理解和识别机会。这是劳动力分析的有效使用，能够帮助响应和预测何时增长将有利于组织的发展。通过这种方式使用数据，人力资源领导者可以实时影响业务决策，使员工增长计划和预测未来需求的主动性增强，从而提升组织的响应性。

（3）提高员工的敬业度

员工敬业度一直是人力资源领域的热门话题。在远程工作时代，这种情况会更明显。管理人力资源数据在提高员工敬业度的同时，还可以突出和奖励优秀员工。

（4）使决策更加明智

【拓展阅读 4-3】
人力资源数据分析

数据分析使人力资源团队获得更多信息，从而更具战略性。收集和分析数据可以支持人力资源部门理解组织已经发生的故事、正在发生的事情，并根据历史数据预测趋势。得益于人力资源数据的使用，人力资源部门可以做出招聘、绩效管理、内部流动性、继任计划等方面的重大决策。

4.4.2　人力资源系统的应用

1. 人才管理

人才管理是吸引、发展、留住和部署优秀人才的过程。人才管理涉及员工任职周期的每个阶段。最初，HR 部门依赖于各种系统进行人才管理。随着组织逐渐意识到员工的价值和重要性，HR 部门提供更高的自动化能力的压力也随之增加。此外，随着云计算的出现，各种各样的系统层出不穷。人才管理系统功能与云计算的结合提供了一个强大的替代方案，以取代资产繁重的旧系统。旧系统往往需要综合多个系统才能执行与人才管理系统相同的功能。基于云的人才管理系统是一个便捷的替代方案，不需要使用多个系统来处理所有人力资源职能。

基于云的人才管理系统不需要大量的初始资本投资，可配置并且操作灵活。云计算的好处包括改进的用户体验、更有效的创新、更短的部署时间、更容易的升级、更低的成本，以及从监督的角度来看更少的 IT 依赖。基于云的人力资源系统提供了一种轻资产方法，使组织轻松拥有维护和升级旧系统的能力。从财务的角度来看，云计算是按需使用的，组织只需要为使用的服务付费。组织每年租用预定数量的计算能力，预算类似于电话费或电费。

云交付激励买家专注于所有人力资源职能的云解决方案。但是，组织可以使用 HR 云计算系统（如 HRIS、TMS、HCMS 或 HRMS）来实现最常用的或关键的功能，而不是使用一套大规模的云服务（如 ERP 解决方案）。一些职能，如薪资或招聘，可以由独立的系统来处理，这些系统应该与人力资源信息系统联动。工资单或招聘等一些功能可以由 HRIS、TMS、HCMS 或 HRMS 集成的独立系统处理。可见，配置基于云的人力资源系统有很大的灵活性。

2. 员工自助服务

ESS 平台允许员工访问、控制、输入和维护个人信息。这样一来，HR 部门就可以省去一些耗时且对于本部门来说处理效率较低的任务。这些功能通常依赖于员工通过 ESS 平台访问的人力资源系统。ESS 与人力资源系统的关系是：ESS 是一个门户，它依赖于人力资源系统中的信息。

ESS 平台可用于为员工提供有价值的工具和服务，包括入职时所需的重要信息。一旦做出录用决定并接受录用通知，接下来就要为员工的入职体验做好准备。

许多基础知识可以在办理入职之前通过在线培训、表格和 ESS 平台来获取并处理。

一些组织通过使入职过程（至少在入职培训方面）更具吸引力来简化此过程。所需的培训可以通过游戏来提升参与度，并可以通过 ESS 平台进行访问。

3. 职位分析及职位描述

人力资源系统还可以进行工作分析、分类和工作描述。根据具体的评价水平，将工作（如工作的难度和多样性、监督、独创性、工作关系的性质和目的、所需的经验和知识等）划分为不同的类别。基于这些因素，系统能够自动分配等级定义。这些信息可以包含在人力资源系统中，并通过 ESS 平台提供给员工。

4. 时间跟踪和生物识别技术

一些人力资源系统具有时间跟踪和调度功能。曾经单调乏味的时间跟踪任务，现如今已经被时间跟踪软件彻底改变了。所有员工都可以在时间跟踪系统中输入自己的信息，在工作中轻松访问软件，促进时间跟踪过程。时间跟踪还可用于跟踪累积的假期和病假。工作时间也可由个人或团体报告并通过人力资源系统提供。

大多数人力资源系统都包括某种形式的考勤跟踪。然而，有些公司已经掌握了跟踪员工时间的科学方式。他们的产品可以用作独立系统或作为 HR 系统的附加模块。时间跟踪软件类似于本章中提到的其他附加组件，也可以成为更大的 ERP 系统的一部分。当软件专门用于跟踪时间时，通常会在软件中内置法规遵从性功能。

不同的行业对时间和出勤率的重视程度不同。制造业的工人可以使用打卡器签到和签退。人力资源系统软件供应商不提供时钟之类的硬件，而是使用计时软件系统记录信息，如用计时系统获取工人每小时从整个站点的各种时钟读取器输入的数据，然后这些信息会被下载到人力资源系统，从而实现用人力资源系统来安排员工的日程。时间跟踪软件还被用于收集实际工作时间、病假和休假时间，然后再将这些时间数据以电子版方式提交给人力资源系统，以供系统在制作薪资表之前进行审查。其他行业，例如咨询行业或法律公司，需要跟踪计费时间和利用率水平，时间跟踪软件可以针对工作环境进行定制服务。

生物识别技术是一项可以用来跟踪时间的有趣技术。它使用光学阅读器或计算机芯片来识别个人特征，验证身份。如指纹扫描仪使用手指形状特征来验证用户身份。其他生物识别技术包括视网膜扫描、语音识别、面部扫描和签名识别系统等。

5. 绩效管理技术

绩效管理确保始终以有效和高效的方式实现目标。近年来，绩效管理过程已转变为一个持续的辅导过程，有时被称为"持续的评估"或"过程性评估"，而不是人才管理框架内的年度、半年度或季度评估。具有绩效管理模块的人力资源系统简化了绩效管理过程，并在一个安全的环境中收集敏感信息。绩效管理技术使持续评估成为可能（这将取代一年或两年一次的业绩评估）。管理者的输入包括个人绩效标准、业绩的衡量标准以及每个测量的标准，同时整个绩效合同都应输入绩效管理系统。

具有绩效管理模块的人力资源系统允许管理者和其他评估人员的观察结果以及绩效事件被输入、记录、跟踪并提供给员工。同时，系统也有空间进行积极和纠正性的反馈以及推荐、建议的开发。这些数据的真正价值来自它们与整体企业目标的联系，这种联系是通过绩效管理系统创建的。使用绩效数据，人力资源系统能够生成摘要级别的报告。另外，数据存档对于跟踪个人和团队级别的长期绩效趋势是必要的。

数据可以而且应该被整合。合并驻留在不同数据源中的数据，可以为用户提供统一的视图。例如，绩效和薪酬系统可能是相关联的，因为通常工作绩效和薪酬之间存在联系。绩效工资是基于绩效矩阵的。在汇总级别，每位员工的数据都与系统中输入的矩阵和绩效维度相匹配。这些指标主要用于做出有关晋升、裁员、培训和发展的决策。

绩效管理系统还应支持决策。对决策重要的数据包括绩效标准、绩效衡量标准和绩效文档。这些都是有助于管理者的决策。如果绩效管理系统是一个更大的人力资源系统的一部分，则可以对系统进行编程，以处理从识别主要绩效趋势到识别个人绩效问题的不同级别的分析。

6. 薪酬福利

绩效管理和薪酬以及其他福利之间的联系是直观的，但绩效评级和薪酬与核心工资系统之间也必须有书面联系。这可以通过现有的人力资源系统来完成。

薪酬通常是人力资源系统的一部分，但福利待遇却有所不同。大多数组织都提供的福利计划包括公积金、补充医疗保险以及带薪休假等。其他福利可能包括远程办公、工作共享或压缩工作周、员工援助以及继续教育的学费等。福利具有一定的灵活性，因此福利可以由人力资源系统处理，也可以选择外包。

7. 业务流程再造

通常，当引进一个新的计算机系统时，它会对业务流程产生影响(有时是巨大的影响)。业务流程再造(BPR)涉及对工作流程进行重新设计，以更好地支持组织的使命并降低成本。流程再造从组织的使命、战略目标和客户需求开始，是一个两阶段的计划。人力资源专业人士通常会提出诸如这样的问题："我们的使命需要重定义吗?""我们的战略目标与我们的使命一致吗?""谁是我们的客户?"人力资源流程再造通常发生在人力资源系统上线的时候。

第一阶段再造集中于组织当前的业务流程，或按原样保持不变。这包括查看如何使用资源来创建满足特定客户或市场需求的产品和服务的步骤与过程。

第二阶段是定义将来的运作方式(未来状态)。在此阶段，将明确开发新系统的需求。未来状态或未来操作模式概述了新系统所需的功能，并推动了新的人力资源系统的选择。明确当前业务方式与未来方式之间的差距，这些都是需要改变的流程。在此阶段，组织还将确定新的绩效指标，这些指标将被纳入新的人力资源系统。

▶ 本章小结

本章首先介绍了人力资源管理系统的发展趋势：当前人力资源系统通常是基于云技术的。同时，分析了一个组织何时需要人力资源系统、如何获取和系统地选择以及设计一个有效的人力资源系统。其次介绍了登录组织入口的强大工具——人力资源管理服务平台，即人力资源门户的相关知识，并学习了人力资源数据与人力资源系统的应用，涉及员工整个任职周期的所有人事活动，从招聘、入职到员工福利乃至离职。最后介绍了人力资源系统在人事工作中各个模块的应用，如处理入职、时间跟踪、日程安排、薪酬、福利和绩效管理的独立系统，讨论了人力资源系统的作用及其对业务流程的潜在影响。本章强调这样一个事实：人力资源系统必须支持组织的目标，并通过获取、维护和利用关键指标来提高组织绩效。

复习思考题

1. 组织如何从人力资源门户的使用中受益？

2. 组织如何在其整体人力资源技术战略中使用 ESS 门户？

3. 目前，组织在人才管理和用于此类的系统方面面临哪些挑战？

4. 组织中员工和人力资源服务的哪些报告和数据对人力资源决策有影响？其使用的报告和系统是否可靠？

5. 组织的人才管理系统架构是什么？具体来说，本章中提到的每个人力资源职能是用什么系统来处理的？

案例分析

扫一扫，看资源

锦江酒店和贝卡尔特的
数字化转型实践

第5章 数字招聘技术及其发展

【学习目标】
▶掌握数字招聘的发展阶段
▶熟悉新兴的数字技术在数字招聘中发挥的作用
▶了解数字招聘的策略、流程和应用及其存在的优点与挑战
▶了解数字招聘中存在的安全及法律问题

【关键术语】
数字招聘、求职者素描、求职者自我安排、求职者跟踪系统(ATS)、算法偏见

🎬 开篇案例

企业数字化转型与招聘实例

联合利华

联合利华的 AI 技术给初出茅庐的大学生留下了深刻印象：刷社交网站居然刷出了让自己感兴趣的招聘启事；无须填写网申表格，直接从领英(LinkedIn)账号一键导入信息；在手机上玩了 20 分钟的神经科学游戏，便获知了与申请岗位的匹配度；面试中没见到面试官，而是在公寓里与 AI 机器人进行了一场人机对话；开心地拿到 Offer，通过 DocuSign 直接进行电子签名，足不出户就完成签约。

从 2016 年起，联合利华开始在全球利用算法筛选简历，并且设计了三轮 AI 面试初筛加一轮现场体验面试的招聘流程。联合利华在年轻人聚集的脸书 Facebook 等社交平台发布招聘启事，让求职者自主浏览并选择契合自己的岗位，完成网申，随后 Py-metrics 和 HireVue 软件会对其进行测评与面试，记录求职者的语调、肢体语言等，最后通过人工智能分析每个回答，并形成分析报告，帮助面试官完成对求职者的初筛。

AI 面试上线第一年，通过在 68 个国家部署多种语言的"AI＋招聘"，联合利华的招聘周期从 4 个月缩短到 2 周，节约成本超过 100 万英镑，雇员多样性提高了 16％。

在全球化的背景下，"AI＋招聘"已从科技前沿踏上了广泛应用的快车道。但是，美国的一项最新实验研究表明，与面对面招聘面谈相比，AI 面试导致应聘者感知到的交互感和公平感显著下降，这让一些企业对于是否在招聘中全方位使用 AI 技术犹豫不决。那么，企业该如何有效而广泛地运用"AI＋招聘"呢？

强生公司

医疗保健巨头强生公司每年在全球招聘约 25 000 个职位。然而，其职位描述与 20 世纪 70 年代的职位描述相比，几乎没有什么变化。强生公司需要找到一种方法，将其职位描述融入当下，以吸引更多的求职者。它通过招聘数字化转型解决了这一问题。

强生公司开始使用 Textio，这是一家专门提供帮助客户提高商业写作能力工具的人工智能公司，也能够帮助企业客户写出更恰当的职位描述。强生公司发现自己此前的许多职位描述更倾向于男性，于是使用 Textio 使这些职位描述更中性化。此举使该公司的合格求职者大幅增加，其中，每年有 9 万多名女性申请其科技职位。

欧唯特（Arvato）

企业在招聘中使用数字化转型的另一种方式是降低新员工的流动率。全球服务公司欧唯特的人员流动率异常高，该公司半数以上的员工入职不到三个月就离职了。HR 经理们与离职员工进行了面谈，发现了两个主要问题：一是员工在开始工作之前不了解工作内容；二是公司文化与新员工个性之间的匹配度不高。公司通过采用求职者筛选平台 Harver 解决了这两个问题。Harver 将预筛选过程自动化，并向求职者发送调查问卷，以确定潜在员工是否能很好地适应公司文化。该平台还提供视频工作预演，以便求职者确切地知道自己入职后的主要工作内容。通过人力资源数字化转型，公司的员工流动率降低了 63%。

案例来源：Dharshan Chandran，"Digital Transformation & Recruitment：7 Examples in 2022"，2022-06-28.

思考与讨论：

1. 联合利华的招聘流程与传统招聘流程相比有哪些不同？其优势是什么？
2. 数字招聘在强生和欧唯特的企业招聘中发挥了哪些作用？
3. 数字招聘中可能存在哪些问题？可能的解决对策有哪些？

本章将重点介绍数字招聘技术及其发展，首先带领读者回顾数字招聘的兴起及发展，让读者了解人工智能等新兴数字技术在数字招聘中的应用，并且熟悉数字招聘的策略、流程和实践。在此基础上，进一步介绍数字招聘的优势和面临的挑战，并引导读者思考在数字招聘中可能遇到哪些安全问题及法律问题。通过本章的学习，读者将会对数字时代的招聘技术、流程及未来如何发展等问题有一定的了解。

5.1　数字招聘的兴起及发展

美世咨询公司发布的《2019 年全球人才趋势》报告显示，全球有 60% 的公司计划提高人工智能在工作场所中的使用率，这一比例在美国达到了 59%，在中国达 55%。可见，工作场所正在实现数字化和智能化升级。另外，受新冠疫情影响，员工的心态和对工作方式的要求也发生了变化。根据皮尤研究中心 2021 年的调查，54% 的人希望在新冠疫情结束后依然可以居家工作，尽管许多企业不愿意接受这一新现实，但这种趋势仍然存在。数字时代，工作模式也有了新的变化。根据美世咨询公司 2021 年 5 月的调查，70% 的雇主计划改用混合工作模式，而 10% 的雇主计划完全采用远程工作模式，所以招聘人员开始尝试视频面试和虚拟入职。随着工作场所、员工心态及工作模式的转变，数字招聘成为未来发展的趋势。

当前正处于数字招聘 3.0 时代，这一时代转变的核心是在招聘活动中使用人工智能等新兴的数字技术。当前，计算机在执行一些任务和决策时通常能超过人类，比如它可以更有效地识别、吸引、筛选、评估、面试和协调求职者。这是因为人工智能在处理信息和做出决策的数量及速度方面具有远远超过人类的能力，更重要的是，以人工智能为基础的招聘系统和工具可以克服招聘中普遍存在的认知偏差，从而降低这些认知偏差对招聘人员判断的可靠性和有效性的影响。下面将介绍数字招聘如何从边缘走向招聘舞台中央。

5.1.1 传统招聘

20世纪90年代中后期之前，传统招聘始终占据着招聘舞台中央。通常情况下，求职者必须亲自去招聘会寻找工作机会，或者在报纸等平面媒体上查找相关招聘信息。一旦他们找到了自己感兴趣的工作，必须亲自到提供这份工作的公司，填写一份纸质的工作申请并上交。传统招聘过程存在三个问题，即招聘成本过高、招聘效率太低、存在认知偏差。

1. 招聘成本

在传统招聘过程中，公司希望尽可能多地接触到合格的求职者，以便选择与岗位最匹配的求职者；求职者也想申请尽可能多的公司，以便有更多的机会获得一份满意的工作。无论对于公司还是求职者来说，要做到这一点，成本都是非常高的。比如，对公司来说，在刊登招聘广告时，选择全国性的报纸或者电视等媒体可以在一定程度上扩大招聘广告的覆盖面，但其成本非常高；然而，选择地方性媒体又会大大降低招聘广告的影响力。对于求职者来说，了解所有潜在的工作以及申请适合自己的工作岗位的成本也是非常高的。

2. 招聘效率

传统招聘过程中的所有环节，包括信息处理及决策都需要人来完成。比如，人力资源管理者的任务是吸引求职者提交申请、筛选申请人，并决定谁被录用、谁应该在后续环节中被剔除。但作为普通人，他们在一定的时间内阅读和处理的信息量非常有限，更重要的是，他们需要定期休息，以避免因疲劳而影响工作的准确性。

3. 认知偏差

在传统招聘过程中，招聘人员容易被认知偏差所困扰，这破坏了他们在筛选过程中判断的可靠性和有效性。例如，首因效应，即招聘人员首先看到或听到的信息会过度地塑造或影响招聘人员对求职者随后信息的解读；相似效应，即招聘人员无意识地偏爱与自己相似的求职者，而不考虑这些相似点是否能很好地预测求职者随后的表现；刻板印象，即招聘人员会把对求职者所处群体或者其所在地域的普遍特征强加到求职者身上，而忽视个体差异；晕轮效应，即招聘人员在面对求职者时，很容易因为其一个突出的优点或缺点而忽略了对求职者其他品质和特点的正确了解。

5.1.2 数字招聘1.0时代——互联网招聘网站

20世纪90年代中后期，随着互联网技术的发展，职位信息和求职者信息开始实现数字化。Monster(成立于1994年)、智联招聘(成立于1997年)、前程无忧(成立于1998年)、中华英才网(成立于1997年)等早期的数字招聘网站能够以最低的成本将丰富的工作职位信息传达给成千上万的潜在员工，因为它不需要印刷或运输报纸以及承担由此产生的各种伴随成本。同样，求职者不需要再收集各种平面广告，也不需要花时间亲自投递和邮寄数百份简历和工作申请。他们可以直接登录一个数字招聘网站，自由地搜索和过滤数千个职位，确定最适合的职位并进行简历投递。公司也可以利用互联网通过公司网站宣传自己或直接发布招聘信息，以吸引更多的潜在求职者。

网络效应具有自我强化的特点。比如，智联招聘网站上能列出的工作职位越多，就越能吸引更多的求职者；而吸引的求职者越多，反过来又越能吸引更多的公司入驻，因此越来越多的公司逐渐开始应用数字化招聘。在这一阶段，新公司和招聘网站的数量激增，供应商合并，整个数字招聘市场的容量不断飙升。

5.1.3 数字招聘 2.0 时代——垂直招聘与社交平台招聘

数字招聘 2.0 时代诞生于 21 世纪初，其标志是垂直类招聘网站和社交平台的兴起。

垂直招聘，指的是企业利用爬虫程序到其他招聘网站搜索职位，它没有自己的数据库，其核心是搜索而不是招聘。比如成立于 2004 年的 Indeed（因蒂德）就是这样的公司[①]，它每日从数千个招聘网站、报纸、求职机构和公司网站等渠道聚合几千万条招聘信息，提供精确的一站式职位搜索。这意味着求职者可以直接在 Indeed 上访问多个求职平台上存在的职位，而无须在不同的招聘平台上逐个访问和搜索。

领英（LinkedIn）是最早、也是最成功的面向职场的社交平台，它于 2003 年推出，允许人们建立专业的网络和兴趣社区、交换信息、维护他们在商业交往中认识并信任的联系人。脸书、QQ、微信等则是面向所有用户的社交平台，它们允许个人通过添加好友来建立自己的社交网络，并通过发布活动、视频、图片等方式使朋友了解自己的状态，还可以评论朋友的帖子。虽然从表面上看，这些网络社交平台似乎对数字招聘没有多大影响，但事实并非如此，它们提供了统一的数字空间，企业可以在这里高效地以数字方式发布它们的工作岗位等相关信息。此外，这些平台提供的信息可以帮助企业更好地定位招聘广告所面向的特定人群。在短短 5 年的时间里，脸书的用户从几千人增长到 2010 年年底的 6.08 亿人；在同一时期内，领英的用户从 500 万人增长到近 1 亿人。

5.1.4 数字招聘 3.0 时代——数字技术的嵌入

2010—2015 年，随着数字招聘 2.0 的成熟，数字招聘 3.0 开始步入商业应用。数字招聘 3.0 时代的主要新元素是人工智能等数字技术的引入，它负责定向推广职位信息、筛选简历、评估求职者以及做好在整个招聘流程中的协调工作。

进入数字招聘 3.0 时代的重要原因之一是解决数字招聘 1.0 和数字招聘 2.0 时代所存在的问题。数字招聘 1.0 和数字招聘 2.0 时代的一个重要问题是企业招聘中简历筛选成本的增加。数字招聘降低了求职者寻找信息和投递简历的成本，导致各个职位的申请数量激增。据研究，在数字招聘 2.0 成熟阶段，每个在线工作岗位至少收到 250 份申请。比如，2013 年，沃尔玛开设新店时，600 个职位共收到 23 000 份申请；2017 年，强生公司的 28 000 个职位共收到超过 100 万份申请；2017 年，谷歌共发布

---

① Indeed 中国官方站成立于 2009 年 11 月。

14 500 个职位，收到大约 200 万份申请。同时，在数字招聘中，随着申请数量的增加，不合格的求职者数量也增加了，导致企业需要花更长的时间或者雇用更多的员工来筛选合格的求职者，从而大大增加了招聘的成本。据测算，在数字招聘 2.0 成熟阶段，有 75%～88% 的求职者不符合他们申请的职位，这是因为当投递一份简历的时间成本和资金成本几乎接近于零时，求职者一定会申请更多的职位，或者尝试申请一些感兴趣但并不真正合适的职位，即俗话说的"广撒网"。

进入数字招聘 3.0 时代的另一个重要原因是，企业家和职业经理人等普遍认识到人力资本的重要性。尽管企业价值和竞争优势来源的转变主要发生在 2000 年，但企业高管们花了 10 年或更长的时间才普遍认识到这种转变，并认识到人力资本在驱动无形资产和企业价值增加方面的作用。一个比较形象的例子是，如果把一个组织比作一辆车，当人们只是车轮上的齿轮时，选择最好的齿轮与选择普通齿轮之间只会产生微小的差异，但一旦人们成为引擎，那么选择最合适的人就会成为整个人力资源系统最为重要的任务。也就是说，有效的招聘是企业发展的关键。研究也开始表明，当无形资产是企业价值的主要来源时，高质量的人才可以带来差异。一项针对 60 万名研究人员、娱乐界人士、政界人士和运动员的研究发现，其中最优秀的人的工作效率比其他人的平均效率高出 400% 以上。另一项研究发现，在复杂的工作中，优秀员工对绩效的影响要比普通员工高 800%。这些研究的结果都表明，找到最合适的求职者将对企业绩效产生重要的影响。

【拓展阅读 5-1】
视频简历在数字招聘中扮演什么角色

【课堂互动】

扫描左侧二维码，阅读材料并讨论：视频简历是否是数字时代的趋势？企业和劳动者对视频简历分别持什么态度？如何正确看待视频简历的兴起和发展？

5.2　数字技术在数字招聘中的应用

5.2.1　招聘信息发布

招聘信息的发布要满足两个特点，一是广泛性，二是针对性。广泛性是指将招聘信息尽可能地送达所有合适的并有意愿采取行动找工作的求职者。因此，智能地识别和应对劳动力市场中具有不同特点和偏好的求职者，对于公司构建求职者人才库至关重要。国外的 Pandologic、Talenya 和 HireScore 等公司以及国内的讯飞开放平台、百度大脑、方便面 AI 面试系统等平台，可以利用人工智能等新兴数字技术从领英、脸书、推特、微信、微博等网站收集数据，然后将求职者与工作进行匹配。随着人工智能的不断积累和学习，它可以判断对每种类型的求职者最有效的招聘信息推广办法。比如，AI 可以将最适合某类求职者的招聘信息发布方法与该类求职者联系起来，即不同特点和偏好的求职者可以通过横幅、弹窗、电子邮件、推文等不同的渠道发现招聘信息，从而可以使招聘信息尽可能地触达所有潜在的适合的求职者。

针对性是指招聘信息对岗位的描述应该尽可能地还原岗位的特点和对求职者的要求，从而使应聘的求职者能够更加精准地与工作相匹配。在招聘信息的撰写上，人工智能等数字技术可以帮助 HR 调整招聘信息中的措辞，并跟踪这些措辞的变化对申请人数量和申请人的各种人口统计维度信息的影响，帮助企业提高招聘信息影响的广泛性。例如，美国强生公司利用 Textio 调整了其工作描述的措辞，激发了潜在求职者的兴趣，从而使符合条件的女性求职者增加了 13％。人工智能等数字技术可以通过对潜在求职者在社交网络及招聘网站上的个人信息进行分析，为其匹配更加符合其要求的职位，推送相关的招聘信息，从而增加招聘信息的精准性。人工智能、大数据和云计算等工具也可以分析企业人才库中的成员，并与当前职位空缺相匹配。企业人才库中的求职者也许不适合投递简历时的招聘岗位，但不一定不适合当下的职位空缺。可见，数字技术的应用有利于提高招聘的效率。

【课堂互动】

英特尔的聊天机器人

英特尔专门为求职者创建了一个聊天机器人，通过引人入胜的互动方式帮助他们更好地了解公司。当求职者第一次登录该页面时，聊天机器人便会弹出页面，并询问求职者是否对作为雇主的公司有任何疑问。求职者向机器人提出问题后，会收到关于该问题的回复，其中包含公司文化、福利及其独特招聘流程等信息。聊天机器人作为一种自动化工具，可以在任何时刻对求职者提出的问题给予及时的答案，求职者无须等待与不同时区的招聘人员互动，这也为招聘人员回答基本问题节省了大量时间，因为这些问题可以通过职业介绍页面或聊天机器人找到答案。

讨论：当下的聊天机器人有哪些优点，存在哪些不足，企业应该怎样更好地使用聊天机器人？

5.2.2　求职者筛选

一般来说，在新兴数字技术工具的帮助下，对求职者的筛选可以分成三步，即简历解析、人岗匹配和人才筛选。简历解析是指对简历进行关键信息提取，将不同格式的简历统一解析转化为标准结构化字段，帮助 HR 准确且快速地了解求职者，构建人才画像。人岗匹配是指针对岗位需求和简历内容进行语义理解和分析，既可以向求职者推荐最合适的岗位，也可以向 HR 推荐最合适的求职者。人才筛选是指根据企业的招聘需求，提供多维度、定制化的简历筛选能力，帮助 HR 人员高效、便捷地找到满足企业需求的求职者。

人工智能等数字技术在求职者筛选阶段可以大幅度提高 HR 人员的工作效率，尤其是在劳动密集型及人员流动率高的行业。比如，希尔顿酒店使用了一种人工智能筛选工具，从员工招聘到被录用的时间从原先的 42 天下降到现在的不足 5 天，下降了 88％。欧莱雅采用了一种基于人工智能和云计算的筛选工具，审查简历的时间从之前的 40 分钟减少到现在的 4 分钟，减少了 90％。数据显示，希尔顿酒店的员工流动率超过 70％，因此希尔顿酒店需要一直努力寻找和雇用员工。可以试想一下，如果希尔顿酒店可以在 5 天内给应聘客房服务员岗位的求职者提供一份工作，而其竞争对手需要至少 42 天，那么希尔顿酒店就会比竞争对手更有可能获得这个求职者。因此，数字技术帮助企业减少雇用时间的能力不仅意味着效率的提高，而且使企业在人力资本的竞争中具有潜在的战略优势，特别是在人员流动率高的行业，这一优势更加明显。

5.2.3　人才测评

数字技术在为人才测评提供帮助方面可以有多种形式，比如以人为核心的测评、以岗位为核心的测评、智能化考试平台、情境化评估工具等。以人为核心的测评主要包含个性动力测评、潜质测评、认知能力测评、心理风险评估、GENE 高绩效基因标准等。以岗位为核心的测评包括管理综合素质测评、高层领导力测评、360 度评估反馈、综合胜任力测评、人才测评中心平台等。在人工智能等数字技术加持下的测评往往可以通过游戏化的形式来完成，例如，Pymetric 创造了 12 个游戏，让求职者在 20 分钟内完成，以考查求职者简历之外的个体特质，比如注意力、反应力、执行力、多任务处理的灵活性、记忆力、创造力等。其中一个有趣的游戏是给气球打气获得钱币，在该游戏中，玩家有 3 分钟的时间来收集尽可能多的钱，他们要通过点击打气筒来给一个虚拟气球充气，每充气一次会获得 0.3 元，但气球本身也一直在充气，玩家在任意时间点击保存即可获得当前金额的钱币。当然，充气越多价值越高，可获得的钱币也就越多。但是气球如果爆炸，那么钱币归零，在此期间玩家可以随时停止充气并拿走钱币。这个游戏看似是让求职者在规定的时间内尽可能多地收集钱币，但是其重点并不是关注求职者收集到多少钱币，而是借此帮助企业识别求职者个人的冒险气质和风险倾向。

【拓展阅读 5-2】

人工智能是如何面试的？

人工智能可以对视频面试提供技术和分析，在面试过程中，AI 系统向求职者提出各种问题，求职者提交音频或视频答案。这些问题是基于对目标岗位上过往的成功员工和普通员工的对比分析得出的，求职者对问题的回答可以展示目标岗位所需的特点和能力。AI 系统不仅可以分析求职者的回答内容，还可以分析他们的用词、语气、面部表情等，并将其与目标岗位的成功职员进行对比。求职者可以在规定的截止日期之前自由地选择自己喜欢的时间来参加 AI 虚拟面试，这可以大大提升求职者的自我控制感，从而使求职者对求职体验有更加良好的印象。在面试之后，AI 通过对求职者面试的结果进行分析和处理，将求职者与最合适的岗位相匹配，并把推荐结果展示给 HR。

5.2.4　控制和协调

在招聘中，应用数字技术可以使求职者拥有更加积极的求职体验，并监测求职者在招聘结束之后的情感动态。求职者从看到招聘广告到投递简历，到面试，再到最后被录用或者被淘汰的求职体验对公司来说非常重要，有三个主要的原因：第一，今天被拒绝的求职者明天可能会成为合适的求职者。对于曾经被公司拒绝的求职者来说，如果他们在被拒绝的时候有过积极的求职体验，那么他们更有可能接受接下来该公司提供的工作机会。第二，被拒绝的求职者的积极或消极求职体验会让其朋友和家人产生积极或消极的口碑评价。在当今这个社交媒体发达的世界里，积极或消极的评论可以在家人、朋友和陌生人之间以前所未有、甚至想象不到的广度和速度传播，从而影响那些可能成为公司未来求职者的情绪和态度。第三，招聘过程是一种双向选择，如果求职者的求职体验是积极的，那么他们更有可能接受企业所发的 offer。因此，控制和协调整个求职过程，使求职者有一个积极的求职体验是非常重要的。

人工智能等数字技术工具可以让求职者的求职经历更加顺利、求职体验更加积极，因为它们可以将求职者视为客户，并像对待在线客户那样努力为求职者提供积极的求职体验。从求职者申请工作开始，数字技术工具就可以创造积极的求职体验。在数字招聘 2.0 时代，求职者跟踪系统（ATS）要求求职者按照结构化系统预定义的格式填写简历，以方便存储、搜索和检索。但在数字招聘 3.0 中，人工智能系统不需要这个步骤，甚至不需要求职者填写申请表或提交简历。例如，联合利华只要求求职者提交他们的领英简介，人工智能系统会智能梳理求职者的简介，并为他们填写申请。一旦求职者提交了他们的申请，AIenabled 聊天机器人就可以接管。首先，聊天机器人可以主动让求职者知道他们在系统中的位置，并说明接下来的步骤，在面试过程中的任何时刻，聊天机器人都可以回答求职者有关面试过程的问题；其次，聊天机器人可以向求职者提问，以填补任何遗漏或不清楚的信息。最后，聊天机器人可以 24 小时在线回答求职者有关公司或职位的相关问题，比如工资范围或福利待遇等。

【拓展阅读 5-3】
AI 招聘平台介绍

5.3   数字招聘的策略、流程和实践

传统的招聘过程中，有这么几个关键点对于 HR 来说是十分耗费时间和精力的：
①持续撰写和发布招聘广告；
②在求职网站或社交媒体上搜索和联系求职者；
③从求职网站、ATS 和电子邮件中手动检索和审阅简历；
④手动联系应聘者并安排面试；
⑤通过电子邮件或亲自收集入职文档。

这些任务不但阻碍了招聘过程中低成本、高效益的目标实现，而且会给求职者和HR 人员带来漫长而不愉快的经历。随着数字技术的发展，像文档收集、发送招聘广告和评估求职者等重复性的手动任务可以使用技术更快、更准确地完成。

5.3.1   数字招聘的策略

数字招聘策略可以改进组织的整个招聘流程，下面是一些最新的数字招聘策略。

1. 建立和优化移动端求职网站

随着智能手机的普及及 5G 等技术的使用，移动端设备越来越成为人们日常工作和生活的"主力军"。根据调查，大约 70% 的求职者会在手机上查看公司的网站并寻找工作，所以许多招聘公司在他们的移动求职网站上投入了大量资金来适应时代的变化。

因此，公司必须确保求职者可以在移动端顺利登录，且求职网站和其他数字招聘资源可用、可读，并使求职者能在移动设备上直接申请面试。

2. 招聘的每一步都采用数字化策略

组织评估目前的招聘流程，通过整合数字招聘策略，找出使其更有效的方法。例如，如果组织的求职网站申请过程较为烦琐和枯燥，那就要立即换掉它，因为现在的求职者更喜欢快速的申请过程，且应该在申请过程中增加与求职者的互动，让求职者感到被重视及申请过程非常舒适。同时，面试时可以采用视频面试，这可以降低招聘成本，也能给求职者带来方便。此外，从人才搜寻到新员工入职的各个阶段最好都实现数字化，保证整个招聘过程没有割裂感，给求职者创造良好的求职体验。

3. 利用社交媒体

根据求职社区 The Muse 的数据，92％的公司正在使用社交媒体进行招聘。在招聘过程中利用社交媒体会给组织带来很多帮助，不但能提高招聘广告的覆盖度，直达目标人群，还能够在很大程度上提高招聘的质量。最重要的是，社交媒体是一个让人们了解组织品牌的绝佳平台，许多"Z 世代"（指 1995—2009 年出生的一代人）求职者依靠社交媒体平台来关注有关企业的信息，这使企业采取社交招聘策略变得至关重要。当前有各种各样的社交平台可供企业选择，比如微博、微信公众号、小红书、豆瓣和知乎等，企业可以在里面创建与组织现有空缺职位匹配的登录页面和招聘信息等，甚至可以设置互动问答及一键投递等功能，方便求职者了解企业和职位信息，加入人才库。当然，企业也可以在社交媒体平台上展示企业文化或员工故事的视频，发布相关推文及微博动态等，向潜在的求职者展示企业信息。

4. 数字化不是目标

数字招聘对于实现一个有益的目标至关重要，但它本身不能成为一个目标。也就是说，在招聘过程中不能为了数字化而数字化，要结合企业的实际情况保证招聘的效用最大化。如果只为了数字化目标，那么组织的招聘团队将不得不花更多的时间来管理这些在线渠道，而在实际招聘人才上的投入就会被压缩，从而出现本末倒置的情况。

5. 采用定制化的数字招聘策略

每个企业都应有自己独特的数字招聘计划，不能盲目地跟随竞争对手的动作和实践。因此，根据企业相关目标制订招聘计划是至关重要的。例如，竞争对手可能会使用 Instagram① 来与求职者建立联系，但这可能并不适用于本企业，尤其是当目标求职者并不热衷于某个特定渠道时。因此，企业应根据自身的业务建立定制化的数字招聘策略。

6. 与最新的数字技术相结合

数字招聘的实现和发展需要依赖数字技术的不断进步，比如组织可以通过大数据和云计算等技术分析组织所需要的求职者特征及最优秀员工所具有的特点，从而将其作为对求职者的要求。另外，还可以利用人工智能和机器学习等技术对求职者进行全

---

① Instagram（照片墙）是一款在移动端运行的社交应用，以一种快速、美妙和有趣的方式将用户随时抓拍下的图片分享给他人。

方位的测试和评估，进而将求职者放到最合适的岗位上。5G 技术可以为远程视频面试等提供帮助和支持，同时节省求职者和招聘人员的时间和精力；VR 和 AR 等技术则可以在新员工入职培训时起到支持作用，让新员工在最短的时间内完成培训。

7. 面向未来

时代在快速发展，各种数字技术也在飞速进步，因此企业数字招聘应该瞄准未来，一切数字化策略均应为未来做准备。比如现在工作场所越来越强调数字化，远程办公、居家办公和混合办公等工作模式也逐渐兴起，Z 世代劳动者早已适应了数字时代的步伐，很难接受一些传统的工作模式，因此在数字招聘中应时刻关注未来的方向，紧紧跟随时代的步伐，避免被时代淘汰。

5.3.2　数字招聘的流程

1. 人才搜寻

进行人才搜寻，首先需要准备以下工具：求职者跟踪系统(ATS)、求职者关系管理(CRM)平台、职业页面、推荐系统。HR 人员要积极主动地通过各种不同的渠道搜寻求职者，需要注意的是，不同的求职者所在圈子和生活方式是不一样的。比如，企业 HR 要聘请一位高管级别的求职者，HR 人员不可能在 Indeed 或脸书上寻找机会；同样，HR 人员也不应通过猎聘网为便利店吸引几十个收银员求职者。要在适合岗位特点的地方发布招聘信息，且要注意潜在的被动求职者，他们虽然没有主动寻找工作，但可能与公司当下的空缺职位十分吻合，因此在招聘时也不能错过。那么，数字招聘是怎么解决这些问题的呢？

(1)求职者素描

求职者素描是指对所需要的求职者的特点等进行细致的刻画，这将有助于组织更准确地定位和寻找想要吸引的求职者类型。在决定定位潜在申请人或修改职业页面之前，HR 人员需要先确定求职者群体特征。

(2)搜寻求职者

在有效的求职者素描基础上，不需要像过去一样在多个平台上发布几十甚至数百个招聘广告。数字招聘的优势就是可以根据理想的求职者素描自动发布和优化招聘广告、搜寻求职者，比如 Pandologic、AppCast 和 Perengo 等工具可以帮助 HR 人员自动发布招聘广告。

(3)优化人才库

人才库的建立可以帮助跟踪那些对加入组织感兴趣的求职者，但如果手动进行跟踪和管理，可能会耗费大量时间，因此需要将人才库数字化，使组织产生职位空缺时可以快速获取相关人才，提高招聘的速度和效率。可以通过人力资源管理系统(HRMS)和求职者关系管理(CRM)平台来优化人才库，保持潜在求职者与组织之间的良性互动。

(4)全流程数字化

无论是从吸引求职者角度还是与人才保持联系角度，都应该利用技术在招聘流程的各个阶段建立公司与人才之间的联系，比如自动为求职者更新申请状态、公司最新动态、新的工作机会等，实现手段可以依赖于 ATS 和 HRMS 的使用。

（5）建立优秀雇主品牌

在各种渠道中建立清晰、有吸引力的雇主品牌对于人才搜寻至关重要。这包括对公司求职界面的优化、搜索引擎优化（SEO）排名的提高及社交媒体的互动等。

2. 人才吸引

对求职者的吸引并不仅仅局限于让求职者投出求职申请，还要贯穿于整个求职流程，比如在人才搜寻、求职者提交申请、面试及入职等各个阶段都要对求职者产生持续吸引力。

（1）申请时的互动

在求职者提交求职申请时，应避免采用传统模式（即上传简历之后就结束流程），因为无聊或冗长的求职等待可能会失去求职者。因此，互动式的申请体验将有助于吸引求职者的注意力，减少求职者中途退出的可能性。

（2）申请过程中预览工作

在求职者申请职位过程中，通过使用情境判断测试向求职者展示该职位的现实情况，同时衡量其是否适合该职位。例如，在招聘零售店或快餐店员工时，企业可能想看看他们如何应对危急情况，比如如何应对一个愤怒的客户，可以通过重现此类事件的情境判断测试来评估他们的客户导向技能及处理这种情况的表现。所以情境判断测试不仅能让求职者亲身体验应聘的工作，也能让企业更加深入地了解求职者。此外，它还有助于管理求职者的期望和减少人员流失率，如果求职者不喜欢他们所看到职位的真实情况，可以在申请过程中的任何阶段选择退出，而不用等到入职之后再因为不喜欢而离职。

（3）与求职者时刻保持联系

求职者进入人才筛选过程后，HR人员应该通过 ATS 等与求职者时刻保持联系，不断更新他们的求职状态。比如，可以让求职者在系统上查询自己的职位申请进度，或者企业通过短信或邮件等方式实时提醒求职者其职位的申请进度。总之，可以依托数字技术而不需要花费大量人力来实现与求职者保持联系的可能。

3. 人才筛选

正如前文提到的，人才的搜寻需要在合适的圈子和人群中才能发挥出最好的效果，把合适的人才放到合适的岗位上也是至关重要的。在数字招聘的过程中，数字技术可以帮助 HR 人员选择合适的求职者，以增加人岗匹配的可能性，并减少人才选拔过程中的主观偏见。

（1）人才评估工具

人才评估工具可以帮助企业给人才做测评，并根据测评结果与岗位进行匹配。比如 Harver 平台可以结合就业前测试来评估求职者的各种技能和特征，然后反馈求职者与各种职位的匹配分数。人啊人（Renaren）人才测评工具开发了 T12 人才测评体系，包括职业优势测评、职业规划测评、RP 心理健康测评、GC 认知能力测评、VA 职业价值观测评等。另外还有北森人才测评系统、AskForm 人才测评云平台、肯耐珂萨（Knx）人才测评系统等。

（2）流程自动化

在完全数字化的招聘过程中，任何评估的分数都可以与 ATS 上的阶段进展以及应聘者的参与度挂钩。因此，如果一个合格的求职者在系统中提出申请，从提交申请开始一直到面试阶段都不需要招聘团队的任何人工操作。这意味着面试之前的所有流程都必须环环相扣且时刻运转，从而避免错过最合适的人才。

4. 面试

在完全数字化的招聘过程中，面试阶段可能是求职者与组织成员的第一次互动，为了使这个过程像其他完全自动化的招聘过程一样快速、流畅，组织需要启用远程视频面试和求职者自我安排。

（1）远程视频面试

组织可以将远程视频面试嵌入所有求职者的申请流程中，如在测评阶段达到某一标准的求职者即可触发邀请，获得视频面试的机会。远程视频面试是一种简单、标准化的面试方式，求职者只需要在系统的指示之下进行面试即可，面试视频会被自动录制并上传。比如 HireVue 就是一款专注于视频面试的工具，类似的工具还有大易视频面试工具、北森 AI 视频面试系统等。值得注意的是，目前有些工具还只能实现在视频中面对面的面试，不支持自动化录制、解析和评估。

（2）求职者自我安排

求职者自我安排是指，允许符合资格或在技能评估中得分较高的求职者在系统给出的与招聘人员或招聘经理会面的时间中自主选择，关于面试的详细信息将自动发送给求职者以及招聘人员或招聘经理，这将极大地平衡求职者与招聘人员的时间。

5. 入职培训

入职是新员工作为组织成员的第一次工作体验，便捷高效的数字化招聘过程为成功的入职体验打下了了基础，在入职培训中，组织依然可以依托数字技术帮助求职者更轻松地完成向员工身份过渡，并确保求职者能够很快地融入组织。比如，可以使用 AR 或 VR 等技术使新员工能够身临其境地感受新工作并处理一些事务，从虚拟实践中学习，这种方式特别适合高危险性岗位的培训。

【拓展阅读 5-4】
大数据助你实现人岗匹配

5.3.3　数字招聘中的新实践

1. 利用虚拟现实(VR)提升求职体验

虚拟现实为招聘提供了一个令人兴奋的前景，许多企业开始使用 VR 技术让求职者了解商业实践的创新和前沿技术，以提升招聘过程中求职者的体验。当然，VR 也可以为求职者提前了解所应聘的岗位提供帮助，许多企业开始为求职者提供岗位体验的 VR 视频，让求职者可以在申请职位之前切身体验真实的工作状态，从而明确自己是否真的喜欢这份工作。此外，VR 也可以在新员工培训中发挥作用，比如可以模拟处理紧急危险情况的场景，通过 VR 可以在保证健康和安全的前提下，让新员工学习如何正确处理和应对这些情况。

2. 使用人工智能(AI)提升招聘效率

人工智能在人才搜寻和人才测评等方面发挥着巨大的作用。一些引领潮流的人工智能工具往往具有以下功能。

①情绪分析：可以实时监测招聘人员的情绪，避免出现主观偏见。

②聊天机器人：能够为求职者解答关于公司文化及所应聘岗位等相关信息的问题，在求职者未接触公司工作人员之前与之形成互动，提升求职者的求职体验。

③人才测评和岗位匹配：人工智能可以根据求职者的简历和面试视频对求职者形成全方位的分析和评估，将其与公司中最合适的空缺职位匹配起来，供招聘人员做决策参考。

3. 视频面试的流行

视频面试既可以帮助求职者省下路费和时间成本，又给招聘人员带来了工作上的便利。同时，远程工作的实现使公司可以在全球范围内招募人才，所以视频面试也可以帮助因距离问题而可能错过机会的求职者。此外，视频面试除了招聘人员与求职者在设备两端面对面视频进行面试的方式外，还有一种较为新颖的模式——由系统或求职者自己录制面试视频，然后上传到系统中，由人工智能进行分析和评价，或者由招聘人员在方便的时候进行审查和评估，这种方式虽然减少了求职者与招聘人员的互动，但能够帮助企业节省招聘成本，提高招聘效率。

4. 利用大数据等发掘潜在求职者

潜在求职者又叫被动求职者，是指没有离职但希望寻找新工作的有才华的员工，或者虽然没有工作但也没有主动找工作的劳动者。数字招聘的到来让发掘第一类被动求职者有了更有效的方法，企业可以通过大数据分析对目标人员进行锁定，更有针对性地为这样的求职者提供有吸引力的目标，比如更明确的职业道路或更大的价值实现等，从而为企业招揽更优秀的人才。

5. 申请人跟踪系统的建设

求职者跟踪系统（ATS）是一个新兴的招聘管理平台，这种基于互联网的招聘管理平台旨在协助 HR 以更高效的方式完成企业外部人才的吸引、识别、筛选及录用工作，提高招聘流程的效率。最新的 ATS 可以使用自然语言处理等人工智能最新技术来对求职者的简历进行筛选和分类的工作，并使用其他算法进行数据分析，还可以通过电子邮件等方式自动安排面试，允许应聘者自主地选择适合招聘经理和自己的时间。

6. 社交媒体平台的招聘

社交媒体是招聘的好地方。无论是微博、微信、豆瓣、小红书等普通社交媒体，还是像领英、脉脉等这样的专业职场社交媒体，在招聘过程中，都扮演着重要的角色。当招聘对象是千禧一代或 Z 世代时，使用社交媒体可能是最有效的招聘手段。

7. 企业评价平台的兴起

近年来，看准网和 Glassdoor 等允许员工匿名评价企业的网站兴起。看准网是中国雇主点评与职场信息平台，而 Glassdoor 则是美国的企业点评与职位搜索平台。在这些网站和平台上，员工可以匿名点评公司，包括其工资待遇、职场环境、面试问题等信息。这些网站为年轻员工提供了关于公司的深刻认识和见解，同时也便于求职者在进入公司之前就了解到该公司的一些优势和不足。

5.4　数字招聘的优点和面临的挑战

5.4.1　数字招聘的优点

1. 提高招聘效率，降低招聘成本

数字招聘可以帮助企业提高招聘广告投放的精准性，能够根据大数据的分析给出在哪里购买广告最具性价比的科学建议，不但能够吸引有潜力的求职者的注意，而且可以预测哪个求职者可能对某个职位感兴趣，并分析出能够激励他的因素。招聘人员可以利用这些信息来瞄准更大范围的求职者，提高招聘的效率。简历筛选是 HR 工作的重要组成部分，根据领英的调查统计发现，简历筛选占 HR 人员工作时间的 25％。而在数字招聘 3.0 时代，人工智能的加入可以帮助 HR 人员进行简历初筛，通过对输入数据和结果的成功"学习"，人工智能系统能自动淘汰将近 50％的不合格简历，精准度达到 95％。随着人工智能的不断学习，这一比例还在不断上升，从而逐渐把 HR 人员从烦琐的工作中解放出来。

数字招聘还可以减少人员部门内部沟通的延迟，提高协同效率。数字招聘 3.0 时代，得益于人工智能、大数据、云计算、区块链等技术的应用，招聘的整个流程都转向数字化。精简的沟通渠道可以使决策更高效。利用数字化管理工具，HR 部门可以达到更好的反馈和沟通效果。数字化招聘管理手段不仅使人才资源网络化，更重要的是可以通过梳理硬件技能和软件技能等多维度的人才能力数据进行管理，从而优化招聘管理过程，提高效率。

2. 提高招聘的科学性、客观性和精准性

在人才选拔过程中，数字招聘将在一定程度上消除 HR 人员的人为干预和主观判断，克服人类自身的一些弱点，比如思维定式、性别歧视、地域偏见等，从而提高招聘的科学性和客观性。数字招聘将主要依靠数据分析来完成对求职者的评估，比如 HireVue 一场 30 分钟的标准面试可以从超过 15 000 个不同的维度得到关于求职者的 500 000 个数据点，并通过输入过往数据和结果进行机器学习得到评价模型，供招聘决策使用。

招聘精准性的提高依赖于数字招聘中对人工智能和大数据等技术的利用，通过对岗位信息以及求职者信息的分析和对比可以实现人岗智能匹配。而且人工智能具有不断学习的特点，通过对这些求职者的历史数据和入职后的绩效数据不断迭代，持续优化匹配模型，招聘的精准性将进一步提高。与传统的简历数据和背调数据相比，大数据的价值在于数据的真实性与多样性，这些"数字足迹"开启了人才定位和人岗匹配的新纪元。

3. 改善工作体验，提升企业形象

首先，数字招聘可以大大提升员工的工作体验，从而激发更大的价值创造。对于企业内部员工来说，数字招聘可以优化招聘工作的流程，将原本无序的、碎片化的工作进行整合、优化，提升工作效率；可以便捷管理现有的所有招聘渠道，如招聘网站、内推、猎头、校招等，实现一站式管理，无须求职者一个个登录、刷新职位、下载简

历；可以保证面试官、求职者多方线上协同面试安排，不用线下反复沟通；可以更有效地搭建企业人才库，整合企业人才资源；可以生成招聘数据报表，包含反馈渠道效率、招聘工作进展、人员效率等情况，招聘人员不用再手动输入数据等。

其次，数字招聘能够使求职者在应聘过程中获得更加舒适的应聘经历，为企业口碑打造和未来人才招聘提供友好基础。数字招聘可以把求职者当作企业的客户，从而保证企业在招聘的整个流程中时刻关注求职者的应聘体验。对于应聘者来说，一段良好的应聘经历将使其对企业产生良好的印象，从而在一定程度上提升企业在人才市场上的口碑和形象。而且这种良好的雇主形象也会影响消费者对企业提供的产品和服务的信任程度，因为劳动者与消费者高度重叠，所以，数字招聘可以使企业在劳动力市场和消费者市场上获得双赢。

5.4.2 数字招聘面临的挑战

1. 算法的"偏见"

由于数字招聘依赖于新兴技术，而新兴技术底层都有其算法，因此算法的"偏见"将导致招聘的不公平。在数据科学中，"偏见"被定义为由于学习算法中的错误假设而产生的错误。采用不能反映当前情况的数据来训练算法，就会得到错误的结果。以人工智能为例，由于其算法通常是根据过去的数据进行训练的，因此如果过去的数据存在偏见和歧视，那么人工智能会学到这种偏见和歧视，并将其作为后续运行的准则之一，故而人工智能的偏见始终是一个难以解决的问题。比如，人工智能在进行训练时，如果企业的数据集没有明显的多样性，那么人工智能算法就不可能知道代表性不足的群体在过去的表现。其算法将偏向于数据集所代表的内容，并将所有未来的求职者与其原型进行比较。也就是说，如果已有的数据中很少有女性应聘成功，那么人工智能系统在未来面对女性求职者时，将给予女性求职者较低的评价和较少的推荐机会。虽然人工智能技术可以帮助企业简化招聘流程，并找到识别合格求职者的新方法，但如果在招聘过程中使用的人工智能缺乏策略性，那么它可能会产生负面影响，人工智能的偏见程度取决于对它进行编程的工程师及其训练数据。因为人工智能是根据以往人类招聘行为中的模式进行学习，所以招聘过程中存在的任何人类偏见行为人工智能都会学习到。更糟糕的是，如果这种算法偏差没有被 HR 人员注意到，那么整个人工智能系统所做的不仅仅是在强化偏见，还可能通过不断优化算法而造成更严重的后果。

【拓展阅读 5-5】
如何消除人工智能
工具的"偏见"

【课堂互动】

扫描左侧二维码，阅读材料并讨论：当企业应用人工智能等工具进行招聘时，如何最大限度地降低算法偏见的影响？

2. 过度"科学化"

在数字招聘中，很多企业采用 HireVue 开发的面试系统，这套系统可以对候选者在视频面试中表现出的面部表情、眼神交流、语气、语调、肢体动作、服装搭配等进行评估，从而给出是否推荐该求职者的意见。虽然这个系统看起来比传统招聘人员使用的主观的、有缺陷的指标要客观一些，但是它往往过于呆板和僵化。首先，它的分析基础完全依赖于冰冷的数据。虽然这些数据是由求职者的表情、语调等转化而来，但在转化的过程中会产生信息的丢失，从而导致依据不完整信息分析出的结果存在偏误。其次，此类系统往往很难将求职者与其文化背景和其他相关的个人特殊情况联系起来进行分析。例如，一个因眼部不适而频繁眨眼的求职者很可能被系统判定为过度紧张而降低其性格特质中某一维度的得分，从而错误地被淘汰；同样，残障人士求职者可能为了尽量保持与正常人一样的面试状态而对外表、说话方式、行为方式等进行某些调整。在这种情况下，人工智能系统可能会意识到这一点，将其行为认定为不真实或不诚实，从而淘汰了潜在的优秀求职者。因此，数字招聘中一切以数字化为基础的招聘流程可能造成过度的"科学化"，从而给一些特殊群体带来伤害。

3. 求职者与组织之间的"数字距离"

数字招聘在与求职者交流和衡量求职者质量方面极大地解放了 HR 人员的工作，但是求职者基本处于单向沟通状态，缺乏交互。在招聘秉持个性化价值观的青年求职者时，这一问题尤为突出。"95 后"员工既倾向快速、短频的反馈，又希望与企业进行定制化、具象化沟通，对待物质激励异常"佛系"，而对更高层次的自我实现和价值体现等软性激励却非常看重。因此，在数字招聘中，使用新一代数字技术虽然可以给年轻求职者带来刺激并获取他们对企业的好感，但也加剧了非接触招聘流程中产生的"数字距离"，让求职者缺少参与感与价值感。

5.4.3　如何面对数字招聘

对于今天的大多数企业来说，数字招聘 3.0 时代是全新且陌生的。试图从一开始就在所有类别和级别的求职者中实施数字招聘 3.0，可能会产生很高的成本且不一定能收到最好的效果。因此，企业应该谨慎对待，避免盲目跟风，要依据公司的实际情况逐步迈进数字招聘 3.0 时代。大量研究发现，60%～80%的大型组织变革计划，特别是数字转型都失败了。所以企业应该明白，对于需求量大、求职者素质差异较小、岗位要求相对简单的基础性岗位，可以利用数字招聘 3.0 中的人工智能系统快速扫描符合岗位画像的求职者，并使用自动化系统安排面试、测评乃至入职环节，将 HR 人员从成千上万份简历的筛选和周而复始的面试工作中解放出来。而对于业内高级管理人才和高级技术人才的招聘，则不能完全依赖于数字招聘系统，因为高级人才往往是行业争抢的焦点，决定了公司的高度，数字招聘的标准化流程和"数字距离"问题会使高级人才感受不到公司对他们的尊重与重视。

具体到企业实践上，尤其是对于企业的中高层管理者和一线的人力资源管理者来说，首先要保证思想端正，坚守企业价值观，不做人工智能等新兴数字技术工具的"奴隶"。要明确数字技术工具只是用来帮助和辅佐人的，不能本末倒置，不能因为数字技术工具的使用而废弃了传统招聘中坚守的企业价值观与文化导向。清晰的企业价值观比工具本身更为重要。其次要转变人事平台的建设思路，全方位升级智慧系统。数字招聘是人工智能等新兴数字技术工具应用于人力资源管理中诸多功能模块的"排头兵"，大型企业应以此为基点，全面建设智慧人事系统：一方面，全方位的数字化人力资源管理可以为早期使用数字招聘的效果提供数据反馈，供技术人员进一步修正参数和算法，优化人岗匹配模型，形成正循环；另一方面，数字技术不仅应用于对外招聘，内部晋升、绩效评估、薪酬福利等人力资源管理模块同样可以推广新兴数字技术工具的科学决策模式。依靠新兴数字技术工具全面升级的智慧人事系统也为人力资源真正成为企业的战略性合作伙伴、赋能各层级组织的管理者提供了坚实的底层架构。最后要认真学习如何更好地与 AI 等新兴数字技术工具合作。数字技术可以帮助 HR 人员更快、更好地完成需要消耗大量时间和精力的人事行政工作，所以一线 HR 人员与其把新兴数字技术工具当作竞争者，不如将其作为合作者，提升自己的工作效率和幸福感。

对于求职者来说，人工智能等数字技术加持下的数字招聘或许更加严格。因为数字招聘会在短时间内将求职者简历进行解析、评估及岗位匹配，如果求职者按照任职要求、岗位职责来撰写具有针对性的简历，恐怕很难进入面试环节。传统上通过"万能简历"进行"广撒网"的简历投递方式已经行不通了，因此，求职者需要在简历制作上付出更多精力。另外，数字招聘应用了很多新兴的数字技术，可能使求职者产生一定的抵触心理。实际上，随着社会的发展，数字技术的应用会越来越普遍，求职者应该摆正心态，积极学习如何与新兴的数字技术相处，而不是一味逃避或抵触。

数字招聘发展到 3.0 时代，不仅仅招聘技术和方法进入了新阶段，而且整个社会都因为数字技术的发展而步入新的时代，所以社会和政府在面对数字招聘时应当有更高的站位和更长远的眼光。数字招聘得益于数字技术的发展，故而如何正确使用数字技术成为政府和公共组织需要思考的一个重要问题。技术本身并没有对与错、是与非，关键在于怎么应用，比如在招聘面试中如何界定技术干预的边界、在人才搜寻中如何保证收集和分析个人数据时不侵犯个人隐私等。政府和公共组织应当提前谋划和布局，确保数字招聘可以更好地为劳动者和组织服务。

5.5 数字招聘中的安全问题及法律问题

数字招聘给人力资源管理带来了很多帮助和支持，在一定程度上提高了招聘的效率。在过去的几年中，行业供应商推出了一系列新的数字招聘工具，并被很多公司的人力资源部门采用。但同时，数字招聘工具使用率的增长也受到了监管机构和立法者的关注与重视，他们担心该技术可能带来相关的公平性问题、道德和伦理问题。

5.5.1 公平性问题

人们对数字招聘最主要的担忧是公平性问题。比如，很多数字招聘工具被用来在招聘前对求职者进行评估，但这些工具的工作方式缺乏透明度。也就是说，太多的供应商仍然充当"黑匣子"，而没有一个易于理解的对这些工具内部运作的解释，而机器学习算法可能会延续甚至加剧招聘决策中的无意识偏见。具体来说，许多数字招聘工具是基于技术创新而出现的，而不是来自科学方法或研究项目。因此，很多情况下人们并不能清楚地了解这些工具的工作原理、它们基于什么样的基本假设、这些基本假设是否有效。例如，人们很多时候会利用言语和声音的物理特性来判断个体的人格特点，从而推断出人们的工作绩效，清晰而洪亮的声音会被认为其主人是自信和外向的，从而可能会在工作中有更好的表现。但当把这种方法嵌入工具中时，很难判断工具所依赖的信息是否经过了扭曲，企业是否会对某些音色产生潜在的歧视，比如一些有地方口音的应聘人员。因此数字招聘无法控制潜在歧视的不利影响，这意味着企业可能会因盲目依赖这些新工具而承担责任。

值得注意的是，美国已开始针对数字招聘工具的使用开展一系列立法和监管行动，旨在对在人力资源管理中使用数字招聘工具进行更强的监督。比如，2020 年 1 月，伊利诺伊州签署了开创性的立法，规范了人工智能在求职视频面试中的使用，要求公司向求职者发出通知，让求职者知晓该技术将用于分析他们的视频面试，同时向求职者解释人工智能的工作原理，并在由人工智能进行评估的任何面试之前均需获得求职者的同意。此后新泽西州和华盛顿州均推出了类似的法案。我国也开展了与人工智能相关的一些立法工作。2021 年 8 月 1 日，国内首个针对人脸识别的司法解释——《最高人民法院关于审理使用人脸识别技术处理个人信息相关民事案件适用法律若干问题的规定》正式实施。随后，《中华人民共和国数据安全法》《中华人民共和国个人信息保护法》相继颁布实施。2021 年 11 月，《网络数据安全管理条例（征求意见稿）》发布。2022 年 3 月，《互联网信息服务算法推荐管理规定》开始施行。虽然这些法律法规没有直接指向数字招聘，但从数据安全、个人信息保护与网络安全三个方面搭建起了关于数字时代各种基于数据的工具和应用的法律框架，对数字招聘工具的使用同样起到重要监管作用。

【课堂互动】

扫描右侧二维码，阅读材料并讨论：数字招聘工具供应商对算法公开的担心是否有道理？为什么不同的供应商对此有着不同的态度，其背后的原因是什么，对人力资源管理中应用数字招聘技术有什么启示？

【拓展阅读 5-6】
数字招聘工具
算法要公开吗？

5.5.2　道德和伦理问题

数字招聘中涉及大量新兴技术的使用，这会引发一些关于隐私保护的新的伦理问题和法律问题。根据《中华人民共和国就业促进法》《中华人民共和国劳动保护法》等相关法律的规定，劳动者就业不因民族、种族、性别、宗教信仰等不同而受歧视。然而，使用新兴技术工具招聘时可能已经在不知不觉中违反了这些规定，并且大数据等技术的使用往往会涉及个人隐私保护等伦理和道德问题。比如，许多数字招聘工具会根据求职者的相貌和声音进行打分和筛选，这一行为是否合乎道德，目前还没有能令人信服的结论。因为相貌和声音等个人特征是由生理决定的，基本上是不可改变的个人属性。同样地，社交媒体活动也被发现反映出人们的智力和性格，甚至包括他们的阴暗面，比如在微博、微信、脸书或推特等社交平台上的点赞、评论等都能够被大数据抓取并分析。用户通常会出于不同的目的使用这类应用程序，但是，他们可能并不同意其他人对其数据进行分析，而企业基于招聘目的从他们公开发布的帖子中获得私人信息的做法是否合乎道德？

1. 求职者私人属性的隐私保护问题

随着技术的进步，大数据和人工智能能够以更高的准确性确定个人属性中的一些隐私。例如，通过微信、微博、知乎等社交媒体上的发言、点赞、评论等信息可以很容易识别一个人的宗教信仰等信息。由于数字招聘使用新兴技术工具做决策的过程非常复杂，很有可能基于公司历史数据学习到了对这些私人属性信息的判别和筛选，从而做出一些对某些特殊人群不利的决策，而公司可能认为决策不是直接基于某些受法律保护的个人私有属性特征做出的，所以很容易忽视这种技术带来的歧视问题。虽然企业了解求职者的个人信息不会违反任何法律，但如果根据出生地、种族、宗教信仰等受保护的信息做出不利的雇用决定，就有可能受到法律制裁。根据某些受保护的私人特征做出不利于个体的决策是非法的，无论这些特征是如何得知或推断出来的。这可能也适用于面部识别软件，因为最近的研究预测，具有面部识别功能的人工智能可能在很短的时间内就能识别出求职者的情绪和情感等状态，准确度很高。《中华人民共和国残疾人保障法》明确规定不得在招用员工时歧视残疾人；《中华人民共和国就业促进法》明确规定不得歧视求职者的宗教信仰；《中华人民共和国妇女权益保障法》规定不得歧视妇女。但是，如果同样的关于残疾、宗教信仰、性别等属性的信息是通过新兴技术工具来确定的并依此做出相关决策，这到底是否存在法律问题呢？

2. 求职者工作生活的隐私保护问题

在数字招聘3.0时代，企业可以在网上看到一位求职者每周日上午登录教堂的信息、另一位求职者查看自己的父母所在的养老院的信息、第三位求职者向民事法庭提出离婚诉讼的信息、第四位求职者与前任公司的劳动仲裁等。所有这些信息以及其他更多的个人工作、生活等信息，在数字时代都很容易被发现。无论我们走到哪里，大数据都在跟着我们，包括网购、上下班路线、是否婚恋等，这些信息甚至可以被我们无法想象的工具抓取和分析，然后告诉企业我们适合或不适合某些职位。大数据只会越来越大，据专家称，世界上90%的数据是在过去两年内产生的。随着大数据的不断发展，对数据的误用和通过数据分析故意或无意歧视等问题也随之而来。欧盟根据《通用数据保护条例》(General Data Protection Regulation，GDPR)统一了隐私保护方式，中国自2021年11月1日起正式施行《中华人民共和国个人信息保护法》，在个人信息的收集、识别、传输、处理等各个环节都做出了相关的规定，旨在保护个人信息不受非法使用的侵害。就目前而言，大数据时代的员工隐私问题仍未得到解决。在数字招聘3.0时代，虽然非常有用的尖端技术随处可见，但人们对于数字技术对个人隐私等相关信息的使用是否合法甚至是否符合道德的问题还存在疑问。

总之，新技术已经可以以新的方式跨越公共和私人属性之间的界限，而且我们有充分的理由相信，未来它们将越来越有能力做到这一点。利用人工智能、大数据、社交媒体和机器学习等新兴技术，企业将有更多的机会了解求职者的生活、私人属性、心理状态等信息，求职者也可以在这些新兴技术的帮助下获得关于企业及工作岗位的相关信息，但是其中涉及的隐私保护和法律规定等问题值得我们注意和思考。

本章小结

本章主要介绍数字时代的招聘，分别从数字招聘的兴起及发展，数字技术在数字招聘中的应用，数字招聘的策略、流程和实践，数字招聘的优点和面临的挑战，数字招聘中的安全问题及法律问题等方面进行阐述。

　　通过学习本章内容，读者可以了解数字招聘与传统招聘的区别，理解技术的进步和对已有招聘问题的解决是数字招聘进入不同发展阶段的推动因素。同时，可以了解人工智能等新兴技术在数字招聘的招聘信息发布、求职者筛选、人才测评、控制和协调四个阶段发挥的作用，明确数字招聘在策略上要面向未来，紧跟社会的发展和新技术的应用趋势。数字招聘的基本流程与传统招聘的流程是类似的，但在内部具体的细节上，数字招聘则更强调科学和效率，从招聘广告的发布到新员工入职培训等方面，都提升了求职者的求职体验且降低了 HR 人员的工作压力。数字招聘作为一种随着时代发展而兴起的新型招聘方式，在发展的过程中，其优点和不足是并存的。因此，组织人力资源管理从业人员、求职者、政府和公共组织等各方在面对数字招聘时都应当保持积极的态度和正确的价值观，共同推动数字招聘的健康、快速发展。

复习思考题

1. 什么是数字招聘，它包含哪些发展阶段？
2. 人工智能等数字技术在数字招聘的各个阶段分别发挥什么作用？
3. 数字招聘的策略有哪些，其流程是什么？
4. 数字招聘的优点有哪些？
5. 数字招聘面临哪些挑战？
6. 数字招聘各利益相关者应该如何正确面对数字招聘？
7. 数字招聘可能涉及的安全问题及法律问题有哪些，该怎么解决？

案例分析

扫一扫，看资源

百度大脑推出智能招聘解决方案

第6章 数字时代的职业生涯管理

【学习目标】
▶了解数字时代职业发展的背景
▶掌握职业发展的核心理论
▶掌握自我职业生涯管理的方法
▶了解组织职业生涯管理的原理

【关键术语】

职业成功、职业适应力、职业可持续性、自我职业生涯管理、组织职业生涯管理

开篇案例

变化中的职业发展

"我是一个旧时代的人。"老王总爱这么自嘲。因为家庭原因，老王当年还没有完成学业，就带着一副稚嫩的脸庞进入了社会。"还好遇到了师傅，不然我连饭都可能吃不上。"老王这么说的时候，笑容像是夏天的荷塘，吹散了岁月在他脸庞上留下的沟壑，让人感受到他的乐观和善良。"那时候只能拼命干啊，跟在师傅后面，啥都做，就希望师傅能够传点手艺。"

后来师傅由于家庭变故要离开本地，就把所有的修理技巧都传授给了聪明又勤奋的老王。伴随着中国城市化的浪潮，老王逐渐成长为一名能干的自行车修理师傅。他收费合理，技术过硬，且为人踏实又乐于助人。遇到有急事的、没带够钱的人，他总是挥挥手笑着说："下次吧，下次吧。"久而久之，邻里乡亲都很信任他，都爱找他修车。

"靠谱"是邻里给老王的评价。他的家中挂了不少别人赠送的锦旗，从"勇抓小偷"到"拾金不昧"，甚至"妙手回春"，记录了属于他的不平淡的过去。

但是，即使有这么深的"护城河"，老王还是迎来了关门歇业的一天。"现在谁家里还用自行车嘛。"老王说道，"你看现在大家都骑着共享单车，这些用不着我。"他敏锐地感觉到，自己的行当很难再干下去了。实际上，随着数字技术的发展，共享单车逐渐成为一个成熟的行业，人们对自行车的需求大幅下滑。即使是山地车、学生车和通勤车，也都不再畅销。自行车修理铺逐渐消失在城市中，似乎它们从未存在过。

老王并不想退休。"家里还有孩子，结婚啥的都要钱。"老王一家打算搬离现在住的地方，等将来孩子工作稳定后再在附近找个地方安定下来。要放弃自己干了大半辈子的手艺是很不容易的，好在老王很快从网约车平台上找到了新身份。丰富的阅历、乐观的性格和说不完的故事，说不定能让他接下来的网约车司机生涯同样丰富有趣。

思考与讨论：

老王在过去能取得成功的因素是什么？环境给他的职业生涯带来了什么影响？面对外部环境的变化，他还可能成功吗？如果你是老王，你会怎么做？

本章将在讨论数字时代职业发展背景的基础上，对职业生涯以及职业成功的内涵进行介绍，并结合经典理论和现代理论对如何实现职业成功进行探讨。此外，本章将从个人和组织两方面出发，对相应的职业生涯管理策略进行梳理。通过本章的学习，读者将更加深刻地认识到职业发展的本质，并对个人、组织如何在数字时代促进职业成功有更深的理解。

6.1　数字时代的职业发展

2022 年第 2 期《求是》杂志发表的习近平总书记重要文章指出："发展数字经济意义重大，是把握新一轮科技革命和产业变革新机遇的战略选择。"要理解在战略机遇面前人们如何更好地对职业生涯进行管理，首先需要理解在数字经济时代，职业生涯的特点以及职业成功的定义。

6.1.1　职业发展的背景

1. 职业生涯

职业生涯总在一定的生活空间中展开。根据角色理论，生活是一场戏剧，为人们准备了不同的舞台。在每个舞台上，人们需要扮演不同的角色。比如，在教室里面，存在着"教师"和"学生"两个角色。在家庭里面，存在着"家长"和"孩子"两个角色。在这里，角色指的是一系列定义了行为合理性、合法性的预期。角色会影响人们看待自己以及让人们去预测、理解和评价其他人的行为。不同的舞台以及对应的角色总和被称为"生活空间"，不同人的生活空间宽度（"舞台"多少）和深度（"入戏"多深）可能不太一样，职业生涯是其中的一个重要舞台。不同的舞台会相互嵌套，资源会在不同的空间里流动，因此不同的角色之间会相互影响。其中最典型的莫过于工作家庭冲突。在现代社会中，工作者这个角色要求人们付出更多的时间和精力，有时可能让人难以完成伴侣这个角色。当然，不同的角色之间也能相互促进。和谐、友爱、互相理解的家庭关系有利于实现"伴侣"对"工作者"的增益。从"休闲者"那里获得的能量剩余也有利于"工作者"更好的表现。更重要的是，其他角色也能为"工作者"这个角色提供增益。比如，对"孩子"角色的重视会让人做出符合父母期待的职业角色，对"父母"角色的重视会强化养育动机，从而影响职业行为。

职业生涯总是体现不同的个人特色。每个人都有自己的独特性，人们生而不同。人们的基因各不相同，它会影响人们的样貌、智力等。人们的性格也各不相同，有些人更加温和，有些人更加谨慎，有些人则更加活力四射。人们还有不同的价值观、兴趣、心理特征等。这些特点影响了人们可能做出的选择、做出的行为、设定的目标等，从而使职业生涯具有个人特色。比如，对于有数学天赋的人来说，如果他们能够及早发现自己的天赋，很有可能会走上相应的专业道路。

2. 职业生态系统

时间、地域、生活、空间、个人因素等共同塑造了职业生态系统，即一个包括职业发展可能性与机会的系统。在这个系统中，个人、社会网络、公司和社会机构作为实体，相互依存、互相影响。这些实体之间的关系影响了职业生态系统的状况和职业生涯的形态。

在一个脆弱的职业生态系统中，由于受以社会关系不平等、资源稀缺、就业机会不多且具有高度排他性、通常只有特权人士才拥有个性化的工作协议等因素的影响，成功的机会屈指可数。在这种环境下，人们在职业生涯中只能尽力往上爬，且很容易陷入彼此报复的争斗中。而且不同实体之间的契约关系往往是"一手交钱，一手交货"的交易型关系，契约违背时有发生且人们对此无可奈何，因为可供选择的交易机会不多。

在一个稳固的职业生态系统中，社会关系呈现多样化。在组织中，人们有一定的获得财物和发展支持的机会，能够获得比较稳定的工作且会受到保护，有机会在标准合同之外获得个性化的工作协议。不同实体间的契约通常建立在双方平等的基础之上，并且一旦发现对方违背契约，可以终止关系，选择新的合作伙伴。因此，职业路径变得更加灵活，通常个人和组织之间会维持长期的契约关系。

理想的职业生态系统应该是反脆弱的。在这个系统中，人们拥有广泛的社会关系，就业机会多种多样，资源丰富且容易获得。此时，职业路径是不设限的，人们很容易获得符合自身特点的个性化工作协议，会和不同的实体签订多样性的契约，将追求个人成长作为幸福的来源。而当心理契约破裂的时候，双方可以重新商讨，也可以终止合作来寻找其他的合作伙伴。

对比上述三个不同的系统可以看出，"去中心化"是打造反脆弱的职业生态系统的关键。当生态系统中的资源更加自由、流动、转换更加灵活自主的时候，人们可以接触到更多的机会、资源和可能性，从而激发更多的活力，通过更加多样的方式来抵抗外部冲击，实现自身成长。

【课堂互动】

试列举不同的职业生态系统。比如，美国"锈带"经济区的职业生态系统通常被认为是脆弱的，而硅谷的职业生态系统通常被认为是反脆弱的。

6.1.2 数字化对职业生态系统的影响

对数字技术的运用以及对商业社会的改造正在推动"去中心化"的过程，让我国的职业生态系统变得更有韧性、更可持续。这主要体现在三个层面。

1. 国家层面

从国家层面来说，数字经济助力中国实现经济发展上的提质增效，深刻影响了我国的就业结构和就业质量。2018 年 9 月 18 日，国家发展改革委员会等 19 个部门联合发布《关于发展数字经济稳定并扩大就业的指导意见》，提出以大力发展数字经济促进就业为主线，以同步推进产业结构和劳动者技能数字化转型为重点，加快形成适应数字经济发展的就业政策体系，大力提升数字化、网络化、智能化就业创业服务能力，不断拓展就业创业新空间，着力实现更高质量和更充分就业。该文件提出要"加快培育数字经济新兴就业机会""持续提升劳动者数字技能""大力推进就业创业服务数字化转型"，并通过法律制度等体系来提供保障。在国家政策的引领下，各地也纷纷出台相应政策，从四个方面来发挥数字经济促进就业的积极作用：在完善就业制度安排方面，强调"互联网＋人社"的创新模式；在灵活就业方面，强调创新创业带动就业的新业态、新模式；在办公方式方面，愈发重视远程办公模式的发展；在人才支撑方面，强调数字化人才引培。这些变化实现了就业方面的赋能。

2. 社会层面

从社会层面来说，数字化创造了新消费需求，拓展了服务消费边界，促进了新业态的发展。而这种新业态也创造了新职业、新工种，提供了新的就业机会。在线教育、互联网医疗、线上办公、数字化治理、产业平台化发展、传统企业数字化转型、"虚拟"产业园和产业集群、"无人经济"等成为新的业态。我国人力资源和社会保障部最近发布的新职业中，与数字经济相关的职业占据大多数，包括智能制造工程技术人员、工业互联网工程技术人员、虚拟现实工程技术人员、连锁经营管理师、供应链管理师等。中国信息通信研究院的数据显示，到 2025 年，数字经济带动的就业人数预计将达到 3.79 亿。此外，数字经济正在打破很多以往隐形的就业壁垒。阿里研究院与中国新就业形态研究中心课题组联合发布的《数字经济与中国妇女就业创业研究报告》显示，截至 2022 年 3 月，在数字贸易、电商、直播等领域，数字经济已创造 5 700 万女性就业机会。而在网络零售、直播带货、物流快递、音频组播等领域，由于相关职业对体力的要求相对较轻，不再要求身体层面的全部投入，数字经济打破了传统就业的时间和地点的局限性，为残疾人提供了更多的就业可能性。

但是，数字化也在社会层面提出了新的挑战。根据麦肯锡的研究报告，随着科技的进步，未来全球大概有 3.75 亿人口将面临重新就业，其中中国占 1 亿，尤其是可预测环境中进行物理活动的部分岗位需求将明显下降。新技术对从事"常规型"岗位和中低技能的劳动者影响最大，有可能会造成他们的结构化失业。而对于年纪较大的人来说，由于他们生理上的限制，数字化可能会使得他们的职业更加不稳定。随着最近人工智能开始进入艺术领域，这些替代冲击可能会比预料的发生得更广、更快、更猛烈。总体而言，数字化变革带来的变化使得行业、组织、个人更加受到乌卡时代（易变性、不确定性、复杂性和模糊性）的挑战。

3. 个人就业层面

从企业层面来看，数字化也对管理造成了很大的冲击，具体见本书其他章节。从个人职业轨迹来看，数字经济催生了许多新的就业模式，包括零工经济、灵活就业、平台经济等。这些新的就业模式有五个显著的特点。第一，财务和工作不安全常态化。随着就业灵活性的进一步提高，失业可能会成为更加普遍的现象，暂时性地没有工作可能会成为常态，这让财务和就业变得更加脆弱。第二，自由度提高。人们对工作时间、方式和目标有更多的决定权。但是，这种自由有时候可能是"幻象"。比如骑手被困在系统里面的现象引发了对于"自由究竟是什么"的思考。第三，职业路径的不确定性进一步提升。在有一个稳定的雇主的时候，它至少能够给你描绘一定的职业前景、给予一定的职业指导。但是在数字经济中，由于人们掌握巨大的自由度，个体经历的独特性被放大，以致经验的可比性进一步降低。人际关系、社会网络逐渐成为支持持续就业的重要因素，也让职业路径变得比以前更加多样和难以预测。第四，职业"消亡"更加普遍。随着数字经济的推进，信息流动更快，企业竞争更加激烈，外部环境变化更加迅速，这让工作、职业的存续变得更加短暂。第五，隔离与孤独。随着工作和生活更多地都在云上进行，人们的"在地性"进一步消失，物理层面的链接正在减弱，使得人们与现实世界的联系更少。这是否会造成人们心理上的变化以及对意义感的重新塑造，目前仍然不得而知。

6.1.3　不同背景下的职业生涯

【拓展阅读 6-1】
数字化管理师从业
人员状况调查

在不同的背景下，或者说不同的职业生态系统中，人们的职业生涯明显不同。在中国古代，由于社会流动性弱，职业生涯主要指的是从事一份工作的经历。而在现代社会，人们通常在一个组织中经历阶梯式的发展，因此职业生涯主要指的是一段线性发展的经历。

随着市场竞争压力的加大，这种"终生承诺"的工作模式已经逐渐消亡。取而代之的是人们在不同企业乃至不同职业中的不停转换。尤其在数字技术快速发展的今天，当职业生态系统更加"反脆弱"的时候，人们会有更多选择，职业发展变得更加灵活、多变。比如，根据前程无忧的职场人跳槽报告，2020 年员工整体离职率是 14.8%，2021 年则增长到了 18.8%，其中主动离职率达到 14.1%。并且，不少人会尝试从事不同的职业。人们可能做服务员、按摩师、快递员，也可能做打工人、小老板和骑手。在一篇名为《为什么你至少要拥有两份事业？》的文章中，卡比尔·塞加尔（Kabir Sehgal）指出："两份事业，胜过一份事业；追求两份事业，能让两份事业都获益。"在这种模式下，职业生涯指的是不同职业经历的集合。

与此同时，有部分学者指出，过分强调职业生涯的客观性是不恰当的。伴随着职业经历的积攒，人们会给它赋予不同的意义，并以此来构建自己的人生故事。比如，同样是做快递员，白领人士可能会觉得这份工作将尝尽人生百态，而白手起家的人可能会觉得自己正在用双手打拼天下。在这部分学者看来，职业生涯是人们用以解释、概括其职业经历的"故事"。因此，在关注职业生涯的时候，还应该看到其背后的主观体验，即从客观经历和主观体验两方面来理解职业生涯是必要的。客观经历为主观体验提供了基础的载体，主观体验赋予客观经历以意义。而在数字时代，面对外部环境的巨大变化，对人自身的强调更应凸显。由此，人们的体验、经历成为职业生涯的一个重要部分。

【拓展阅读 6-2】
改革开放 40 年
职业变迁的缩影

总而言之，在数字时代，要理解职业生涯，既需要关注人们在不同职业中流动的经历，也需要重视人们赋予这些经历的感受和意义。

6.1.4　职业生涯成功与否的标准

传统意义上认为，职业成功有客观的衡量标准，包括薪酬、职级、晋升以及职业地位等。如果一个人在这些方面达到甚至超过了社会标准或者预期，那么从客观角度来说这个人就被认为在职业上是成功的。在这个意义上，社会上的人无论什么出身、性别、民族如何，衡量其成功与否的尺子只有一把。这把尺子丈量出的职业成就上的高低，决定了你在职场中的地位。

随着职业经历的多样性逐渐增加，部分学者提出，从客观角度来说，很难找出一个放之四海而皆准的标准来衡量一个人究竟是否成功。他们提出，可以将人本身视为衡量职业成功的尺度。每个人会用不同的标准来审视、看待他们的职业生涯，进而得出不一样的感受，而这些感受能够用来对他们自己的职业生涯进行判断。基于这个思想，学者们提出了"主观职业成功"的概念，以反映人们感受到的职业成功。一般而言，学者们用职业满意度来对主观职业成功进行度量，体现人们在多大程度上达到了自己的标准，比如是否获得认可、工作质量高低、是否在做有意义的事情、是否有影响力、是否能做自己、是否有丰富的私人生活、是否获得成长、是否感到满足等。

主客观职业成功分别反映了对人们主观和客观职业生涯的关注。正如职业生涯不能单纯靠客观经历或主观体验来定义一样，主观职业成功和客观职业成功也不可分割。过分强调主观成功而忽略客观成功可能会搭建空中楼阁，过分强调客观成功而忽略主观成功可能会陷入物质主义或者虚无状态。比如，研究表明，对于中国人而言，外在报酬、自我实现和生活平衡都是职业成功的重要体现。并且，主观职业成功和客观职业成功能够互相影响。在起始阶段有更高的主观职业成功能够帮助客观职业成功获得更快的成长。

【课堂互动】

讨论：你认为腰缠万贯和归隐山林的人谁在职业上更成功？在数字时代，应该更强调客观职业成功还是主观职业成功？

6.2　获得职业成功的理论路径

对于如何取得职业成功，学者们基于不同的侧重点得出了不同的理论，对不同因素的作用进行了探讨，这对于如何在数字时代取得职业成功具有较强的指导价值。

6.2.1　积极行动：无边界与易变性职业生涯理论

21 世纪初，学者们敏锐地察觉到生态系统正在经历重大变革，职业前景变得更难以确定和预测。在剧烈的变化面前，需要新的洞见来指导人们的职业发展。无边界职业生涯理论与易变性职业生涯理论应运而生，从客观、主观两方面来考查人们如何在新时代中获得职业成功。

1. 无边界职业生涯理论

无边界职业生涯理论认为，在新时代，积极进行职业流动是取得职业成功的关键要素。它提出了一种全新的职业生涯模式：无边界职业生涯。在典型的无边界职业生涯中，人们跨越不同的边界，包括组织、关系、层级、岗位、专业、职能、角色、国别和文化等，进行流动。通过在不同组织、不同领域甚至不同国家中转换职位，人们可以获得更高的职业成功。

在此基础上，该理论区分了物理流动和心理流动。前者指的是跳槽的频率、种类（比如跨行业还是跨公司、全职还是兼职）和方向（向上还是向下）；后者指的是个体进行流动的主观意愿和对相应能力的判断。为了捕捉在这两个方面的个人差异，该理论提出了"无边界职业生涯导向"的概念，它包含两个维度：无边界思维，即对于和当前组织之外的人共事的偏好；流动偏好，即对于在不同组织之间跳槽的喜好程度。拥有无边界职业生涯导向的人无论是物理流动还是心理流动都会更多、更频繁。

然而，对于职业流动是否有利于职业成功，目前仍然没有定论。荟萃分析（meta-analysis）发现，相较于物理流动，心理流动与职业满意度、工作满意度、薪酬、晋升等有着更强的正相关。无边界思维能够促进主观职业成功，增进幸福感，但流动偏好对两者则有负面的影响。这可能是因为职业流动是风险和收益并存的。一方面，职业流动可以带来诸多收益，比如更加清晰的自我认识、更强的能力、更广的社会网络以及更丰富的职业资源；另一方面，职业流动也可能造成诸多损失，比如更高的心理压力、更强的工作生活平衡方面的挑战、各种难以预测的突发事件等。因此，职业流动本身是否能够促进职业成功取决于人们是否可以抓住机会，在实现收益的同时管理好风险，降低损失。

智慧型职业理论指出，三种资本能够帮助人们更好地抓住机会并降低损失。其中，人力资本包括知识、技能和能力等，回答了"你怎样工作"的问题；社会资本包括有助于公司社会网络活动的内外部人际关系，回答了"你和谁一起工作"的问题；心理资本包括个体的动机、意义、认同、人格、兴趣和价值观，回答了"你为什么工作"的问题。实证研究表明，上述三种资本对于主观职业成功和客观职业成功都有显著的促进作用。其中，人力资本对薪酬、晋升等客观职业成功衡量指标的影响更大，而社会资本、心理资本对主观职业成功的影响更大。

2. 易变性职业生涯理论

易变性职业生涯理论更加关注人们在职业发展中的内在感受。它提出，面对不确定的职业前景，人们需要充分运用自我的力量来对职业生涯进行管理，体现为易变性职业生涯导向的高低。该导向分为两个维度，分别是价值导向和自我导向。价值导向指的是人们基于价值观而不是外部标准来塑造自己的职业生涯的倾向；自我导向指的是人们自觉担负起职业发展的责任而不是依赖外部力量的倾向。价值导向体现了职业发展中追寻意义的部分，解决了"为什么"进行职业发展的问题；自我导向体现了职业发展中的能动性，解决了"谁"为职业生涯负责的问题。两者相辅相成，缺一不可。

易变性职业生涯导向会从三个方面影响职业成功。一是自我觉醒（awareness）。当外部力量对职业生涯的影响降低之后，个人的作用被充分放大。这时候，人们需要为自己的职业生涯制定方向，从而更多地体验激情、意义、使命和自我觉醒。而这种觉醒会让人在职业生涯中感到自我一致，从而达成更高的主观职业成功。二是适应力（adaptability）。面对纷繁复杂的环境，人们需要有根据外部变化来进行调整的能力。自我导向有助于人们保持对于职业发展的控制力，而价值导向则为这种控制提供了方向。面对外部挑战和困难，自我导向和价值导向有利于人们找到、执行解决方案并从中学习，从而保证了人们的职业成功。三是能动性（agency）。职业发展立足于一系列的选择和决策。人们需要勇敢地做出决定并将其落实。研究表明，易变性职业生涯导向高的人在职业发展中会表现出更多的主动性。并且，面对外部压力，他们更能够保持自我，不易屈服，从而更能打造具有自己特色的职业生涯经历。

荟萃分析发现，易变性职业生涯导向与人们的幸福感、工作绩效等正相关。其中，自我导向与职业满意度和工作满意度具有较高的正相关，对于晋升也有正面影响。价值导向也能促进晋升，尽管影响比较小。但是，对于薪酬，易变性职业生涯导向并没有显著影响。

3. 主动的职业生涯管理

无边界职业生涯理论和易变性职业生涯理论在关注点上有所区别：一个强调客观上的职业流动，另一个更强调对于自我的挖掘和运用。有意思的是，研究发现，两个理论中的核心概念，即无边界职业生涯导向和易变性职业生涯导向，存在显著正相关。并且，易变性职业生涯导向也和人力资本、社会资本和心理资本正相关，其对于社会资本的影响甚至高于无边界职业生涯导向。基于这些发现，有学者提出一个观点：自我导向、价值导向和心理流动共同反映了主动的职业导向，即体现人们摆脱依赖、担负责任、积极地对职业生涯进行管理的倾向。换句话说，这两个理论虽然落脚点不太相同，但是都强调在外部的变化面前，人们需要主动地对自己的职业生涯进行管理，才能够在复杂的环境中取得更好的成功。

6.2.2　关注环境：社会认知职业理论

相比以上两个理论，社会认知职业理论对人们的心理过程进行了更加深入的探讨。同时，它也格外强调环境的影响。该理论指出，职业发展取决于人们的职业兴趣以及对应的职业目标，这两者通过改变职业行为来影响职业成功（见图 6-1）。

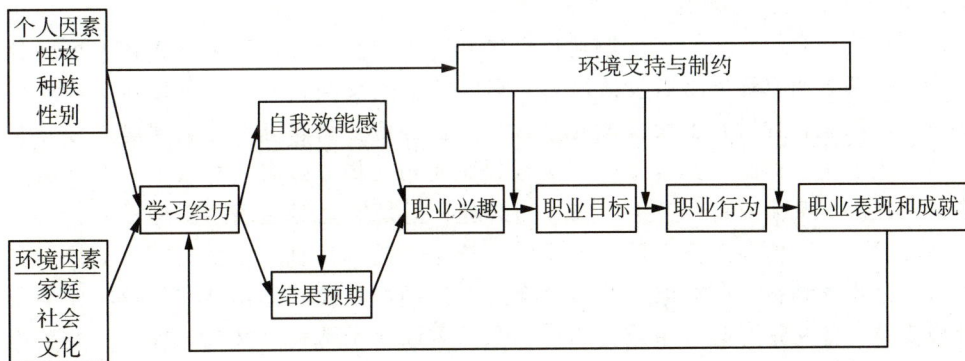

图 6-1　社会认知职业理论模型图

1. 核心心理过程

以兴趣和目标为核心，该理论将社会认知引入对职业行为的研究中。该理论指出，自我效能感和结果预期决定了人们的职业兴趣。自我效能感指的是人们对于自己是否能够完成某件事情的感受；而结果预期指的是人们对于这件事情的结果的判断。当人们相信自己能做好并且能获得积极回报的时候，人们就会有兴趣。比如，如果你相信自己能够学好数学，但是不认为这会带来好结果，就不会将数学作为兴趣。同样，如果你不相信自己能学好，也不会将其作为兴趣。

职业兴趣决定了人们的职业目标选择。职业兴趣既包括从事某项事情的积极情绪体验，也体现了人对这项事情的认同。比如某人认为玩游戏很开心，但是并不认为它是正经职业，那么他就不太会将其作为职业兴趣。需要注意的是，普遍意义上的兴趣和职业兴趣并不是一回事。生活中的兴趣更追求情绪上的感受，更在乎做这件事情的时候是否开心、满足。而职业兴趣更加强调深度的参与、训练和产出，关注人们在绩效压力下是否仍然能够保持认同与开心，因此更加接近"志趣"。

在职业目标的指导下，人们会对职业行为进行选择，进而影响其职业表现和成就。职业目标主要体现自己所渴望达到的状态。比如，对数学的浓厚兴趣会让人们产生从事相关工作的目标，从而在大学中选择相关专业，制定更高的学习标准，探索相关从业机会，并且坚持在这个领域中耕耘。相反，很多人未能在职业生涯中更进一步，正是因为缺乏清晰的目标和将其落实的行动力。

2. 学习经历

自我效能感和结果预期不是凭空产生的，而是从学习经历中习得的。这里所说的学习，不仅仅指正规的学习、培训、训练等，还包括游玩、体验等。只要能够从中获得相关反馈，就可以将其视为一段学习经历。

学习经历受到个人因素和环境因素的影响。人们的性格、种族、性别以及身体情况会影响他们的学习经历。比如，残障会影响一个人的求学和实习经历。环境因素也会影响人们的学习经历。比如，在一个关系和谐的家庭中成长的孩子会有更强的安全感，从而会敢于进行探索。性别、年龄歧视等社会文化因素则会减少对应人群的机会，让他们获得更加负面的学习经历。而随着社会文化对于新生职业越来越开放，更多人开始从事非传统行业，比如主播、电竞选手等。

3. 环境中的支持与制约

环境因素还会影响人们从兴趣到目标再到行为的转换。这些因素大体上可以分为阻碍和支持两方面。环境阻碍包括社会、家庭的负面反馈，财务上的困难，职业相关指导的缺乏以及各种潜在的负面文化。相应地，环境支持包括社会、家庭的鼓励和支援，从别人那里获得的工具性帮助，接触到职业相关指导或者榜样人物，获得财务上的资源。比如，某人对足球产生了浓厚的兴趣，但是家庭对此表示强烈反对，认为这条路不保险，那么他在财务上就缺乏足够的资金去参加培训、随队比赛。如果周围也没有人可以出谋划策，那么他可能会放弃这个兴趣，寻找其他出路。相反，如果家庭也比较支持，他又正好有个亲戚是职业球员，可以给予帮助，又被球探认可并解决了财务上的问题，他就更易将自己的兴趣转化为具体的职业目标和行动。

简言之，社会认知职业理论认为个人、环境因素影响学习经历，学习经历通过自我效能感和结果预期影响人们的职业兴趣。职业兴趣有可能会转化为职业目标、职业行为以及最终的职业表现和成就，不过这个转化会受到环境阻碍和环境支持的影响。它既强调人们具有主观能动性，会根据自己的内心来选择自己的道路；也强调需要充分考虑人和环境的关系，指出职业生涯是在一定环境中展开的，因此不能忽略环境的影响。换句话说，取得职业成功既需要个人的努力，也需要环境的垂青。

【课堂互动】

思考：你曾经有过什么职业兴趣？它源于哪里？现在还在坚持吗？为什么？

6.2.3　内外和谐：职业建构理论

职业建构理论对人在职业发展中的作用进行了进一步的探索，提出职业发展是一个人不断适应内外部变化并从中建构生涯故事，从而更好地"成为"和"使用"自己的过程。该理论更关注职业发展过程中人的成长，更强调对于职业生涯的主观阐释，更注重人从职业经历中获得的成长和意义，相当于将人放在了聚光灯下，给予人本身最大的关怀。总体而言，该理论有四个核心要点。

1. 职业生涯发展阶段

该理论提出，职业生涯并不仅仅包括人们从开始工作到退休的过程，而是一段贯穿人一生的历程，包含成长、探索、建立、维持、退出五个阶段。在这个历程中，人们需要面对不同的发展任务。这些任务环环相扣，相互影响。为了确保长期的职业成功，人们需要在人生的不同阶段完成对应的任务。

其中，童年时期可以看作成长阶段，目的是为之后的阶段做好铺垫。在这个阶段，人们的主要任务是形成对职业世界的初步认识，养成相关的人格特征以及初步建立对于自我和环境关系的理解。

探索阶段一般对应学生时代。在这个阶段，人们开始将自我和环境匹配起来，主要分三步展开。首先是具体化，即理解自我，并寻找和社会现实可能的联系，主要回答"我能成为谁"的问题。其次是定制化，即对所有的可能性进行筛选并落实到思想和行动准备上，主要回答"我想成为谁"的问题。最后是操作化，即将准备转化为真实的行为，主要回答"我正在成为谁"的问题。典型的行为包括为了特定的职业而发展相应的技能(比如选择大学专业)、尝试自己是否真的适合这些职业(比如实习)以及将这个职业"落入袋中"(比如工作搜寻)。探索阶段并不是一帆风顺的。如果人们有错误的自我概念，认同了不基于真实自我的角色或者面临重大职业阻碍，这个阶段的任务完成可能就会遇到问题。

在这之后是建立阶段。在这个阶段，人们开始进入职场。这个阶段同样主要分成三部分。首先，人们需要转化对自己身份的认知并相应地调整行为，让自己从"学生"变成"工作者"。为此，人们需要理解组织的文化和政治，展现良好的工作态度，形成有效的工作习惯，和同事们建立良好的人际关系等。其次，人们需要根据实际的工作情况来调整职业相关的自我概念。人们可以重新思考想成为谁、能成为谁等问题，使自己更加清楚未来职业上的可能性，为今后的职业发展做好铺垫。最后，人们可以基于更新的自我概念来寻找进一步发展的途径，比如寻求在组织内晋升或者可能的外部机会。

如果人们决定留在当前组织，就会进入维持阶段。在这个阶段，人们需要通过行动来获取进一步发展。有三种策略供人们选择，效果和难度也依次递增。第一种策略是保持，即保持现有的工作方法，来应对内外部挑战，从而把现有工作做好。

第二种策略是更新，即想办法让工作表现更进一步，比如更新自己的技能和知识。第三种策略是创新，即以不同的方式做事，通过做不同的事或者发现新的挑战来取得突破。

通常，当人们无法在当前组织中实现自我的时候，就会进入退出阶段。在这个阶段，人们会通过跳槽等方式来追求更好的发展。对于年事已高的人来说，这个阶段意味着逐渐从"工作者"这个角色脱离，而更多地扮演"休闲者"的角色，即退休。但是随着人们寿命的增长，返聘等接续就业方式逐渐兴起。作为一种新的退休方式，人们不会马上停止工作，而是会通过从事不同的工作来逐步调整自己的生活状态。

需要注意的是，虽然总体而言在整个职业生涯中人们大致会经历这五个阶段，但是这并不是必然的。有些人可能一直处于探索和尝试建立阶段。有些人可能建立之后就不再进行管理。在缺乏退休保障的地方，人们甚至可能不会进入退出阶段。阶段之间的顺序也可能会改变。比如，如果进入一个公司后马上发现被骗了，人们将从建立阶段直接进入退出阶段。此外，在职业生涯中，人们还可能经历一些小循环，比如在不断跳槽的过程中，人们会不断经历探索、建立、退出、再探索的过程。

2. 个人-职业的匹配

和社会认知职业理论类似，职业建构理论强调人们的职业生涯会受到环境的影响，但是人们也可以选择、影响和改变环境。因此，人们不是环境的奴隶，而是自身发展的产物。具体而言，每个人都有自己的独特性，但是人们并不总是能够清晰地意识到这一点。职业生涯给人们提供了一面镜子。挑选工作是一个试探偏好的过程，承担工作是一个理解自己特性的过程，而更换工作是一个试探自己可能性的过程。模糊的自我概念无法让人们很好地在职业发展中找好定位，不准确的自我概念会让人们做出错误的决定，彼此冲突的自我概念会让人们在不同的职业选择中踟蹰犹豫并更可能后悔。因此，一个准确、清晰、和谐的自我概念对于职业发展来说至关重要。在职业生涯中，人们不断将自我投射到职业活动中，并根据反馈来明晰、改变、发展自我概念，从而在主观上打造一段独特的、只属于自己的职业经历。

在这个过程中，人们会尝试匹配自我和环境并协调不同角色的关系。自我概念和职业环境的匹配赋予人们意义，自身能力和工作要求的匹配可以让人们获得更好的报酬，自身需求和工作获得的匹配则让人们获得更高的满足感。因此，职业成功取决于职业相关的匹配程度。

3. 职业适应模型

由于环境、自我总是在变动，个人与职业进行匹配的过程可能永远无法停止。因此，职业生涯是一段人们不断地遇见新事物并尽力使自己的内心世界和外部世界相适应的人生旅程。其中，职业适应力起到关键作用。

职业适应力是指个体应对各种突发的、意料之外的职业挑战、困难或者创伤的社会心理资源，体现了人们在职业发展过程中通过调整自我、改变环境来应对各色工作任务、角色转变等状况的能力。这个概念包含职业关注、职业好奇、职业控制和职业自信四个维度（见表6-1）。其中，职业关注帮助人们保持关注；职业好奇帮助人们更好地了解自己、认识世界；职业控制帮助人们保持进行选择的权利；职业自信帮助人们坚持自我。如果人们缺乏这些资源，可能会对应地出现四个问题：不关心，即对职业未来缺乏计划并持消极态度；不真实，即对职业未来抱有不切实际的幻想；不确定，即面对未来时候优柔寡断、摇摆不定，无法做出决策；抑制的，即拖延迟疑、过早放弃、不愿投入，在困难面前"睡大觉"。

表 6-1 职业适应力内涵

维度	生涯问题	态度与信念	能力	生涯问题	对应行为	干预策略
职业关注	我有未来吗？	计划的	计划	不关心	察觉、投入、准备	生涯导向练习
职业好奇	未来我想做什么？	好奇的	探索	不真实	尝试、冒险、询问	信息收集
职业控制	谁拥有我的未来？	确定的	做决定	不确定	自信、有条理、执着	决策训练
职业自信	我能做到吗？	有效的	问题解决	抑制的	坚持、努力、勤奋	建立自尊

在此基础上，职业建构理论进一步提出职业适应模型（见图 6-2）。该模型认为，职业适应性，即进行调整、改变的意愿，和职业适应力共同影响适应行为，以促进人们和环境的相互整合。职业适应性通常表现为人格、价值观等特质，最典型的代表是主动性人格，即自发做出改变的特质；自尊，即人们对自我的积极评价；未来自我清晰度，即人们对于理想未来工作状态想象的清晰度。拥有这些特质的人对未来更开放，对变化更包容，对追求更清晰，对目标更笃定，因此有更强的适应意愿。但是，正如开飞机一样，要想到达目的地，除了飞行意愿，还需要飞行的能力，因此职业适应性和职业适应力会共同影响适应行为，而这些适应行为会最终影响人们的适应结果，比如更高的幸福感、更高的满意度和更低的离职意愿等。

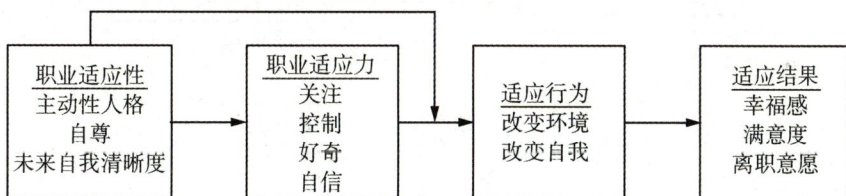

图 6-2 职业适应模型

为了顺利到达目的地，飞机需要不断地根据外部变化进行调整，这在职业生涯中体现为适应行为，即对内部状态和外部环境的调整、改变。人们可能会调整行为来改变环境，也可能调整自己的心理、认知等来改变自我。比如，人们可能做出更多的职业探索，也可能更多地塑造对于职业决策的自信。这些调整有利于人们朝着目标迈进，从而达到人和环境的和谐，帮助人们获得职业成功。

4. 自我建构

简言之，职业建构理论从自我出发，关注人们和环境的互动，提出职业发展是一个相互适应的过程。在这一整个过程中，人们尝试扮演不同的角色来加深对于自我的理解，并不断进行适应调整来追求内外和谐。而当问题、创伤、阻碍等出现的时候，人们会进行深入的思考，对过往的经验、这些问题的意义、自己行动的理由以及事后的变化进行构建并进行阐释，以更新自己心中关于职业的故事，让职业生涯回归"和谐"。由此，职业生涯是人生故事的一个重要章节，正好体现了"工作就是生活"（while making a living，people live a life）这一观点。

【课堂互动】

思考：从小到大，你印象最深刻的影响职业发展的事件是什么？为什么它这么重要？是否改变了你的认识？你是怎么进行调整的？

6.2.4 长期主义：可持续的职业生涯

可持续发展视角试图将长期主义和职业发展结合起来。根据这个视角，可持续性是职业发展的关键。而对于怎么理解可持续性，学者们有两种不同的观点。一种观点认为可持续性是职业的特征。比如，在数字时代，制造业工人这个职业可能并不那么可持续，相对而言会计职业可能更具有可持续性。另一种观点认为可持续性是人们发展的状态。比如，同样是做会计这个工作，那些不持续更新自身技能的员工的职业生涯可持续性更低，而那些积极拥抱数字技术的员工的职业生涯可持续性更高。基于前者，学者们提出了职业可持续性这个概念；基于后者，学者们着力探究为什么有些人可以达成更可持续的状态。

1. 职业可持续性

职业可持续性主要包含下列四个维度的特征，在具备这四个特征的职业、工作中，人们的可持续性会更高（见图 6-3）。

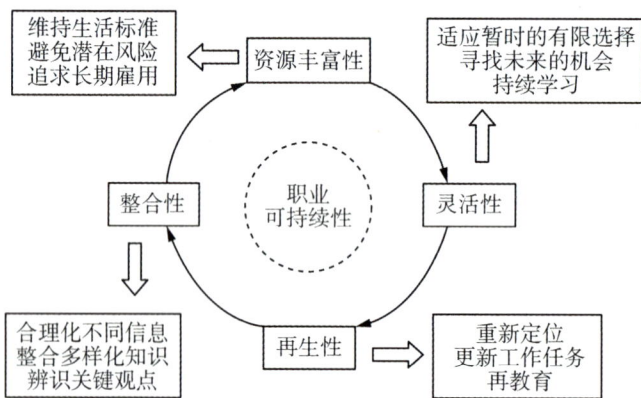

图 6-3 职业可持续性四维度模型

资料来源：覃大嘉、李根祎、施怡，等：《基层技能员工感知的职业可持续性对其创新行为的作用机制研究——基于阴阳和谐认知视角》，载《管理评论》，2020，32(9)：206-219.

第一，灵活性，即这个职业是否可以保证人们的可塑性、适应性、敏捷性和易变性。它体现在可以持续地发现新的机会，学习新的事物以及灵活安排自己的工作时间、地点与方式等方面。在数字化带来的变化面前，人们需要保持灵活性以适应不同的要求和改变自己的职业路径。比如，如果组织环境使得自己的发展路径受到限制，人们需要适时调整以找到其他适合长期发展的机会。此时，职业上的灵活性有利于人们跨越边界，获得就业机会。

第二，再生性，即这个职业是否可以保证人们不断挖掘潜能、拓展能力和保持竞争力。它体现在可以充分发挥潜力、改善素质以及提高个人品牌等方面。在数字时代，由于外部要求的变化,人们需要不断地更新工作方式、提高自己的素质、培养合适的行为以及更新对于职业的理解和定位以保持和外部的协同。比如,当数字化改造制造业的时候,人们需要不断学习以跟上浪潮。此时,职业上的再生性有利于人们抓住新的机遇。

第三,整合性,即这个职业是否可以保证人们吸收、获取与整合职业发展链条内多层次、多样化的信息。它体现在可以接触到不同的信息、了解到不同的观点、进行有效的知识管理以及创造新的知识等方面。随着数字技术的普及,人们有必要对各种信息进行甄别、整合,以创造更好的职业机会。此时,职业上的整合性有利于人们更好地与环境融合。

第四,资源丰富性,即这个职业是否可以保证人们获得多样、丰富的资源。它体现在可以让人们觉得前途光明、感到快乐并且拥有较好的生活质量等方面。面对数字时代的挑战,拥有丰富的资源既有助于人们处于不败之地,也有利于人们更好地实现职业生涯的意义。

职业可持续性受到人格和环境的共同影响。比如,积极主动的员工可能通过工作重塑等行为来获得更具有可持续性的职业。组织可以采用积极的职业生涯管理措施来提高员工工作的可持续性。在更具有可持续性的职业中,人们会做出更多的创新行为,更少经历职业上的"天花板",对自己的职业更加满意。尤其是对于灵活就业的人们来说,由于他们更加需要肩负起保证职业长期发展的重任,职业可持续性对他们的个人成长具有更大的影响。

2. 可持续发展状态

关注可持续状态的学者提出,在职业发展中,个人和环境相互受益才能实现长期发展。以晋升为例,只有当晋升不会带来额外的家庭压力和过重的个人负担时,才能说它促进了人们的可持续发展;但是如果人们晋升到了自己明显无法应对的职位,无论个人、家庭还是组织都无法从中受益,那么这次晋升实际上阻碍了人们的可持续发展。基于此,学者们提出可以运用三个指标来衡量这种状态:健康、幸福和生产力。当人们健康、幸福和有生产力的时候,人们有足够的资源去应对职业发展的挑战,并且他们的家庭、组织乃至社会也能从中受益。

改善可持续发展状态的关键在于提高个人与环境的匹配程度。健康反映了工作要求和身心能力的动态匹配;幸福反映了职业与人们的目标、价值观、需求等的动态匹配;生产力,比如绩效和就业能力,反映了职业、组织和人力资本的动态匹配。基于此,可以从两个角度来理解职业可持续发展状态的来源(见图 6-4)。

第一,全局视角。个人总是在一定的环境和历史进程中打造自己的职业生涯,特别是随着数字经济的发展,职业生态系统正在经历剧烈的变化,环境对于职业成功的影响更加明显。因此,要实现可持续发展,人们需要主动改变环境或积极适应环境来获取资源,以保证自己能够应对职业发展中的各项挑战和完成相应的任务。同时,职业生态系统也要给人们提供适宜的环境,以帮助人们实现长期发展。比如,在国家层面,良好的法规、友好的营商环境、更加有益的文化等都可能促进人们的长期发展;在组织层面,赋能型的人力资源管理政策能使人们更有动力去工作、去成长;在工作团队层面,能提供支持的同事和领导有助于人们放下对于新技术的戒备。此外,子女、

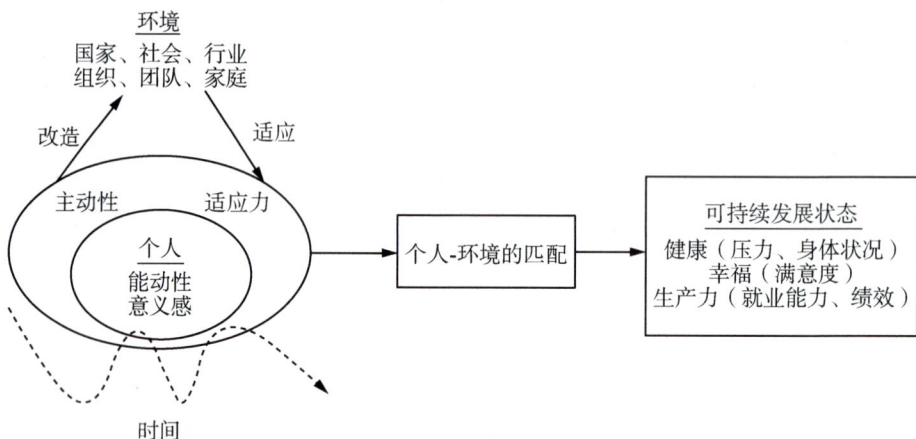

图 6-4 职业可持续发展状态模型

家人、朋友等也能为人们赋能，帮助人们实现可持续发展。因此，从全局视角来看，达成可持续发展的状态是人和环境共同作用的结果，需要多方的共同努力。

第二，动态视角。职业发展是动态向前的。和职业建构理论类似，在可持续发展视角下，职业生涯被看作一个人们不断遇见、建构、阐释新的职业事件，并从中学习的动态过程。这些学习经历可以让人们更好地认识自己以及所处的环境，帮助实现个人-环境的匹配，从而达成可持续发展状态。因此，为了达成可持续发展状态，人们需要在长期的职业生涯中保持足够的动力和能力去应对各种各样的职业事件，尤其需要人们找到职业发展中的意义。当人们从职业生涯中获得意义的时候，就会产生使命感，从而更有动力去追求职业发展，也更有渴望去提高自己的职业技能以将意义落到实处。人们能通过学习和阐释来获取意义感，意义感又指导了人们的行为，影响了人们的经历，从而让职业生涯成为一个不断往前的循环。

简言之，人们的能动性、意义感、主动性、适应力以及积极的环境因素共同影响了人和环境的匹配，从而影响了人们的可持续发展状态。需要注意的是，可持续并不是终点，而是下一段经历的开始。追求健康、幸福和生产力会让人们进一步投入职业发展中。同样，短暂的不可持续也并不是致命的问题，关键在于人们怎么去应对和处理。通过学习、适应、反思，人们可以主动弥合个人-环境的不匹配，从不可持续中恢复，从而实现长期的良好发展。从这个观点出发，在数字时代要获得职业成功，既依赖于人们在这个时代中找到自己的使命并主动、积极地采取行动来应对外部的变化和抓住可能的机遇，也依赖于相应的职业生态系统可以真正地做到"反脆弱"。

结合以上理论，从静态视角来看，数字技术改变了人们的学习经历，打造了新的职业生态，让人们有更多的流动机会、学习机会、就业机会，但是所引发的变革、动荡也给人们的职业发展带来了不小的挑战。从长期视角来看，数字化浪潮是人们漫长的职业生涯中的一个小章节，是人们需要去应对、完成的职业发展任务。因此，在数字时代，人们需要积极地适应外部的变化，主动抓住发展的机遇，提高职业发展所需的能力，并基于真实、准确的自我认知来采取行动，从而促进个人和环境的和谐、匹配，书写有意义的人生故事，实现自身的可持续发展。而人们生活空间中涉及的各方

120

也应该提供力所能及的支持，努力地打造更好的环境，帮助人们更好地朝职业成功奋进。

6.3　自我职业生涯管理

在数字时代，人们在设计自己的职业生涯时应该更注重动态性、成长性、匹配性和可持续性。基于这些原则，可以采取以下步骤来对职业生涯进行管理（见图 6-5）。

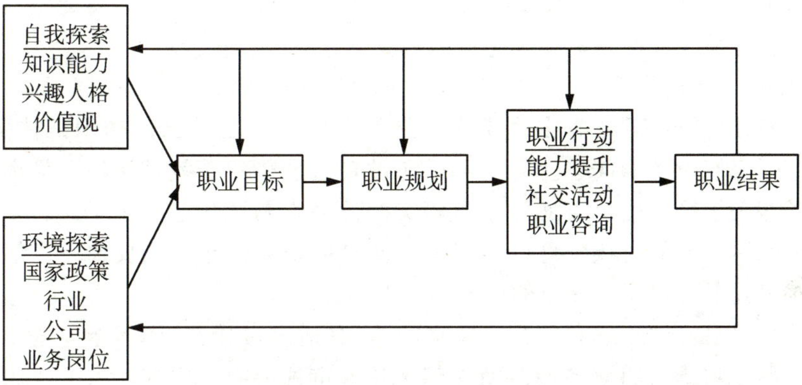

图 6-5　自我职业生涯管理流程图

6.3.1　自我探索

人们首先需要进行自我探索以更加了解自己。根据职业发展相关理论，职业发展是一个发现自我、成就自我的过程。职业成功取决于自我和环境的匹配。而从动机角度出发，当从事和自我概念一致的事情的时候，人们更有可能感觉到内在动力和使命感，会感觉所做的事情更有意义，从而更有可能坚持不懈，取得最后胜利。因此，在进行职业管理的过程中，了解自己是第一步。

1. 自我了解程度

在进行自我探索之前，人们可以先思考以下六个问题：

- 我经常会想，我是怎样的人。
- 有时我觉得真正的我，和别人看到的不一样。
- 我关于自己的看法，有时候会自相矛盾。
- 我对自己的生活方式很满意。
- 我为自己成为现在这样的人感到骄傲。
- 我的价值为他人所认同。

其中，前三个问题大致反映自我清晰度，即人们对自己的认识是否清晰、一致和稳定，后三个问题大概反映自我的认可程度，即人们是否喜欢、接受现在的自己。高清晰度和高认同感反映出人们已经达成对自我的了解。此时，人们只需要直接进入下一步即可。然而，人们还有可能处在其他三种情况。

①低清晰高认同：通常发生在人们错误内化了别人的反馈或者目标的情况下。比如，在高考填写志愿时只听取父母的意见，找工作的时候没有经过深思熟虑就选择

了现在的工作。在这种情况中，人们过着"未经思考的人生"。当下这种状态可能并没有什么问题，但是未来一旦遭遇到对现状的冲击，可能难以进行适当的调整。

②高清晰低认同：指的是"我知道我是谁，但是我不喜欢我自己"的情况。此时，人们会进行自我怀疑、自我否定，陷入消极情绪中，并且更有可能做出不理智的职业决策。这种状况大部分是因为没有充分考虑各种可能性，没有认识到自我的可塑性，并在有限的认知里面将自我意象固化。

③低清晰低认同：它是最为混乱的状态。一方面，人们并不清楚自己是谁；另一方面，人们又不认可现在的状态。在这种状况下，人们通常会感到疑惑、混乱以及充满和自我的斗争，此时更需要进行追问和改变。

2. 自我的三个层次

职业自我如同"冰山"，有多个层次。最外面的层次是自己的知识、技术和能力，解决的是"我能做什么"的问题。人们可以通过自己过往的受教育经历、培训经历等来评估自己的相关水平，也可以通过尝试相关的活动来测试自己的水平。比如，不知道自己的学术水平高低的时候，可以尝试写论文投稿来获得相关的反馈。了解这个层次的自己是最容易的，也是最高效的。

中间层次是自己的兴趣和人格，解决的是"我适合做什么"的问题。这个层次的自我不容易暴露，需要人们更多地借助外部工具来审视内心。比如，霍兰德职业兴趣测验可以帮助人们快速地了解自己的职业兴趣。根据该测验，人们的兴趣被分为现实、研究、艺术、社交、企业和传统五种类型，分别代表对于现实任务、探索发现、创造表达、与人交往、权利财富和实际规章的偏好。

最深的层次是自己的价值观，解决的是"我渴望做什么"的问题。价值观反映了人们对于什么是对的、什么是合适的以及什么是值得追求的等一系列问题的判断。这个层次的自我最难察觉，通常只有出现明显冲突或者察觉到和别人有明显差异的时候，人们才可能对自己内在的坚持有明显的认知。同样，可以借助外部测验来辅助人们对价值观进行挖掘，比如职业锚。所谓职业锚，就是人们选择和发展自己的职业时所围绕的中心，是指当一个人不得不做出选择的时候在心中的坚持。职业锚包括职能型、管理型、独立型、稳定型、创业型、服务型、挑战型和生活型八种类型，分别反映人们在专业技术、工作晋升、随心所欲、安全稳定、风险创造、服务奉献、挑战自我以及平衡生活方面的追求。需要指出的是，人们通常会有多种追求，因此职业锚反映的是相对排位，而非绝对高低。

【拓展阅读 6-3】
了解你自己

对于这三个层次的认知决定了人们之后的规划、行为、管理的质量。如果只依靠技能和人格来进行决策，那么可能会有更多的损耗，因为很可能正在做自己并不认可的事情。如果只依靠技能和价值观来进行决策，那么可能会经历更多的冲突，因为可能要做一些自己认为不适合的事情。如果只依靠人格和价值观来进行决策，那么可能会经历更多的挫折，因为需要自己做不擅长的事情。而三者重叠的部分指向了理想职业的所在。

6.3.2　目标设定与规划

在对自我进行深入的剖析之后，大致的职业方向也就明确了。接下来就是基于这些方向来设定目标、制订规划，通常来说包括环境探索以及详细规划两个步骤。

1. 环境探索

不同的环境中的机会、限制条件等都不同。因此，人们在明确自身的内核之后，还需要看看是否能和外部环境匹配。这个过程被称为环境探索。

环境探索包括很多方面。第一，需要对国家的政策方针进行了解，以判断行业、工作的长期未来走向。比如，当国家以数字经济为未来长期发展方向的时候，思考如何将其与自身相结合是比较可行的选择。

第二，需要对行业进行了解。这时应该着重了解行业的现状和趋势以及行业的价值链和细分领域。如果可以，尽量选择进入正在起势的行业并且待在价值创造的核心环节，为以后的发展铺好道路。

第三，需要对公司进行了解，找到龙头企业或者具有高潜力的公司。在分析的时候，应该着重思考这个公司的核心价值主张是什么，即它用什么方式满足了用户没有被满足的需求。这个公司是怎么接触顾客并收费的？是怎么打通上游来对成本进行管理的？通过什么资源和活动来履行价值主张？通过这些分析，可以大致判断公司的好坏。

第四，需要对业务进行了解，以判断可接触资源的多少、未来成长的可能性以及可能存在的风险。通常情况下，应尽可能接触核心业务。可以通过这个业务在公司商业模式中的地位以及这个业务在行业中的地位和趋势来进行判断。比如，在不同的教育培训公司中，教研的重要性不一样。如果一个公司重教学而不重教研，那么进入这家公司从事教研很可能无法获得很好的成长。

第五，需要对岗位进行了解。一方面，可以运用工作特征模型来进行分析，以判断这个岗位是否在自己可以接受的范围内；另一方面，需要对这个岗位对应的工作的专业性、可延展性、通用性以及发展路径等进行判断，以解决可持续发展的问题。比如，很多互联网行业的岗位呈现高薪高压的特征，自己能否适应，需要付出更仔细地思考。

2. 详细规划

当第一步完成后，人们通常会找到几个自己心仪的工作，列入自己的候选清单。之后，人们就可以将自我探索的结果和其匹配，来对清单进行进一步筛选。在进行选择的时候，可以以未来自我为判断标准，即可以尝试对自己在未来从事该工作的状态进行想象，然后判断这个想象是否清晰、详尽。通常来说，越详尽、越清晰说明探索工作做得越到位，越能指引未来的行为。

在确定好选择后，人们可以尝试采用目标分解的方法来进行规划。对于每个目标，可以尝试写出达成这个目标的三个关键结果。然后，再写出达成这些结果所需的具体行为，并细分到做出这些行为的具体步骤。比如，如果想进入一个顶级咨询企业，那么作为一个毕业生来说应该有过硬的成绩、良好的学生工作经历以及相符合的实习经历。要达成这三个结果，又需要学生在不同的年级做成不同的事情，并体现在对应的行为上。人们可以尝试用具体的指标来衡量自己的行为达成程度，比如学习时间、投递简历数量、参加培训次数等。通过将目标分解到可操作的单元，人们可以形成更加清晰的有关怎么达成目标的计划。

除了行动上的规划之外，人们还需要进行心理上的动员。为此，人们可以比较上一步所形成的目标与现状的差距。面对差距，人们可以写下自己可以成长和改变的部分。然后，人们可以写出要实现这些部分可能会遇到的阻碍，以及克服阻碍的方案。通过这些行动，人们可以在认知上建立行动捷径，以在真正遇到困难的时候更好地坚持下来。同时，人们也可以在心理上做好准备，通过更多地专注和更多的热情来保持自己对于未来的追求。

6.3.3 落实行动

在这一步中，人们要将所有的规划落实到具体的行动中。这些行动涵盖方方面面，其中最具有代表性的是以下三个方面。

第一，提升自己的职业能力和技能，为未来做准备。人们可以参加正式的教育培训，自主阅读书籍，也可以在"干中学"，即通过尝试不同的工作、任务和挑战来拓宽自己的视野，丰富自己的"武器库"。

第二，搭建社交关系。人们可以通过三个问题来思考社交关系是否足够强大：如果创业，有多少人愿意跟你；如果遇到问题，有多少人可以毫不犹豫地给予帮助；如果需要了解信息，有多少人可以咨询。搭建社交关系有许多策略。根据社会交换理论，可能最有效的策略就是，做一个可以帮助别人的人。通过积极给别人帮助，可以更有效地建立信任关系，从而保证关系的长期发展。

第三，积极寻找导师，或者向别人咨询。可以向前辈请教自己需要锻炼什么样的技能，需要走什么样的道路，需要提前为了未来做出什么样的准备。通过向别人暴露自己的问题，能够让别人更加清楚地知道自己需要什么，从而更好地盘活社会关系。

此外，还有许多不同的方式，比如积极的工作搜寻、高效的时间和能量管理等。这些行为都可以以是否帮助人们获得更多的职业资源为衡量标准。所谓资源，就是帮助人们实现目标的所有有利因素，总体而言分为三大类：第一大类是人力资本，包括职业经历、专业技能和软技能；第二大类是环境资源，包括职业机会、组织的职业支持(比如培训机会)、工作挑战和社会组织支持(比如人脉)；第三大类是动机资源，包括对职业的投入、自信和清晰度。有效利用这些资源，有利于人们更好地缩小现状与职业目标的差距，从而更好地实现职业成功。

6.3.4 反思与调整

职业生涯并不总是按照规划进行的。一方面，人们的认知能力是有限的，因此在进行规划、做出决策的时候，通常只能表现出"有限理性"；另一方面，职业环境总在变动，甚至会给规划的内在假设带来冲击。比如，政治环境的变化有可能会对行业的未来产生重大影响。

因此，反思和调整是职业生涯管理中特别重要的一步。其中，反思指的是人们对于行动、决策和经历等进行复盘。人们可以详细询问每一个行动和决策背后的动机和理由，并且思考是否有更好的方法来进行改进。反思进一步引发调整。人们可以思考是否需要更新对于自我的认识、对于环境的判断、对于目标的选择、对于步骤的分解、以及对于决策行为策略的采用。反思和调整应该以个人-职业匹配的最大化为目标，以实现个人职业的可持续发展为前提。

6.4　组织职业生涯管理

组织职业生涯管理指的是组织发起的旨在帮助员工实现职业发展，以及帮助组织更好地进行人力资源管理的系统性措施及流程。一般包括培训、导师项目、职业咨询、个人发展计划、绩效提升计划、快速职业通道以及继任者计划等方面。

作为职业生态系统中的一部分，组织提供有效的职业生涯管理措施有助于帮助员工更好地适应内外部挑战并实现可持续的发展。而对于组织来说，提供职业生涯管理措施有利于提升员工对于组织的承诺、振奋他们的士气，从而留住员工并激励他们做得更好；也有利于提升员工的能力和素质，提高人力资源质量，从而提高企业绩效。

在实际操作中，组织职业管理应该看作匹配个人和组织环境的过程。对于组织来说，应该从价值观和文化层面重视员工个人的发展，将员工个人的发展视为组织的义务和责任，建立起重视员工个人发展的文化，将员工个人发展作为衡量企业成功与否的重要指标。只有这样，组织才能够保证相关政策的落实、变通，并且激励员工进入职业管理的体系当中。而如果组织本身就不重视员工的个人发展，仅仅将职业生涯管理当作例行公事，那么所有的措施将很难吸引员工，反而会让员工觉得在"画大饼"、浪费时间甚至是欺骗自己。这样既花了时间和金钱，又没有获得相应的报酬，可谓得不偿失。

从系统设计角度来说，组织职业生涯管理应该贯穿员工在企业内的整个生命周期。组织设计环节，应该明确不同层级的职位的晋升关系，打造多通道的发展途径。对于某些上升渠道有限的特殊工作(比如客服)，可以考虑增加能力评级序列，协助员工在组织内实现"T"字形发展。在招聘和甄选环节，应该注重员工的价值观、个性等支持他们职业生涯的根本性因素，并充分考虑组织文化等是否和这些匹配。对于不匹配的员工，即使能力突出，也应考虑放弃。在培训开发环节，应该以未来为导向，提供发展性培训，加速员工的成长。在绩效管理环节，应该注重设定有挑战性的目标，并且通过提供有效的支持、富有动力的工作设计以及公平的考核机制来帮助员工成长。在薪酬管理环节，应该提供多样化、灵活度高的薪酬方案，帮助员工更好地处理与生活空间中其他角色的关系。

从个人层面出发，组织职业生涯管理也要实现逻辑闭环。首先，需要确定员工个人发展的需求，并寻找和企业发展的契合点，以作为双方合作的基础。其次，在契合点中识别职业机会，确定员工个人可能的职业发展通道。然后，帮助员工设定职业发展的目标。这个目标既包括长期的发展路线，也包括短期需要完成的培训、达成的绩效等。在此基础上，帮助员工完成职业计划并提供必要的支持以保证计划的落实。最后，组织常规性的评估和反馈活动，更新以上信息并对计划进行恰当的修改。在这个过程中，员工应该有选择参与并提议修改的权利和自由。他们应该被允许根据自身需求来参加各项活动，也可以按照自身体验来对相关设计提出意见。通过双方的配合，组织和员工可以共同打造高效的职业管理系统。

在数字时代，组织的职业管理措施需要以提高员工可持续性为目标。在设计方案的时候，应该考虑到职业发展是一个长期过程，因此需要对员工职业发展的流程和工作能力进行管理，而不是仅仅关注其在组织内部的晋升和成长。比如，需要对不同年龄段的员工开发不同的方案以匹配他们的角色和目标。应该考虑到职业发展是在更广阔的生活空间中进行的，因此需要考虑员工在工作之外的需求，赋能其他的生活舞台来支持员工的职业发展。应该考虑到职业发展的终极动力来自员工本人，因此应该以提高员工的职业管理意识和能力、让他们更能发挥能动性为目标，即"授人以鱼不如授人以渔"。应该考虑职业生涯具有独特性并以主观体验为衡量标准，因此应该给员工提供个性化的空间，将长期的幸福和健康纳入职业管理考量的范畴。而这些措施，应该以是否提高了职业的灵活性、再生性、丰富性和整合性为衡量标准，以提高员工的主动性、适应力为手段，以提高员工的健康、幸福感和生产力为目标。

本章小结

本章从多方面对如何在数字时代进行职业生涯管理，以取得职业成功进行了介绍。首先，本章提出人们的职业生涯总是在一定的环境中展开的，而数字化对职业生态系统造成了重大影响，使得整个系统朝更加"反脆弱"的方向前进。这对于个人来说，既是机会，也是挑战。其次，本章对主观职业成功和客观职业成功进行了介绍，并指出两者的区别。在此基础上，对职业发展的核心理论进行了介绍，说明面对数字化带来的机遇与挑战，人们需要积极地适应外部的变化，主动抓住发展机遇，提高职业发展所需的能力，基于真实、准确的自我认知来采取行动，从而促进个人和环境的和谐、匹配，书写有意义的人生故事，实现自身的长期可持续发展，最终达成主观和客观两方面的职业成功。最后，本章从个人和组织角度出发，对如何进行职业管理进行了介绍。其中，自我职业生涯管理由了解自我、匹配环境、制订计划、落实行动、反思调整组成。组织职业生涯管理贯穿员工在组织内生命周期的整个过程，需要组织和个人互相配合来促进职业成功。在数字时代，自我职业生涯管理更强调能动性，而组织职业生涯管理则以可持续性为目标。

复习思考题

1. 数字时代对职业发展造成了什么影响？
2. 在职业发展中，个人和环境的关系是什么？
3. 不同职业发展理论之间有什么异同？
4. 组织和个人在职业生涯管理中应该分别起到什么作用？

案例分析

扫一扫，看资源

从中专生到"灯塔工厂"的管理层

第7章　新时代员工的特点

【学习目标】
▶了解年龄变化带来的个人变化
▶熟悉Z世代员工的特点
▶了解如何管理Z世代员工
▶了解如何同时管理不同时代的员工

【关键术语】
成长变化、Z世代、跨代管理

开篇案例

"00后"的职场态度

最近，关于"'00后'能否改变职场不良风气"的话题一度登上微博热搜，阅读量达数千万。随着"00后"步入职场，他们具有较强的维权意识，对诸如"996"工作制等不合理问题敢于直言和抗争，被贴上了"整顿职场"的标签。

小王是"00后"中的一员。在向某公司提交辞呈之后，公司拒绝结清工资，表示他是试用期员工，离职员工的工资不需要按时发放。于是小王将该公司告上了法庭，并坚持要走仲裁程序。最终该公司服软，将工资全数发给了小王。

小李是一名"00后"实习生。为了完成主管交办的任务，他花了一个周末的时间查找资料、调研、分析数据并制作PPT，终于在周一凌晨将方案发给主管，顶着熊猫眼去上班。然而，在当天的例会上，小李发现主管直接使用了自己提交的PPT，却没有署自己的名字。当主管被上级领导问住的时候他随即站起来表示工作是自己完成的，自己对方案负责。虽然他的行为得到了上级领导的赞赏，但这也招至直接主管的不满。这件事后主管经常到处跟人抱怨"这届实习生不行，难带。"小李对此总会怼回去，他认为属于自己的就该去争取。

小齐坚决执行"不加班、不熬夜"的工作原则。上班第一天，他发现到下班的时间没有人打卡，他第一个刷卡下班。进电梯时同事们陆陆续续地走了出来。此后，他便成了大家下班的"闹钟"。同事们曾经好心提醒他，领导会比较喜欢主动加班的员工。但是他认为自己的工作已经完成了，自己还有自己的生活，不能把时间耗费在无意义的等待上。年末绩效评估的时候，领导专门提到他是准点打卡下班第一人。他则毫不避讳地说："没办法，我已经做完了工资对应的工作，不想再浪费公司的水电。"

陈小姐是某公司的一名管理人员。最近她感到了一种幸福的烦恼，就是她的"00后"下属实在是太给力了。上次讨论一个方案时，陈小姐提到自己会考虑这名下属的方案。没想到这名下属事后主动打了两次电话，和她一起讨论方案改进的可能性。还有一次，当她说自己正为准备讲话稿发愁时，这名下属就给她发了一篇讲话稿，还说自己想好了几个关键词，可以帮她准备。陈小姐感觉这名下属一直在推着自己前进。但她也知道这名下属并不是为了给自己施压，而是对自身要求比较高。在他身上，似乎没有看到传说中的"00 后""躺平"现象。

毋庸置疑，跟"80 后""90 后"一样，"00 后"也带着自己的鲜明特色进入了职场，给职场带来了思想上的碰撞，倒逼企业管理转变思路。中国社会科学院社会发展战略研究院研究员田丰在《光明日报》撰文表示，"'00 后'步入职场"值得期待，关键在于要塑造有助于"00 后"实现自我、创新成才的职场空间。文章提出，"要更加尊重他们的个性和兴趣，激发起他们自我实现和自我创新的内驱力，引导他们做一个实干的理想主义者，脚踏实地地追赶着时代前进，承担起中国发展的重任"。

思考与讨论：

你认为"00 后"有哪些明显的特征？是因为他们年轻还是因为他们身上确实有独特性？在组织管理中，应该怎么激励他们？应该如何管理他们和其他员工的关系？

本章将对数字时代员工的特点及对应的管理方法进行探讨。首先，以 Z 世代作为划分线，区分出数字"遗民"和"土著"的成长背景。其次，基于毕生发展的视角，对前 Z 世代员工面临的挑战以及应该采取什么对策进行探讨。再次，聚焦 Z 世代，揭示新时代年轻人的特点和组织可以针对性开展的管理措施。最后，讨论在世代存在差异的情况下，应该怎样进行团队管理。

7.1　数字时代的不同"居民"

每个时代有每个时代的特点，每个时代有每个时代的烙印。在西方国家，人们会给不同时期出生的人起不同的名字。其中最耳熟能详的莫过于美国的"婴儿潮一代"（指 1946—1964 年出生的人）以及"X 世代"（指 1965—1979 年出生的人）和"Y 世代"（指 1980—1994 年出生的人）。在邻国日本，也有着对于不同世代人群的称呼。第二次世界大战后，日本经历了重建、经济繁荣、泡沫破裂等事件，对应时代出生的人分别被称为"团队世代""冷漠世代""泡沫世代""宽松世代"以及"悟世代"。随着大众媒体的流行、学术的逐渐普及以及商业文明的繁荣，这些世代的心理、社会和管理问题被拿出来进行讨论、研究。

在我国，人们习惯以 10 年来划分一个年代，主要是因为在过去，每十年中国都会经历巨大的社会变化。不同年代出生的人，其成长的环境大不相同，接受的社会观念也大不相同，进行的社会活动更是大不相同。从生产角度来看，不同年代的人存在着鲜明的时代差异。比如，不少"80 后""90 后"进入职场的时候，身为独生子女的他们曾被贴上"娇生惯养"的标签。特别是"90 后"，由于互联网的初步流行，在野蛮生长的网络中追求个性的他们曾经被广泛批评。随着改革开放的深入，生活环境越来越好，"80 后""90 后"身上自信、早熟、独立、张扬、叛逆、自我、自主的特征更加突出。因此，当这两代人进入职场的时候，他们许多人身上也存在不服管教、没有团队意识、吃不了苦、承受挫折能力差等问题，这给当时的企业管理模式带来了重大挑战。

如今，"80后""90后"已经长大，成为职场的"中生代"。随着他们逐渐成为社会经济建设的主力，曾经对于他们是否能够撑起国家和民族的未来、成为社会顶梁柱的质疑已经逐渐消散。Z世代，即"95后""00后"两代人，已成为职场的"新生代"。Z世代的成长背景至少具有两个突出的特点。

第一，经济飞速发展。改革开放40多年来，中国经济实现了长期快速增长，给中国社会创造了大量的、充分的物质财富，也创造了中国发展的奇迹。2020年，全国居民人均可支配收入增至32 189元，人民生活总体上已经达到小康水平。

可以说，出生于1995—2009年的大部分Z世代的成长轨迹与我国市场经济的发展轨迹并行。他们成长于经济高速发展的时代，祖国已经逐步富强，物质条件较为充裕，这为他们的成长提供了坚实的经济基础。和其他代际人群相比，Z世代更有可能从父辈那里得到更加慷慨的经济支持，并获得更大的自由来享受生活，因此也塑造了Z世代独特的思维与行为模式。

第二，互联网时代的正式到来。根据QuestMobile2022年的调查，我国的Z世代互联网活跃用户规模达到3.42亿。他们从记事起就接触互联网科技，并一直在拥抱高速、推陈出新的新兴业态，对互联网有着天然的依赖。不同于"90后"成长于互联网的蛮荒期，Z世代成长在PC端已经广泛互联的世界中。并且，他们是"指尖上的新一代"。根据调查，将近95%的Z世代拥有至少一部智能手机，已经十分习惯于运用移动设备来进行网络生活。在生活中，他们视网上购物为平常，使用大量的社交App。在学习上，他们逐渐摆脱了传统灌输式的学习方式，将互联网平台视为提升自我的新工具。比如在哔哩哔哩上，就有人"搬运"各种学习资源，播放量上百万的不在少数。此外，互联网为Z世代实现自我、满足情感诉求和进行社交提供平台。总而言之，伴随着前所未有的技术变革与互联网的商业化进程，"人与信息""人与人"的交互体验也因为基础设施和软件逐渐成熟而丰富，Z世代也成为深深依赖互联网的一代人。

经济飞速发展与互联网技术的广泛运用推动了数字时代的到来。如果以数字时代作为划分，可以认为Z世代是数字时代的"土著"，他们一直在线，将生活融入数字。中生代"80后""90后"乃至更早的一批人是数字时代的"移民"，他们赶上了互联网技术发迹的时候，试图将数字融入生活，享受数字技术带来的便利。Z世代与之前的世代有不同的特点，因此在管理上需要采取具有针对性的措施。

【课堂互动】

扫描左侧二维码，阅读材料并思考："90后"与Z世代有什么共同点和不同点？Z世代的哪些特征是年龄的特征，哪些特征可以认为是时代的产物？你认同这些标签吗？你觉得应该怎样正确看待这些标签？

【拓展阅读7-1】
"90后"员工的特征及管理策略

7.2 前Z世代员工的特点与管理

随着年龄的增长，中生代"80后""90后"乃至更早一代的员工会经历一些变化，这些变化可能会影响他们在数字时代中的表现。要想对这些"数字移民"进行更好的管理，需要对这些变化进行深入了解。

7.2.1　生涯任务变化

本书第 6 章指出，人们在不同的人生阶段需要承担不同的角色，完成不同的任务。在成长阶段，人们主要发展自我概念；在探索阶段，人们主要了解自己并做出选择；在建立阶段，人们尝试转换身份，融入职场；在维持阶段，人们尝试做得更好；在退出阶段，人们开始脱离职业生涯。在不同阶段中，人们生活空间的角色强度又各不相同。这些角色和任务的转变会受到年龄的影响（见图 7-1）。

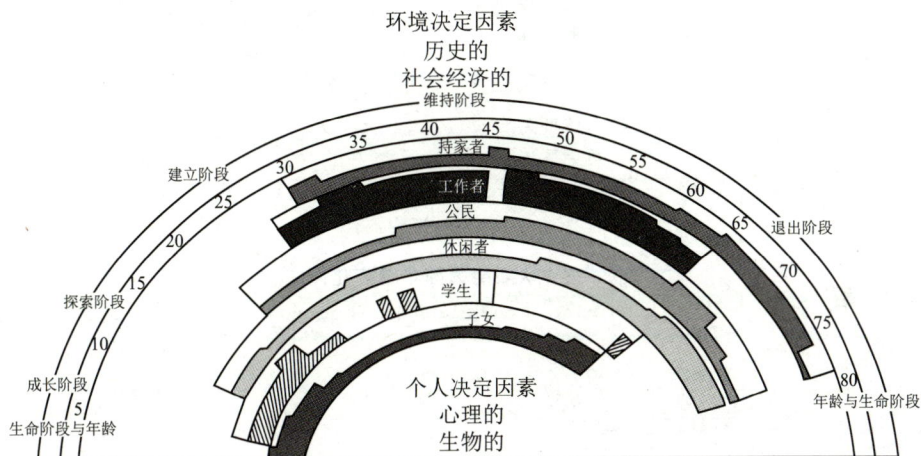

图 7-1　生涯彩虹图

对于中生代来说，他们承担着多种角色的压力。在工作上，他们需要继续建立自己的工作角色，寻找更好的办法来寻求突破。在生活中，他们需要更多地承担家庭责任，比如和配偶建立良好的关系、照顾好孩子以及关照到父母的需求。同时，他们也是社会中资源最为充沛的群体，因此可能需要承担更多的社会义务。中年人要扮演好各种角色，而人们的资源又是有限的，因此他们很容易陷入一种"危机状态"：可能会感到职业发展停滞不前，和父母以及子女的关系没有处理好，对照顾父母、亲戚感觉到压力，对自己退休后的状况感觉到不安。

7.2.2　生理条件的变化

随着年龄的增长，人们感受最明显的往往是生理上的变化。其中和工作最相关的可能是智力上的变化（见图 7-2）。随着年龄增长，人们的流体智力会下降，但是晶体智力会上升。其中，流体智力是以生理为基础的认知能力，晶体智力是通过学习获得的知识以实现解决问题的能力。因此，并不能简单地说年龄越大，人会变得越"笨"，而是要看具体的方面和针对的具体任务。

身体上，人们在力量、精力、免疫、代谢等方面都不可避免地下滑，如体能开始下降，心脏病、癌症、高血压及糖尿病等疾病的风险逐渐上升，肥胖、脱发等现象开始缠上中年人。然而，心理上，年龄增长也会带来积极的作用。有研究表明，随着年龄增长，总体而言人们的抑郁症状会减少，所呈现的心理疾病也会减少。此外，有证据表明，年龄与精神压力以及主观上的健康相关，这可能是因为随着年龄增长，人们会更注意维持积极的情绪。

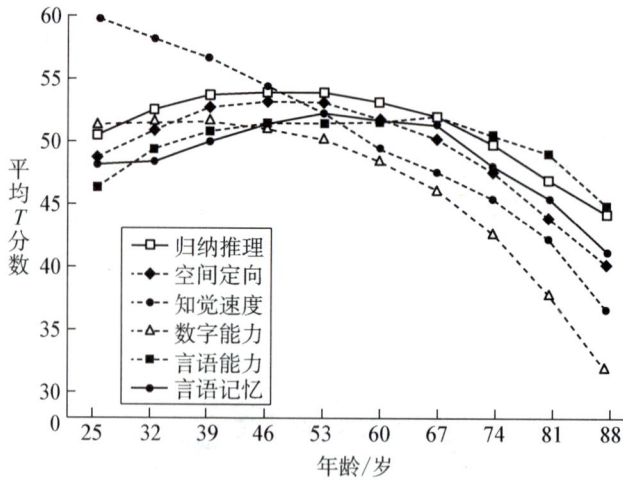

图 7-2　认知能力随年龄变化图

资料来源：Schaie K W, "The course of adult intellectual development," *American Psychologist*, 1994, 49(4)：304-313.

7.2.3　人格方面的变化

和诸如"七岁看老"的传统观念不同的是，人格是可以塑造的，并且在成年之后也会发生变化(见图 7-3)。研究结果表明，社会支配性(外向性的一个维度)、责任心和情绪稳定性会随着年龄增长而增长，尤其是在 20～40 岁。但是，社会活力(外向性的一个维度)以及经验开放性都会在青少年期之后下降。而宜人性会在 50 岁左右经历一个上升期。

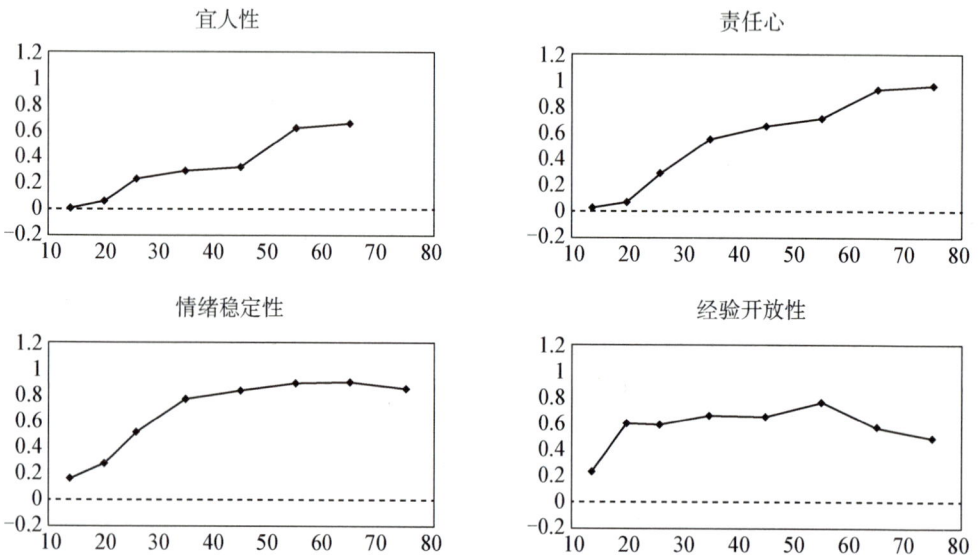

图 7-3　人格随年龄变化图

资料来源：Roberts B W, Mroczek D, "Personality trait change in adulthood," *Current Directions in Psychological Science*, 2008(17)：31-35.

这些性格上的变化能部分解释为什么进入职场的新生代员工总是给人自信、叛逆、张扬的感觉。他们的社会支配性在增长，经验开放性在增加，这使其更加容易吸纳新鲜的事物，同时又更喜欢去表达自己的观点，对自己充满自信，并且充满正面的情绪和活力。社会经验的缺乏会放大他们这些性格上的特点。而到三四十岁之后，人的性格基本不会再发生太大变化，责任心、情绪稳定性、经验开放性等都处在人生中的最高峰。虽然可能已经不再有那么多精力去参与社会活动，但是晶体智力的增长让他们的性格可以保持在一个较好的状态。

7.2.4　动机态度的变化

随着年龄增长，人们的动机会发生显著的改变。根据社会情绪选择理论，年龄增长所带来的最核心的变化是对于时间感知的变化：年轻的时候，人们倾向于觉得自己的时间是无限的，从而会更加关注未来导向的目标；而随着年纪增长，人们倾向于觉得自己的时间是有限的，从而会更加关注现时导向的目标。这种从未来导向向现时导向目标的转变会进一步影响人们对于工作报酬的偏好。由于更加关注现时导向的目标，相比新生代年轻人，中生代员工对在长期来看更有效用的报酬会看得比较轻；相反，他们会更在意自己现时是否获得了内在的满足。比如说，随着年龄的增长，自由度、自主性等内部报酬对人们的工作动力影响越来越大，而物质奖励、地位、认可等外部奖励的影响则越来越小。因此，他们在工作中的内在动机会变得更高。

这种目标上的改变会影响人们在社会交往中的倾向。和新生代年轻人相比，中生代员工会相对更加在意在社会交往中的情感体验，而不是能否获得新知识、新技能等来助力未来发展。因此在工作中，相对来说这些员工更倾向于以维持积极情绪为导向来进行活动。他们和别人的冲突总体而言会更少，并且更容易和别人建立起相互信任、彼此支持的社会关系，因而会与组织建立更加深厚的感情。此外，由于感觉到所剩时间有限，他们对于意义感的追寻会更强烈，从而有更强的动机去培养和帮助年轻人。

这种目标上的改变还会影响人们对于长期投资的态度。由于感觉到所剩时间的有限性，相比新生代年轻人，中生代员工对于在长期内才能收到回报的行为和活动的兴趣和参与度会降低。研究表明，随着年龄增长，人们的职业发展相关的动机会降低，参与培训的动机也会降低，对于学习相关的自我效能感也会降低。但是，这并不意味着这些员工不会求变。实际上，年龄与创新和跨出角色边界的自我效能感并没有关系。

7.2.5　绩效表现的变化

由于以上种种变化，中生代员工在绩效及相关行为上也会有所改变。

首先，随着年龄增长，总体而言任务内绩效是在增长的，这可能与逐渐增加的晶体智力以及更加完善的人格有关。其次，随着年龄增长，人们会做出更多的符合组织需要的行为，比如多帮助别人、少旷工、更注意安全问题等。这可能是因为他在人际交往方面更加注重情感的满足，更加愿意和别人建立真诚的关系，从而也更加愿意投入。再次，随着年龄增长，人们还会做出更多的主动性行为，可能是因为他们的内在动机更强，并且积极情绪更高。最后，在反生产行为方面，随着年龄增长，人们的行为频率也会更低，尤其是在攻击性行为方面。简言之，随着年龄逐渐增加，人们有可能会达到更好的绩效。

7.2.6 数字技术的挑战

总体而言，随着年龄增长，人们在工作中的表现会更好，但是人们也面临许多身体、心理和角色任务的挑战。除此之外，数字技术可能会给人们带来新的挑战。

首先，数字技术使信息储存、搜索变得更加容易，使经验和数据变得更加可得。这种技术有助于消除人们在原始积累上的差异，进而凸显对员工创造力和主动性的要求。比如，谷歌公司尤其欢迎并要求员工成为"聪明的创造者"（smart creative）。对于中生代员工来说，晶体智力上的优势可能会被数字技术所抵消，同时知觉速度上的损失可能会更加凸显。

其次，数字技术使人们更容易联系到彼此。随着信息与通信技术的发展，人和人之间的信息传递几乎已经实现无障碍。但是，这些技术也在同时改变着人们的交往方式。在虚拟世界中的链接增多，而现实中的孤独感也正在成为新时代的底色。随着年龄增长，人们对情感的需求会更多，而这种现实需求如果得不到满足，人们的情绪可能会影响他们的工作行为。

最后，数字技术所产生的变化也使终身学习成为必然。随着技术不断高速发展，不确定性逐渐增加，职场中竞争力的变化速度会加剧。这需要人们不断更新自己的技能，保持学习的态度，不断成长。然而，随着年龄增长，人们学习的动力不可避免地会下降，对于自己可能成功学习的信心下降，这会使得他们陷入恶性循环中：不想、不敢学习，导致达不到要求，进而更加不想、不敢学习，被数字化社会抛弃的可能性逐渐增加。

【课堂互动】

扫描左侧二维码，阅读材料并对我国让老年人融入数字时代的措施进行评价，分析它体现了什么样的思想和特点。

【拓展阅读 7-2】
当"数字化"
遇上"老龄化"

7.2.7 自我管理策略

随着数字时代的到来，"80 后""90 后"员工迎来了人生的重要挑战。

一方面，年龄增长所带来的生理、心理、社会角色和人生任务的变化使得他们需要尽力去适应、调整；另一方面，数字技术对环境、工作等的影响又增加了他们与时代错配、被时代抛弃的风险。面对自身和环境的双重挑战，人们需要采取积极、合适的自我管理策略来跟上时代。

根据选择补偿最优化理论，人们可以通过积极的自我调节来应对内外部的挑战。其中，选择指的是人们对自己的目标进行重新排序，然后选择优先度最高的目标来执行的过程。这个策略包括主动的自主性选择，即在有选择的情况下，将资源投入最想达成目标中，以实现理想中的未来；也包括被动的止损性选择，即在外部环境已经不允许当前目标实施的时候，通过切换次优目标来保证个体的有效运行的过程。需要注意的是，后者虽然包含放弃的过程，但是绝对不是逃避，而是在有所取舍的情况下保证自己作为一个个体在特殊环境中运行的效率。

在完成选择之后，人们需要对自己实现目标的手段和资源进行清点。如果资源足够，那么就可以通过再分配和调整现有资源的使用策略来提高自己的表现，这个策略称为最优化。如果资源不够，那么人们将尝试进行补充以保证自己能够继续走在实现目标的路上。这个补充可以通过外部获取帮助，也可以通过学习等来提高资源存量。

比如，面对数字化带来的工作场景智能升级，人们可以放弃一些不那么重要的角色、任务（自主性选择），并挤出时间来聚焦于学习、使用新技术（最优化）。而当学习存在困难的时候，人们可以向其他人寻求帮助，也可以尝试改变学习方法来帮助自己达成目标（补偿）。如果发现这个技术超出自己的能力范围，人们可以尝试寻找其他的方法来提升自己的职场竞争力（止损性选择）。

【拓展阅读 7-3】
自我管理策略量表

【课堂互动】

扫描右侧二维码，阅读材料并讨论："60 后""70 后"员工还可能会遇到什么问题，可以使用什么方式"自救"？如果你是组织管理者，你会怎么改变管理措施来帮助这些员工？

【拓展阅读 7-4】
"银发族"如何
跨越"数字鸿沟"

7.3　Z 世代员工的特点

Z 世代有着自己的特点。他们既有年轻人的特质，也有经济高速发展和互联网普及留下的烙印。

7.3.1　关注自身感受，看重平等包容

Z 世代员工由于成长条件较为优越，相对而言并没有过重的经济负担，这使得他们在工作、生活中更遵从自己的真实想法和感受。他们个体意识强烈，强调自我价值的实现，以自己的感受作为行为的标准。在工作中，他们反对"权威型"的传统管理方式，不愿意做违背个人意愿的事情，更喜欢平等、包容的组织氛围，更渴望自己的感受得到尊重、目标能够实现。根据迈点研究院 2021 年发布的《Z 世代办公行为报告》中的一项调查，超过 86.2% 的受访用户表示"尊重、平等、包容"的组织环境能增加他们对现有工作的满意度，以及建立良好的同事关系。

一方面，这个特点使得 Z 世代员工成为不良组织文化的"整顿器"，表现出强烈的"不服管"精神。比如，他们会反对无效加班，会对雇主进行反向背调，试图筛选出符合自己预期的单位；他们会追求互相尊重的雇佣关系，而不是唯唯诺诺；他们把生活品质看作必需品，会主动避开那些与个人价值观相冲突的公司和雇主，自动寻找符合自己标准的企业。另一方面，过度关注自我也使他们常常从自己的角度出发考虑问题。Z 世代中的部分人缺乏必要的同理心和换位思考的能力，导致同事关系紧张，人际关系压力较大。同时，对自我的关注使部分人自我定位过高，眼高手低，这导致他们容易产生较强的挫败感。此时，他们可能会产生较强烈的不公平感，甚至因此产生情绪波动。

7.3.2 关注薪资福利，注重生活品质

出于对自我的尊重和对需求的追求，Z世代员工更关注薪酬状况，注重工作福利。完善的薪酬体系与福利计划对于Z世代员工尤为重要。在求职时，丰厚的薪资待遇依然是最受Z世代关注的选项。猎聘网的调查显示，80％以上的大学生期待公司有五险一金，60％以上的大学生期待公司有年终奖。在此基础上，他们还希望公司能够提供带薪年假、能力进修以及旅游和团建。

对于待遇的渴望并不阻碍Z世代员工对于精神层面的追求。Z世代尤其关注个人生活，注重生活品质。对于他们来说，工作只是一个非必要的赚钱手段，其目的是帮助他们更好地享受生活、追求兴趣、实现个人价值。他们并不希望因为工作而影响生活爱好、社交交友等其他方面的享受与追求。因此，Z世代员工往往更加关注办公环境、距离、周边环境等。智联招聘的一项调查显示，仅三成"95后"每天工作时长超过9小时；有37.8％的"95后"求职者更关注办公环境；有49.4％的Z世代女性与36.2％的Z世代男性更看重家到公司的距离。

7.3.3 努力提升自我，频繁打破边界

将工作视为非必要赚钱手段并不意味着Z世代员工不会努力工作。实际上，Z世代具有强烈的提升自我的意愿，他们会为自己设置具有挑战性的工作目标，并以高标准、高成就来要求自己。相关数据显示，有49％的Z世代受访者表示持续学习新技能的机会是未来雇主吸引他们的关键因素。有抱负且有上进心的Z世代希望在工作中证明自己，那些有挑战的、有难度的任务更能激起他们的斗志。强烈的目标感会让他们积极寻求困难的解决方案，促使他们不断前行。

除了重视学习机会之外，Z世代对于职业发展的态度也更加开放。他们不认为忠诚是职场的必备要素。他们不介意通过频繁的跳槽来拓展自己的职业经验组合，从中得到技能、经验和认知上的收获，以促进职业的快速发展。相关数据显示，60％的Z世代希望在两年内跳槽，近三分之二的人表示希望未来可以在不同领域从事多样化的职业。这也表明这代人更期待拥有多元的职场经历，以丰富自己的经验组合。

然而，这也同时造成了Z时代离职率的居高不下。根据领英的报告，职场人士第一份工作的任职时长随代际逐渐缩短。"80后"平均工作时长为3年半，"90后"骤减到19个月，Z世代更是平均在职仅仅7个月后就选择了离职。Z世代对离职的态度可能不利于企业运行；并且过于频繁的跳槽也可能给自身带来额外的成本，比如缺乏在某一领域深耕的经历。为了保障自身发展，Z世代在职业发展中需要将多路径成长和持之以恒钻研结合起来。

7.3.4 追求创新刺激，避免单调枯燥

得益于经济条件的提升，Z世代普遍受到比上一辈更良好的教育。这使得他们的整体知识水平得到明显提升，并且也掌握了更加丰富的技能。他们能更加快速地掌握和更加熟练地应用新知识。并且，作为生长在互联网之中的一代，他们更擅于利用网络来进行知识更新。他们善于利用碎片时间来丰富自己的见识，也懂得运用各种网上的资料来进行深度学习。此外，他们有能力利用互联网广泛地搜索资料，接触到更加多

样性的信息。对于 Z 世代来说，从新的角度去认识事物和组织信息，通过打破规则来产生创新的观点和寻找更好的方法是一件自然的事。此外，由于对自我追求的强调，Z 世代这群年轻人会更喜欢新奇的、与众不同的事物。这些都使得 Z 世代的创新能力更强、更突出。

但是，这种好奇心、探索新知识的倾向和对于刺激的追求也有负面影响。相对而言，Z 世代不愿意把时间和精力花费在单调枯燥的事情上，对于繁复细碎的工作，他们会表现得相对缺乏耐心。而在学习上，部分年轻人更愿意通过观看一段 3 分钟的短视频来满足自己的好奇，而不是学习艰深的课程来实现自我深造。同时，互联网生活，特别是在大数据推送技术的加持下，让一部分人喜欢自我束缚于信息茧房之中，固执地偏爱和选择自己愿意看到、容易接受的一切，从而降低了他们的创造力和忍耐力。这可能造成 Z 世代"开放的人更开放，封闭的人更封闭"这样一种分化现象。

综上所述，Z 世代具有鲜明的特色。良好的经济环境使他们更加关注自己，从而更倾向于追求平等包容、自我实现以及个性与创新；但同时，他们也更以自我为中心，更倾向于做他们想做的事情。作为互联网的"土著"，他们享受着信息技术的红利，有更强的学习精神和创新意识，更强调从个人兴趣出发来进行社交、工作与生活；同时，他们也容易困在"信息茧房"中，被同质化的信息所侵占，生活比较碎片化。所有这些特点都显示出他们对个体自我的强调。在新时代下，他们更强烈地将自己投射到社会生活中，同时也主动担起历史使命和时代责任，努力地适应社会现实与变化。总之，要理解他们，得先从理解个人出发，以"我"的视角和他们对话，做到从"我"走向"我们"，有效发挥 Z 世代员工的才能，助力企业数字化发展。

◉ 【课堂互动】

扫描右侧二维码，阅读材料并讨论是否同意文中观点。

【拓展阅读 7-5】
国家高度重视解决
青年"躺平"问题

7.4　如何管理 Z 世代员工

对 Z 世代员工进行管理，需要针对他们的特点来设计管理措施。

7.4.1　秉持包容开放心态

由于 Z 世代员工十分关注自身感受，因此管理的重中之重是保持开放与包容心态。据调查，将近 60％的 Z 世代受访者期待"公司能够包容个性，管理者可以给予员工更多的话语权"，这一比例明显高于其他人群。

具体而言，管理者应该摒弃传统的用权力和控制来管理员工的方式，而将自己放在与 Z 世代员工平等的地位上来对话。在日常工作中，管理者应该展现出对他们的充分支持与信任，并且充分授权，让他们制定自己的规则，展现他们的个性与能力。在工作设计中，应该加强对自由度的开发，并且给予更多重塑工作的机会，让 Z 世代员工能够更好地将自身融入工作中。企业内部需要建立畅通的沟通方式，让 Z 世代员工能够发出自己的声音。面对 Z 世代员工鲜明的个性与独特的见解，管理者需要采取兼听则明的态度，对于其提出的有益于企业发展的建议加以表扬与采纳，对于不合理、不成熟的部分合理地批评指正。这样一方面能够让 Z 世代员工感觉到被尊重，让他们从不同的视角看待企业的问题，从而打破信息茧房，将个性发挥到最需要的地方；另一方面也有利于企业内部加深对 Z 世代员工的了解，从而制定相应的措施引导 Z 世代员工快速成长，实现对人力资本的高效利用，并且可以避免企业故步自封，激发企业内部创新活力，实现与时俱进、长久发展。

7.4.2 采用个性化激励方式

Z 世代员工对薪酬十分看重，希望企业提供合理的报酬以及丰富有趣的福利计划。为了更好地对这些员工进行管理，企业需要对薪酬体系进行再设计，以满足这些员工的需求。除了传统的薪酬组成之外，针对 Z 世代关注自身独特性的特点，企业可以根据所在行业及战略，针对员工自身情况签订个性化工作协议。一般而言，这种协议有三种类型。

第一种类型是对工作任务进行恰当变更。企业可以根据 Z 世代员工自身的特点来对任务进行重新组合，按照他们的技能和需求来调整权限和资源配给。这些变更会让 Z 世代员工感觉到自己被尊重，从而有更加强烈的动机去完成工作。

第二种类型是对"薪酬包"进行恰当变更。由于 Z 世代个性化的需求，可以考虑对某些部分进行灵活的调整，比如对基本工资和绩效等的比例进行调整，签订额外的绩效认可计划等。企业可以考虑将各种激励工具合理组合，供员工自主选择。需要注意的是，这类变更的核心在于了解自己的员工希望得到什么，而非设计各种类型的激励手段。

第三种类型是针对工作地点、时间安排等方面的灵活性调整。Z 世代员工在工作方面的需求更加多元化、个性化，他们注重体验感，渴望思想自由、形式自由、时间自由。调查发现，绝大多数(82%)的 Z 世代期望自由的着装要求。并且，Z 世代强调工作对于生活的增益效用，认为工作和其他方面应有明晰的边界。针对这个特点，企业可以在条件允许的情况下，和 Z 世代员工协商是否要在工作形式等方面进行调整，以帮助 Z 世代员工更好地实现工作生活平衡。

7.4.3 建立有效的成长体系

Z 世代特别关注自我提升。他们更乐于接受挑战，希望从事能够让自己或者世界变得更好的工作。他们更加重视结果以及过程中的方法和收获，而不是花在任务上的时间。对于他们来说，"朝九晚五"的概念已经过时。他们更需要的是在工作中实现成长，提高自己的可雇佣能力，以实现长期的职业发展。因此，企业在管理过程中应该给 Z 世代员工搭建好成长体系。

具体而言，Z 世代员工认为优秀的领导者应该具有极强的个人能力和良好的专业素养，同时能够尊重员工，为员工提供充足的发展机会。因此，管理者应该承担起"教师"的角色。在 Z 世代员工初入公司的时候，可以更多采用教练型的领导方式，即帮助他们设定目标、找出问题并制订改进计划。当他们更加熟练之后，可以采取参与型的领导方式，让他们参与到决策过程中给予他们锻炼的机会。等到他们已经具备相当的能力之后，才转向授权或者激励他们变革。通过不同领导方式的组合，可以帮助 Z 世代员工实现全生命周期的成长。

在工作设计上，企业应提供符合 Z 世代员工知识结构和能力水平的工作，让他们充分运用自己的所学知识来解决问题。企业可以进一步设置一些具有挑战性的工作任务，来避免员工因为常规工作产生的倦怠感，这也有助于激励 Z 世代员工为解决问题而尽力去发挥自己的才智。

此外，企业应该充分发挥绩效管理的成长性功能。通过制定具有挑战性的绩效指标并鼓励 Z 世代员工提出实现的方法，让 Z 世代员工有动力调动自己的潜力。在绩效面谈中，应该更加注重复盘和肯定，而不是批评与否认。在帮助 Z 世代员工剖析自我的基础上，找到未来的成长点，然后对接员工开发系统、员工培训系统来帮助他们实现在企业内部的快速成长。

以上措施的最终目的都是帮助 Z 世代员工实现长期的职业发展。关键在于企业给 Z 世代员工提供的成长速度应该与他们的期望相匹配，否则他们可能会选择离职。

7.4.4　注重管理方式创新

Z 世代追求刺激，喜欢新鲜事物。因此，在管理过程中，企业应该注重以方式、内容的创新来抓住他们的眼球，留住他们的心。

Z 世代生活在互联网中，是数字技术的先锋。企业可以有效利用 Z 世代员工的互联网属性与偏好，充分挖掘他们的数字潜能，引入数字技术来对工作流程进行优化，以提升他们的满足感与获得感。企业还可以发挥 Z 世代员工的数字能力，鼓励他们将对应的知识、技术运用到解决业务问题的实践当中，从而让他们感知到自己在企业中的重要性和来自企业的尊重，提高他们的内在动机。同时，这些措施也会有扩散效应，激励企业其他员工利用数字技术。

Z 世代习惯通过互联网移动设备来学习和训练自己。越来越多的 Z 世代不满足已有能力，而是有志于成为"斜杠青年"。他们在职场上也努力实现从"T 型人才"到"Ⅱ 型人才"的转型。基于此，针对 Z 世代员工，企业可以提供更具有互动的、基于实战的培训内容，运用更先进的多媒体技术(如 VR)来开发新型的学习机会和方式，大规模开发开放的在线课程来供他们选择，采用灵活选修的方式来满足他们多元化的个人成长需求，由此提高他们的培训参与度和热情。

企业还可以采用更加游戏化的管理方式。游戏化管理指的是运用游戏设计的元素和思想来对管理方式进行改造。其本质不是娱乐，而是一种思维方式，或是一种工作方法，是把对人性的理解与设计过程巧妙融合后的产物。"游戏化"的工作设计增加了工作内容的丰富性、挑战性，员工在完成工作之后可以获得"游戏通关"般的成就感。这种管理方式更加符合 Z 世代的成长背景，会让 Z 世代更加感觉到乐趣，从而激发他们的主观能动性。

需要注意的是，管理方式的创新不能背离管理本身的目的。在管理过程中，有些企业会为了改变而改变，没有考虑到实际情况和最终目的，这样是不可持续的，且会带来不良后果。

7.4.5　创造共享价值

理解 Z 世代最终还是要落实到对于个体的理解上，管理 Z 世代员工也可以落实到对个体的尊重上，通过创造组织和个体的共享价值来提高管理效能。

企业可以尝试匹配个人目标和组织目标。对于 Z 世代来说，他们的目标更接近"成为我"，而组织的目标是实现战略与愿景。在管理过程中，更需要注意愿景的沟通，找到个人未来与组织未来的契合点，帮助 Z 世代员工想象在组织当中的未来景象，从而提高他们的内在动力和工作投入。管理者们应该更强调变革，通过智力激发、个性化关怀来让他们加强对于组织战略与愿景的认同，使得他们更有内驱力来为未来而奋斗。整个组织应该构建尊重个人、体现个人价值和尊严的文化，充分注重员工个性化的需求和发展，建立在个体发挥基础上的共同效能，将"小我"与"大我"紧紧地绑定在一起。

企业应该将员工幸福感作为管理标准之一。员工幸福感来自自我意义的实现、个体成长的体验、他人的尊重与认可、身心的充盈以及对于未来的希望。在管理过程中，要尽量使工作具有挑战性但不至于过度消耗，要提供及时多样且恰当的支持、反馈而不至于让员工觉得自己无能，要保证"微仪式"的发生来帮助员工获得关系能量。在组织层面，要提供多样、丰富的职业生涯管理措施，给 Z 世代员工以通向未来的指导。

企业还需要注重与 Z 世代员工的心理契约。由于个人需求的多样化，组织已经无法通过明确的契约来满足所有的要求。在 Z 世代员工身上更是如此。他们张扬的个性、对于志趣的强烈喜好、对于未来的担忧，都使得他们本身的需求变得复杂而多样。个性化工作协议可以满足工作方面的要求，但是心理契约能够接触到更加深层次的自我。因此，在管理过程中，企业应该加强与 Z 世代员工的沟通，逐步建立信任的关系，对于他们的特殊需求予以理解和满足，从而打造高质量的、互相信任和长期稳固的心理契约。

【课堂互动】

登录中国政府网，阅读国务院新闻办公室于 2022 年 4 月 21 日发表的《新时代的中国青年》白皮书并讨论：作为 Z 世代的一员，应该怎样更好地投入社会主义现代化建设的伟大事业中？

7.5 跨代管理策略

在现在的工作场所，通常并不仅有某一个"世代"的员工。出生于不同年代的员工可能并存，甚至可能会出现老中青三个时代的人一起工作的现象。这个现象给管理带来了巨大的挑战。

年龄的多样性对于组织来说既有优点，也有缺点。

从优点上来说，不同年龄的人可以互补。首先是认知能力上的互补。年轻人的信息处理能力更快，从而可以更好地适应新的任务、运用新的技术。年长的人晶体智力更好，他们更能够从过往的经验中对现在的事情进行判断，从而在更高的视野上更全面地看待问题。两方可以为彼此提供不同的信息，从而提高处理问题的能力。比如说，面对数字化变革，年轻人可能接受速度更快，而年长的人更能够知道这个技术在什么方面可以发挥作用，从而两方可以一拍即合。其次是知识结构上的差异。年轻人更善于吸收多方面、多渠道的信息，从而能够提高知识结构的差异化。而年长的人会更加精益求精，以达到个人资源的最优化配置。这两种知识结构有助于组织应对不同的状况，并且从中吸纳更好的想法。最后是行事风格上的互补。Z 世代更加追求创意，更加敢于思考，更能够建立具有实用价值的社交网络，但是他们也更容易情绪化。而年长的员工，他们的情绪能力更高，可以提供更能产生积极情绪的关系，同时他们也有更强烈的助人动机，从而可以帮助 Z 世代员工渡过难关。

从缺点上来说，年龄不同带来的价值观、性格、生理等方面的差异会降低绩效。价值观不同会导致沟通困难、不确定性增加，从而降低彼此之间的吸引力和信任。同时，如果强迫不同价值观的人在一起工作，他们的自我调节资源可能会过度损耗。在性格方面，宜人性、责任心方面的差异会增加彼此的冲突。外向性上的差异可能会有好处，但是前提是一方得服从另一方。而在价值观存在冲突的情况下，这种好处可能难以实现。生理方面的差异可能会造成合作的困难。比如，从身体素质上看，年轻人更能承受熬夜等工作压力，而中老年员工则明显不足。这时候如何安排时间和任务需要智慧。同时，年龄的差异可能导致"代沟"的存在。比如，中年人可能觉得 Z 世代是"叛逆"组，而 Z 世代会觉得中年人"顽冥不化"。在团队总体宜人性不理想的情况下，团队的凝聚力会降低。

从人力资源管理的角度来说，可以采用"3I"策略来提高对员工的管理水平（见图 7-4）。所谓"3I"，指的是纳入（include）、个性化（individualize）以及整合（integrate）。

其中，纳入指的是组织可以有意识地调整战略、措施来欢迎、接纳和公平地对待不同年龄段、世代的员工。比如说，在公司上下建立平等、包容的意识和氛围。这需要组织领导以身作则，接纳不同年龄的员工。在招聘和甄选环节，应该做到对所有潜在员工一视同仁，既不能给 Z 世代贴上"难管"的标签，也不能给中生代员工贴上"被淘汰"的标签，

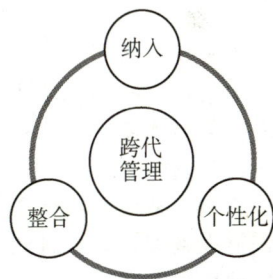

图 7-4　跨代管理模型图

而要更多地考虑员工的自身价值，并根据上述的优缺点来合理配置年龄组合。在培训环节，可以针对不同员工的特点来进行培训。比如，对于中生代员工，可以开展有关新技术等内容的专门培训，以消除这些员工在接受新事物上的不自信。可以开发更多运用晶体智力的工作方法，以帮助这些员工更好地发挥优势。而对于 Z 世代员工，可以采取更加强调新技能、新竞争力的方式来进行培训。同时，可以对领导层进行培训，以消除其对于年龄方面的偏见，保证以更加开放的姿态来对待不同年龄层的人。

个性化指的是根据不同年龄段、不同世代的员工的需求和特点来针对性地给予支持。比如，从生理上来说，应该给予中生代员工更多的人体工学方面的支持。从认知方面来说，应该让年长的人更多地发挥他们的晶体智力优势，让 Z 世代员工更多地发挥他们的流体智力优势。因此，企业可以考虑给 Z 世代员工安排更多样性、复杂性的任务，而给中生代员工安排要求更高技能、更多样性和专业化的工作。从动机方面来说，应该照顾中生代员工在人际关系方面的需求。因此，应该提高这些员工任务的互依性，并且让他们有更多的机会去帮助其他员工以及给别人反馈。而对于 Z 世代员工来说，应该给他们更多成长的机会，比如给他们提供更及时、有效的反馈，设计更加看重创造力、创新性的绩效评估体系。此外，应该考虑给中生代员工更多的工作自由度，以让他们能够更好地通过自我管理策略来最大化自己的产出。

整合指的是改善不同年龄段、世代的员工的彼此交流，以让他们产生更好的化学

反应。比如，企业可以开展更多的知识分享和交流活动。不同年龄、不同世代的员工可能有不同的经验和知识结构。而当员工们意识到这些差异，并且感觉到这些差异能够带来积极结果的时候，他们对差异的负面态度会下降，并且会对这些差异产生更加积极的看法。因此，通过知识互动，组织可以让不同世代的员工更好地相处。此外，还可以提供导师以及"反导师"项目。单方面指导很容易让 Z 世代员工反感，因为这和他们对于平等、包容的追求相违背。因此，可以尝试在让中生代员工指导 Z 世代员工熟悉企业和既定工作流程之外，让 Z 世代员工来帮助中生代员工学习、适应和运用数字技术等新潮流。这样一方面可以满足中生代员工的心理需求，另一方面也体现了对于 Z 世代员工的认可。企业还可以开展各种有利于"跨代"交流的活动。例如，让中生代员工来传授职业发展的经验，分享缓解焦虑和提升个人能力的思路与方法；可以让这些员工以不记名方式分别写下对彼此的想法、期待，然后进行讨论、给予解答；可以在组织内部构建更加依赖于合作的文化，强调平等、开放和宽容的工作氛围。

本章小结

本章主要讨论了四部分内容。首先，对"80 后""90 后"乃至之前世代的员工的处境进行了介绍。随着年龄的增长，这些员工在生涯任务、生理条件、人格、动机、绩效等方面都有显著的变化，而数字技术又给他们带来了巨大的挑战。为此，他们需要充分运用"选择、补偿、最优化"的策略来提升个人效能。其次，对 Z 世代员工的特点进行了介绍。从对自我的强调出发，提出他们关注自身，强调包容；关注报酬，渴望成长；追求发展，频频跳槽；乐于创新，不愿枯燥。再次，对企业如何对 Z 世代员工进行管理进行了介绍，强调要根据 Z 世代员工的特点来改进管理措施。最后，讨论了现有组织中多世代共存的现象，提出这既是机遇，也是挑战。为此，企业需要运用 3I 策略，充分利用世代多样性，提高企业和个人的效能。

复习思考题

1. 年龄的增长会给个人带来哪些变化？
2. Z 世代员工最明显的特点是什么？这是年龄还是时代的结果？
3. 对 Z 世代员工的管理措施，适用于"80 后""90 后"吗？
4. Z 世代员工和之前世代的员工在职场中能够互相从对方身上学到什么？
5. 如何管理"银发员工"？

案例分析

扫一扫，看资源

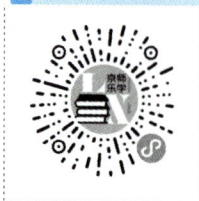

自如如何赢得 Z 世代青睐

第8章 数字时代的激励

【学习目标】

▶了解经典的激励理论

▶了解数字技术与员工激励之间的关系

▶熟悉数字时代激励的一些新模式

▶掌握工作游戏化、数字化员工体验平台及员工旅程地图的应用

【关键术语】

激励理论、工作游戏化激励、体验型激励、员工旅程地图

开篇案例

工作场景激励实践

思科让员工轻松上手成为社交媒体大师

挑战：思科投资了一项针对承包商和员工的全球社交媒体培训项目，以创造和利用社交媒体技能。然而，该培训计划包括 46 门课程，难以确定从哪里开始。

游戏化解决方案：公司针对社交媒体培训项目引入了基本的三级认证，级别分为专家、战略家和大师。除此之外，还有四个子认证级别，用于外部沟通、人力资源、内部合作伙伴团队和销售。公司还混合了各种团队挑战，将良性的合作和竞争融入获得的认证中。

结果：由于他们只是简单地将社交媒体培训项目游戏化，使它变得富有挑战性和吸引力，超过 650 名员工获得了所需的证书，参加了超过 12 500 门课程。

德勤打造的领导力培训让高管们上瘾

挑战：德勤为其高级管理人员创建了一个领导力培训课程，但在激励高管启动和完成培训计划方面遇到了困难。

游戏化解决方案：德勤利用 Badgeville 并引入了游戏化元素，如排行榜、徽章和地位符号，用于衡量参加并完成培训课程的高管人员的领导力。

结果：这种游戏化的解决方案不仅鼓励了高管，而且还将培训课程的平均时间缩短了近 50%。该项目还使经常访问该网站的用户数量增加了近 47%。

西南航空公司将员工置于客户和股东之前

美国西南航空公司在九家顶级航空公司中获得了客户体验的最高评级，其成功的秘密就是将员工置于客户和股东之前。在一次采访中，西南航空公司表示："我们相信，如果我们正确对待我们的员工，他们就会正确对待我们的客户，从而增加业务和利润，让每个人都满意。"他们把员工放在第一位，这可以从 2016 年的一个例子中看出

来。当时西南航空公司打算更换新员工制服，于是邀请了 48 名机组人员帮助设计制服，确保公司员工会为穿着它上班而感到自豪。

资料来源：Sergey Cujba, *Examples of Gamification in the Workplace*，https://raccoongang.com/blog/examples-gamification-workplace/，2022-06-28.

思考与讨论：

1. 思科、德勤和西南航空公司的激励方式与以往相比有什么不同？
2. 游戏化激励是怎样发挥作用的？
3. 西南航空公司的做法是激励吗？它是怎么发挥作用的？

首先，本章将对激励的相关理论进行梳理和介绍，帮助读者了解激励的本质，从而明确为什么要激励以及怎样进行激励。其次，本章将介绍数字技术与激励之间的关系，使读者明白数字技术的应用虽然使员工的需求发生了一些变化，但并未改变激励的本质。最后，将重点介绍数字时代员工激励的新模式，让读者了解游戏化激励和体验型激励的定义及实践步骤和流程，同时详细介绍工作游戏化、数字化员工体验平台和员工旅程地图三种具体的数字化激励方法。通过本章的学习，读者将会对什么是激励、如何去激励以及数字时代激励的新模式等有所收获。

8.1 激励理论

8.1.1 为什么要激励

"为什么要激励"这一问题通常是从以人为中心的角度来研究的，它侧重于个人的需求、动机、欲望和偏好。这些内在心理特征为个人行为提供了理由。

1. 个人需求

（1）马斯洛需求层次理论

马斯洛需求层次理论（Maslow's need hierarchy theory）提出了人类的五个需求层次，分别是生理需求、安全需求、社会需求、尊重需求和自我实现需求，这五个需求层次是按由低到高的顺序排列的，生理需求是最基本的需求，它能够逐步发展到自我实现的最高层次需求。马斯洛需求层次理论解决的问题有两个：一是为什么需要激励，二是如何选择恰当的激励方式。当个体的某一种需求得不到满足时，就会想方设法满足这种需求，这说明激励是有必要的；个体并不会同时追求五种层次的需求，根据马斯洛的观点，个体只有在满足了低层次的需求之后才会去追求更高层次的需求，当低层次需求没有被满足时，个体是没有动力去追求更高层次的需求的。这说明企业在激励员工时需要根据员工的不同情况制订恰当的激励计划，而不能一概而论。

（2）ERG 理论

ERG 理论（existence-relatedness-growth theory）即生存—关系—成长理论，是由克雷顿·奥尔德弗（Clayton Alderfer）在马斯洛需求层次理论的基础上提出来的，它对马斯洛的五个需求层次进行了分类，将其归纳为三个更广泛的需求：生存性需求、相互关系性需求和成长性需求。该理论与马斯洛需求层次理论的区别主要表现在两个方面：一是并没有强加限制需求层次，认为个体可以同时追求多种需求，并且当低层次需求没有被满足时，个体依然可以追求高层次需求；二是如果较高层次需求的满足受到抑制的话，那么人们对较低层次需求的渴望会变得更加强烈。虽然 ERG 理论少了很多限定，但是该理论在需求的分类上并不比马斯洛的理论完善，对需求的解释也并未超出马斯洛需求层次理论的范围。

（3）成就需要理论

成就需要理论（achievement need theory）是由麦克利兰（D. Mc Clelland）提出来的，该理论将个体的需要分为三类，分别是成就需要、权力需要和亲和需要。该理论认为成就需要强烈的人往往具有内在的工作动机，且可以通过教育和培训造就具有高成就需要的人。高成就需要的人往往具有如下特点：认为成就比物质或经济奖励更重要；实现目标或任务比获得表扬或认可更能带来个人满足感；经济奖励被视为衡量成功的标准，而不是目的本身；对反馈有强烈的追求，因为它能够衡量成功；不断寻求改进和把事情做得更好的方法。在激励的具体应用上，由于成就需要高的人具有一系列有利于工作绩效的特点，而且员工的成就需要是可以后天培养的，所以成就需要理论给予管理者的启示是：要积极主动培养员工的成就需要，提高企业中成就需要高的员工的比例，带动整个企业发展。

（4）双因素理论

双因素理论（two-factor theory）是由弗雷德里克·赫茨伯格（Frederick Herzberg）在对匹兹堡地区 203 名工程师和会计师的采访中收集的数据发展而来的，该理论认为在工作场所中有一些因素的增加会提高工作满意度，它们被称为激励因素；而另一组因素的缺乏会导致消极和不满，它们被称为保健因素。激励因素和保健因素是相互独立的，激励因素的增加并不能使保健因素减少。激励因素主要与工作本身的性质有关，比如工作上的成就感、工作上得到承认和赞赏、工作本身的挑战性和兴趣、工作职务上的责任感、工作的发展前途、个人成长和晋升机会等；而保健因素主要与工作环境有关，比如公司政策、监督、技术问题、员工与老板的关系、工作条件、薪水以及与同事的关系等。该理论的主要观点有：第一，满足个体需求不一定能激发个体的工作积极性，只有激励因素的满足才能激发个体的工作动机；第二，保健因素的满足并不能带来对员工的激励的员工积极性的提升，但缺乏保健因素则会引起员工的强烈不满，降低员工积极性。

2. 个人动机——自我决定理论

自我决定理论（self-determination theory）是由爱德华·德西（Edward L. Deci）和理查德·瑞安（Richard M. Ryan）提出的一种关于人的动机和人格的宏观理论，它关注人的内在成长倾向和内在心理需求。该理论涉及人们在没有外部影响和干扰的情况下，行为选择背后的动机以及人类行为自我激励和自我决定的程度。该理论区分了个体行为活动背后的三种动机，即内在动机、外在动机和无动机。其中，无动机是指缺乏做事情的动机，最终将终止所从事的行为或活动。另外，该理论认为社会环境可以通过支持自主性、胜任力、关系三种基本心理需要的满足来增强个体的内在动机、促进外在动机的内化、保证人类健康成长。该理论包含五个子理论，分别是认知评价理论、有机整合理论、因果取向理论、基本需求理论和目标内容理论。

![拓展阅读8-1] **【拓展阅读 8-1】**

（1）认知评价理论（cognitive evaluation theory，CET）

该理论解释了内在动机与外部奖励之间的关系。一方面，当外部奖励被视为控制性时，它们会削弱内在动机，即当员工出于喜欢某种工作而非常投入地进行工作时，仅对工作结果进行奖励可能会导致员工工作动机下降；另一方面，当外部奖励被视为信息性的，并能提供有关行为的反馈时，它们会增加内在动机。

（2）有机整合理论（organismic integration theory，OIT）

该理论解释了不同类型的外在动机及其如何促进个人的社会化。该理论认为人们愿意参与他们觉得无趣的活动和行为，是因为他们受到外在动机的影响。该理论将外在动机又分为外在调节、内摄调节、认同调节和整合调节四个方面。

（3）因果取向理论（causality orientations theory，COT）

该理论探索了人们激励自己在人格方面的个体差异，提出了三种决策取向，分别是自主取向、控制取向和非个人取向，这些取向是通过识别个人决策背后的动机来确定的。自主取向是指个体根据自己的兴趣和价值观做出选择；控制取向是指个体根据他们从内部和外部需求中体验到的不同压力做出决定；非个人取向是指个体的决定不会对他们的生活结果产生影响。

（4）基本需求理论（basic needs theory，BNT）

该理论提出了三种与内在动机、效能、高质量参与和心理健康相关的心理需求。第一种心理需求是自主性，是指一个人可以按自己意愿选择自己的行为和行动。第二种心理需求是胜任力，是指一个人掌握了与环境互动的能力而能够有效地工作。第三种心理需求是关系，是指个人需要与周围的人建立牢固的关系或纽带。

（5）目标内容理论（goal contents theory，GCT）

该理论从心理健康方面，将内部目标的好处与外部目标的负面结果进行比较。内部目标是指追求个体成长、人际关系、安全、情感亲密和身体健康等来自人的核心价值以及追求内在奖励的目标，它可以直接满足人们的基本心理需要，如归属感、能力感和自主感。而外部目标是指追求财富、名誉、地位和外部压力等目标，这些外部目标会阻碍基本心理需要的满足。

8.1.2 怎样激励

关于激励"怎样做"的理论主要涉及个体工作的特点、环境及个体选择和追求行动路线的决策过程等，这些理论通过说明与个体相关的外部各种属性是如何影响个体动机的，给予管理者在激励方式选择上的一些启示。

1. 与工作环境相关

这一领域的主题研究主要考虑工作环境的各种属性如何影响个体动机，如工作的生理和心理需求、与同事和主管的社会互动以及工作的社会结构。在过去的半个世纪里，这一领域的杰出研究成果主要包括工作设计理论和公平理论。

（1）工作设计理论

工作设计与激励的关系主要体现在工作特征上，比如哈克曼（Hackman）和奥尔德姆(Oldham)的工作特征理论(job characteristics theory)，阐述了工作特征如何与成长需求强度不同的个体相互作用，从而影响工作满意度和工作动机。工作特征理论确定了与工作相关的五个关键特征，分别是技能多样性、任务一致性、任务意义性、自主性和任务反馈性，这些特征被提出来确定工作的内在激励潜力。工作特征理论认为这五个核心的工作特征可以影响个体的意义、责任和对结果的认识三种关键的心理状态，而这三种心理状态是情感和动机的近端决定因素。

根据工作特征理论的观点，技能多样性、任务一致性和任务意义性塑造了体验的意义；自主性会影响体验的责任；而任务反馈性有助于了解结果。也就是说，具有五种核心工作特征的工作会引起三种关键的心理状态，而这样的心理状态将会导致一定的个人结果和工作结果。从个人结果来看，它会促进产生高度的内在工作动机和对工作的高度满意感。从工作结果来看，它则会导致高质量的工作绩效和较低的缺勤率和离职率。工作特征理论用激励潜在分数(motivating potential score，MPS)来反映一项工作对一个人的积极性的影响程度。计算公式如下：

$$MPS = \frac{技能多样性+任务一致性+任务意义性}{3} \times 自主性 \times 任务反馈性$$

(2)公平理论

公平理论(equity theory)是由约翰·斯塔希·亚当斯(John Stacey Adams)提出的研究工资报酬分配的合理性、公平性对员工工作积极性影响的理论。该理论的核心观点是，人的工作积极性不仅与个人实际报酬多少有关，更重要的是与人们对报酬的分配是否感到公平有关。对分配公平的感知是社会比较的过程，指的是人们总会自觉或不自觉地将自己付出的劳动代价及其所得到的报酬与他人进行比较，并对公平与否做出判断。对公平的感知将直接影响职工的工作动机和行为。因此，动机的激发过程实际上是人与人进行比较，然后做出公平与否的判断，并据以指导行为的过程。当个人对自己与其他员工之间的报酬分配产生不公平的感知时，会引起一种厌恶的心理紧张状态，而个体有强烈的动机去减少这种紧张的心理状态。但是，由于个人可以通过多种方式减少感知到的不平等，公平理论的实践应用存在一定的困难。

2. 与个体努力相关

(1)期望理论

期望理论(expectancy theory)又叫 VIE 理论，是由弗鲁姆(Vroom)提出来的。该理论认为，个人在工作和任务中对努力水平的选择取决于三组心理变量的整合：一是期望值，即相信一个人的努力将导致实现预期的绩效目标，通常基于个人过去的经验、自信(自我效能感)以及绩效标准或目标的感知难度；二是手段，即相信如果满足绩效期望，一个人将获得奖励，这种奖励可能以加薪、晋升、认可或成就感的形式出现；三是效价，即个人对结果奖励价值的评价，这种评价基于他们的需求、目标、价值观和动机来源等。

期望理论的核心观点是：如果个人相信努力和绩效之间存在正相关关系，那么个人就会被激励向目标前进，良好的绩效的结果将导致理想的奖励，绩效的奖励将满足个人重要的需求，或者结果的获得让努力是值得的。这其中蕴含着期望模式和期望公式。

期望模式是指：

$$努力 \rightarrow 绩效 \rightarrow 奖励 \rightarrow 需要$$

①努力和绩效。这两者的关系取决于个体对目标的期望值。

②绩效与奖励。人们总是期望在达到预期成绩后，能够得到适当的合理奖励，如奖金、晋升、提级、表扬等。

③奖励和需要。奖励什么要适合各种人的不同需要，要考虑效价。

期望公式是指：

$$M = E \times V$$

其中，M 是指激励力，E 是指期望值，V 是指效价。

期望公式表明，人们采取某项行动的激励力或动力取决于期望值（即对预期达成该结果可能性的估计）和效价（即对行动结果的价值评价）的乘积。也就是说，激励力的大小取决于个体认为达成目标并得到某种结果的期望值与达成目标所导致某种结果的全部预期价值的乘积。

（2）目标设定理论

目标设定理论（goal setting theory）是洛克（E. A. Locke）于 1968 年提出的与激励相关的理论。该理论认为，目标本身就具有激励作用，目标能把人的需要转变成动机，使人们的行为朝着一定的方向努力，并把自己的行为结果与既定的目标相对照，及时进行调整和修正，从而实现目标。这种使需要转化为动机，再由动机支配行动以达成目标的过程就是目标激励。换句话说，目标是一个人期望达到的行为目的和引起行为的最直接的动机，切合实际的目标值能让人产生成就需要，进而促使人去努力实现目标，所以能起到较好的激励作用。

3. 与自我调节有关

激励理论中与自我调节有关的理论解决的是个体在目标实现过程中分配和管理个体的认知与时间等资源的策略，主要包括自我效能理论、强化理论等。

（1）自我效能理论

自我效能理论（self-efficacy theory）是班杜拉（Albert Bandura）在社会认知理论中从社会学习的视角提出的关于自我效能感在动机形成中的关键作用的理论。自我效能感是指个体对于完成特定目标或任务结果的主观感知和评估，如果一个人对完成一项任务拥有高的自我效能感，表明他对自己能够完成这项任务的能力有信心，但并不代表个人真实的能力水平。该理论认为自我效能感能够决定人们对活动的选择及是否坚持该活动，同时它也能影响人们在困难面前的态度、活动时的情绪以及人们新行为的习得和表现。由此，当组织可以设法提高个体的自我效能感时，便能够激励个体提高工作效率和激发个体潜能。

根据班杜拉的说法，影响个体效能感的因素主要有四个，分别是个人自身行为的成败经验（direct experiences）、替代经验（vicarious experiences）、言语劝说（verbal persuasion）和情绪唤醒（emotion arise）。个人自身行为经验是指当个体接受新的挑战并取得成功时获得的经验。替代经验是指有一个可以观察和效仿的榜样，当对个体有积极作用的榜样表现出较高的自我效能感时，个体很可能会吸收一些关于自我效能感的积极信念。言语劝说是指其他人的言语可以对个体的自我效能产生的积极影响。情绪唤醒指的是环境和整体的健康和幸福在自我效能感发展和维持中的重要性，当个体与焦虑、抑郁或严重的健康状况做斗争时，很难拥有良好的情绪和自我效能感；但当个体处于健康状态时，提高自我效能会容易得多。

【拓展阅读 8-2】

你可以通过下面 10 个问题来测试自己的自我效能感得分，每题最不符合得 1 分，最符合得 5 分，得分越高表明自我效能感越高。（问题来自 *Applied Psychology*）

①如果我足够努力，我总是可以设法解决困难的问题；

②如果有人反对我，我可以找到手段和方法来得到我想要的东西；

③我很容易坚持我的目标并实现我的目标；

④我相信，我能够有效地处理意外事件；

⑤由于我的足智多谋，我知道如何处理不可预见的情况；

⑥如果我投入必要的努力，我可以解决大多数问题；

⑦面对困难时，我可以保持冷静，因为我可以依靠自己的应对能力；

⑧当我遇到问题时，我通常可以找到几种解决方案；

⑨如果我遇到麻烦，我通常能想到解决的办法；

⑩我通常可以处理我遇到的任何事情。

（2）强化理论

强化理论（reinforcement theory）是由斯金纳（B. F. Skinner）提出的关于理解和修正人的行为的理论，又叫操作条件反射理论。该理论的核心观点是人或动物为了达到某种目的，会采取一定的行为作用于环境。当这种行为的后果对他有利时，这种行为就会在以后重复出现；当这种行为的后果对他不利时，这种行为在以后就会减弱或消失。人们可以用这种正强化或负强化的办法来影响行为的后果，从而修正其行为。它应用的行为原则如下：①经过强化的行为趋向于重复发生。②在激励一个人按某种特定方式工作时，奖励（正强化）比惩罚（负强化）更有效。③对期望取得的工作成绩应予以明确规定和表述。④强化的一种重要形式是对工作成绩的反馈。

【拓展阅读 8-3】

激励原理与激励理论

激励就是通过影响人的需要或动机达到引导人的行为的目的，它实质上是一种对人的行为的强化过程。与激励有关的几个关键节点分别是个人需求、个人努力、个人绩效、获得奖励和个人目标，激励理论指导下的激励实际上就是对这几个节点施加影响的过程。图 8-1 可以帮助读者综合地理解激励理论是如何发挥作用的。

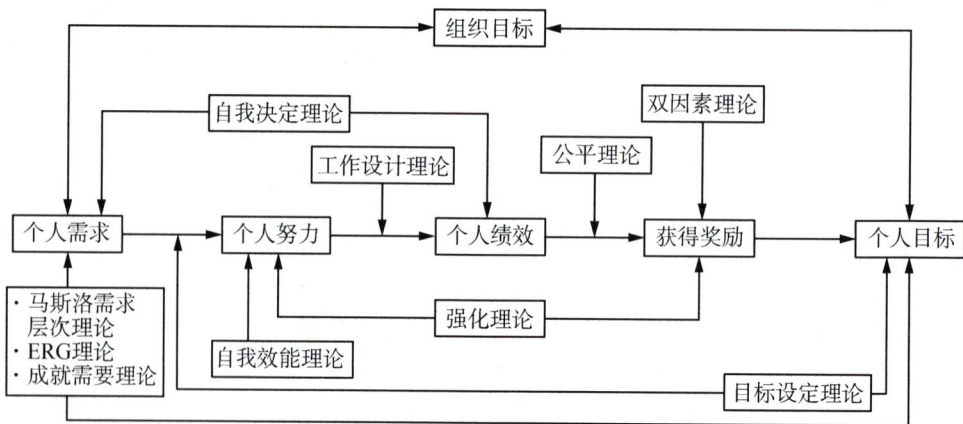

图 8-1　激励原理示意图

8.2　数字技术与激励

数字技术既使员工增加了一些新的动机和需求，也使组织能够更加精准、科学和实时地识别和满足员工已有的和新增的动机和需求。一方面，数字技术的进步虽然没有改变激励的本质，但它使员工衍生出了一些新的需求和动机，而员工需求和动机的变化是导致组织寻求新的激励模式的关键因素，所以数字技术是探索新的激励模式的起点；另一方面，数字技术可以帮助企业获得了解新一代劳动力所需的数据，并且能够对数据进行分析和处理，使组织可以清楚地知道每位员工当下的需求和动机，然后组织可以根据这个结果更加精准有效地为员工提供个性化的激励。因此，并非进入数字时代传统的激励就失效了，相反，数字技术能够帮助传统激励变得更加精准和有效。

8.2.1　数字技术与员工激励因素

数字技术的应用不但使一些工作模式发生了变化，也使员工产生了一些新的动机和需求。

1. 数字技术与员工需求的变化

数字时代，员工在数字技术的影响下产生了一些新的特点和需求。首先，数字时代的员工在生活中会接触和应用大量嵌入数字技术的产品，比如智能家居、二维码支付、大众点评、地图导航、个性化推荐等。数字技术进步周期短使得这些新的产品更新迭代也很快，所以人们需要不断适应新的产品和技术。这就要求员工对数字技术的领悟性和适应性要较强。其次，数字技术具有非常高的便利性和实时性，比如远程视频不但已经实现，而且其清晰度不断提高，延迟也不断降低。数字技术能够满足更多的使用场景，也能够给人们带来更好的体验，使人们的生活变得更加便利。再次，数字时代，员工可以很容易地获取来自世界各地的各种信息和资讯，且信息量非常庞大，这需要个体具有较强的甄别和判断能力，故而人们容易形成以自我为中心、价值取向多元化的特点，同时数字时代在事情处理上更加强调挑战和灵活性，员工也对公平和平等有了新的期待，对工作的弹性和工作的价值有更高的追求。从社会层面看，科技的进步和经济的发展使得物质的充裕程度有了很大的提升，这极大地影响了员工的整体需求，正如马斯洛需求层次理论所总结的，物质生活的需求被满足之后，员工会逐渐开始走向对更高层次需求的追求，他们不再仅仅满足于生理、安全和社会需求，而是更加追求尊重、认可、自我实现的需求。员工的这些变化要求组织和管理者重新考虑激励的有效因素和方式，转变激励的思维和观念，充分利用数字技术更好地激励员工。

2. 数字技术与传统激励的关系

正如前面所讲，数字时代，员工在数字技术的陪伴下发生了许多变化，产生了一些新的需求，管理者需要重新思考如何激励的问题，那么这是否意味着在数字时代传统的激励就失效了呢？答案是否定的。纵观激励理论的发展历程，技术从来没有停止过发展的脚步，随着技术的发展，社会虽然进步了，但组织和管理的本质并没有变，激励的本质也没有变，只不过是在技术的帮助下人们对自己的认识和对世界的认识不断加深。所以，传统的激励并未因为步入数字时代而全面失效，而是得益于数字技术的辅助使得激励更加接近本质。

马斯洛需求层次理论、ERG 理论、成就需要理论、双因素理论、自我决定理论等认为，激励需要满足员工的个人需求、欲望、动机和偏好等。在数字时代，这种观点依然没有错，但传统激励往往很难识别员工真正的需求是什么，且在激励方式上很难精细化到识别和区分员工个体的需求差异，比如说，虽然组织和管理者知道需要抓住员工的"痛点"给予激励，但这个痛点到底是什么呢？有的组织可能认为是金钱，有的组织可能认为是尊重，这都没有错，因为一个企业中总有员工可能会被金钱激励，也总有员工可能会被尊重激励，但并不是所有员工的激励因素都是一致的，这也就导致了激励的效果会大打折扣。虽然前面提到了数字时代员工整体上已经满足了对物质的需求，且因为数字技术的应用而产生了一些新的需求，但是这不意味着所有员工都不再追求物质需求，也不意味着员工新产生的需求完全取代了原有的需求，所以数字技术的作用并不是否定传统激励，而是通过大数据、云计算、人工智能等工具对员工进行充分的分析，从而更加真实地识别员工的需求，且更有针对性地给出激励措施。

【课堂互动】

扫描右侧二维码，阅读材料并讨论：马斯洛需求层次理论在今天发生了哪些变化？Meta 的调查结果说明了什么，这些结果是否适用于所有的公司？激励因素与员工代际之间是什么关系？

【拓展阅读 8-4】
数字时代马斯洛需求
层次理论是否过时了?

8.2.2　数字技术给激励带来的变化

1. 数字技术带来的优势

(1)能够实现工作的灵活性和便利性

在数字技术的助力下，弹性工作和远程工作等方式不仅可以提高员工工作的自主性，还能满足他们必要的社交距离要求，从而提高工作的效率。例如，Zoom 会议、腾讯会议、企业微信、飞书等已成为当前企业远程工作中员工与组织进行联系的重要工具。

大数据和云计算等数字技术的应用可以增强员工之间的共享和合作，基于云的文件存储和共享工具等可以提升员工工作的动力，从而满足员工对工作便利性的要求。在心理上，数字技术的这些解决方案使工作人员更容易共享和查找文档，从而消除了因记录保存不善而造成的挫折感；在工作体验上，这些工具使员工能够从不同位置编辑、更新或查看同一文档，使员工在远程工作中可以进行实时协作，提升员工工作的满意度。

（2）能够实现激励的实时性

人工智能和大数据等数字技术的应用可以实时监控员工的工作成果并向组织反馈，因此组织可以在员工完成一项任务或挑战之后给予员工实时的奖励。同样地，如果员工工作出现了一些失误，那么应用数字技术的系统可以立刻提醒员工，避免造成更大的损失。虽然这种实时监控系统可以帮助员工获得即时的反馈，但是应该注意的是，要严格谨慎对待技术的使用边界。比如，2019年4月，亚马逊被曝利用AI监控仓库工人的工作效率并自动解雇巴尔的摩工厂内300余名未达到生产率指标的员工。且据公开资料估计，该工厂每年被AI解雇的员工数量超过了员工总数的10%，这被认为是"AI执行的泰勒制"。

（3）能够实现薪资设计的科学性和公平性

首先，在薪资设计上，数字技术凭借大数据和专业算法帮助企业实现了薪资设计的灵活性和动态性，并使薪资设计达到了经济学上的"帕累托最优"。数字技术的应用能够帮助企业实现薪资设计的合理性、薪资沟通的有效性和薪资过程的自动化，并使管理者更加便利地获取内外部与薪资相关的关键信息，同时通过各类薪资管理工具使薪资相关的信息能随时随地在管理者和员工之间传递，精简了组织内部的薪资决策流程。

其次，数字技术还可以有效促进薪资和奖惩系统的公平性，较为科学和客观地实现对员工的奖励和惩罚。主要表现是：通过人工智能、大数据和云计算等技术，实现对员工个人层面的信息及工作信息的收集、分析和匹配，为员工制定与其贡献相一致的薪资水平，促进薪资政策个体水平的科学化；通过数字技术对组织层面的工作进行分析和评估，优化薪资报酬在不同工种之间的分配，促进薪资政策组织内部水平的科学化；通过数字技术搜寻和加工外部市场的薪资信息，使员工薪资与外部劳动市场的价格相匹配，促进薪资政策外部水平的科学化。另外，在员工奖惩方面，数字技术的应用还可以对员工的工作过程、状态及绩效等进行全过程的监控和数据采集，从而根据对数据的分析制定出推荐的奖惩措施，这将比人力考核更加客观和全面。

2. 数字技术带来的挑战

数字技术由于过于重视经济成本，很容易忽视员工在激励过程中多样的价值观和偏好，使得奖惩在决策上出现"去人性化"的缺陷。数字技术的奖惩决策虽然看起来是科学的和客观的，但缺少了"人情"和"温暖"，使员工陷入一种"冷酷无情"的奖惩政策环境中，容易失去激励的作用。另外，这类自动化的、基于客观大数据的奖惩决策也很难实现对员工内在动机的激发，从而大大降低了激励政策的有效性。

8.3　数字时代员工激励新模式

8.3.1　游戏化激励

　　美团外卖是美团旗下的网上订餐和送餐平台，除了配送餐食外卖，还提供送药上门、美团专送、跑腿代购等多种服务，所以骑手是美团外卖非常重要的组成部分，对骑手的管理和激励也成为美团需要解决的重要问题。那么在激励问题上，美团是怎么做的呢？

　　首先，美团为骑手设置了非常低的进入门槛，骑手端 App 的注册步骤非常简单，只需填写基本信息并学习相关配送知识就可以接单。其次，为让"自由"的骑手接到更多订单，美团采用了游戏化的激励方式，实施积分等级制。美团根据骑手一周的订单完成量、配送准时率、骑手装备等指标分别计算骑手的得分，按照得分情况确定骑手的等级，最高等级是王者，最低等级是青铜，从低到高一共分为 10 个等级，每个等级都有对应的"战斗力"门槛，也就是骑手的得分。每月 1 日进行战斗力扣减，只有满足保级单量要求才可以维持等级。游戏化的体验让骑手相信多劳多得，从而获得满足感。同时，为保级或升级，骑手必须努力工作。等级越高，对应的奖励和系统派单机会就会更多。除此之外，美团还根据骑手的单量、准时率、配送时长和配送里程等指标设置了一个日更排行榜，榜单前三会有奖金。[①] 美团通过游戏化激励激发了骑手的接单动力，大大提升了美团外卖的配送效率。可见，游戏化激励是数字时代激励员工行之有效的新方式。

1. 什么是游戏化

　　每个人都玩过游戏，从象棋、五子棋等棋盘游戏到手机、电脑上的各种手游、网游，从狼人杀、剧本杀等桌游到 VR 虚拟游戏……每个人都钟爱着个同类型的游戏。人们享受游戏有三个关键因素：一是游戏为人们的行动或成就提供了即时反馈；二是游戏可以帮助人们建立社会纽带，比如聚会时的团队游戏以及线上的团队合作游戏等；三是游戏给人们带来了成就感。这三个特点使人们在玩游戏时通常有良好的感觉。而游戏化正是巧妙地利用了这种"感觉良好"的因素，在非游戏活动中添加了游戏或类似游戏的元素和游戏设计技术。因此，游戏化，是指将游戏领域的经验用于非游戏环境，使传统的组织过程变得富有乐趣，并带给利益相关者类似游戏的体验。

　　从具体内容上来看，游戏化的定义包含如下五个方面的内涵。

　　(1)明确定义的业务目标

　　游戏化目标是具体的业务目标，游戏化之前需要明确通过该计划实现的业务目标和成果。该目标可以是营销目标，比如提高消费者认可度、扩大消费覆盖度等；可以是销售目标，比如销售收入的增长、减少客户的流失等；也可以是人力资源目标，比如更好的员工入职培训、提高员工绩效和协作等。

---

　　① 案例部分信息来源于中国管理案例共享中心案例库《美团外卖：零工经济下的数字劳工激励》。

(2)准确和全面的用户数据

游戏化建立在用户与各种系统交互时生成的数据之上，游戏化需要能够准确和全面地抓取和使用这些数据，进而帮助推进业务目标的实现。

(3)明确定义的目标受众

任何游戏化计划的成功都取决于目标受众的动机和行为，一个好的游戏化计划会细分受众，创建角色并围绕它定制游戏化体验。

(4)在非游戏环境中使用游戏机制

游戏化以客户、粉丝或员工的体验为核心，并围绕它添加游戏机制。

(5)奖励的可变性

游戏化的奖励不局限于确定的外在奖励或内在奖励，而是将某些行为与可变的奖励计划联系起来。神经科学表明，当奖励未知时，奖励会触发大脑多巴胺系统极大地提升动机，使个体可以集中注意力并增强动力。

2. 工作游戏化

(1)工作游戏化的定义

工作游戏化也叫游戏化的工作场所，是指将类似游戏的机制插入工作流程或工作场景中的战略过程，在完成组织业务目标的同时使员工有游戏一般的良好体验。但是需要注意的是，工作游戏化并不意味着将工作变成游戏，而是使用游戏功能来指导和激励员工。

(2)工作游戏化的可能性和必要性

①数字技术的发展使工作游戏化的实现变得更加容易，且实现的手段也变得更加丰富。5G和互联网技术的应用打破了工作时间和空间的限制，同时实现了远程实时沟通和交互。大数据和云计算的应用使得人们工作的一切数据均可采集和计算，使数据的可得性和易得性得到了保障。人工智能及AR、VR等技术的应用使工作模式发生了变革，使游戏机制的嵌入更加便利。因此，数字技术的发展使工作游戏化有了更多可能。

②Z世代员工的特点使工作游戏化显得更加必要。Z世代是在互联网等技术的陪伴下成长起来的，他们在工作上更加追求工作的弹性以及工作生活的平衡；在组织中更乐意表达自己，重视与组织的沟通和自身参与感；在思维上能够灵活接受新事物，尝试多种可能性，喜欢多元化发展。传统的工作模式和工作设计很难满足Z世代员工的需求，而工作游戏化则恰恰为这些需求的实现提供了可能。另外，Z世代员工的成长经历伴随着各种电子游戏合法化的过程，游戏已不再是传统意义上消极事物的代表，所以他们更能接受工作的游戏化。

(3)工作游戏化激励与传统激励的区别

从动机上看，个体的工作动机主要分为内在动机和外在动机两种，外在动机主要是指个体为了获得一个外在的奖励或避免一个外在的惩罚而有动力去从事一个特定的行为或实现一个特定的目标。比如，一个学生努力学习的外在动机可以是从父母那里获得奖励，也可以是避免父母可能给予的惩罚。而内在动机并不追求外在的奖励，更多的是为了获得行为本身所能够给个体心理带来的满足感。比如，一个人喜欢玩电子游戏可能是因为游戏本身带来的成就感，也可能是游戏满足了个体对事情的挑战，又或者是游戏带来了单纯的愉悦和轻松。所以传统激励和游戏化激励之间的显著区别在于，传统激励虽然可以产生动机，但只是暂时的，这种动机随着某一个目标的实现而消失。游戏化激励则是融合了内在和外在的激励因素，通过良好的游戏化体验使员工保持持久的动力。

（4）工作游戏化的理论基础

①以动机为基础的理论。以动机为基础的理论主要研究动机形成的机制和决定因素，如自我决定理论中的个体所需要的三种基本心理需求：对自主性的需求、对胜任力的需求和对关系的需求。游戏化可以部分或完全解决个体对这些基本心理需求的需要。比如，通过游戏机制中的可定制化元素来提升自主性，通过游戏化中的成就和徽章等元素来增强胜任力，通过游戏中的团队协作和社交网络来增强关系感。游戏化也可以提高个体自我效能感，比如应急反应和培训学习等。根据社会比较理论的观点，游戏化中的排行榜或社会地位元素形式的社会比较会对参与游戏的个体有激励作用。

心流理论（flow theory）认为心流是一种整体感觉，即人们全身心投入时的感觉。尽管心流具有内在价值，但它与动机密切相关：当个人完全投入一项活动中时，他们会将该活动视为一种内在奖励，并为了活动本身而追求它，而不是为了实现最终目标。人们在游戏当中沉浸式的体验与心流体验有着诸多相似之处。比如，游戏化在设计上要包含专心、挑战、技术、控制、清晰目标、反馈、沉浸和社会互动八个方面，而这刚好与人处于心流状态的心理体验相一致。

其他理论，如目标设定理论和成就目标理论等，主要用于完善和改进游戏化干预，如将排行榜作为目标设置机制，以及使用各种游戏元素，如反馈、进度条、排行榜和徽章等。

②以行为为基础的理论。以行为为基础的理论主要用来描述行为和结果的决定因素。比如，强化理论主要指导研究外部游戏化机制，如可以对结果产生积极影响的奖励或排名上升的机制等。其他侧重行为的理论，如理性行为理论、计划行为理论和技术接受模型等，概述了行为态度和主观规范对行为意图的重要性，进而导致实际行为。这三个理论都是评估游戏化对个体行为态度、主观规范和感知行为控制影响的基础，能够解释游戏化对个体行为意图的作用。

③以学习为基础的理论。以学习为基础的理论主要包括社会认知理论、社会学习理论和认知发展的社会文化理论等，它们描述了学习的决定因素和过程。其中，社会认知理论和社会学习理论中的观察学习指导着基于游戏的学习干预的设计，例如，在游戏化中引入社会观察过程的机制或通过为观察学习设计角色模型等来激励个体学习。与之相反，认知发展的社会文化理论引入了"最近发展区"（zone of proximal development）的概念，即实际发展水平与潜在发展水平之间的距离，认为个体可以通过在游戏化中的指导和与同伴合作提升最近发展区，也就是说游戏化过程明显可以帮助个体提升学习水平。

另外，建构主义学习理论（constructivist learning theory）提出了知识构建的一般过程和学习过程的初始化，将动机因素作为成功学习的关键先决条件。在此基础上，人们将建构主义原则也纳入游戏化应用中，如体验学习、参与和自我反思，旨在提高预期的学习结果。体验学习理论（experiential learning theory）和情境学习理论（situated learning theory）都指导游戏化中的虚拟环境设计，使之与真实世界的环境和解决问题的环境相似，从而允许个体进行体验、观察和实验。

（5）工作游戏化的实践原则

①明确而相关的目标。工作游戏化必须能够清楚地说明目标及其意义。

②个人目标。工作游戏化必须能够让员工设定自己的目标。

③即时反馈。工作游戏化必须能够为员工的行动提供即时且直接的反馈。

④正强化。工作游戏化必须能够奖励员工的绩效，并说明他们的成就的意义。

⑤社会比较。工作游戏化必须能够让员工看到他们的同事的表现。

⑥社会规范化。工作游戏化必须能够让员工相互支持，朝着共同的目标努力。

⑦内容适应性。工作游戏化必须能够根据员工的能力和知识调整任务和复杂性。

⑧路径引导性。工作游戏化必须能够使员工采取必要的行动来实现目标。

⑨选择多样性。工作游戏化必须能够让员工拥有在几个不同的选项中进行选择的自由。

⑩用户体验简易性。工作游戏化必须能够使内容简单，系统易用。

（6）工作游戏化的步骤

第一步：了解。主要需要了解以下三件事情。

①组织试图改进的关键业务目标。比如，假设公司的客户关系管理系统显示销售疲软，首先要去寻找根本原因，而不是直接指责销售团队的无能，可能最根本的原因是缺乏足够的培训导致销售团队的员工在系统使用上存在障碍，从而导致没有及时联系和追踪客户，降低了销售绩效，所以这一问题的游戏化目标可能是增加参加客户关系管理系统培训项目的销售人员的数量。

②推动这一目标实现的参与者。一旦确定了业务目标，就需要弄清楚谁是参与者。在上面的例子中，最明显的答案就是销售团队。

③驱动这些玩家的动机。需要知道这些玩家想要做什么，以及他们的动机是什么，这样通过游戏化创造的解决方案才能迫使他们采取行动。游戏化是使用游戏机制来增加用户的动机。那么如何增加他们的动力呢？下面是一些示例形式：

• 可以让玩家觉得自己很聪明。也就是说，游戏需要玩家掌握某种技能、学习新事物、解决谜题、积累知识。

• 可以让他们感到成功。他们克服了挑战、取得了胜利、取得了成就。

• 可以让他们有结构感。这意味着他们明白自己的目的、任务规则。

• 可以让他们觉得更有社交联系。这可以是友好的竞争或合作，甚至只是简单的联系。

需要注意的是，不能把金钱当作激励因素。当金钱被用作某些活动的外部奖励时，参与者就会失去对该活动的内在兴趣。因为引入外部奖励会永久改变玩家的内在兴趣，使用外部奖励的频率并不重要，重要的是奖励的引入将永远改变游戏。

第二步：构思。明确了目标、参与者并了解了他们的动机之后，就可以开始识别完成任务的行为变化了，即一系列将导致业务目标和玩家目标融合在一起的行动。

①确定玩家类型。理查德·巴特尔（Richard Bartle）教授将玩家分为四种类型：杀手、成功者、探索者和社交者。

杀手想要打败别人。我要赢，而你要输。这听起来可能不好，但通常是一件好事。杀手通常是游戏中最具黏性的玩家。虽然不一定要阻止他们，但确实需要塑造他们的行为。例如，游戏应用可以实施奖励系统，用积分奖励积极的评论。

成功者看起来与杀手相似，但有一个重要的区别。他们想要赢，但他们不希望以牺牲他人为代价。这些人的动机是掌握技能，而不是与他人比较。

探索者想要去不同的地方，找到不同的东西。这些人喜欢在游戏中寻找复活节彩蛋，就像知道《超级马里奥兄弟》中所有秘密关卡的孩子们一样，他们将是那些在所有功能上不断测试的人。那些在游戏中寻找漏洞的人，他们不是为了竞争而是为了发现漏洞的乐趣。

社交者不在乎他们在做什么，在乎的是和朋友一起做。他们希望与他人进行轻量级、非对抗性的互动。《开心农场》的玩家通常都是社交者。

在工作游戏化中，最常见的错误就是认为大多数玩家要么是杀手，要么是成就者。实际上，杀手只占玩家总数的1％，最常见的玩家类型是社交者，他们占玩家世界的80％。这些百分比显然会根据组织确定的目标玩家类型而变化，但至少说明了玩家主要由竞争驱动的假设是错误的。事实上，有关调查发现，合作游戏的受欢迎程度是竞争游戏的3倍。

②确定动态匹配体验阶段。除了确定玩家类型，还需要牢记用户所处的体验阶段。他们的目标和期望因参与游戏的时间不同而有差异。一个好的游戏会给玩家一种他们可以掌握它的感觉，但是一旦玩家掌握了它，游戏就会提高难度，这使他们处于"心流"状态。

③确定游戏机制。游戏机制是玩家与游戏内容互动的手段，即玩家做出一种行为，并能获得对应的反馈。游戏机制很多，比如点、积分、徽章、排行榜、里程碑解锁、进度条等，但如果要问哪种游戏机制效果最好，回答是没有最好的，只有最合适的。

第三步：原型设计。原型设计是指将已有的构思进行落地实现的过程。此步骤可以交付给第三方公司，让其帮助实现构思，需要注意的是，在原型设计的过程中就需要不断地交付给目标用户以获得使用反馈，从而使最终落地的原型尽可能完善。

第四步：迭代。需要不断对落地的系统进行维护和迭代，以保证能更好地实现计划目标。

(7)工作游戏化面临的挑战

①从游戏化特点来说，首先工作游戏化既依赖于比较，又可能因为比较使部分员工产生消极心态，比如产生不公平感、降低自尊等现象。其次，工作游戏化所依赖的团队合作也可能造成"搭便车"现象，导致一些员工失去进取心，降低积极性。最后，利用可视化的排行榜、点数、徽章等游戏化元素进行绩效反馈，容易打击能力不足的组织成员，降低他们的自信心和自尊心。

②从游戏本身来说，现代游戏的兴起伴随着游戏成瘾现象，这也是游戏饱受争议的重要原因之一。2013年美国精神病协会的《精神障碍诊断与统计手册》已将网络游戏成瘾加入精神障碍的行列。所以，工作游戏化可能会造成员工游戏成瘾现象，影响员工幸福感。另外，从雇主的角度来看，工作游戏化可能被认为是雇用方操纵员工、压榨员工的手段，给企业和组织带来品牌伤害。

【拓展阅读 8-5】
腾讯的游戏化
激励体系

【课堂互动】

扫描左侧二维码，阅读材料并讨论：腾讯是通过什么方式激励员工的？起到了什么作用？对其他企业有什么启示？

8.3.2　体验型激励

美国全国公共广播电台(NPR)2021年的一项调查报告称，高达95%的人表示他们正在考虑辞去目前的工作。有些人认为他们在公司没有成长的机会，有些人不想留在不提供远程或混合工作机会的公司中，还有一些人则进入了员工倦怠期。《纽约时报》的调查显示，公司以创纪录的数量发布了职位空缺，但求职者的应聘却处于创纪录的低点。《麦肯锡全球员工体验调查报告(2020)》显示，拥有积极员工体验的人的敬业度是拥有负面体验的员工的16倍，他们希望留在公司的可能性是后者的8倍。数字时代员工正在重新评估工作和生活之间的关系以及他们对雇主的需求，所以公司也需要重新评估自己，以更好地适应员工的需求和期望。传统的人力资源实践正在数字技术和以人为本的理念驱动下发生转型，从人力资本管理(human capital management)转变为人力体验管理(human experience management)。

1. 体验型激励的定义

在定义体验型激励之前，先来了解一下员工体验与员工敬业度以及员工满意度之间的关系。《福布斯》杂志提到，员工体验已超越了员工敬业度的概念，实际上员工满意度和员工敬业度是员工体验的结果，当员工有一个良好的体验时，自然会有较高的工作满意度和敬业度。《纽约时报》畅销书作家、国际知名商业领袖道格拉斯·科南特(Douglas Conant)说："要在市场上取胜，首先要在职场上取胜。所以员工体验现在比以往任何时候都更加重要，公司之间不仅在市场份额方面，而且在人才招聘和保留方面都存在巨大的竞争。"Glassdoor和领英等网站表明，仅仅依靠企业品牌已经不够了，因为这些网页上关于雇主的评论对潜在员工是否愿意应聘起着决定性作用。作为仿制药和生物仿制药的全球领导者，山德士公司也意识到了员工体验的重要性，并决定向其在德国的全球总部投资5 000万美元来改善员工体验。

体验型激励是指通过对员工体验的改善来激发员工持久的工作动力。员工体验是对在组织中工作的感觉以及员工对其工作体验的感受的描述，它包括工作的有形元素，如技术和物理工作环境；也包括无形元素，如工作关系、工作自主权、对领导及其决策的信任以及员工的成长和发展机会等。所有这些要素都构成了员工体验，并最终形成组织的文化，所以员工体验也是组织文化的体现。

具备良好员工体验的组织通常具有以下共同特征。

①关注信任、包容和关怀。员工体验特别好的公司都十分强调员工与组织之间的信任以及对员工的包容和关怀等。信任是至关重要的，当员工不再信任组织时，即使给他们提供大量的金钱和福利，也无法长期留住他们。

②支持性的文化在组织中占有重要地位。员工之间以及员工与组织之间的互相支持和帮助是员工体验提升的重要因素，传统上自上而下的变革、员工与组织之间的对立等观点需要被重新塑造和改变。

③创新和可持续增长依赖于奖励的公平性。正所谓"不患寡而患不均"，高额的奖金和福利并不一定能对员工的创新绩效产生作用，反而公平和公正的奖励和认可对员工及其创新绩效具有重大影响。

④把对人的投资作为第一使命。无论商业环境如何，优先投资于人的公司都能获得更高的利润，拥有更满意的客户和更敬业的员工，并被认为是更好的工作场所。

⑤好的员工体验将直接提升企业绩效。员工的体验越好，工作效率越高，就能为客户提供更好的服务。专注于正确的员工体验战略和实践的公司在业务、人员和创新方面都会有更好的结果。

⑥人力资源能力和技术至关重要。员工体验非常复杂，涉及领导力、文化、社区和公平等方方面面，实现这些大的战略概念并将其扩展到员工中的关键手段是人力资源能力和技术的应用。

2. 数字技术与员工体验

传统激励中，提升员工体验的首要因素可能是工作场所或工作环境的改善；但数字技术的进步使远程工作和混合工作模式变得越来越普遍，员工在物理空间上的集聚越来越少，员工对办公场所福利的重视也正在迅速

【拓展阅读 8-6】
谷歌如何激励员工

减少。根据微软公司的"2021 年工作趋势指数"，46％的员工因为可以远程工作而主动选择搬离办公室。此外，员工对远程工作的态度也十分强烈，例如 Qualtrics 的调查发现，有 35％的员工认为如果他们被要求回到办公室工作，那么他们更有可能去寻找一份新工作。工作模式的改变使得员工体验有了新的变化。

对于远程工作和混合工作的员工来说，家庭和工作的界限已经模糊，员工的整个生活都与工作交织在一起。许多员工喜欢远程工作或混合工作，是因为他们可以将通勤的时间腾出来，以便能够更轻松地处理个人和家庭事务。但相应地，一天内的工作和个人事务可能相互影响，那些根据员工个人喜好提供弹性工作时间的公司，也将面临如何处理员工下班后打来的电话等类似的难题。另外，员工与同事的互动也从根本上改变了，通过午餐或喝咖啡时随意、自发的交谈来了解彼此的机会减少了，更多是线上的而非面对面的交流。管理者作为员工和组织之间的主要联络点，将承担为远程和混合工作的员工创造积极体验的大部分责任。管理者将需要关注与这些员工的联系，并了解远程工作团队成员的个人经历。所以，在数字技术不断发展的情境下，员工体验正处于一个拐点，它变得更复杂、更分散。

利用数字技术吸引和留住人才、培养工作场所文化，以及创造生产力等正成为企业改善员工体验的核心手段。然而，许多员工对目前的技术和远程工作体验感到失望。Qualtrics 的调查结果显示，只有 30％的员工表示，他们使用公司的技术的经验超出了他们的预期。微软公司的调查也显示，在家工作一年后，有 42％的员工抱怨他们在家缺乏必要的办公用品。管理者应该思考的问题是如何更好地利用数字技术来促进员工在沟通和合作等工作中的互动，从而提升员工的工作体验。比如有关调查显示，如果员工觉得自己拥有支持他们工作的技术，他们的敬业度会提高 230％。

【拓展阅读 8-7】
微软利用数字技术
加强凝聚力

◎【课堂互动】

扫描左侧二维码，阅读材料并思考：数字技术使组织的凝聚力提升了还是降低了？微软是如何利用数字技术提升员工的工作体验的？

3. 数字化员工体验平台

HRTechChina 发布的 2021HR 科技十大趋势中谈到，数字化员工体验的提升是员工感受最直接也是最容易改善的。如今的员工体验平台从几年前的员工门户发展到在线应用程序，最后发展到今天的基于云的数字化集成员工体验平台(EXP)。EXP 解决方案结合了参与度、幸福感、生产力、协作和通信工具等，以员工至上的理念进行系统设计，允许企业完全掌握员工在使用这些工具时的感觉和体验，同时保留原始底层 HRMS 系统的强大功能和作用。换句话说，现代EXP 在保证后端功能简单易用的情况下更新了应用程序和系统的前端，从而在现有结构的基础上创建了一个新的体验层，使其更加现代化、智慧化且易于使用。

数字化员工体验平台的设计要遵循以下原则。

(1)统一和简单

员工需要一个统一的平台，提供对所有工具和应用程序的单一访问点。每个部门每天都要使用多个应用程序，人力资源部门平均有 11~22 个工具，一个平台不能取代一切。因此，EXP 不是为了"做所有事情"而设计的，而是为了收集一切。EXP 设计的想法是创造更多以用户为中心的技术，并统一工具以简化员工的工作。同时，为了避免陷入"孤岛"状态，公司需要有一个地方来管理所有部门公共空间的所有互动，使其是可见的、可访问的和包容的。EXP 需要集成通信空间和协作工具，并允许每个部门访问其独特的应用程序，这些应存储在单个平台中，以节省在应用程序之间切换所花费的时间。

(2)集体智慧

集体智慧是指组织中每个人的知识。越来越多的雇主意识到，员工是信息的宝库，是一种严重未被充分利用的资源。因此，员工体验平台应该提供一种收集这些知识并简化知识共享的方法。收集和分享知识可以通过多种方式和不同的空间进行，传统的公司内网就是其中之一。例如，公司的年假政策、工作的一般规则以及健康和安全法规等不需要日常协作、只需自上而下传达的文档都可以放在内网中。

(3)员工生涯关键锚点

EXP 应该促进并尝试改善员工从入职开始直到他们退出公司，整个职业生涯中与公司的每一次互动。合适的 EXP 会简化员工的入职流程，实现人力资源任务的自动化，从入职第一天起就为新员工提供所需的信息，并为新员工创建与团队互动的协作空间等。

(4)社交与协作

实现远程和混合工作的团队合作是成功的关键，EXP 应该帮助员工在集体任务上更加方便和轻松地合作。Microsoft Teams、腾讯云文档等在线协作工具可以嵌入 EXP中。除了在工作项目上进行协作之外，员工体验的一个关键部分是社交互动。随着人们远程工作的增加，员工之间偶尔的闲聊变得越来越重要，因此有必要在 EXP 中为他们提供便利。

（5）灵活和包容

现代工作场所是灵活的，远程和混合工作是常态，员工需要经常在家庭和办公室之间不断切换。因此，EXP 应该可以在移动设备、浏览器或应用程序等多种不同媒介中访问，使人们能够随时随地提高工作效率和参与度。同时，为了具有包容性并确保每位员工都能充分利用该平台，无论数字技术如何灵活，EXP 都应该能够兼容和匹配。

【课堂互动】

扫描右侧二维码，阅读材料并讨论：数字化工作平台的优势有哪些？它如何提升员工的体验？建立数字化工作平台对组织和员工有什么要求？

【拓展阅读 8-8】
数字化工作平台的应用

4. 员工旅程地图

（1）什么是员工旅程地图

员工旅程地图（employee journey mapping）可以从员工成为候选人开始到他们退出公司甚至更远的时间线中对员工体验形成可视化地图，它囊括了对员工最重要的所有关键锚点和时刻，是通过包括人工智能和机器学习在内的数字技术来收集、管理和分析员工旅程地图数据的员工体验软件。这种解决方案既可以给员工提供有益帮助，又可以为企业提供提升员工体验的建议和方法，使人力资源流程在未来更加高效和灵活。

员工旅程地图可以分为几个阶段。以下是这段旅程中的一些关键锚点。

①求职和招聘。现代求职者会在微信和微博等社交媒体和脉脉等求职评论网站上查看公司招聘信息。数字技术可以监控数字媒体的积极和消极趋势，人力资源团队可据此回应和解决问题。同时，企业的工作申请和招聘应用程序必须简化且易于使用，并且沟通和面试流程必须简单有效，这也是帮助求职者了解公司文化的好时机。

②入职培训。需要在短时间内收集和处理大量信息，因为每个新员工都会有不同的入职需求和独特的学习风格。借助虚拟现实和自然语言处理机器人等数字化工具，可以让新员工感受到更多的参与感，让员工带着有用的内部知识和技能去到新的工作岗位。

③学习、培训和发展。数字技术解决方案可以以新颖的方式提供丰富和个性化的员工学习模式。数字人力资源系统不仅可以帮助推荐最佳的长期培训路径，还可以帮助定制与每个人学习最匹配和最具吸引力的方式。

④敬业度和团队参与。随着远程工作和混合工作模式的不断增长，员工体验中对友情和社区意识的感受比以往任何时候都更加重要，支持员工的生命周期和旅程意味着致力于为远程工作和混合工作员工创造和维护线下社区参与的机会。

⑤认可和评论。当员工受到重视和欣赏时，他们会感到更有动力。但是，知道何时以及如何表达认可可能很复杂。数字化解决方案使用基于事件的触发器来帮助雇主在合适的时机匹配最合适的认可和奖励。此外，也可以帮助管理人员确保他们按时完成与绩效评估相关的所有事件和目标设定活动。

⑥晋升和职业发展。通过绘制员工生命周期和旅程地图，员工和企业可以获得双

赢。员工可以确保他们的发展和技能增长被记录下来，因此当机会出现时，他们不会被忽视。此外，当迫切需要特定技能时，人力资源团队可以更好地了解所有人才在整个企业中的位置。

⑦退出。退休或解雇对员工来说可能会带来压力，因此，了解他们独特的痛点可以帮助他们过渡。公司可以分析离职员工的数据集，以更好地了解是什么推动了保留率、忠诚度和满意度。

(2)员工旅程地图的优势

根据美国客户体验专业协会（customer experience professionals association，CXPA）2018年对客户旅程地图的调研报告，发现员工旅程地图具备以下优势：

➤90%使用旅程地图的组织发现它产生了积极的影响；

➤旅程地图可以提高客户满意度；

➤旅程地图导致净推荐值（NPS）的增加；

➤减少客户流失；

➤减少客户投诉。

同样，全球权威调研机构Aberdeen Group关于客户旅程地图的调查也显示：

➤使用旅程地图的员工敬业度同比变化为25.3%，而不使用旅程地图的组织中这一比例为10.8%；

➤使用旅程地图的营销投资同比增长率为24.9%，而没有旅程地图的回报率为16.2%；

➤通过旅程地图，服务成本同比降低21.2%；

➤客户推荐收入同比增加17.9%，而不使用旅程地图的组织的这一增长率仅为5.1%。

虽然以上研究和调查是针对客户旅程地图的，但是将其应用于员工身上也能发挥相应的作用。

①营业额下降。调查显示，如果公司对员工的职业生涯投入更多，94%的离职员工可能会延迟离职。了解员工的发展历程可以帮助组织为员工提供恰当的学习和发展机会，并制定相应的发展战略。

②提高员工敬业度。盖洛普的一项研究显示，87%的员工处于敬业和非敬业之间，这也是大多数人力资源部门都在不断监控和改进他们在各自领域的KPI的原因。通过了解员工的旅程，可以更轻松地确定需要改进的领域，并解决可能阻碍员工敬业度的任何障碍。此外，组织还可以根据员工特点组织员工参与不同的活动，以激发员工士气，同时跟踪每一步计划的实施。

③创造积极的企业文化。由于88%的员工认为独特的工作场所文化对企业成功做出了巨大贡献，因此绘制员工旅程地图为积极的工作文化茁壮成长创造了条件。这反过来又加强了员工之间的关系，培养了团队精神。

(3)员工旅程地图示例

角色：林楠，销售部

员工旅程阶段	求职和招聘	入职注册	入职培训	学习、培训和发展	晋升和职业生涯	离职
员工目标和期望	▶ 求职目标 ▶ 期待及时沟通	▶ 热情的团队介绍 ▶ 注册福利计划 ▶ 了解公司政策	▶ 及时明确角色期望和销售目标	▶ 培训和技能提升的机会 ▶ 确定导师	▶ 寻求发展和晋升机会	▶ 友好地离开
过程	▶ 向 ATS 提交申请 ▶ 数周无反应 ▶ 最后与友好的招聘人员进行了交谈	▶ 优势概述 ▶ 直接经理的角色期望 ▶ 与团队共进午餐	▶ 人力资源绩效管理工具 ▶ 关于销售目标和绩效的月度会议	▶ 直接经理向 HR 推荐销售领导力培训 ▶ HR 部门协调外部培训并寻找内部导师	▶ 申请晋升 ▶ 接受 ▶ 转到新部门	▶ 向直接经理发出通知 ▶ 离职面谈
关键点	▶ ATS ▶ 招聘公司 ▶ 面试 ▶ 领英（LinkedIn）	▶ 团队介绍 ▶ 与 HR 部门会面 ▶ HRIS 优势	▶ 直接经理 ▶ HR ▶ HRIS 系统	▶ HR ▶ 外部培训服务 ▶ 导师	▶ 直接经理 ▶ HR ▶ 新部门	▶ 直接经理 ▶ HR ▶ HRIS 系统
员工体验/感受	▶ 因缺乏沟通而感到沮丧 ▶ 很高兴安排面试 ▶ 友好的团队	▶ 很高兴得到团队的热烈欢迎 ▶ 对福利注册不满意	▶ 最初满意，但目前感到失望			
问题	▶ 需要改善与候选人的沟通	▶ 福利注册的几个问题	▶ 不一致的绩效评估和反馈			
解决方案和行动项目	▶ HR 应减少潜在沟通 ▶ HR 部门与 IT 部门在 ATS 上合作	▶ HR 与福利提供商交谈，以解决注册故障	▶ HR 与直接经理沟通 ▶ 在绩效管理工具中实施提醒			

本章小结

本章主要介绍了数字时代的员工激励，首先回顾了经典的激励理论，包括以马斯洛需求层次理论等为代表的解释为什么要激励的理论，以及以工作设计理论等为代表的解释怎样激励的理论；其次介绍了数字技术与激励之间的关系，同时阐述了数字技术给激励带来的新变化；最后重点介绍了两种最具代表性的数字时代员工激励模式：游戏化激励和体验型激励。

通过本章的学习，读者可以重新回顾经典的激励理论并以新的视角看待这些理论在数字时代背景下的新变化。同时，读者可以认识到数字技术并不会使原有的激励理论失效，而是使激励更加有针对性、更加科学化。更重要的是，读者可以明确数字技术的应用也使员工产生了一些新的需求，但这些新的需求并没有脱离激励的本质因素。当然，数字技术在促进激励的同时也存在一些不足和威胁。最后，读者可以通过对游戏化激励和体验型激励这两种数字时代员工激励新模式的学习，将其应用于组织的激励实践中，以此来适应社会的数字化发展和变化。

复习思考题

1. 与激励相关的理论有哪些？
2. 激励的原理是什么？
3. 数字技术与激励之间有什么关系？
4. 本章介绍的数字时代新型的员工激励模式有哪些？
5. 工作游戏化激励的实践原则和步骤是什么？
6. 数字化员工体验平台是如何设计的？
7. 员工旅程地图的作用是什么？

案例分析

扫一扫，看资源

字节跳动的 OKR 还 OK 吗？

第9章 技术赋能的绩效管理与评估

【学习目标】

▶掌握数字时代绩效管理的内容和实施路径

▶熟悉数字时代技术如何赋能绩效评估

▶了解数字时代绩效管理呈现出来的特点及新趋势

【关键术语】

数字化绩效管理、人力资本 ROI、人才赋能、绩效评估

📹 开篇案例

数字技术赋能员工工作的华为实践

第一，数字化让员工工作更方便。

华为员工的考勤打卡是"无感打卡"，只要人来了，系统就会自动识别，不用员工主动打卡。比如，公司园区车辆进出口有智能车牌识别，办公区出入口有智能人脸识别，经员工授权同意后，只要员工经过，就可以自动打卡。而且，就算员工没有经过这些识别闸机，只要他的手机、电脑连接到公司 Wi-Fi，就能直接打卡，不用掏出手机进行操作。

第二，数字化工具让员工工作更安全。

华为在站点安装了很多摄像头，工人工作前，只要在摄像头前站一下，摄像头就可以对工人的穿戴进行成像采集。摄像头里集成了人工智能模块，可以识别出头盔、手套是否戴好，安全绳是否挂好等信息。如果都装备好了，摄像头就会通过系统告诉他："你现在可以开始工作了"；如果没有，机器就会报警。

现场工人在施工完成后，要在摄像头前再站一次，提示系统：工作做完了。系统收到指令后，就会通过 AI 识别等功能，检查施工场地有没有留下安全隐患，保障后来工人的安全。系统做完安全检查之后，会马上进行质量检查。如果质量检查通过，那么系统会告诉工人："AI 质量检查通过，你可以离场了。"如果没通过，系统则会告诉工人哪里需要调整。工人离场，就代表这个站点正式竣工了，站点验收工程师会收到系统发送的质量检验报告。

华为还研发了视频验收平台，不用跑现场，站点验收工程师在工位上就能实现远程验收。他们只要打开系统、开启摄像头，即可通过 AI 智能影像技术自动调出相关质检数据信息，完成远程签署验收报告。

第三，数字化让员工更高效地使用企业知识库。

华为充分运用数字技术改变了人和知识的关系，从"人找知识"变成"知识找人"。

华为在办公系统里建了一个推荐引擎，给所有知识打上标签，为每位员工做了画像。这样，系统就能主动地把合适的知识推送到员工面前。比如，如果系统检测到这是一位新员工，就会把公司通讯录和协作文档推送给他，便于他遇到困难时发起跨部门协作；系统如果检测到这是刚晋升的团队领导，就会自动把团队管理的课程推荐给他。

案例来源：改编自得到 App 春节特刊《怎样用数字化转型赋能员工》，https://d.dedao.cn/DJoHGfA4d4HIxFP1，2022-06-28.

思考与讨论：

1. 数字化给员工工作带来了哪些好处，又存在哪些不足？有哪些优势和劣势？

2. 数字化转型的场景下，如何评估员工的工作绩效？

3. 对企业来说，数字化转型最大的好处是什么？如何更顺利地推动企业数字化转型？

本章首先重点介绍数字时代绩效管理的定义，以及数字化绩效管理的技术及其优势；其次介绍了数字技术如何赋能绩效管理并帮助组织应对复杂多变的环境，进一步探索数字时代绩效管理的实施路径，特别是强调了企业敏捷绩效管理的推动因素、实现条件及关键举措；再次介绍了数字时代的评估技术，包含技术赋能评估的数据基础，以及数字时代人力资源评估的内容和评价方法；最后探讨绩效数据的运用以及绩效评估的内容。通过本章的学习，读者将对技术赋能的人力资源管理新变化、数字时代的绩效评估、绩效管理有新的认识，并对人力资源未来的发展趋势有一定了解。

9.1 数字时代的绩效管理

相对于传统绩效管理，数字时代绩效管理的最大特点是借助技术赋能获得大量数据，使得绩效评价具有更广泛、更准确的数据支持。依托员工工作中产生的大数据，数字时代使基于数据的绩效管理得以实现，使得实时按需反馈的敏捷管理得以产生。

【课堂互动】

你认为，数字时代的绩效管理应该包含哪些内容？

9.1.1 数字时代绩效管理的内容

1. 数字化绩效管理的定义

数字化绩效管理可以定义为在传统绩效管理过程的基础上，利用人工智能、云计算、物联网、社交媒体等多样化的技术工具，实现对绩效管理过程中产生的大量精细多维度数据收集、分析、预测，并完成实时持续反馈、过程跟踪、复盘管理、模拟解决方案等管理工作的过程。数字化绩效管理在绩效计划制订、绩效辅导沟通、绩效考核评价、绩效结果应用、绩效目标提升过程中更强调数据支持和对员工的赋能，以及个人目标与组织目标的协同。

例如，在工业环境下，数字化绩效管理是指利用传感器和可视化软件实现对生产绩效（如质量）的实时管理。同时，运营员工（操作员、技术人员和主管）能够使用数字仪表盘自动跟踪生产指标，并根据数据分析结果，提供问题的解决方案。数字化绩效管理的好处包括更快的报告速度、更深刻的见解和更准确的数据报告。如今，数字化绩效管理在工业上应用广泛，如制造业企业可以利用数字化绩效管理提高机器的整体设备效率，从而提高产量；劳动密集型企业可以通过对操作员的绩效管理进行标准化度量，从而从数字化绩效管理中受益。

2. 数字化绩效管理技术及其优势

数字化绩效管理是通过使用计算机、网络、特定应用程序和移动技术来帮助绩效管理的处理，其结果是提高了绩效管理系统的效率和输出。传统绩效管理中，每个子系统或团队都有不同的目标，比如组织的业务绩效管理子系统和 IT 绩效管理子系统在目标上存在差异。业务绩效管理子系统关注的是销售额、利润、转化率和客户的数量，而 IT 绩效管理子系统关注的是业务的运行、网站和数字应用程序、运行速度、内容质量和其他方面。数字化绩效管理已经彻底改变了企业进行绩效管理的方式，它将不同的目标结合起来，并为所有子系统设定相同的目标，即在客户满意度和业务增值方面衡量每一个组织活动的绩效。传统的绩效管理常常因为流程无效、执行不力、成本高、评估不准确而受到批评，而数字化绩效管理技术在过程、实施效率、评估和报告生成等方面都具有较大的优势。

首先，数字技术的使用可以简化绩效评估过程。该过程可以在简单的系统中完成，减少管理人员和相关人员处理行政事务时间。随着处理行政事务时间的减少，经理和员工将有更多的时间用于制定策略，以提高业绩。

其次，依托数字技术，管理者很容易监控绩效并跟踪目标和成就，甚至可以利用网络和移动技术进行远程监控，使事情变得更加简单和高效。现在收集和传播信息非常容易，管理人员可以从各种来源收集包括个人工作、调查和管理的信息。信息也很容易传播到相关方，所以每个人都可以得到足够的信息。这将提高员工的满意度和减少误解的可能，因为双方都可以从可靠的来源获得实际的信息。

再次，利用数字技术可以创建一个结构化的绩效评估过程。通过创建与总体业务目标相一致的员工目标，增加了员工参与评估过程的积极性，增强了员工与组织使命的一致感。数字技术应用于绩效管理系统可以使这些目标文档化更快，更容易评估。

最后，数字技术在创建分析和报告方面也具有显著优势。系统可以自动计算评估分数并显示在报告中。更重要的是，系统可以生成全面的分析报告，对于向管理人员清晰呈现组织的长处和弱点非常有用。

总而言之，数字技术的使用可以节省大量的时间和精力。然而，选择合适的技术来创建最佳的绩效管理系统并不容易。HR 人员需要更详细地了解系统，而员工需要了解如何访问他们的反馈和评论。每一个与绩效管理流程有关的利益相关方都需要了解系统是如何与自己的工作和职责水平相关联的，以便将技术运用到绩效管理中。

3. 数字化绩效管理对组织的帮助

数字化绩效管理包含两种不同的活动，首先是从技术角度测量应用程序的性能，例如它们的响应能力和时间；其次是理解和度量业务的性能，如用户数量、转化率、应用程序花费的时间等。数字化绩效管理基本上形成了传统绩效管理子系统的交集，它使组织中的每个人都能够理解性能报告，因为它使用了每个人都熟悉的通用术语。它还简化了制定新战略的过程，因为组织中的每个人都在朝着相同的目标努力。此外，组织的各个部分还可以协作开发共同的策略来优化客户体验。

在组织内采用数字化绩效管理系统对个人而言也是十分有利的。它能理解客户体验中的实时问题，并结合业务和 IT 数据给出对这些问题的见解。它还使组织能够为每个人提供真正个性化的客户服务。通过为客户提供更好的数字体验，它能为组织创建一个健康和强大的品牌形象，这反过来有助于组织从竞争对手中脱颖而出，并增加市场份额。它还能培养顾客的品牌忠诚度。除此之外，它还可以帮助组织及其员工节省时间，因为它只使用一个包含所有集成数据的报告，并促进组织的各个部门只使用同一个策略，这样节省下来的时间可以用来增加业务的价值。

4. 数字时代绩效管理实务探讨

基于新型人力资源系统获得的大数据，绩效管理过程中的大量数据得以标准化、结构化、线上化、量化、智能化，最终实现数据的有效运用。

(1)绩效管理的数字化工作原理

①任务分解标准化。每项工作任务由多个基础因子构成，可称为任务链。每条任务链上有 n 个基础因子，每个基础因子又由 m 个工作动作组成。根据运算最优解，可有多个组合方式，选定组合方式后，系统将点对点传送数据任务，收到任务的员工点击完成工作动作，整个任务链完成。如图 9-1 所示。

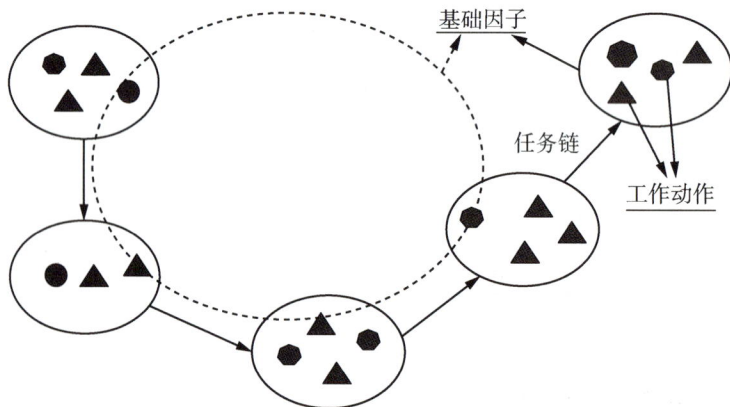

图 9-1 任务链、工作动作与基础因子之间关系的示意图

②赋值，数量化。

第一，工作动作有难易、复杂之分(能否完成工作动作，完成哪些动作，取决于人员素质模型中的素质点)。难易复杂程度、完成时间的快慢将影响工作动作的价值点。

第二，基础因子的质量由匹配的工作动作数量和完成时间予以衡量，因此，基础因子的质量有不同的值，用以评估基础因子价值。

第三，基于运算，系统可以给出最佳的工作动作匹配方式，当然也可以基于个体习惯进行工作动作分配。员工只须完成电脑上分配的工作任务，就可以贡献出自己的价值点，通过最佳协同，最终实现最高效率，达成最高价值。

③结构化。

第一，每个岗位都由数个基础因子组成(按岗评估)，每个人也可以完成多个基础因子(按人评估)，岗位就是多个基础因子之间的排列组合。

第二，每个岗位的基础因子含量，就是这个岗位的关键性、重要性程度的评估；每位员工能够完成的基础因子的含量，则是对该员工的素质能力的评估。当然，基础因子的不同维度和模型的聚类分析，则形成岗位或员工的素质能力全貌。

第三，各个基础因子的完成情况共同组成企业目标的达成结果。

④智能化。

第一，为保证达成整体目标，系统将随时监测各个基础因子的完成情况，当监测到完成情况低于预期临界值时，系统将给予预警，使得配备该基础因子的岗位引起注意，并给出下一步完成计划，以此机制来把控整体工作方向和进度。

第二，每个基础因子对于整个公司目标的达成具有一定的贡献度，完成基础因子的情况最终以贡献度的形式实现，也就是绩效表现。基础因子聚集形成规模效应，具有利润贡献度，也可以衡量某个岗位或某位员工的绩效表现。

(2)数字化绩效管理过程

传统绩效管理过程中四个阶段的循环(绩效计划、绩效辅导、绩效考核与绩效反馈)可以通过数字化系统解决，形成敏捷绩效管理，如表 9-1 所示。

①绩效计划：企业经营目标与个人目标的确定，可以根据企业文化和实际情况，选择采用完全线上方式还是线上线下相结合的方式，最终以结果形式在系统上体现，以备后期的跟踪、计算及反馈。

②绩效辅导：系统可以实时计算员工在工作中表现优异的地方，以及当前已完成的工作结果与该时间节点下的目标值之间的差距，并给出合理性建议方案，由此可以让员工自由模拟下一步备选方案及方案结果。

③绩效考核：绩效考核结果和评价可以根据实时数据一键导出，按需提取。

④绩效反馈：绩效反馈在数字时代呈现出以下特征。

第一，实时反馈，一键获取；

第二，表现优异的部分可以及时提示给员工，作为正向激励；与目标的差距到了一定值(可以自行设置)可以提示给员工，用于及时调整方向；

第三，绩效反馈的形式，可基于绩效管理系统在企业内部设置社交媒体化、娱乐化、游戏化的共享平台，设定目标，选定采取的行动，预测行动结果，选择多种行动方案。

第四，注意绩效反馈的内容不应直接影响员工最终绩效，而应以辅助员工达成工作为目的。

表 9-1 敏捷绩效管理流程及要点

绩效管理关键节点		敏捷绩效管理的特质与要求
直线经理/管理者角色		▶更多的责任，更高的管理成熟度要求
绩效管理工具		▶敏捷绩效管理与具体的绩效管理工具没有必然的对应关系，关键在于工具本身是否回应了敏捷对绩效管理的要求 ▶就现有的绩效管理工具而言，OKR 在目标管理上较好地回应了敏捷绩效管理的特质
绩效管理流程	绩效目标设定	▶强调目标驱动，让员工更聚集主要目标 ▶注重目标的上下左右对齐，保持一致性 ▶提供目标公开、透明的文化 ▶注重员工对绩效目标的主观能动性
	过程跟踪与管理	▶回顾更快、周期更短 ▶目标可调整 ▶注重对话、协同、持续反馈
	绩效评价与结果应用	▶评价维度多元化，更注重员工价值贡献与员工发展 ▶基于过程反馈的客观考评 ▶绩效结果不仅仅作为唯一的资金、晋升、调薪的依据

（资料来源：北森与人力资源智享会联合发布的《从传统走向敏捷——2019 智享会绩效管理研究》，https://www.ivcc.org.cn/report/detail/id/25811/，2022-06-29）

（3）绩效管理的工作重点

①对企业，如何根据企业目标设置好个人目标，并同时将个人绩效目标与可衡量的组织成果保持步调一致，整体把控组织目标的完成进度。

②对员工，及时给予准确的实时反馈、建议方案、结果预估，使之清晰了解目前的工作进度及下一步工作计划。

③对绩效管理本身，第一，绩效管理过程的数据将以系统数据形式记录，用于参与公开讨论和目标、进度的结构化记录，便于复盘管理。第二，将员工的学习和发展置于核心地位，将企业的不断健康发展作为重点。第三，采取多样的激励方式提高工作积极性，提高员工敬业度。

（4）绩效管理工具

数字时代的绩效管理工具，可以采用以下几种类型：

①个性和团队概况工具，旨在了解团队动态并改善团队动态和队员之间的关系；

②财务和其他有形奖励工具，以激励或表示赞赏；

③薪酬管理工具，根据绩效加强奖励；

④在线绩效评估表格和模板，以提供和存档正式的书面反馈（系统留存）；

⑤人员配备和个人绩效信息的能力与技能矩阵；

⑥指导应用程序，提供指导、进度反馈并解决问题；

⑦业务部门建议工具，以协助部门负责人进行反馈；

⑧持续反馈绩效支持在线和移动工具，以提供反馈提示，作为持续辅导过程的一部分，激励或纠正员工；脉冲调查，以请求和接收反馈，深入了解团队内部运作，并与其他团队进行比较——可以汇总和分析数据，以获得即时知识。

（5）绩效考核方法

常用的绩效管理工具，如 OKR、KPI、360 度绩效考核法等更符合数字时代需要实时反馈、敏捷反应的工作节奏，从而实现绩效管理的实时性、敏捷性、多维度、及时性。

①OKR。目标与关键成果法（objectives and key results，OKR），是一套定义和跟踪重点目标及其完成情况的管理工具和方法。该方法通过设置一个目标和 N 个关键结果的思维方式，将公司的关键目标（即 OKR 的"O"）做进一步拆解，并由不同人员认领任务，同时激发员工主动思考可以通过哪些途径和关键成果（即 OKR 的"KR"）来达成目标，并且了解为达成同一个目标的其他部门同事的规划和进度。这种思维方式将公司目标与员工目标准确地结合在一起，并且激发了员工的主动思考能力和团队协作能力。缺点是指标不可量化评估，完成程度仅可以作为工作绩效评估的参考，并不能代表实际绩效指标的达成。不建议以 OKR 的完成程度直接作为绩效结果的评估，因为员工有可能为急于达成工作绩效，而仅仅为自己设置较低可达成的 KR，这本身会消解 OKR 思维方式带来的积极效果。

②KPI。关键绩效指标（key performance indicator，KPI），顾名思义，是通过将企业核心战略目标分解为各部门及其下属员工个人可操作和可量化的管理指标来进行绩效考核的标准，可采用"SMART 原则"（S＝specific、M＝measurable、A＝attainable、R＝relevant、T＝time-bound）进行目标拆解。其优点表现为，具体、可衡量、可量化，可进行进一步计算和分析，因此受到推崇。KPI 的设计理念也是一种很好的工作思路，对于数字时代纷繁复杂的工作内容和流程梳理具有借鉴意义。其缺点是，并非所有指标都是可量化、可拆解的。

③360 度绩效考核法。360 度绩效考核法又称全方位绩效考核法或多源绩效考核法，是指从与被考核者发生工作关系的多方主体那里获得被考核者的信息，以此对被考核者进行全方位、多维度的绩效评估的过程。这些信息的来源包括在组织内部和外部与员工有关的多方主体。数字时代的工作模式逐步转向"去中心化"、更趋于扁平化的"阿米巴模式"，因此 360 度绩效考核法更符合实际绩效评估的工作需求。

9.1.2　数字时代建设绩效管理的实施路径

面对瞬息万变的市场环境，组织需要敏捷化。敏捷管理体现在组织的方方面面，可以是敏捷的战略制定、敏捷的财务管理、敏捷的人才管理等。绩效管理作为实现组织目标的重要管理手段之一，势必承担敏捷化的使命。但是，建立敏捷的绩效管理不是一件容易的事情，如果想实现绩效管理敏捷化，需要厘清以下几个思路：企业敏捷绩效管理的推动因素有哪些，实现条件有哪些，关键举措有哪些等。

🔘【课堂互动】

讨论：数字时代构建绩效管理体系可以通过哪些方式来实现？

1. 企业敏捷绩效管理的推动因素

企业进行绩效管理的数字化变革，实现敏捷绩效管理是内部因素和外部因素共同作用的结果。

从外部因素来看，乌卡时代的来临是每个企业都需要面对的问题，各种"黑天鹅""灰犀牛"事件层出不穷，外部大环境的变化需要组织的绩效管理更加敏捷地应对。激烈的市场竞争，不断变化的监管环境以及国际地缘政治因素等都可能改变企业所处行业的外部环境，改变企业的运行逻辑。

从内部因素来看，实现敏捷绩效管理也是应对企业所处发展阶段以及满足员工本身特质的需要。企业业务的转型调整、寻找创新与突破，需要绩效管理更加敏捷，以跟上业务转型变化的步伐。新生代员工往往具有自我管理、自我创新的品质，他们的工作模式以项目制为主，强调过程中的交互、迭代以及创新，工作结果难以被标准化、量化和观察。因此，对以研发人员、程序员为主的员工进行管理时，需要建立敏捷绩效管理系统，从而更好地衡量他们的价值。

2. 企业敏捷绩效管理的实现条件

企业实现绩效管理的敏捷化需要一定的实现条件，其中，管理层的认同与支持、公开透明的企业文化、扁平化的组织架构、较高的人力资源数字化水平以及员工的认同与支持是必不可少的。

（1）管理层的认同与支持

没有高管或管理层的认同与支持，实现敏捷绩效管理基本是不可能完成的任务。为了获得他们的支持，人力资源管理部门可以做以下一些工作来解决这个问题。首先是让高管知道什么是敏捷绩效管理：提供敏捷绩效管理培训，让知识、概念导入高层；其次是让高管意识到引入敏捷绩效管理的好处：引导高管尝试使用敏捷绩效管理的相关工具，将业务战略目标聚焦、具象化；再次是对高管试用情况进行跟踪反馈：人力资源的引导不仅仅在于相关工具、概念的宣贯与培训，更需要进一步针对高管的试用情况提供纠偏、建议和"批改"；最后是当人力资源部门的影响力尚未能够影响、"撬动"高层时，可以采用"曲线救国"的策略。比如先在相对基层或平行层的业务单位、部门进行试点，在获取一定成效后，再由试点单位将敏捷绩效管理的概念与优势向高层阐明。

（2）公开透明的企业文化

敏捷绩效管理是建立在公开透明的企业文化的土壤之上的。适合建立敏捷绩效管理的组织在文化方面一般具备以下特征。

①各层级绩效目标的公开、透明：只有公开、透明，员工才能更加理解自己的目标与组织目标的联系是什么、与其他部门目标的联系是什么、作为个体可以做出哪些贡献。只有这样，上下一致、与部门协同才存在可能性。一线员工所发现的机会、创意也能够及时被组织捕捉，上升至管理层决策，从而提升目标调整的敏捷性。

②人际关系相对简单，不做"好好先生"：对于员工、同事、下属，甚至上层的不足之处，可以坦诚地提出意见或建议。收到改进建议的一方，也可以以较为开放的心态接受或改进。唯有如此，员工绩效表现才能不断改善。

③员工愿意突破自我，不断创新与延伸：员工有较强的自我驱动力，愿意挑战、尝试新事物，其绩效目标便能够不断地迭代。

（3）扁平化的组织架构

敏捷绩效管理也需要合适的组织架构。比如，组织的结构需要相对扁平化，组织的决策流程应相对精简，组织的规模最好不要太大。如果是规模较大、人数较多的企业，最好是在组织内部存在小微组织，采用扁平化、层级比较简单的组织结构，这种情况下部门之间的壁垒会较弱。

（4）较高的人力资源数字化水平

建立敏捷的绩效管理系统，也需要组织具有较高的的人力资源数字化水平。比如拥有数字化的人力资源管理系统，有相应的平台支持。数字化的人力资源管理系统能够将绩效管理人员从繁杂的流程性事务中解放出来，使其精力更能聚焦在目标分解的有效性、组织绩效推进等高价值领域。同时，数字化的人力资源管理系统使组织内绩效目标的分解路径更加透明，有助于提升绩效沟通、反馈的效率，也有利于积累员工绩效表现数据，助力企业人才管理决策。

（5）员工的认同与支持

员工的认同与支持对建立敏捷的绩效管理系统也十分重要。组织目标的分解过程如果不能获得员工的认同和理解，员工将无法对绩效目标产生责任感、归属感，从而不能实现"人心齐、泰山移"。完全强推新的绩效管理系统收效甚微，员工不会理解敏捷绩效的价值，甚至会对绩效管理变革产生抵触情绪。人力资源部门应秉持不做"零和博弈"的原则，在变革初期减少对既得利益的过多触动，更多地设计增量指标，依靠增量收益引导员工往企业期待的方向转变。

为了让员工更愿意使用数字化绩效管理工具，选择一个用户友好、适应企业管理需要的数字化工具是前提。此外，人力资源部门应该在组织内部不断开展数字化绩效管理工具的宣讲和培训工作，在强调"流程正义"（如绩效沟通动作、内容的记录）的同时，更应关注绩效管理行为的有效性，将工具嵌入实际的管理场景和用户的管理习惯。

3. 企业实现绩效管理敏捷化的关键举措

企业要实现绩效管理的敏捷化虽然并不容易，但是也是有章可循的。

（1）赋能直线经理、管理者

企业绩效管理的敏捷化需要让每个直线经理具备更高的成熟度，这需要体系化的专项培训，不仅仅是给予他们绩效管理的技能、概念，更多是要让直线经理意识到组织层面对绩效管理工作的重视，从而也带动直线经理的重视度。在这个过程中，人力资源部门扮演着重要的角色。在绩效沟通过程中，直线经理毋庸置疑是需要对具体的沟通内容、沟通结果进行重点把关的角色，与此同时，人力资源部门也不能缺席。人力资源部门的角色主要有两个：场域的构建者和绩效沟通质量的检测仪。场域的构建者是指要为业务部门搭建沟通的流程、框架与工具；绩效沟通质量的检测仪则是指要在某些节点，抽样了解直线经理的绩效沟通质量，及时发现成熟度不高（如不重视绩效沟通、沟通深度不够等）的直线经理，并提供协助、辅导和纠偏。

（2）选择绩效管理工具

在建立敏捷绩效管理系统的过程中，需要对绩效管理工具有准确的定位。比如，在 OKR 与其他绩效管理工具同时使用的企业中，OKR 的定位在较多情况下为目标管理和思维工具，KR 的完成情况可能不会与员工最后的考核结果直接挂钩，但会作为管理者晋升员工的一个参考维度，旨在促使员工不断突破、挑战自我、感知一线业务的变化，使其更适应瞬息万变的商业环境。

绩效管理工具需要具备多元化和一致性的特点。在企业业务条线相对单一的情况下，仅使用一种绩效管理工具或许相对可行；但随着企业规模的增长和业务条线的丰富，绩效管理工具根据不同业务的特性不得不考虑"定制化"和"个性化"。个性化主要体现在专业性、工作核心价值的指标制定上。在这样的前提下，绩效管理对于员工的感知度才能更高，对于员工状态变化的捕捉也会更敏锐。若企业仍想确保一定的管理一致性，也可将绩效管理工具包装成同一种（即名称只有一个），但是对于不同的部门在具体的要求上可以有所侧重。

（3）设定绩效目标

在建设敏捷绩效管理系统的过程中，设定明确的绩效目标非常重要。公司上下的绩效目标在敏捷化的要求下，公开、透明是必要的，但并不是无底线、无保留地公开、透明，而是有选择地公开、透明——与业务推进相关的目标通常可以公开，而对于相对敏感的目标（如收购兼并、财务类）可以选择不公开。

在绩效目标设定的过程中，保持上下纵向的一致以及横向的"同欲"很重要。上下一致首先需要企业有一个好的战略目标：企业的战略目标代表其商业嗅觉与判断。无论哪种绩效管理工具，其本质都是目标管理工具，有了目标管理工具不代表就能产生好的商业判断与战略目标，它只能确保实现的路径、手段不偏离正轨。在有了一个鼓舞人心、具备市场洞察的战略目标后，目标在各层级的分解情况应该尽可能让员工知晓，让员工意识到自己所能贡献的价值。员工绩效目标的分解应该是有效的，可设置若干维度进行衡量，其原则在于：客观、及时、与组织目标的实现情况之间偏差较小。鼓励员工认领自己职责范围内、有助于组织目标达成的绩效目标，这些目标应"踮起脚尖可达成"，即不脱离员工的实际能力范围，但具有一定挑战性。作为最了解员工的角色，直线经理应该介入帮助判断员工个人目标设定的合理性，即难易度、战略贴合度等。绩效目标横向的"同欲"也很重要：很多企业存在各部门之间各自为政的问题，这对于组织目标的实现也是不利因素之一。部门墙的存在，在很大程度上是由于利益的不一致。因此，组织除了在架构上要做"打破部门墙"的调整外，在绩效目标的设置上，也要让不同部门共享目标、共享成果。

（4）制定绩效目标反馈与激励机制

在敏捷绩效管理系统中，制定绩效目标反馈与激励机制应突出以下几个特点。

①持续反馈，设置关键节点，及时调整。除了业务标准相对固化的情况外，其他挑战性的、创新性的目标应该摒弃过往"目标是不可变"的思维，可以按照一定的业务关键节点对已设定的目标进行复盘，及时了解目标的合理性。

②多方反馈。对于员工表现的反馈，不仅仅限于直线经理与下属之间，有时也可以是跨部门之间、同事之间。但是，在反馈的过程中，如何让员工真实地表达"批评与建议"常常是一个较大的挑战，尤其是在面对与自身有上下级关系、利益关系的角色时。这一问题难以避免，人力资源在其中应该扮演好"桥梁"与"润滑剂"的角色，一方面澄清"批评与建议"的意义——更好地帮助对方发展、改善；另一方面在文化打造的初期，用引导、催化的方式鼓励员工说出"批评与建议"，并作为"转述者"，整合信息

至建议的接受方，并向"建议的提出方"提供"建议的接受方"行为的转变情况，使其意识到"我的建议有用"。绩效文化的转变是一个长期的过程，人力资源部门应做好"打持久战"的准备，以点带面，循序渐进。

③及时给予"战果"以激励、庆祝。从组织层面看，对于绩效日常反馈好的员工如果激励完全累积至年底，员工常常对于达成良好表现的方法、路径已经有所遗忘，其经验也难以及时累积、沉淀，难以固化为企业的通用管理经验；从员工个人角度看，激励的不及时也会使其无法有持续的动力不断超越和突破自我。激励不一定是物质层面的奖金或晋升，在恰当的场景与时间点，一句表扬、一些掌声、一封邮件也可以起到较好的激励效果。

④借助数字化工具、互联网的力量。它包括但不限于社交媒体、企业定制化的沟通软件、专门的绩效管理信息化工具等。

（5）明确绩效评价方式

敏捷绩效管理在客观全面评价员工方面应具有如下几个特点。

①与薪酬、晋升的关系进一步解绑，真正地将绩效管理作为目标管理工具。正如前文所提及的，绩效管理多年来被员工诟病、抵触的原因在于绩效结果与晋升、薪酬增幅的联结过深，甚至出现了"为达目的不择手段"的现象，导致达成目的过程中实施了创新的手段、具有很好潜力的员工也难以被组织及时发现。

②优秀的员工是"立体"的。除了目标完成情况外，员工的领导力、影响力、创新性、对组织的贡献度、与组织文化的契合度、稀缺性等，也都是有效衡量员工是否优秀的关键维度，企业不妨对员工进行综合判断与考量。

③通过"校准大会"达成对员工贡献度的共识。如果企业鼓励员工自行认领、承诺可以为组织提供的贡献，并设置挑战性目标，势必带来的问题是能力强的员工的目标客观来看难度较大，而能力弱的员工很可能所认领的目标客观来看并不具有挑战性。这便需要组织实施两种举措：在流程上设置校准大会，通过管理层不断地探讨和碰撞，对于贡献度高低、目标的难度达成普遍的共识；或是具备一批成熟度很高的直线经理，他们能非常好地判定目标本身的挑战性和最后达成结果之间的关系。

④更多地参考过程评价。过程评价能够更好地体现员工长期的状态与表现，在进行年度评估时，不妨将过程中员工的表现也作为参考依据之一。

9.2 数字时代的绩效评估技术及数据分析

9.2.1 技术赋能的绩效评估

技术赋能的绩效评估建立在新型的人力资源管理系统基础之上。新技术的出现，以及基于新技术创建的数字化人力资源管理系统，大大提高了基础数据的完整性、准确性，使得数据分析报告的呈现更贴近现实，使得预测性功能成为现实，系统甚至可以提供多种可行性建议方案及预估结果以供决策。如表 9-2 所示，从数据工程的角度看，达到这一效果需要实现数据的垂直分层与水平解耦，主要可以分为数据汇聚层、数据操作层、数据模型层和数据服务层。数据系统的工作原理是在数据汇聚（数据采集)形成基础数据信息的基础上，进行初步数据操作，然后选用适用的数据模型进行匹配运算分析，最终提高数据服务的可靠性，以"随取随用"。

表 9-2　数据工程角度下数据系统的四层机构

数据服务层	数据服务识别、定义与设计		数据服务封装	数据服务发布	服务供应
数据模型层	AI算法	多维模型	图模型	标签	指标	算法模型
数据操作层	离线计算		实时计算	图计算	机器学习
数据汇聚层	主数据	过程数据	用户行为和数据	大数据	敏感数据	图数据

（资料来源：马海刚：《HR＋数字化人力资源管理认知升级与系统创新》，北京，中国人民大学出版社，2022）

1. 人力资源数据采集（数据汇聚）

如图 9-2 所示，经员工授权后，人力资源管理系统将使用人工智能、物联网等技术采集员工工作场合、社交媒体等各个信息维度的数据，采用云计算实现数据分析，形成大数据，最终整合到人力资源管理系统中供管理使用。系统收集的数据涉及员工工作中生命周期的各个方面和整个过程，获得的数据具有灵活性、可扩展性、可访问性、分析和报告能力以及潜在的成本效益等特点，为人力资源管理及评估提供了数据基础。

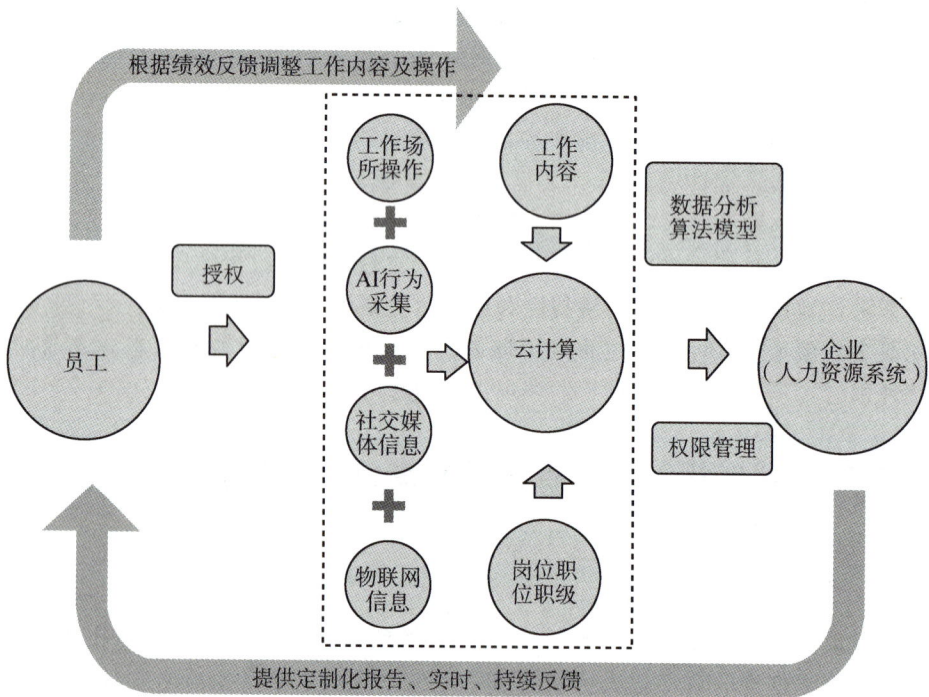

图 9-2　人力资源管理数据管理过程示意图

数据采集采用开放式、共创式的方式，也可以采用人机交互、线上线下同时感应式采集形式获得多结构数据，包括网络日志、社交媒体、互联网搜索、手机通话记录及传感器网络等数据类型；也可获得更多维度属性，如员工的自然属性、社会属性、心理属性等；系统同时提供员工反馈数据调整接口，使得数据更加真实精确。新的数据源来自社交媒体、移动应用程序、位置服务和物联网的流数据。生物识别技术在数据采集中有着广泛的运用，这种技术依赖光学阅读器和芯片识别个人信息，可以达到非常高的准确度。例如新系统可以结合生物识别技术实现时间跟踪和调度技术，用于出勤跟踪以及跟踪累积的假期和病假。

2. 数据存储和计算（数据操作）

（1）管理和分析数据的方法取决于数据格式，不同的数据格式需要不同的分析工具

与组织的营销部门类似，数据时代的人力资源部门依靠数据来产生行为的洞察力。随着对更多非结构化数据的需求不断增长，对新数据的分析需求也在增长。新数据包括来自社交媒体、移动应用程序、位置服务和物联网的流数据。传统的数据仓库不足以处理这些新的数据类型，因此"数据湖"应运而生。"数据湖架构"是一种存储一切的大数据方法。数据存储在存储库中是没有分类的，因为数据的价值在一开始就不清楚。数据湖可以包含结构化和非结构化数据。

（2）新型人力资源系统是基于云的，每个数据元素都只存储一次

云计算解决了目前信息分散在各个独立的系统中，甚至同一数据在多个系统中出现不一致的情况。基于云的人力资源系统具有单层模型的外观，就像 20 世纪 80 年代的大型计算机系统一样。互联网就像超级主机一样，其作用是提供应用程序运行的环境。通常，支持云的系统只有一个数据库，其结果是集成了单个系统中的所有功能，这是嵌入在人力资源系统中的许多高级预测分析的基础。

3. 数据清理（数据操作）

将数据从一个或多个旧系统传输到新的基于云的人力资源系统，需要进行数据清理后才能使用。如 4.4.1 节中所述，数据清理，是对数据库中不正确、不完整、格式不正确或重复的数据进行修改或删除的过程。当从使用多种系统和不同协议来存储数据切换到使用具有独特协议的一个系统时，可能会出现所谓的"脏数据"，即无效数据，包括重复记录不完整或过时的数据，以及对来自不同系统的记录字段的不正确解析形成的数据。要想更正数据并使其可用，必须进行数据清理。

4. 功能整合（数据模型）

新型的人力资源系统整合了现有人力资源系统（HRIS、TMS、HCMS、HRMS）的所有功能，并且内置了更多大数据算法和分析模型，对于数据的运用和处理更加有效，并发展出了预测分析的功能。

人力资源系统可以根据需要定制工作分析、分类和工作描述，根据具体评价因素的高低，如工作的难度和种类、监督、独创性、工作关系的性质和目的、所需的经验和知识等，将工作分为几类，并分配等级定义。这些信息可以包含在人力资源系统中，并通过门户提供给员工。工作分析总体上将分为两部分："可被机器替代的部分"和"暂不能被机器替代的部分"。"可被机器替代的部分"工作流程的所有数据，都可被记录下来；"暂不能被机器替代的部分"工作，则可通过 AI 或物联网等技术进行结构化或非结构化的数据的记录或清理后使用。基于大数据，系统可以按需开发出 N 级功能，这些功能可"基于需要"提取一级功能、二级功能或任意级别功能中获得的数据，数据不断

迭代更新，并留有修改记录，使得系统数据可溯源且准确性高。

5. 大数据算法和分析模型(数据模型)

多种大数据算法和分析模型是人力资源系统数据分析报告以及预测性分析的基础，也是数据能够发挥价值的重要一步。通过集成系统获得的大数据以及由此产生的分析能力，大数据的作用大大提高。例如，从员工生命周期的角度集成系统(使用相互关联的数据，而非独立数据)来分析数据，可以减少可能的人员流动。

人力资源系统内置多种算法模型，系统会基于运算给出建议模型，使用时也可以自动选取采用的模型，并可以给出不同模型答案的对比分析。随着物联网等新技术的广泛应用，信息感知变得无处不在，信息获取也变得不再困难，然而获取的海量数据价值密度仍相对较低。如何通过强大的机器算法更迅速地完成数据的价值"提纯"，是大数据时代亟待解决的难题。

6. 数据分析和仪表板(数据服务)

新型人力资源管理系统在数据服务上能够提供非常强大的数据分析报告，在组织中有着广泛的应用场景，覆盖员工任职的整个生命周期。

(1)常见的 HR 数据报告

①人力规划报告：聚焦组织最紧迫的商业目标，持续发现、分析和回顾人才相关数据，评估组织人力需求，制定行动方案。

②人才吸引报告：使用在线和离线招聘技术识别和吸引职位候选人。

③员工发展报告：充分利用 AI 和机器学习技术，建立从各专业能力测评到课程规划、在线学习、在线考试，再到专业晋级的全链路数据跟踪机制，助力员工自学习和自发展，促进公司的培训体系从传统培训向数字化学习和智能学习转变。

④敬业度报告：全面搜集和分析员工对工作、人员、晋升机制各领域的意见，发现驱动因素，促进留任。

⑤人力资本 ROI(投资回报率)报告：分析招聘成本、入职成本、培训成本、薪酬福利成本、办公开支成本、与员工直接或间接为公司创造的利润挂钩等不同业务单元以及公司整体的人力资本 ROI。

⑥人才保留报告：综合社会人口数据、员工数据、职业发展数据以及人才市场竞争力数据，分析公司如何才能保留表现好的关键员工。

⑦福利健康安全报告：提供注重身体健康、心理健康和财务健康的福利计划正在成为企业的责任，也是提高员工生产力、凝聚力和保留率的企业战略。

(2)常见的 HR 大数据应用场景

①招聘应用：人力需求分析、人力供给分析、优质候选人筛选、毁约风险分析等。

②人才发展应用：人才结构分析、人才能力分析、岗位分析、人岗匹配分析、职业发展分析等。

③培训应用：员工技能分布分析、能力差距分析、培训参与度分析、课程质量分析、培训成果跟踪。

④薪酬应用：薪酬竞争力分析、福利竞争力分析、长/短期激励分析、全面回报分析等。

⑤绩效应用：绩效目标设定、绩效评价跟踪、绩效特征分析、绩效反馈分析等。

⑥留存分析：流失特征分析、流失原因分析、流失风险预测、高价值员工维系等。

（3）基于任务的数据应用

与传统的基于 HR 六大模块业务分别产出的数据应用不同，基于数据系统的应用将依据任务进行数据采集及分析，如图 9-3 所示。

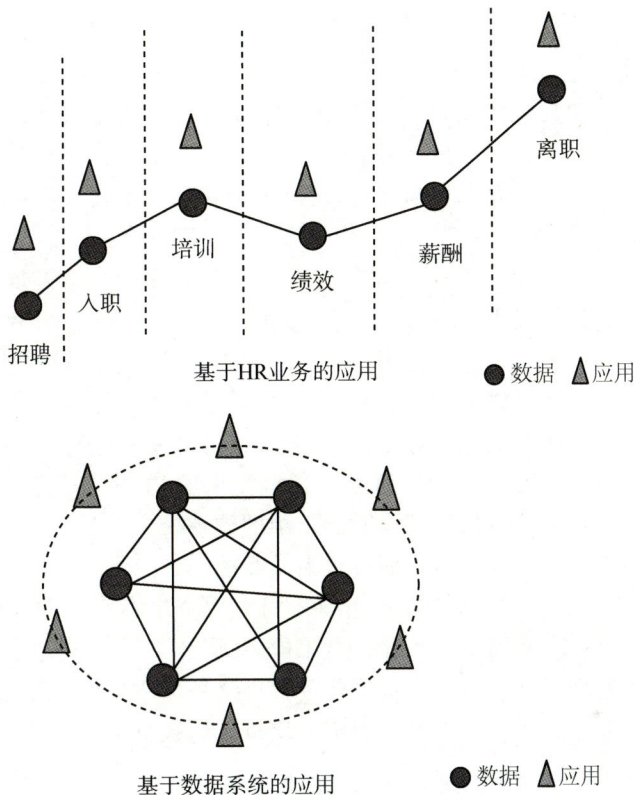

基于HR业务的应用　　●数据　▲应用

基于数据系统的应用　　●数据　▲应用

图 9-3　基于 HR 业务和基于数据系统的应用对比示意图

（资料来源：马海刚：《HR＋数字化 人力资源管理认知升级与系统创新》，北京，中国人民大学出版社，2022）

人力资源管理系统内置了数据分析功能和仪表盘(以图形形式创建可视化报告的模块)。仪表盘(或仪表板)是以可视化图形的形式，显示组织的指标和关键绩效指标，或者用户想展示的任何指标的当前状态或数据趋势。仪表盘在图形的单个屏幕上整合和排列数字、指标，有时甚至是以平衡计分卡的形式，并且可以从图形追踪到数据源。仪表盘整合了来自不同系统和数据库的多种来源数据，保证了数据报告的最大准确性。仪表盘上的分析报告，可根据权限在员工自助服务平台上自助查询，并且可以在移动设备上呈现。

9.2.2　人力资源评估的重点和内容

组织在使用和享受数据赋能带来明显的工作效率提高的情况下，也不要忘记数据安全及大量使用数据可能带来的伦理道德问题。在数字时代，绩效管理工作环节中大量的事务性工作基本上会被机器所取代，那么绩效管理工作的重点应该放在"人力资本"价值含量更高的对组织和员工绩效的价值评估和员工赋能方面，重点在于通过员工赋能和提升，实现公司的战略目标。

【课堂互动】

思考：你认为数字时代人力资源评估应重点关注哪些方面？

1. 人力资源管理工作的重点

随着新型人力资源系统的出现，人力资源管理工作中的交易活动将完全交由系统来操作，传统活动将主要依靠系统提供的数据进行决策，人力资源管理者的主要精力将从交易活动和传统活动转向转型活动（即战略人力资源管理），工作重点如下。

（1）人才赋能

传统竞争是竞争对手固定不变的固定游戏，数字时代的竞争是复杂多变、跨越多维度的无限游戏，而赋能提供了一个较好的问题解决方案。赋能与激活员工不仅是人力资源管理者需要具备的素质，更是组织中所有管理者都应该具备的核心能力。

赋能的本质实际上是要做到助人达己，这种不再强调纯粹竞争的思维方式，在物质发展丰富、精神生活逐步发展的数字时代非常受到追捧。这甚至可以成为一种公司发展战略。例如，阿里巴巴的"生态"策略，腾讯提出的"去中心化"策略，以及京东提出的"对外赋能、成为盟友"策略等都是赋能思维的体现。

人力资源管理者可以从以下两方面进行人才赋能。

①基于人力资源系统的数据，进行当前公司人力资本盘点，并找到目前人力资本与企业要求的人力资本之间的差距，提升员工能力。

②聚焦公司战略目标，作为人力资源业务合作伙伴（HRBP），促进业务部门与人力资源部门以及其他部门的协同，提升人力资源质量，增强员工与公司的黏性。

（2）人力资本提升

通过人才赋能，提升人力资本，为公司创造价值，降低不必要的损耗。如何评估和检测人力资本将成为人力资源管理工作的基础。

人力资源工作者本身需具有更高的人力资本，需要具备的能力如下。

①基础能力：人际能力、数据使用能力、人际协作能力；

②视野和格局：了解不同领域的知识，对未来发展趋势有自己的判断；

③战略性思考的能力：在企业中，角色应转化为战略合作伙伴、变革推动者，具备以客户为中心的工作意识，推动企业内其他部门实现技术交互和数据驱动；

④持续学习的能力：时刻保持学习的状态，随时调整状态、适应变化，具备给出解决方案的能力。

⑤人才赋能能力：帮助他人提高人力资本进而提高自身人力资本的能力。赋能他人的能力将越来越受到重视，而且这项能力也将成为人才的核心竞争力。

2. 人力资源评估的内容

数字时代，人力资源评估的内容主要包括业务价值、工作效率、员工体验、组织文化等方面，具体如下。

（1）业务价值

贴近业务，根据业务需要精准地为人员赋能，从而提高企业价值，是人力资源管理工作最核心的目的。从业务战略出发，进行组织工作流程和岗位设计，基于岗位需要的能力需求和 HR 对员工的了解进行人岗匹配及人员赋能是数字化人力资源评估的重点。通过人力资源管理动作调整带来的业务价值的提高，就是人力资源管理工作的价值贡献。

人力资源的业务价值更多地以人力资本分析（people analytics，PA）的方式体现。人力资本分析职能对于衡量组织 HR 配置的有效性、HR 运行效率、组织整体绩效和运营成果具有重要的意义和价值。HR 需要减少事务性工作，聚焦核心价值工作，让 HR 具备适应企业发展的自我升级能力。

人力资本分析思想源自 1911 年泰勒提出的如何通过衡量员工所做的一切来优化任务、提高工作效率的观点。2008 年金融危机后，随着大数据技术的出现，市场部等业务部门对数据分析的使用以及对事物的效率和有效性进行衡量和监控的需求增加，进一步凸显了数据分析的重要性。在公司内部，PA 逐渐由 HR 内部的补充功能转变为人员和业务战略的核心组成部分。2020 年新冠疫情暴发后，PA 能够有效向公司高管提供新事件的数据和信息，如远程办公工作效率、出勤情况和员工心理健康状况等，这使得 PA 的功能提升到涉及日常运营决策和长期战略情景规划的紧迫性和准确性的新水平。

（2）工作效率

①企业整体运转效率。数字技术通过促进组织变革、授权员工、优化流程等提升了企业的决策速度，逐步降低了不确定性和管理风险，提高了企业整体的运转效率。

②岗位工作效率。岗位工作流程标准化、系统化、智能化可以大大提高工作完成效率，释放员工去拓展自己的业务领域和工作范围。例如，从本书 2.2.2 节介绍的人力资源三支柱模式中的人力资源共享服务中心（HRSSC）开始，大量的重复性、流程化工作可使用更高效能的人工智能、自动化的人力资源系统，在工作速度、效率、准确性方面会有更大的提高。由此释放出来的人力资源将转移到人力资源业务合作伙伴（HRBP）和人力资源专家中心（COE）的工作中，并且 HRBP 和 COE 的工作流程也将逐步标准化和系统化。从整个公司层面来看，各岗位的工作职责、工作流程逐步标准化、系统化，带动各岗位工作效率进一步提高，进而实现企业整体运营效率的提升。

（3）员工体验（以人为本）

数字时代，组织对于人才，尤其是创造力人才的依赖性更强，人才在工作中的满意度和良好体验对组织的经营越来越重要。这就要求人力资源工作围绕人性和人的需求设置相应的工作流程和激励方式，以"赋能"的工作方式实现自我激励和主动学习，增加员工的良好体验。但是，组织的数字化变革并不必然提升员工体验，一方面，人工智能的数字系统大大提高了数据提供能力，简化了流程、提高了效率，对于所需数据的可获得性、速度及质量方面的提高，确实增加了员工的自主性和可获得感；另一方面，人类天然的"向生命性"（更喜欢有生命的、活的事物）使得员工更希望与人进行对话，希望自己作为"人"被对待，有些复杂问题的处理也需要"人性化"对待。

（4）组织文化（以人为本）

在数字时代，开放、共享、创新成为主流文化，具有时代性、娱乐化、参与性的特点。制度建设、文化体系建设、领导力风格也要符合时代特征、符合组织发展阶段及成熟度的要求，才更有利于留住人才和促进组织发展。

3. 人力资源部门工作评估维度

雅克·菲茨恩兹(Jac Fitz-Enz)和约翰·马托克斯二世(John R. Mattox II)在《人力资源与大数据分析——新时代 HR 必备的分析技能》(2018)中提供了用于分析人力资源部门效率和价值的指标的完整列表。

(1)效率

评价指标包括公开申请的数量、每月填补的职位、填补空缺职位的时间、与职位相关的工资、雇用成本、业务部门的雇用、培训量、接受的指导量、绩效改进计划、工作轮换学习路径、国际任务、流动劳动力、工作所需时间、每项工作任务的成本等。

(2)效力

评价指标包括招聘质量、招聘过程质量、招聘人员的服务质量、与工作的契合度、与文化的契合度、绩效评级、潜在地位的高低、员工敬业度、员工忠诚度、项目管理能力、指导能力、接受指导能力、培养他人的能力、创建标准程序的能力等。

(3)结果

评价指标包括员工每天逗留时间、月生产力、工作周期改进、对客户满意度的贡献、对质量的贡献、增加的销售数量、增加的利润、改进的项目质量、改进的准时项目、改进的预算内项目、改进效率、增加成本节约、增加创新、加快产品开发周期等。

4. 数字时代人力资源评估的特点

数字时代，人力资源评估方式最大的优势是可以随时随地进行实时、精确、多维度的评估，评估内容呈现结果导向、任务导向的特点。自泰勒提出精细化管理之后，精细化管理的理念在管理领域逐渐深入人心。但是，传统有关工作细分的数据只能用人工记录的方式保存。因为人工记录只能选择目标信息记录，难免会挂一漏万，造成决策失误。进入数字时代，社会分工进一步细化，并且"人机交互"也实现了所有数据线上化，系统可以获得大量的丰富且实时更新的数据。与此同时，海量数据也带来数据分析和利用上的困难。比如，在管理过程中，海量数据容易引起目标的不聚焦。大量工作过程性数据容易占用精力，因此管理者需要对数据使用有新的认知和使用方式。在新型人力资源系统中，数据一般以各种集合形式(例如工作链条形式)存在。评估结果呈现时，将内置常见的结果性指标(例如人力资本量、利润贡献度等)供选择使用，即随用随取模式，并且在使用时可按需选择。

(1)以结果为导向

基于结果的指标，例如，人力资本量、利润贡献度或工作效率等结果衡量和价值评估的指标，最终将应用于评价员工工作绩效达成的情况；过程中的数据反馈将用于调整工作方向或内容，或用于工作复盘，资料分析以结果导向为主，辅以必要的过程数据加以佐证，使得评估分析结果更为高效和可靠。2017 年 1 月，弗雷、卡尔·贝内迪克特和迈克尔·奥斯本在《技术预测与社会变革》期刊中发布的一篇题为《就业的未来：工作对计算机化的影响有多大？》的论文中指出，人工智能的数据反馈虽然可以提高员工绩效，但同时具有披露效应，使得员工产生反感并弱化绩效；聚焦结果指标将弱化员工对于人工智能数据反馈的披露效应，使其尽快熟悉数据反馈的过程，并合理使用人工智能提高工作绩效。

（2）以任务为导向

结果指标的跟踪达成是一个评估维度，而每项工作任务的达成程度是数字时代人力资源评估的另一个分析维度。工作任务的完成将带来人力资本量的增加，工作任务的完成本身将对员工有激励作用。人力资源的评估结果不是绩效评估的结束，而是将其继续更新到系统中，作为任务达成的一个阶段性展示或某一个维度的结果呈现。

9.2.3　绩效数据及绩效评估

1. 绩效数据及运用

借助人力资源系统可获得大量人力数据，形成数据资产。企业对众多数据进行分类、分级管理，将种类和级别与权限进行匹配，通过权限管理确定数据使用的范围。以绩效维度数据的应用情境来说，不管是绩效结果数据还是绩效过程数据，在组织中都有着广泛的应用。

（1）绩效数据的应用

绩效结果数据，用于评估员工绩效表现，给予相应工作报酬；绩效过程数据，用于工作复盘及提高。

第一，展现形式。数字时代的绩效数据展现形式具有社交媒体化、游戏化的特点。

第二，提示时机。对于表现优异的绩效动作以主动提示的功能提供给员工；接受员工的绩效反馈需求，实时按需提供绩效反馈。

第三，提供绩效辅导及绩效改进计划。系统可提供多种绩效改进方案，在不同流程节点选择工作内容，可给出预估的绩效结果，并提供多个绩效改进方案的对比，自动连接企业知识库提供需要学习的内容，以生成接下来的绩效改进计划。

（2）建立人才供应链体系

结合绩效数据在人才库中进行实时人才盘点、关键岗位人才储备、继任者计划等人力资源管理工作，实时了解人才情况。人才供应链是指通过系统考虑企业的人才供应与需求，整合人才管理各节点的相关机构，进行协同人才预测、规划及补给管理与柔性管理，实现人才供应链一体化运作的过程，它的最终目标是实现人才队伍建设的动态优化。

（3）对绩效管理工作本身的评估、绩效管理动作的跟踪评价

第一，人力资源共享服务中心（HRSSC）需要做绩效管理制度（设定目标）和绩效辅导（售后）的工作，同时，与信息技术部门合作维护系统正常运行，使得系统越来越灵敏、越来越高效。

第二，人力资源业务合作伙伴（HRBP）的工作将更多采用数据驱动的决策，设立以系统为主的人才管理战略，依据数据得出战略决策，并跟随业务部门落地决策后的效果评估。

第三，对人力资源的各项动作进行定期或不定期评估，减少无效动作，促进系统的灵敏高效。

（4）绩效评估技术存在的问题

第一，防范计算机病毒和蠕虫威胁系统程序的侵害。计算机病毒像高度传染性疾病一样，能快速传播并干扰计算机的软件程序，甚至可能破坏或删除数据。当不

小心安装了恶意软件或防病毒保护不足的时候，蠕虫就会成功入侵系统，威胁系统程序的有效运行。

第二，隐私设置。人力资源的信息往往较为敏感，因此在数据库中，如果需要跟踪用户的行为，必须事先提示个人在线行为正在被记录并可能会被检查。敏感信息需要在授权的环境下安全使用。

第三，安全漏洞。如果系统中没有内置访问级别，则有可能出现安全漏洞。这可以通过登录标识用户及其访问级别来处理。但是，在某些情况下，从事信息挖掘的人员可以在未经许可或适当通知的情况下收集私人数据。

第四，法律风险防范。在法律层面要保障员工的数据权益，一旦有数据泄露问题，就要加大处罚力度。

2. 绩效评估的内容

基于人力资源系统实现的大数据，可以实现的绩效评估内容包含个人绩效、组织绩效、领导力及企业文化等方面。

（1）个人绩效

数字时代个人绩效评估的内容主要为结果评估、价值评估，弱化了过程评估对个人绩效结果的影响。过程评估仅用于为达成结果而提供的绩效反馈或工作复盘时的资料记录。个人绩效评估要注意以下几个要点。

①结果导向，注重个人工作对组织绩效的贡献价值，通过多种数据模型以数据形式呈现。

②注重过程中及时持续反馈，用于工作完善。

第一，绩效反馈分为两部分，一部分是人力资源管理系统基于工作流程数据对员工工作本身的反馈；另一部分则是员工对工作流程数据的反馈、对工作流程以及上级领导（制定工作绩效目标）的反馈，这一过程中360度反馈将被赋予重任。

第二，如图9-4所示，与以往定期性、周期性（月/季度/年）反馈不同，数字时代的绩效反馈将呈现出持续性实时反馈的特点。

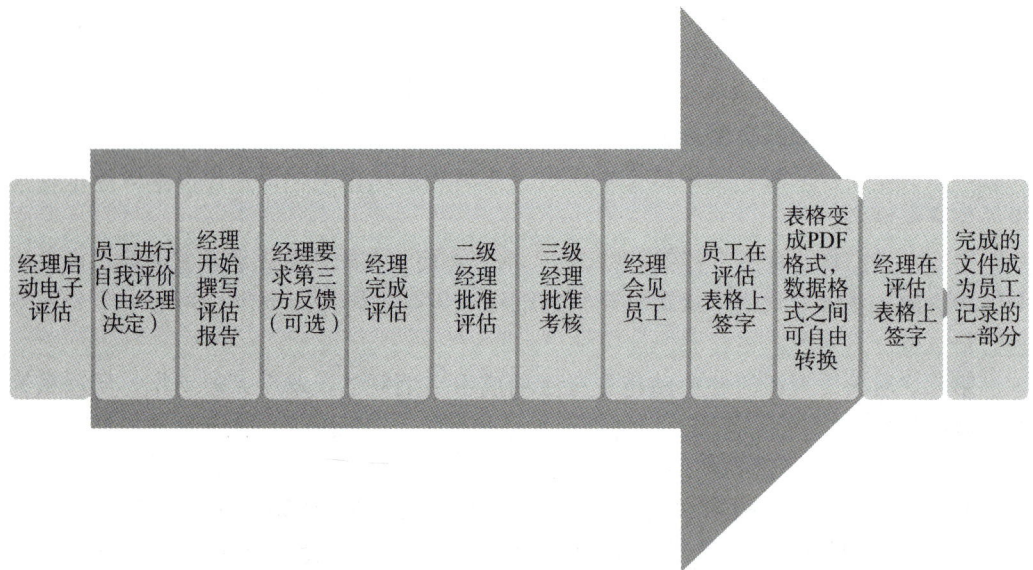

经理启动电子评估 | 员工进行自我评价（由经理决定）| 经理开始撰写评估报告 | 经理要求第三方反馈（可选）| 经理完成评估 | 二级经理批准评估 | 三级经理批准考核 | 经理会见员工 | 员工在评估表格上签字 | 表格变成PDF格式，数据格式之间可自由转换 | 经理在评估表格上签字 | 完成的文件成为员工记录的一部分

图9-4　数字化绩效评估步骤

第三，在绩效反馈过程中，可能会出现披露效应和部署效应。管理者应该扬长避短，更好地利用数字化绩效评估的积极效果。

在绩效反馈中引入数字技术既有积极的效果，也可能带来负面的影响。相对于人类管理者，人工智能提供的反馈可以持续以更高的精度分析大量数据，从而提高员工绩效评估的准确性。一方面，因为人工智能可以实现更高水平的定制，人工智能反馈与员工个人也更相关。这两个因素都有助于提高反馈质量，进而提高员工的生产力，研究者将此称为积极的"披露效应"。另一方面，因为有相当一部分人类对 AI 有负面看法，比如，员工对 AI 反馈缺乏信任，并且担心被人工智能取代。在这种情况下，这两种担忧都会降低员工的生产力，这是负面的"披露效应"。为了在绩效评估中更好地应用数字技术，公司会考虑以分层而不是统一的方式部署人工智能，既使用人工智能向资深员工提供绩效反馈，又使用人力经理向新员工提供绩效反馈，这是数字技术的"部署效应"。因此绩效反馈应循序渐进，并保障员工权益。在绩效反馈过程中不将绩效结果与过程数据直接相关，这有利于缓解员工对机器的敌对，缓解消极的"披露效应"。从员工对工作流程及绩效设置的反馈来说，数字化绩效评估既能调整工作设置、绩效设置的精准度，也能满足员工对于自尊的需求。员工不仅仅处在被评价的状态，他们也可以对领导提出评价，这对尊重员工的价值来说具有重要意义。

③评估维度多样性。系统可内置评估内容维度，作为可选项供管理者选用。比如，对岗位评估最常见的维度包括岗位价值、业绩价值、胜任能力、潜力评估、历史贡献、价值观、团队价值、任职资格、稀缺性等，经与公司价值导向相结合，最终可以用以下几个维度作为公司付薪的依据：核心价值观、岗位价值、业绩价值、胜任能力。

④提倡法律层面保障员工权益。绩效评估本质上是衡量员工工作表现的过程，很多数据源于员工本身的产出。但是，人力数据通常会涉及个人隐私。为使数据共享和使用发挥更大功效，也为了员工在使用和产生数据时无后顾之忧，组织应在法律层面维护员工权益，在公开和共享数据时应以不损害员工隐私为底线。

（2）组织绩效

数字技术给企业带来了颠覆性的思维方式，也带来了前所未有的机遇和挑战。在数字时代，数据无限接近事实，数据能力更是核心竞争力的基石。企业的生存模式将是从独木到丛林，建立生态化的生存形式。在整个社会层面，各个企业就是整个生态化网络的一个节点，共同组成共生性组织。从本质上而言，共生型组织是一种基于顾客价值创造和跨领域价值网的高效合作组织形态，网络中的成员实现了互为主体、资源共通、价值共创、利润共享，进而实现单个组织无法实现的高水平发展。在组织内部，各部门之间组成了企业内部的生态化系统，相互协作，为企业的价值提供贡献，协作效能成为衡量组织绩效的重要指标，组织内部的绩效评估应重点关注以下几个方面：①各级部门自身的目标完成情况；②部门内部员工个人目标达成与所在组织之间的协同效应；③各级部门之间的协同效应；④各级部门指标完成与公司总目标达成情况。

（3）领导力及企业文化

未来的组织形式将被弱化，以任务为导向暂时聚集起来的业务线将成为主流。数字时代，领导力表现也大有不同，管理者直接或间接地创造适合员工成长的企业文化至关重要。数字时代的管理者应该具备以下特质：①真实的、协作的、更具变革性的、更能鼓舞人心的；②具有使用数据的能力，对数据的使用能力将决定发展的可能性；③具有更高的职业道德及品德，对于员工的评估，不是以个人好恶来予以评价，而是以企业管理者的视角来看待员工，识别对公司有贡献的员工；④能够激励他人，塑造良好的工作氛围。

数字时代对领导力的绩效评估应该关注管理者是否具备这些特质，他们如何帮助员工成长，以及他们在企业文化塑造方面所起的作用。

【课堂互动】

讨论：数字时代绩效评估的真正价值是什么？还有哪些需要努力的地方？

本章小结

本章主要介绍了数字时代技术赋能的绩效管理及评估反馈，分别从数字时代的绩效管理、数字时代的绩效评估技术及数据分析两个方面进行阐述。通过学习本章，读者可以了解到数字时代人力资源呈现出新特点：组织形式将被弱化，而代之以任务为导向组成的产品线形式；不再局限于工作场所和办公时间，如何与机器良好协作将成为工作重点；数字时代人力资源的价值体现为人力资本，价值评估以结果为导向，过程数据仅用于辅助工作达成；在技术赋能的绩效评估领域，社交媒体、移动技术、物联网、云计算、人工智能等新技术赋能造就了功能强大的人力资源管理系统，采用功能强大的算法和模型体系，可以提供定制化的数据报告，给出预测性分析、定制化方案，并可以在移动设备上实时获取与修改；绩效管理方面，基于大数据形成了人才供应链体系，绩效管理可以对整个工作过程、员工生命周期数据进行实时监测，并实时监控个人目标与组织目标达成的进度，实时进行反馈、预警提示，以便辅助决策，及时调整工作方向和工作内容，按时保质完成公司目标。同时，本章也提出担忧，人们在未来对数据将具有强依赖，运用数据的能力将成为基础技能，同时数据安全和数据使用问题也需要法律保护。本章也对数字化人力资源管理的未来发展趋势做了展望，在数据替代了标准化、重复性的工作之后，人类社会将迎来新的认知体系的提升，这就需要道德体系、法律体系的进一步完善，我们期待技术的进步带来更多颠覆性的认知，同时也期待有更多辅助体系的建立和完善。

复习思考题

1. 什么是数字化绩效管理？它有哪些优势？
2. 哪些技术趋势影响了数字时代的绩效评估？
3. 绩效评估的内容和工具是什么，有什么新的特点？
4. 绩效评估的数据分析和数据应用需要注意什么？
5. 数字时代绩效管理的重点工作内容有哪些？
6. 谈一谈你对人力资源未来发展趋势的认识。

案例分析

扫一扫，看资源

移动性能支持的人力
资源管理系统的应用

第10章 数字时代的学习

【学习目标】
➤掌握数字学习的概念与定义
➤熟悉数字学习的特点及技术发展趋势
➤了解数字学习的效果评估

【关键术语】
数字学习、虚拟教室 CIPP 评估模型

开篇案例

空中指挥训练：一个严肃的游戏

Kinect 是微软在 2010 年为 Xbox 360 游戏主机推出的操控外设，能把用户的手势、姿态转变为输入指令。按照微软的说法，Kinect 为第一款内置机器学习技术的消费级设备。在当时的背景下，Kinect 是彻头彻尾的黑科技。同时代的 Wii 和 PS Station，都需要用户手持一个控制器，才能实现姿态输入，而 Kinect 完全依靠摄像头就解决了信息输入，而且解决得很好。

Design Digital 公司试图利用 Kinect 教终端用户学习飞机编组信号，以将微软 Kinect 整合到公司培训中来。这种创新方式不仅可以向学习者呈现信息，还可以告诉学习者需要什么信号来指导驾驶飞机的飞行员。

经过详细的研究和分析，Design Digital 公司认为最好的解决方案是创造一款既有趣又具有教育意义的严肃性游戏。这个创新的游戏将教导学习者如何理解信号，并且使其进入一个操纵飞机通过危险障碍路线的模拟体验中。同时，研究人员对学习者进行计时和跟踪，并比较他们与同龄人的表现。这个游戏向潜在客户展示了在培训中使用 Kinect 的可能性，这对于最终用户而言是一个有趣、积极的学习体验。

思考与讨论：

1. 游戏化数字学习与传统学习相比是否更容易被人接受？

2. 游戏化数字学习容易遇到什么困难？

3. 员工会因此对数字学习产生兴趣吗？

本章将重点介绍数字学习(E-learning)的概念、类型、特点、技术发展及趋势，并进一步分析数字学习的效果评估。通过本章的学习，读者将会对数字时代的学习环境、数字学习的未来等问题产生思考。

10.1　数字学习的类型、系统及特点

数字技术的发展对学习的内涵、过程和产出产生了很大的影响。移动技术、物联网技术等新兴技术已被很多讲师应用于课堂。科技催生了许多新的学习方式，如移动学习、慕课、社交网络学习等，也激发了许多新的教育理念的产生，如翻转课堂、创客教育、协作学习等。这些新兴科技、学习方式及教育理念在给学习提供多种选择的同时，也带来了很大挑战。数字时代的学习呈现出跟传统学习不一样的特征。

10.1.1　数字学习的基本概念

本章把数字时代的学习统称为数字学习（E-learning），这个术语的定义比较广泛，它涵盖了所有通过数字技术传递的学习方式。一方面，数字学习是基于正规化教学且借助电子资源的学习系统；另一方面，虽然教学可以在教室内或教室外进行，但由于计算机和互联网的使用构成了数字学习的主要组成部分，因此数字学习也被认为是一种可以通过网络实现的技能。除此之外，一个数字学习程序可以由许多不同的元素组成，例如现场或预先录制的讲座内容、视频、测验、模拟、游戏、活动和其他互动元素等。数字学习意味着学习者能够随时在不同情境下学习，且在移动设备的辅助下，可以快速且轻松地在不同学习情境间切换。随着人工智能、云计算的发展，数字时代的学习更是呈现出个性化、自适应、自推送等智慧学习的特征。

10.1.2　数字学习的类型

数字学习的方式是多种多样的。根据不同的标准，数字学习可以分为不同的类型。

1. 根据学习载体分类

（1）Web E-learning

Web E-learning 是基于网站内容实现的，学习者可以通过他们的个人设备或互联网来访问相关网站。Web E-learning 不把学习限制在一个特定的空间，允许用户在他们想要的时候访问信息，具有很强的学习灵活性。同时，Web E-learning 还可以灵活地添加多媒体，如文本、视频、图像等，这为数字学习增加了一个新的维度，有助于对学习者产生更强的吸引力。除此之外，Web E-learning 还让学习者熟悉网络工具，进而了解组织内部的沟通模式。

（2）虚拟教室系统

虚拟教室系统，也叫虚拟教室，是指在计算机网络上利用多媒体通信技术构造的学习环境，允许身处异地的教育者和学习者进行教学活动，并能实现实时视频点播教学、实时视频广播教学、虚拟教室教学监控、多媒体备课与授课、多媒体个别化交互式网络学习、同步辅导、同步测试、疑难解析、BBS 讨论、远距离教学等。虚拟教室是计算机技术、多媒体技术、数字压缩技术、网络通信技术等信息技术多学科、多领域交叉融合的产物。

虚拟教室是讲师进行企业培训课程指导的工具，使讲师和聆听者都能参与到学习过程中来。在会议视频软件的帮助下，讲师在教室里，而参与者在现场。这种数字学

习模式鼓励合作、创新和参与，有助于为个人联系创造一个环境。专家的"存在"、允许来回提问、提供实时学习体验以及其他模式所缺乏的人性化元素是虚拟教室系统的亮点。

（3）Video Modeles

在企业中，Video Modeles 的讲解和视频格式被认为能够使员工的数字学习更加容易。因为这些模块可以是动画的，也可以由真人指导，这是一种高度灵活的数字学习模式，用户可以随时访问、播放视频。同时，人们相信，人类的大脑可以很容易地通过运动的图片或视频来记住并且联系所看到和听到的内容。不仅如此，视觉画面除了能吸引接收者的注意力外，还能在大脑中保持较长时间。

（4）Microlearning

Microlearning 是指以信息块的形式传递数字学习的内容，也就是现在大家熟悉的微课。每个微课的时间跨度一般不超过 10 分钟，一次解决一个学习目标。在 Microlearning 中，每个微课只关注一个主题，这允许用户和读者以更有效的方式保存信息。一般情况下，人类的平均注意力持续时间不超过 8 分钟，Microlearning 通过创建简短、相关和简洁的数字学习模块来克服这一问题，使员工与企业建立更紧密的联系。

2. 根据时间维度分类

在对数字学习进行分类时，时间也是一个重要的维度。从广义上来讲，数字学习根据时间维度可分为两大类，即异步在线学习和同步在线学习。

（1）异步在线学习（asynchronous）

异步在线学习是一种自我调节的学习方式，学习者通常使用笔记本电脑自学课程。异步在线学习项目可能包括预先录制的讲座内容、视频、视觉或文本、知识测验、模拟、游戏和其他互动元素。

（2）同步在线学习（synchronous）

同步在线学习通常被称为实时在线培训、在线学习、同步在线培训或虚拟课堂培训，是由教师指导并与其他学习者同时进行的——每个人只是碰巧在地理位置上分散。这种培训通常使用网络会议或虚拟教室平台（如 Adobe Connect 或 Go To Training），提供幻灯片或屏幕共享等功能，以及聊天、轮询和屏幕注释等交互工具。

相对于面对面的课堂学习，异步在线学习和同步在线学习具有一些优势，见表 10-1。

表 10-1　异步在线学习与同步在线学习的优势

优势	异步在线学习	同步在线学习
随地访问	√	√
随时开始	√	
跟踪能力	√	√
价格便宜	√	√
高度可延展	√	
节约时间	√	√

续表

优势	异步在线学习	同步在线学习
培训分散的群体	√	√
个性化	√	
允许全球协作		√

10.1.3　数字学习的系统要素

从宏观层面上说，数字学习系统主要由三部分组成，即技术环境、教师和学生（见表 10-2）。技术环境为数字学习提供科技支持，是学习变革的起因和原动力，教师是数字学习的设计者和助学者，而学生是数字学习的主体。

表 10-2　数字学习系统要素

组成部分	特性
技术环境	开放性 智能化 个性化
教师	设计者 助学者
学生	自主学习能力 科技应用能力

1. 技术环境

技术环境为数字学习提供了技术支持。为了满足数字学习的要求，技术环境通常要具备开放性、智能化、个性化特点。

首先，支持数字学习的硬件环境往往不断变化，具有开放升级、不断迭代的特点。数字学习的概念是在互联网、移动技术发展和普及的基础上提出的，然而数字学习环境的硬件环境建设并非局限于网络技术。新兴的物联网技术、云计算、5G 技术、电子书包课堂都为数字学习提供了良好的硬件环境。数字学习使用的科技没有限定范围，开放性是其基本原则。

其次，智能化是技术环境的另外一个特点。随着人工智能、情感技术、神经计算等技术的发展，数字学习的技术环境越来越呈现出智能化的特点。

最后，个性化也是技术环境的一个特点。无论技术如何发展，学习的中心都是学生。但是传统学习一般都是以教师为中心，每个学生接收到的也都是标准化的、同质化的信息，而随着技术的进步，可以基于教学需求和学生的学习体验构建个性化的学习环境，使数字技术的应用既能适应教学需求，也能适应学生的学习需求。

2. 教师

在数字学习环境中，教师不再是学习的主导者，而是转变为设计者和助学者。作为设计者，教师承担着教学方法和教学活动的选择任务。虽然数字学习中的学习主体是学生，但教师对教学方法和教学活动的设计直接影响学生的学习效果。在数字技术的帮助下，教师可以实现多种教学方法和多种教学活动的融合，比如翻转课堂、慕课等。教学方法和教学活动的选择应综合考虑学科、教学目的和学生特点。在数字学习中，教师的另外一个角色是助学者。与传统的以教师为中心的课堂不同，数字学习强调学生的自主性和协作性。在以社会学习理论为支撑的数字学习环境下，每个学生都是知识的建构者。在这种情况下，教师的角色从课堂的权威变成协助者。另外，作为助学者，教师还肩负帮助学生解决使用科技时遇到的技术困难的责任。

3. 学生

学生是数学学习的主体，也是学习任务的执行者。在数字学习时代，学生需要具备两种能力：一是自主学习能力，二是科技应用能力。数字环境在为学生提供多种选择的同时也对学生的自主学习能力提出要求，学生的内在学习动机在这个时代就变得尤为重要。作为自主学习者，学生需要对学习目标进行选择，对学习过程进行管理和控制，并具有扩展学习范围的能力。同时，由于科技的介入，学生还应掌握运用科技的能力。

10.1.4 组织中的数字学习

数字学习本质上是由数字技术支持的技能和知识的转移。从这个角度出发，E-learning中的"E"不仅代表电子化的学习，也可以表示有效率的学习、探索的学习、经验的学习、拓展的学习、延伸的学习、易使用的学习、增强的学习等。在组织环境中，数字学习可以由程序员使用编程代码设计并托管在服务器上，也可以在学习管理系统(LMS)中进行编写和托管。LMS是一种软件应用程序，用于管理、记录、跟踪、报告、自动化提供教育课程、培训计划或学习和发展计划。LMS的概念直接脱胎于线上学习。虽然LMS最早出现在高等教育领域，但最广泛采用LMS的是企业市场。LMS包括课堂管理、能力管理、知识管理、认证或遵从性培训、个性化指导，以及聊天或讨论板。LMS可以自动管理培训事件，并记录有关学习者进步的数据；同时，LMS可以帮助启动在线课程。通过使用LMS，HR专员或主管可以观察课程注册和使用的模式，可以跟踪学习者完成的必修课程或选修课。LMS是学习内容管理系统(learning content management systems，LCMS)的早期版本，不过当前LMS和LCMS之间的界限已经模糊。虽然两者都仍然存在，并服务于不同的模块，但是在当前的企业实践中一般是将两者结合起来。

LCMS的出现使得许多以前烦琐的课程管理都可以实现在线处理。LCMS不会取代LMS，而是可以与它或其他更大的系统进行对接。LCMS可用于开发、维护、使用和存储教学内容。如果设计正确，LCMS还可以提供测量和报告结果。此外，LCMS为教师和学习者提供了诱人的功能，比如教师可以编写材料，导入现有材料，并开发、组装和重新利用内容；可以用LCM来访问仪表板和生成报告，同时维护和更新课件也变得很简单，不需要任何软件编程技能；学习者可以使用LCMS来追求定制化的学习方法，跟踪个人的进展，与他人合作，创建一个个性化的网页，并记录培训的完成情况等。

1. 四大开源课程管理系统

从HR人员的角度来说，在学习管理系统中，最重要的就是课程管理模块(content

management system，CMS)的搭建与管理。本章选择了四大开源课程管理系统 Moodle、Sakai、Atutor、Claroline 进行介绍，它们在全球范围内被用作数字学习的低成本解决方案。

（1）Moodle

Moodle 是面向对象的模块化动态学习环境；是一个课程管理系统，也是一个被设计来帮助教学者在网络上产生课程的工具。像 Moodle 这样的网络学习系统有时候也被称作学习管理系统或虚拟学习环境（virtual learning environment，VLE)。Moodle 的开源学习内容管理系统(LCMS)是基于 PHP 技术的，后台采用 MySQL 数据库。

Moodle 的重要特色是以社会建构教学法为基础，它的在线教学模块采用可自由组合的动态模块化设计，教师组织在线教学时就像搭积木一样简单有趣。Moodle 支持多种教学模式，可应用在多种不同领域。除此之外，Moodle 功能强大、易于使用，近年来发展十分迅速，迄今为止，有近百个国家的 2 000 余个机构采用了 Moodle 网络教育平台。

（2）Sakai

Sakai 是一个自由、开源的在线协作学习环境，由 Sakai 成员开发和维护。它提供一组软件工具来帮助需要开发一个用于协作学习环境的研究院校、商业组织和自主群体。这是一个类似于 Moodle 的课程管理系统、学习管理系统以及虚拟学习环境。同时，Sakai 是一个基于 Java 的面向服务的应用程序，具有可靠性、协作性和可扩展性。

（3）Atutor

Atutor 是一个开源的、基于 Web 的学习内容管理系统(LCMS)。管理员在几分钟之内就能够安装或更新 ATutor，为它更换一个新的皮肤（通过自定义模板实现)。Atutor 还提供一些扩展模块，教师不仅可以快速对基于 Web 的教学内容进行装配，打包和重新分配，还可以很方便地获取和导入预打包好的内容并且管理他们的在线课程，使得学生能够在一个可调整的学习环境下进行学习。

（4）Claroline

Claroline 是一个开放源代码的学习管理系统，目前支持 36 种语言，包括简体、繁体中文，与 Moodle 等优秀 LMS 齐名。Claroline 是 Class RoomOnline 的缩写，它是一个开源的优秀 E-learning 和 E-working 系统，由比利时鲁文大学开发。它的设计目标是建立一个高效的、易操作的在线学习和课程管理系统，特别强调合作性学习活动的管理，已经被翻译成 35 种语言，目前，仅在 Claroline 官方正式登记的站点中，它就覆盖了 75 个国家，近 1 800 个站点。

相比 Moodle，它有更好的运行速度、简洁的操作界面、明晰的工具分类，更符合中国人的教学习惯，且安装使用简单，普通网民不需要进行专门的培训就可以学会；同时，它支持 QTI 标准和 SCORM 1.2 标准文档，可以与其他系统制作的网络课件共享；除此之外，它拥有众多的工具，可以使讲师顺利地完成课程的教学工作。它支持学习路线、学习追踪功能，内置 wiki、小组协作、在线练习和作业，支持实时在线交流，不仅可以支持灵活的学习方式，还可以同时支持传统的教学模式和构建主义的教学模式。

Claroline 有广泛的适应性，既可以用于企业远程培训，也可以应用于中小学日常教学，还可以用来组建课程资源库，构建网络测试系统等。

2. 其他知名课程管理系统

除了上面提到的四大开源课程管理系统，在国内外还有一些比较知名的课程管理系统。

（1）Wordcircle

Wordcircle 是一个课程管理工具，集中解决教师与学生在线协作的需求。在其初始发布中，该产品包含了日历、论坛、课程文档模块和一个能够让学生存储定期刊物、与教师相关的文档和自己分配的活动的模块。

（2）Segue

Segue 是一个设计用于网上教育的开源内容管理系统。它结合了课程管理系统易于使用的特点与 weblogs 的灵活性来创建各种类型的网站，包括课程、新闻、电子杂志 speer review 和电子教学档案（E-portfolio）。

（3）LogiCampus

LogiCampus 是一个远程教学与课程管理系统。它能够帮助教师创建在线课程、分配作业、组织考试，并和学生保持联系。学生通过单点登入查看他们的分配情况、课程和班级其他信息。

（4）Dokeos

Dokeos 是一个开源网上教育与课程管理系统。它已经帮助世界上 1 000 多个组织管理教学与合作活动。

（5）ILIAS

ILAS 是一套基于 Web 的学习管理系统，提供包括邮件、即时对话、论坛、团体协作、文件共享、写作工具、考试系统、个人桌面等服务。这套系统支持 CAS、SOAP、RADIUS、LDAP 和 Shiboleth 身份验证，并提供包括中文在内的多语言版本。

（6）iPeer

iPeer 是一个基于 CakePHP 框架开发的应用软件，可用于开发和发布基于 rubrid 的相互评估评论，发表学生的注释并分析评估结果。它包含了用户管理系统、学生反馈、数据导入/导出、自动安装、自我评估等在内的大量功能。

（7）DoceboLMS

DoceboLMS 是一个数字学习套件与 CMS 系统，采用 PHP＋MySQL 开发，并且遵循 scorm1.2 标准。DoceboLMS 提供了 50 多种功能，包括论坛、聊天、测验、视频会议、课程展示、投票、FAQ、电子报、消息收发、多角色权限管理等。

根据上述世界流行的课程管理系统提供的功能，课程管理系统的基本组成要素可以总结为以下方面：学生注册管理、课程目录与内容管理、教学活动与过程管理、学生学习过程评价与成绩管理、学习社区管理、相关学习工具、跟踪和记录学习历程、管理者使用的汇总管理记录报告等。技术的进步使得人力资源管理可以借助这些系统创建一个在线学习环境，个性化的学习工具和多媒体使用使创建复杂、高效的在线学习环境成为可能。

10.1.5 数字学习的特点

1. 数字学习的优势

数字学习非常适合同时为分散的受众提供个性化的培训，特别是通过云而不是通过局域网或广域网进行学习。不管是组织外部的在线学习网站还是组织内部的学习管理系统上的材料都很容易更新，以确保它们保持最新状态。这些学习材料可以具有高度的互动性和协作性。数字学习让学习者能够接触到他们通常在现实生活中不会遇到的专家，而且它是灵活且自适应的。数字技术很容易监控学习者的进度并适应学习者的需求和学习风格。具体而言，数字学习的优势主要包含以下几个方面。

(1)低成本

数字学习的第一个特点是可以降低成本。与物理学习相比，在线学习更方便也更便宜。这是因为在线学习消除了学员的交通和外出就餐的成本，最重要的是，消除了场地成本。此外，所有的课程或学习材料都可以在网上找到，从而创造了一个更经济的无纸化学习环境，这对环境也有益。对于企业而言，组织员工进行数字学习以达到培训目的是一种一次投入、多次利用的投资。相对于传统培训，组织数字学习可以为企业节省很多成本，进行数字学习的员工越多，就能越快地冲销这些费用。

(2)灵活性

数字学习的第二个特点是灵活性。例如，传统的远程教育严重依赖纸质材料，通常是通过电话会议实现。随着数字技术的使用，现在只要有网络，任何人都可以参加数字学习活动。数字学习为员工提供最适合的培训，可以满足员工对灵活性的需求。数字学习的显著优势是允许学生在他们选择的任何地点上课。此外，课程可以被录制、存档和共享，以供将来参考。这使得员工可以在他们觉得舒服的时候获取学习材料。此外，由于这些活动在本质上是异步的，它们为学习者提供了参与的灵活性。需要指出的是，灵活性是有代价的，强调灵活性将不可避免地使其他方面缺乏灵活性。例如，为了创造一种学习社区的感觉，所有的学员都需要一个固定的时间框架来进行交流，这不可避免地在时间上限制了学员的灵活性。如果我们想要灵活的时间和空间，将不得不在灵活的内容上妥协。

(3)建构性

建构性主要强调在数字学习环境中学习者与学习环境的交互作用，而协作则是鼓励学习者与其他学习者共同完成由单独的个人很难完成的项目。许多教育者和研究人员认为，个人之间的社会协作是数字学习的一种教学策略。在这个过程中，人被看作社会的个体。他们可以接触到来自不同背景和地方的资源、专家和学习者，学习者可以有更多的协作机会。2013 年，大规模开放在线课程（MOOCS，简称"慕课"）的火热使人们越来越关注数字学习的互动性，关注"90 后""00 后"学习者的特点。他们熟悉互联网，熟悉各种 App，喜欢发表自己的观点，渴望更多的存在感。此外，由于海量信息的包围，他们的注意力也更容易转移。因而在上课过程中他们希望有更多的互动、更多发言的机会。有一些视频类在线教育网站还在视频播放中添加了弹幕功能，就是在调查了年轻学习者的使用习惯后，方便学习者在观看视频的同时更便捷地发表言论而专门设计的。

（4）个性化

每个人都有不同的学习目标和偏好，数字学习使得满足每个人的需求成为可能。相比传统教育，在线教育的最大优点是可以积累大量的学习记录，通过分析这些记录，可以全面跟踪和掌握学习者的兴趣点、学习特点，从而为其提供有针对性的诊断报告，制定个性化的学习方案，推荐最适合学习者的内容。大数据分析能够使教育更加具有个性化，解决传统教育中生师比高的问题和教育资源分布不均的问题。

在企业中，员工可以选择自己的学习路径，按照自己的节奏导航，可以决定自己学习什么以及什么时候开始学习。每位员工都有不同的学习历程和不同的学习方式，有些员工是视觉学习者，而有些员工更喜欢通过音频学习。同样，一些学生在课堂上表现出色，而另一些学生则是自主学习者。数字学习系统中有多种选择和资源，可以在许多方面实现个性化。这是创造适合每位员工需要的完美学习环境的最好方法。

2. 数字学习的局限性

尽管数字时代给我们的学习带来很多优势，但是数字学习也有一些局限性。例如，数字学习特别强调学习者的自主性及对学习的自我控制，但是这可能会给那些没有自我激励的学习者带来挑战。对于许多学生来说，在线学习最大的挑战之一就是很难长时间盯着屏幕。在网络学习中，学生也更容易被社交媒体或其他网站分心。因此，对于教师来说，为了帮助学生集中注意力听课，保持在线课程的新鲜感、参与性和互动性是非常必要的。同时，设计不良的数字学习材料也会对学习者产生不利影响。简化的课件消除了更高层次的思维技能，这种模式更适用于大众，但对于那些需要执行复杂任务的受众而言是没有吸引力的。除此之外，那些临时使用数字学习的组织通常会遇到技术问题，这可能会破坏学习热情，并导致受众做出负面反应甚至退出在线学习。数字学习的另一个关键挑战是网络连接问题。虽然近几年来数字技术的发展突飞猛进，但在较小的城市和城镇，持续的高速连接仍然是一个问题。如果学生和教师没有稳定的网络连接，学生的学习就会缺乏连续性，这对学习效果是灾难性的。

10.2 数字学习的技术发展及趋势

在线学习已经成为任何组织都不能忽视的历史潮流。对高等教育、成人教育等机构而言，它们需要努力提高在线学习对学习者的吸引力；而对各个商业组织而言，它们同样需要思考如何顺应技术发展的特点及发展趋势。这些趋势带来了新的机遇，同时也带来了挑战，需要更多研究者及实践者开展进一步的研究和思考。

10.2.1 数字学习的技术发展

数字学习最明显的发展特点是对技术的关注。历史上，当一种新型的技术被发明出来，人们就会想办法把它用在教育上。幻灯机、投影机、电视机和计算机就是这样走进课堂的。数字时代，多媒体和互联网的发展主导了教育技术领域的变革，许多研究项目都致力于发现这些新技术在教学上的有效性。

1. 虚拟现实（VR）

虚拟现实可以在计算机、环绕房间或移动头盔上实现。虚拟现实被组织用来训练员工个人的某些技能，让他们沉浸在一种看起来很真实的体验中。最成功的运用是在医疗保健领域，VR 技术被用于技能训练、恐惧症治疗和手术模拟。军队也使用 VR 技术在一个现实但安全的环境中学习新的技能。运动队则使用 VR 技术来模拟对手已知的动作或策略，帮助运动员在比赛中做出适当的反应。

2. 大规模开放在线课程

数字学习领域另一个突出的发展是慕课。慕课是对世界上任何人都免费开放的课程，其目标是提供无边界的学习。从现实情况出发，慕课的成本效益是显而易见的。普林斯顿大学是为全球 150 多万名学生提供慕课课程的几家教育机构之一。针对普林斯顿大学的学生，慕课提供了与校园课程内容配套的补充材料。在商业环境中，慕课的应用已经从教育延伸到企业培训中。比如，慕课提供了从入职信息和培训，到专业发展，到技能构建课件，到品牌推广，甚至是虚拟招聘的服务，而且所有的服务都以很低的价格甚至免费提供给大众。

3. 社交学习

随着社交媒体和社交网络的出现，"社交学习"这个词也出现了。社交学习是一种通过社交媒体来实现的学习，它模拟学习发生在社交情境中，在开放类的信息和知识交流环境中。社交学习的意义是创造一个环境，在那里人们可以通过博客、社交网络、维基(Wiki)等工具来虚拟地分享想法，这些已经是人力资源门户网站进行知识交流的常见情景了。

4. 视频学习

视频可以被称为 21 世纪最杰出的媒体。从日常生活中可以观察到，学习者已经把视频作为在线学习的重要工具。数据显示，视频网站 YouTube 2023 年的月活跃用户数达 25 亿。此外，对于组织而言，可访问的在线视频论坛使组织更容易分发在线培训视频。

（1）视频和培训

几十年来，视频一直被组织用于培训，但视频培训的方法近年来已经发生了改变。目前关于视频设计的最佳实践包括：创建短视频（即视频长度不超过 10 分钟的微课）；保持视频简单；确保视频能够满足目标观众所使用的带宽；遵循教学设计方法：分析、设计、开发、实施和评估。

（2）视频和故事讲述

虽然讲故事和视频长期以来都被用于教学，但这两种方法都随着时间的推移发生了改变。讲故事可以用于多种目的，比如激励行动、教授重要的经验、解释一个任务、设定一个愿景或者定义一种文化。当加上视频时，故事就会变得更有说服力。

5. 游戏学习

另一个新兴的数字学习工具是使用游戏化来进行学习与训练。游戏化是指游戏元素和技术在非游戏的数字学习过程中的应用。解决问题是游戏化的一个关键要素，它可以用来激励和吸引学习者，同时，游戏化提高了员工在学习和团队建设中的参与度。除此之外，游戏化可以通过实际的挑战激励人们，在他们完成任务时鼓励他们，并激励他们尽力而为，这些都是好的学习结果。在组织将训练转换为游戏之前，需要记住的一个事实是，游戏化并不是解决员工所有问题的工具。并不是组织中每个话题都可以用游戏化这种方式来解决，即并不是每个人都应该通过这个工具展开学习。对组织而言，游戏的投资回报率（ROI）很难量化，游戏的维护也很困难。尽管如此，HR人员还是可以采用游戏元素来增加学习者的参与度，利用游戏竞争和社交体验来增强学习经验。

6. 大数据分析技术

通过大数据分析，HR人员可以发现员工在寻找哪些学习资源、哪些资源最常用、哪些员工更了解他人等信息。此外，随着社交学习被纳入数字学习，HR人员可以利用大数据来追踪哪位员工依赖于特定的内部专家来获得解决问题的办法、该员工主要关注什么问题、各个员工学习差距的指标以及需要培训的领域等。当然，数据分析的成功使用依赖于组织的数据存储能力、分析软件、指标的使用等。

【拓展阅读10-1】
丰晖公司的
游戏化管理

【课堂互动】

讨论：你最喜欢目前的哪种数字技术，它如何改变你的学习？你是如何单独地（或有效地）利用这些技术来提高学习能力的？组织应如何整合本章中介绍的相关数字学习工具来调整其整体的人力资源技术战略。

10.2.2　数字学习的趋势

1. 虚拟世界与物理世界的融合

数字学习的优势正在打破传统的物理界限，创造一种独特的在线文化。我们所处的环境是，互联网上的数字学习呈现可能比实体呈现更具交流性和吸引力。换句话说，实体和网络这两个世界的相对优势正在迅速融合。这表现在两个方面：一是真实世界的虚拟化，二是虚拟世界的真实化。真实世界的虚拟化体现在科技对现实世界的模拟上。现代科技的发展为真实世界的数字化提供了可能。比如谷歌地球成功地虚拟了地球环境，用户可以通过谷歌地球查看卫星图像、地图、地形地貌和3D建筑，甚至包括外太空的银河系。全球最大的虚拟在线游戏社区第二人生（Second Life）不但虚拟了真实世界的场景，还允许用户创造虚拟身份并在游戏中进行交际。目前，第二人生已经成为哈佛大学、纽约大学、俄亥俄大学等许多大学的虚拟课堂。通过对真实校园的高度模拟，第二人生为这些大学建立了逼真的虚拟校园。虚拟世界的真实化体现在将真实世界的元素融入虚拟世界。在第二人生的虚拟校园中，教师可以开课、组织活动甚至举办考试，学生可以通过虚拟身份参加课堂活动。虽然一切都在虚拟世界中进行，但学生的身份是真实的，课堂是真实的，成绩也是真实的。

在数字学习中，这种真实世界和虚拟世界的融合是一种常态。学生既可以通过真实世界的虚拟化突破空间的限制，扩大接触知识的范围，又可以通过虚拟世界的真实化保持学习的针对性。数字学习会让参与者感到更放松。例如，参加面对面的讲座可能只涉及单向的交流，而使用基于文本的论坛进行深入的讨论会有更强的互动性。

2. 正式学习与非正式学习的融合

数字学习环境突破了时空的限制，也影响了正式学习与非正式学习的界定，正规教育和非正规教育之间的区别正在迅速缩小。传统上，以远程教育为代表的数字学习被认为是正式面对面教育的辅助。相对于系统性强、遵循课程大纲的正式学习，非正式学习具有非系统性、时间和方式灵活、开放性强、强调学生自主学习能力等特性。传统观点认为，正式学习一般和学校及培训中心等物理实体相关联，非正式学习则具有时间灵活的特点，学习时间往往由学习者自主决定。在数字环境中，正式学习不再限定于学校等实体，并融合了非正式学习开放性强和强调学生自主学习能力的特性。例如，许多教师采用项目教学法，即教学围绕一个长时间持续的项目展开，学生组成团队，协作完成任务。与非正式学习相似，项目教学法没有固定的教学大纲。项目的完成并非限制在学校，学生也可在课外通过网络交流，并寻求线上专家的帮助。

科技发展使校外的非正式学习也逐渐和正式学习融合在一起。慕课的发展和普及，使非正式学习者有了进行正式学习的渠道。通过慕课平台，学习者不需要去学校，就可学习学校的课程。慕课虽然也有教学大纲，包含许多正式学习的特性，但它允许学习者自行掌控进度，灵活利用时间，这也是非正式学习的特点。

【拓展阅读 10-2】
学生如何利用
在线学习小组

3. 多种教学活动和教学方法的结合

对于组织中的员工而言，数字学习活动往往比传统学习更具有吸引力。首先，数字学习环境为多种教学法和教学活动的结合提供了诸多便利条件。其中最重要的一个条件是学习资源的丰富性。数字时代学生拥有海量的学习资料。他们既可以使用传统的纸质书，也可以使用电子书、多媒体资料、网络资料等。在知识来源方面，与传统教育以教师为中心的知识来源不同，数字学习环境提供多种知识来源，如线上专家、网络搜索、同伴测评等。学生既可以借助网络的力量获取知识，也有机会在协作学习中从他人身上学到知识。其次，数字学习环境加强了师生和学生间的连通性。相对于传统教育单一的面对面交流，科技使师生交流突破了时空限制。

数字学习环境的这两个便利性为多种教学活动和教学方法的结合提供了可能。例如，慕课的发展和传播正是通过网络实现了学习资源的泛在性，将教师对课程的讲授以多媒体视频等形式通过网络传播给学习者。师生和学生间的交流完全依靠科技支持下的连通。除了大规模开放在线课程这样大规模的在线学习环境，教师也可以利用数字技术设计个性化课堂活动，例如翻转课堂等。同时，通过网络的连通性，学生在上传自己的作品时，能看到其他同学的作业，互相学习，互相促进，更好地完成合作学习。学习资源的泛在性和网络的连通性使教师能够在数字学习环境下针对不同的教学目标和学生，结合多种教学法和教学活动进行教学。

【课堂互动】

请你谈一谈对数字学习发展趋势的看法。

10.3　数字学习的效果评估

数字学习正在成为一种新兴的学习方法，一些机构已经在他们的组织中采用了这种方法。数字学习的初步成果在一定程度上证明了其突出的特点。然而，对现有的数字学习系统进行全面的评价是必要的，特别是如何对数字学习环境与传统学习环境的有效性进行评估，目前还有待进一步的探索。

10.3.1 数字学习的评估模型

毫无疑问，许多组织都越来越重视数字学习。除了总体上积极的经济效益之外，数字学习的优势还有方便、标准化交付、学习节奏可掌控和可用内容多样性等，这些优势使数字学习成为许多组织优先考虑的一个选择。但是，管理者不能把数字学习的效果当作理所当然的。在实践中，可以通过下面两个模型来评估数字学习的效果。

1. CIPP 评估模型

CIPP 评估模型是由 Daniel Stufflebeam 等人在 20 世纪 60 年代提出的一种项目评估模型。CIPP 由背景(context)、输入(input)、过程(process)和结果(product)的首字母缩写组成，要求评估背景、输入、过程和结果来判断一个程序的价值。这个模型使数字学习时代重新焕发出生机。CIPP 有时被称为面向管理的模型，使用形成性评价和总结性评价，在更大的系统或环境中研究数字学习的效果。

(1)CIPP 评价的四个步骤

CIPP 评估模型分背景、输入、过程和结果四个步骤，帮助决策者回答四个基本问题。首先，分析应该做什么。这包括收集和分析需求评估数据，以确定目标、优先次序和目标。其次，分析应该怎么做。这包括实现新目标所需的步骤和资源。再次，分析是否按计划执行。这为决策者提供了有关该方案执行情况的信息。通过对项目的持续监控，决策者可以了解项目执行计划和指导方针的情况、冲突的发生、员工的支持和士气等。最后，评估这个程序是否有效。通过测量实际的结果并将其与预期的结果进行比较，决策者能够更好地决定项目是否应该继续、修改或完全放弃。

(2)CIPP 与数字学习

在数字学习中，"背景"是指数字学习发生的环境。它将数字学习的真实环境与理想环境进行了比较。这种对比揭示了可能阻碍数字学习成功的系统问题，包括技术故障和不完善的计算机系统。背景对比包含比较投入评估替代方法、竞争行动计划、人员配备计划和预算的可行性和潜在的成本效益等因素，以满足目标需求和实现目标。"输入"检查并分析哪些资源投入数字学习，它还检查内容是否正确，是否使用了组合媒体。输入揭示了教学设计的问题。过程评估以评估计划的实施情况来帮助工作人员开展活动，进而帮助广大用户群体判断计划的表现和实施效果。在数字学习中，它在检查实施效果的同时也揭示了实现问题。结果评估部分包含识别和评估结果——有意的和无意的、短期和长期的。结果评估通过诸如"学习者学到了吗？"我们是怎么知道的？""数字学习对工作流程或工作效率有影响吗？"等揭示了系统性问题(Stufflebeam，2003)。

2. 柯氏四级评估模型

培训效果评估最常用的是柯克帕特里克(Kirkpatrick，1975)开发的四级模型，即柯氏四级评估模型。该模型是一个基于学习计划目标的评价模型，包括反应评估、学习评估、行为评估和成果评估四个评估层级。

(1)柯氏四级评估模型的层级

①反应评估(reaction)：评估受训人员的满意程度。反应评估是指受训人员对培训项目的印象如何，包括对讲师和培训科目、设施、方法、内容、自己的收获等方面的看法。反应评估主要是在培训项目结束时，通过问卷调查来收集受训人员对于培训项目的效果和有用性的反应。这个层级的评估可以作为改进培训内容、培训方式、教学进度等方面的建议或综合评估的参考，但不能作为评估的结果。

②学习评估(learning)：测定受训人员的学习获得程度。学习评估是目前最常见也是最常用到的一种评价方式。它用于测评受训人员对原理、技能、态度等培训内容的理解和掌握程度。学习评估可以采用笔试、实地操作和工作模拟等方法来考查。培训组织者可以通过书面考试、操作测试等方法来了解受训人员在培训前后，在知识以及技能的掌握方面有多大程度的提高。

③行为评估(behavior)：考查受训人员的知识运用程度。行为评估指在培训结束后的一段时间里，受训人员的上级、同事、下属或者客户观察他们的行为在培训前后是否发生变化，是否在工作中运用了培训中学到的知识。这个层级的评估可以包括受训人员的主观感觉和自评，以及上下级和同事对其培训前后行为变化的对比。这通常需要借助于一系列的评估表来考查受训人员培训后在实际工作中行为的变化，以判断其所学知识、技能对实际工作的影响。行为评估是考查培训效果的最重要的指标。

④成果评估(result)：计算培训产出的经济效益。成果评估即判断培训是否能给企业的经营成果带来具体而直接的贡献，这一层级的评估上升到了组织的高度。成果评估可以通过一系列指标来衡量，如事故率、生产率、员工离职率、次品率、员工士气以及客户满意度等。通过对这些指标的分析，管理层能够了解培训所带来的收益。

在柯氏四级评估模型的基础上，后来又发展出了第五级评估，即投资报酬率(ROI)评估。尽管将培训视为投资而不是花费具有一定的前瞻性，但它在实践中显然会遇到挑战，因为培训虽然有可能增加企业收益，但它并不能保证此结果一定出现，而且随着人才流动的加剧，盲目的培训往往是在给他人作嫁衣。另外，充斥于市场的大量培训项目良莠不齐，员工受训所学与实际工作内容、工作环境常常大相径庭，导致许多培训行为是缺乏效率和失败的，就像德鲁克曾经说过的那样："顶多是把白痴变成了低能儿。"任何培训的实施都必须依据企业的目标，必须与企业的战略相协调，必须与企业的生存、发展和竞争等方面的组织需求相联系，培训计划必须是企业整体计划的一个组成部分。只有这样，培训工作才会是有效果、有效率和有针对性的。

(2)柯氏四级评估模型与数字学习

虽然柯氏四级评估模型在传统学习中已经应用了很长时间，但是它被应用到数字学习中还是最近的事情。第一级(反应评估)测量学员在课程结束时对某一特定学习计划的喜爱程度，反应是在学习过程中测量的。第二级(学习评估)衡量受训人员获得的知识和技能，它可以在学习期间和学习结束时进行测量。第三级(行为评估)测量在职行为的变化，这种对变化的评估是在工作场景进行的。这种行为变化是在培训中获得的，然后转移到工作场景。第四级(成果评估)测量降低的成本、增加的营业额、增加的质量和生产数量等，它可以在工作场景测量。

10.3.2 数字学习的评估指标

一个组织可能花了无数的时间来调整其对于员工的数字学习策略，推出新的在线培训学习课程，但它真的能满足组织的绩效目标吗？一个有效的数字学习评估策略可以帮助组织提高员工保留率并且增加组织的盈利能力。无论组织在设计和开发在线培训课程上投入了多少时间、精力和资源，都不能想当然地认为它对员工是一定有效的。只有当组织能够衡量有效性时，在线培训才是一项可靠的投资。下面是一些对组织在线培训进行评估时可以参考的指标。

1. 观察新知识在工作中的应用情况

确定员工是否记住了在线培训课程中的知识的一个简单方法，就是检查员工是否能够将新获得的知识和技能应用到实践中。比如，他们是否改变了自己的行为，并知道如何在日常工作中履行自己的职责？或者当需要进行交易或处理客户服务问题时，他们是否需要寻求帮助？在线培训的目标是提高技能，获得一定的知识，改变行为和态度。要衡量员工的学习情况，可以比较他们参加在线培训前后的情况。一个培训项目成功的核心指标是看员工是否获得必要的知识和技能来有效地完成他们的工作。

学习者可能会将信息吸收到自己的经验和发展中，而不是通过前后问卷调查或传统测试来再现知识。系统应提供分享和应用知识的实际机会，以确定学习的有效性。要做到这一点，一个很好的方法是分析在线论坛上学习者对主题的贡献。可以专门创建这样的论坛来鼓励学习者在线贡献。评估可以根据学习者在论坛上回答问题的次数来进行，也可以通过分析他或她发布了多少经验或有哪些发现来推断。学习者可以"喜欢"这些帖子，或者标记它们对其他学习者有用。学习者的帖子被他或她的同伴标记或转发的次数也可以是学习效率的一个有效衡量指标。

2. 使用场景进行模拟

如果组织负担不起或不愿意承担通过现场观察来评估在线培训有效性的风险，那么可以创建基于场景的测试，让员工展示如何应用他们在在线培训中所学到的东西；或者要求员工执行特定的任务，观察场景的结果，检查参与者是否通过了测试。如果他们失败了，组织可能需要修改方法和某些行为、纠正错误或提供额外的培训内容，直到员工掌握学习目标。组织可以确定它们是否具备帮助员工在一个特定环境中完成基本工作所需的技能和知识。这使组织能够在不降低客户服务水平的情况下，测量在线培训课程的有效性。简言之，有效的在线培训意味着所有员工都能将所学到的知识付诸实践。

3. 使用绩效目标

绩效目标是评估在线培训课程有效性的一个很好的工具。组织需要对比培训前后员工的绩效表现。为了评估在线培训前的表现，组织必须分析自己的员工，并确保确切地了解他们的知识基础和经验水平，然后在员工完成在线培训后，确定他们离实现目标有多近。在整个在线培训过程中，为了让员工关注他们的绩效目标，需要始终将组织培训与绩效预期联系起来。

4. 把员工变成指导者

把员工变成指导者，鼓励他们教授一个特定的话题或与其他员工进行讨论。把员工变成指导者以评估在线培训的有效性有两个好处：首先，它能让员工之间互相学习和教导，这展现了组织的协作精神，从而激励员工一起更快更好地工作。其次，它可以帮助组织确定在线培训参与者是否学到了他们应该学的内容。为了指导别人，他们必须首先对主题有一个深入的理解。如果他们掌握了主题，那么组织就知道在线培训实际上是有效的，因为能够有效地传递"信息"，也就是说员工真正地掌握了这些技能和知识。此外，让员工把他们学到的知识教给其他人，不仅可以帮助组织检查在线培训是否有效，还可以帮助员工巩固新获得的知识，这是一个双赢的局面。为了让员工能够教别人一个特定的话题，他们需要证明自己所学到的知识也可以应用到现实世界中。

5. 直接调查员工满意度

员工实际上是组织在线培训课程的最佳批评者。他们对组织在线培训的看法和反应将提供有价值的反馈，以衡量组织在线培训的有效性，从而帮助组织确定其优缺点，以便修改和改进。为了确定数字学习对员工是否具有吸引力和意义，组织可以将所使用的学习管理系统作为一个评估工具。通过编写程序来询问员工对在线培训的满意程度和积极反应，组织可以收集有价值的数据，比如员工是否认为在线培训课程值得他们花时间，是否考虑把课程推荐给同事，以及他们觉得最有趣和有用的话题是什么。此外，可以考虑举办访谈小组，员工将有机会说明他们对在线培训经历的整体感受，或许还可以提出改进方法。调查和一对一访谈也可以提供关于在线培训的有效性、员工满意度的见解，甚至可以帮助组织找出战略的薄弱环节。通过以上行动，组织可以准确地了解到员工对在线培训课程的看法，以及他们是否真的从组织的活动和锻炼中受益。员工满意度不高是培训效果的直接指示，表明组织正在做错事。

6. 充分利用数据分析的优势

许多学习管理系统都内置了分析功能，可以帮助组织全面了解员工的进度，展示他们完成每个模块的速度，以及他们登录系统访问在线培训的频率。所有这些数据都可以帮组织评估线上培训的有效性，并根据员工的需求进行定制。例如，如果组织发现大多数员工在学习一个模块上花费的时间比预期的要长，那么组织可能需要评估它的难度级别，分析它是否太具有挑战性。学习者使用移动设备登录学习管理系统（LMS）或在手持设备上搜索相关课程内容的次数可以表明移动学习的有效性。在移动设备上学习时间的增加是学习者热衷于在这些设备上学习的明确标志。

充分利用数据分析的优势也意味着我们要收集实际的日志数据，与学习课程建立交互性。例如，学习者多次访问课程的某个特定部分，这一事实表明该部分包含了能引起他的注意或他认为有用的材料。如果课程中添加了视听材料或技能游戏（学习者想要体验更多，然后应用到自己的工作中），这种情况就更明显了。这不仅能说明内容的有效性，还能揭示什么样的内容最吸引学习者。

7. 计算 ROI

要评估在线培训的有效性，组织需要衡量其投资回报率（ROI）。为了计算 ROI，组织需要估算成本，例如在线培训的设计和开发成本，以及与在线培训项目相关的收益，例如提高的生产率、增加的销售量、更少的客户投诉等。通过评估成本与绩效结果，组织能够得到成本与绩效的比率，这能够真正帮助组织确定在线培训是否有效，或者仍有需要改进的地方。

10.3.3　数字学习进一步发展面临的问题

数字学习在给学习提供诸多便利的同时，也对学习提出了一些新的挑战。为了更好地发挥数字学习的潜能，还需要进一步解决以下几个问题。

1. 责任与创新

数字学习仍然是一个发展中的领域。学习管理系统以及课程管理系统等工具是不断变化的。可能当一个机构决定投入一个系统之后，一个更好的产品已经出现在市场上。而一旦许多数字学习课程使用了选定的系统，该机构将面临不得不坚持下去的局面，否则在课程设计和开发上的投入可能会浪费。这就产生了现实问题：一方面，该机构需要致力于投入相同的产品，以确保其在数字学习方面的长期发展；另一方面，该机构也应该不断寻找更好的解决办法。也许，创新会更好地满足他们的需求，但是一个机构又能承担多少次尝试和试验新系统所产生的费用呢？

2. 知识产权

数字学习的另一个关键争议是知识产权相关问题。互联网中的共享、分享等理念与知识产权的要求几乎是背道而驰的。在学习中，我们总是需要接触到现成的作品，无论是论文、艺术品还是其他作品，甚至申请使用课程中所使用的每一种材料。然而，如果我们只是简单地复制给学生，或将其上传到一个有密码保护的网站，就有可能违反《中华人民共和国著作权法》。我们需要一套新的规则来管理知识产权问题。此外，由于数字学习的协作性质，大多数课程不再是由一个教师开发，而是由教师、教学设计师、程序员和图形设计师组成的团队协作完成，他们中的大多数人都得到了开发课程的报酬。那么，这些课程的知识产权到底属于谁，是机构、团队的关键成员，还是参与其中的每个人？对于这个问题目前还没有一个明确的答案。

3. 学习者数字素养的培养

对学生来说，如何成为自主学习者和如何使用科技是两大挑战。在数字学习环境中，学生有更多的机会掌控自己的学习。然而，传统课堂和应试教育培养出来的许多学生不具备自主学习能力。如何帮助学生学会制定学习目标、自我监督和控制学习进度，从而成为合格的自主学习者，是数字时代对学生的挑战。此外，在课堂学习之外，学生还需要掌握科技的应用，包括成功登录、参与课堂、提交作业、与教师和同学交流等能力。同时，理解在线交流礼仪（比如不可以随意打断教师、不可以进行不恰当操作等），了解学生在数字学习环境中的权利和责任也是非常重要的。这也是学生开展数字学习的基本要求。总的来说，学生数字素养的培养是数字学习成功与否的关键要素。

本章小结

本章主要介绍数字时代的学习环境。首先，基于对数字学习的基本概念、类型、系统要素、开源课程管理系统的介绍，总结了数字学习具有低成本、灵活性、建构性以及个性化等优势，但也存在局限性；其次，针对数字学习工具的发展，进一步介绍了虚拟现实（VR）、大规模开放在线课程、社交学习、视频学习、游戏学习以及大数据分析技术等对数字学习的影响，并指出未来数字学习的趋势有虚拟世界与物理世界的融合、正式学习与非正式学习的融合以及多种教学活动和教学方法的结合等；最后，介绍了数字学习的评估模型、评估指标及进一步发展面临的问题，包括责任与创新、知识产权以及学习者数字素养的培养等。

复习思考题

1. 简述数字学习的基本定义和特点。
2. 数字学习的基本类型有哪些？
3. 本章介绍了哪些开源课程管理系统？
4. 数字学习的优势、劣势分别是什么？
5. 数字学习的趋势是什么？
6. 数字学习的效果评估模型有哪些？

案例分析

扫一扫，看资源

办法总比困难多

第 11 章 移动学习及管理系统

【学习目标】
➤ 掌握移动学习的概念及特点
➤ 熟悉移动学习的支持系统
➤ 了解移动学习的效果评估及管理

【关键术语】
移动学习、移动学习系统、效果评估

🎥 开篇案例

"移动学习"教育部-中国移动联合实验室：学习元项目

为了满足移动学习对学习资源所提出的生成与进化、智能与适应等多方面的要求，北京师范大学"移动学习"教育部-中国移动联合实验室提出了适合移动学习环境与非正式学习的一种新型学习资源组织方式——学习元，并积极探索"学习元移动云课堂"的开发与应用。学习元(learning cell)一方面表示"小粒度"，另一方面则表示"学习的初始"，同时具有"生长""进化"的含义。学习元为学习者提供微型学习资源和学习服务，能够根据学习者的个性化需求提供课程推荐，学习者只需要简单地订阅自己感兴趣的课程，即可享受学习元所提供的丰富的学习服务。同时，随着学习者参与课程的持续和深入，学习元中的课程也不断地进化，学习者不仅仅是知识的获取者，更是知识的生成者。

"学习元移动云课堂"为学习者提供跨终端的学习活动组件库，包括讨论交流、提问答疑、发布作品、练习测试以及同伴互评等学习活动。学习者可以使用电脑、手机或者平板电脑等不同终端，随时随地获取知识，参与学习。"学习元移动云课堂"所提供的课程内容既可以在线浏览和参与，也可供离线下载，方便学习者在网络连接不通畅的地点使用，拓展了学习者的学习地点。

同时，"学习元移动云课堂"通过对学习者参与学习过程中的数据进行分析，挖掘学习者潜在的学习兴趣和知识掌握情况，为学习者及时推荐对其继续学习具有帮助的课程，学习者不再为找不到感兴趣的课程所烦恼。"学习元移动云课堂"为学习者的移动学习提供了坚实的技术支持，使学习者可以跨越正式学习与非正式学习，融合不同学习情境，给学习者带来良好的学习体验。

依托北京师范大学"移动学习"教育部-中国移动联合实验室所提出的学习元网络教学平台，该实验室进一步推出"移动课程 App 生成器"这一款面向一线教师的移动课程在线开发以及 App 在线生成工具，为广大的一线教师提供移动课程在线制作与管理以及相应的移动课程 App 在线生成服务。

　　"移动课程 App 生成器"具有以下特色：一线教师所开发的移动课程采用"微课程"的组织形式，将学习内容和学习活动深度整合，并具有良好的组织结构；移动课程自身包含一系列"一致、贯一"的学习活动组件库，支持学习者跨情境、跨终端的移动学习；移动课程使用基于个人知识地图的知识组织形式，学习者可以通过可视化的方式进行个人知识管理；移动课程提供知识人际图和在线交流工具，方便学习者在学习过程中找到与特定知识相关的专家。一线教师在完成移动课程的开发之后，即可从"移动课程 App 生成器"所提供的一系列 App 模板中，选择符合应用场景的 App 模板来进行 App 在线生成；一线教师在 App 生成向导中填写相关信息后，"移动课程 App 生成器"即可完成 App 的编译、打包和签名，生成下载地址及二维码，供下载使用；最终，"移动课程 App 生成器"将生成的 App 在其附属的 App 管理平台上予以发布，方便更多的教师和学习者获取。

　　目前，"移动课程 App 生成器"已投入实际使用，一线教师在备课时利用该工具自主开发移动课程并将其生成 App，学生在课堂上利用移动设备进行学习。"移动课程 App 生成器"的应用，为中小学的自带设备（BYOD）和翻转课堂提供了技术支持，成为不可或缺的技术支持工具。

　　案例来源：高梦楠、任娜：《国内移动学习典型案例》，载《中国教育网络》，2015（4），33-34。

　　思考与讨论：

　　1. 你是否对移动学习有了一定的认识？谈一谈你的理解。

　　2. 移动学习容易遇到什么困难？

　　3. 移动课程在企业培训中可能有哪些应用？

　　过去十年是移动设备快速普及的十年。它们已经接管了人们消费内容的方式，也深刻改变了数字时代人们的学习方式。皮尤研究中心（Pew Research Center）发现，如今五分之一的美国成年人是"只使用智能手机"的互联网用户，他们拥有智能手机，但没有传统的家庭宽带服务。考虑到世界各地的劳动力正处于新旧交替的十字路口，移动学习在培训新员工及知识管理方面的作用将更加重要。"婴儿潮一代"和 X 世代将退休或步入职场后半程，千禧一代和 Z 世代正式进入职场，这些数字时代的原住民具有"移动优先"的典型特点。事实上，千禧一代对移动学习的需求是明确的，而 Z 世代的上场将最终让所有组织都采用移动学习的方式。移动学习已经从一种备选的学习方式转变成组织在数字时代开展培训与发展、知识管理等方面必不可少的管理工具。本章首先带领读者认识移动学习的概念及特点，并介绍云计算等技术对移动学习的影响及移动学习在企业中的应用；接着详细阐述了移动学习支持系统以及如何设计移动学习的支持系统，并分析了移动学习的发展趋势以及可能遇到的问题。通过本章的学习，读者将会对移动学习、移动学习支持系统以及移动学习未来如何发展等问题有进一步的了解。

11.1 移动学习的概念、特点及运用

11.1.1 移动学习的概念

"移动学习"的概念发端于 20 世纪 70 年代；20 世纪 90 年代，移动学习在实践领域得到广泛发展。进入 21 世纪，在国际组织、学术团体及政府机构等的推动下，移动学习进入快速发展阶段，移动学习本身的内容发生了重要变迁。Sharples(2006)将移动学习的发展分为三个阶段：一是关注移动设备阶段，即技术的移动性；二是关注室外学习阶段，即空间的移动性；三是关注学习者阶段，即学习者的移动性。这表明移动学习的内涵及内容正处于不断更新、演化的动态发展过程。移动学习(mobile learning)是"互联网＋教育"的典型应用，是指在网络和终端设备(智能手机、iPad、电子阅读器等)的支持下，学习者根据自身需求能够在任何地点、任何时间获得信息、资源或服务。它是远程学习的一种新形式，为学习者的终身学习提供了可能。

2024 年 3 月 22 日中国互联网络信息中心(CNNIC)发布的第 53 次《中国互联网络发展状况统计报告》显示，截至 2023 年 12 月，我国网民规模达 10.92 亿人。其中手机网民规模达 10.91 亿人，网民使用手机上网的比例为 99.9％。2020 年以来，受新冠疫情影响，各国大中小学纷纷将教学活动转为线上进行，企事业单位也将办公及培训活动转为线上，进一步推动了移动学习的广泛应用。

移动学习是数字学习的最新趋势，它突破了时空的局限，可以使学习者随时随地随需地获取知识。在移动学习中，通过信息技术，学习者拥有了控制和选择的权利，可以自由选择适合自己风格的学习方式，选择符合自身需求的场所、工具、资源等，这使得学习者的自主性和个性更加突出。与传统学习相比，移动学习不再使用厚重的书本和笔记，而是借由轻便的移动存储器，因此学习可以随时随地发生。不管是在固定地点还是在路上，只要有移动设备和学习材料，就可以进行移动学习。而且，移动学习具有游戏的性质，学习就像打游戏，学习者在各种"升级打怪"的过程中不知不觉就完成了学习，这增强了学习的趣味性，也增加了学习的黏性。

11.1.2 云计算对移动学习的影响

移动设备的普及为移动学习的发展打下基础，而云计算技术的进步则给移动学习带来了诸多革命性的影响。随着云计算的发展和普及，教育机构、教育者和学习者的信息都将逐步迁移到"云"上，这对移动学习的发展来说无疑是一个很好的契机。以学习者为中心、基于"云"服务的个人学习环境是云计算时代移动学习的鲜明特征。云计算对移动学习的影响主要表现在以下四个方面。

1. 弥补移动学习模式的不足

在云计算出现之前，移动学习的主要模式有两种：基于点播的短信息服务(SMS)和基于浏览的 WAP 教育站点模式。两种模式各有不足：SMS 模式下，数据通常会有一定的延迟，学与教做不到真正的实时交互；WAP 模式传输的数据量有限且一般只能传输文本信息，难以满足用户对多媒体资源的需求。云计算的出现弥补了以

上两种移动学习模式的不足。大量教育资源存储于云服务器中，无须建立专门的教育站点就可实现大规模的移动学习。云计算整合了多方计算机、互联网新技术，突破了单一 WAP 协议的限制。总之，在云计算背景下，学习者只需使用移动设备通过浏览器即可接入"云"服务器自行选择学习内容进行学习并实现实时交互。

2. 整合最丰富的学习资源

云计算实现了教育信息的融合、存储并通过网络服务进行共享，从而使教育资源得到了最大限度的整合和利用。云计算将世界范围内的教育资源聚合到"云"存储服务器中，学生一旦使用了这个云，学生的资源也会相应地进入"云"存储服务器中。教师是移动学习的设计者和助学者，负责对浩瀚的资源进行归类、管理，并制定相应的访问规则。在学习过程中，学习者和教育者可以在规则下对既有的学习内容进行补充和修改，从而不断地完善原有的资源库。

3. 支持多元自主虚拟学习社区的创建

云计算环境下，所有资源都整合在"云"端。学习者可以利用这些资源自由地创建虚拟社区，构建虚拟学习环境，与具有共同学习目标的其他学习者展开协作学习。由于这些虚拟社区由学习者自主创建，没有特定的教学引导者或社区意见领袖，学习者可以充分发挥其特长，展示其个性，在社区中自由地交流。由于学习是基于网络的，学习者的构成突破了现行虚拟社区辐射范围的限制，来自不同国家、不同文化背景的人都可以进入社区共同学习和讨论，相互取长补短，借鉴学习经验，实现了多元化的文化知识交流。

4. 降低对移动学习设备的要求

移动学习设备本身的硬件问题是制约移动学习发展和普及的重要因素。这些问题包括数据处理能力低、内置软件有限、多媒体资源的传输受限制等。云计算技术的出现为这些问题提供了一个可行的解决途径。在云计算下，所有的数据存储和处理都将在"云"端的计算机群进行，其强大的计算能力使它能完成很多个人计算机无法应付的数据处理任务。由于所有的数据处理都在"云"端进行，学习者只需通过浏览器便可进行类似于在个人计算机上的常用操作，因此移动设备只要能够运行浏览器就可以了，这大大降低了对设备硬件的要求。

11.1.3　移动学习的特点

科技催生了很多新的学习方式，也萌发了很多新的学习理念。移动学习，以及与之相关的无缝学习，都在很多方面显现出与过去传统学习不一样的特点。具体来说，移动学习具有以下几个特征。

1. 数字化

移动学习是数字学习的一种特殊形式，具有数字学习的一些特性，即数字化的学习环境、数字化的学习资源和数字化的学习形式，体现了数字学习的典型特点，如时间的终身化、空间的网络化、学习主体的个性化和交互的平等化。此外，大部分移动学习模式是以无线网络为系统，通过移动终端设备接入实现教学，因此移动学习是一种数字学习。

2. 互动性

互动性是移动学习的典型特点，比如视频网站中增加弹幕就是提供交流互动的一种形式。微信公众号、微博、微视频等移动学习的载体都提供了很多学习者之间互动的机会。移动学习的互动性不仅体现在学生与教师之间、学生之间，也体现在学生与教学内容之间。教师可以将教学资料上传到网上，供学生下载，学生可以对这些材料进行点评。在移动学习中，学生很容易实现对同伴课堂表现、作业的互评。

3. 个性化

在移动学习模式中，学习者根据自己的学习需求，自己控制学习进度，安排学习时间和地点，自由选择学习内容。移动学习因其具有移动性、便携性、连通性和随身性等特质，能够获取和响应对应于特定地点、环境和时间的真实或虚拟数据，从而可以方便、快捷地创建个性化和多样化的移动情境。个性化的另外一个意思是随着人工智能和大数据分析技术的广泛运用，移动学习可以匹配学习者的水平，自适应和自推送个性化的学习内容，真正实现"因材施教，有教无类"。

4. 碎片化

移动学习是一种碎片式经验，所学的知识是零碎的、片段式的。移动学习主要是学习者利用碎片化的时间来学习，这一方面给学习者带来学习的灵活性，另一方面也意味着所学内容往往是碎片化的。移动学习以微课、微视频等形式为主，一般一次只学习一个知识点，在所学内容的完整性和体系化方面还有所欠缺。

5. 普适性

智能移动通信终端的出现与普及，使得任何持移动通信终端的人都可以利用移动学习模式开展学习与交流，即使在交通不方便的地区也可以通过终端进行学习。同时，学习资源根据不同的使用对象来设计和开发，且能方便快速获取与更新，使得移动学习使用对象具有普遍性、移动学习模式具有普适性。随着移动通信技术的发展，高性能的移动终端设备不断出现，而且这些设备支持更快的下载速度、更大的容量和更高的质量。基于此，学习者可以应用自己的移动终端设备通过无线网络实时地聆听或收看远程授课，可以与教师及其他学习者进行在线交流、探讨。这就大大拓宽了教育的范围，推动了终身教育和教育民主化的进程。

11.1.4　移动学习在企业中的应用

传统的学习培训方式主要是在特定的时间和地点指派团队参加面对面的培训课程。然而，这种学习方式代价昂贵，不仅在员工业务繁忙时不方便安排，而且也不能保证收到良好的学习效果。移动学习突破了员工学习的时空限制，员工有权决定如何、何时、何地使用移动学习进行学习。因为移动学习具有可负担性、可伸缩性和灵活性的特点，各种规模的组织都已经接受了移动学习的概念，目前移动学习在企业中的应用有星火燎原的趋势。考虑到智能手机的普及，这个市场的范围是巨大的。移动学习主要由两个部分驱动——移动设备和移动操作系统。得益于微型手持设备的快速发展以及 Android 和 iOS 等高性能系统的力量，移动设备具备强大的性能。利用移动设备的这些性能，移动学习在不同行业中得到了广泛应用。

1. 移动学习在零售业中的应用

零售工作需要员工持续在工作场所工作，而移动学习的微型设置是这个行业的理想选择。员工可以通过移动学习掌握如何在店内导航、了解平面图以及客户服务指南等。以化妆品商店的零售员工为例，他们必须了解他们销售的不同产品的独特功能、护理说明和副作用。所有这些都可以通过游戏化的移动学习模块轻松实现。此外，在移动设备上提供这些信息可以帮助员工提供顺畅的客户体验。

2. 移动学习在制药公司中的应用

许多制药公司已经开始使用移动学习来培训销售人员，让他们把新研制的药物带给医疗专业人员。对这种动态性的工作而言，移动学习是一种优势。由于销售人员没有固定的工作地点，安排内部培训是一个挑战。即使组织这样的培训，效果也会差很多。相反，要确保员工充分了解他们试图销售的药物的知识，并遵守法律框架所规定的规章制度，移动学习是最好的工具。制药也是一个基于数据的行业。移动设备可以确保这些数据快速准确地传递给每个利益相关者。因此，移动学习已经成为行业的游戏规则改变者。

3. 移动学习在汽车行业中的应用

汽车行业是世界上最具活力和技术领先性的行业之一。对这种行业来说，员工培训是一个严重的问题，因为压倒性的竞争优势在很大程度上取决于员工的水平。近年来，传统的培训已经退居二线。汽车行业需要处理大量的动态数据，移动学习成为其理想的学习伙伴。尽管员工分布在全球各地，但他们需要相同的产品信息，以及基于他们工作概况的额外学习内容。移动学习的可访问性、普适性及个性化，使其成为汽车行业员工培训的理想选择。

【课堂互动】

讨论：如何充分利用微信群与微信公众号的优势做好移动学习？

11.2 移动学习的支持系统

企业想要实现移动学习的模式，需要移动学习系统的支持。那企业移动学习系统有哪些呢？最简单的方法是向培训系统供应商直接购买系统，就目前来看，市面上企业移动学习系统的种类丰富，同类产品也有多家供应商。人力资源部门在选择购买移动学习系统时需要综合考虑各种因素。一个好的企业移动学习系统能够让企业培训管理更加简单轻松，不仅能有效促进内部员工的培训成果转化，而且能降低培训成本，促进企业的快速发展。

11.2.1 移动学习系统的生态系统

在数字时代，传统的企业软件系统越来越显得笨重，越来越不合时宜，进而出现了更多的 SaaS 和 PaaS 模式，于是，企业的信息系统变轻了，员工的操作方式变简单了，企业的运营更加高效了。企业的学习培训正在快速进入云服务时代。传统的开发学习系统的模式正在走向云端的移动学习的服务模式。以授课服务为导向的移动学习服务势必会代替传统的以系统开发为核心的数字学习模式，也将成为未来企业学习的核心发展方向。从具体应用角度，移动学习系统是一套由平台、内容和运营三个核心组件构成的生态系统。

1. 平台

移动学习平台是移动学习发展的基石，而平台背后隐藏的是移动互联网技术和数字技术。企业中移动学习的推动者（培训人）与移动学习的使用者（企业员工）均是非技术类人群，而非技术类人群在谈论和推动技术产品的落地时，势必会受到各种不同程度的挑战。移动互联网时代，几乎所有的互联网企业，都在上线移动学习平台，提升员工能力。平台包括移动学习的功能组成、UI 交互、技术架构等，可以通俗理解为技术部分，涉及前端客户端的开发和后端技术后台系统。从客户端来看，也就是用户直接看到并使用的 App。App 究竟需要什么样的学习功能，以及怎样的学习体验——技术手段就是这些需求能够付诸实施的保障。除了前端客户端的功能设计和 UI 交互外，不能忽略的还有隐藏在背后的后台系统。没有后台系统的支持，前端就仅仅是可观赏而不实用的漂亮玩具，用户管理、内容管理、统计管理、考试测评等关键的学习管理功能更是无从谈起。良好学习体验最基本的一点就体现在简单易用。移动学习平台在操作方式上，应重点体现寻找、学习、传播知识的功能，去除一切不重要的细节内容，以及对学习没什么促进作用的花哨设计，做到简洁实用并易于查找。

2. 内容

内容是指移动学习平台里的课程或其他教学相关材料，包括内容的素材、教学设计、制作、呈现等。移动学习内容一般指的就是微课程：从来源来看，可以是自产、转载或 UGC（用户创造内容）；从表现形式来看，可以是文字类或富媒体类（图像或音视频）。从更宽泛的角度，学习内容既包括微课程，也包括内容结构和学习地图。学习地图的核心在于告知学习者在不同工作阶段应当学习什么内容以及达到怎样的学习标准，相对于大众所普遍认知的碎片化学习，这种地图式的学习已经更接近系统学习范畴。在学习内容上，将原有的学习内容优化、微化，尽量简短精练，突出重点。人们愿意主动订阅微信、微博公众号阅读各种资讯的原因是觉得能获取有用的知识。移动学习平台在内容设计上也可以从这一点出发，推送对员工有用的课程资源。对于一些员工必须掌握的知识和关键工作技能，可以制作成课程，有针对性地帮助他们提升。比如上线财务报销流程、业务知识手册、代码实战技巧等课程都能吸引员工主动翻阅学习。

3. 运营

移动学习的运营是指促使客户和用户更好地使用、活跃、留存的一系列性工作，包含日常维护和突发问题解决等杂而细碎的活动。它包括四方面的核心工作：客户调研、客户服务、运营分析、活动策划。运营需要定期对潜在用户和使用用户进行调研，了解客户需求，赢得客户黏性；还需要对客户在使用的前中后阶段所涉及的所有问题进行回应和解决。此外，运营还要基于各类使用数据进行分析，然后有针对性地进行活动策划，以保障关键性指标的良性发展。

移动学习的价值，不仅体现在能让学员获得更好的学习体验，更在于它能为学员创造一个移动式的学习社区。实践也证明，社区中的交流与学习远比单向的在线学习课件更有吸引力。用户之间可以互相关注加为好友，随时与其他用户、教师进行内容讨论，与其他部门的同事分享交流学习工作中的难题，得到公司骨干、高层的指点等，这些都会让学习变得更为有趣。游戏之所以吸引人，离不开其"清晰目标、简单任务、明确反馈、及时激励"等特点。如果移动学习平台的设计能借鉴游戏化的激励反馈方式，也能让学习过程充满动力。比如设计在线测评功能，刚学完就可以考试，这是对学习效果的即时反馈。又如设置奖励，在用户学完一门课程，考试达到一定分数时，就可以拿到一个相关证书，而且这个证书和晋升、奖金等直接挂钩。对于移动学习的生态系统，平台、内容、运营必不可少，如何激发三者之间的"化学效应"，从而产生"1+1+1＞3"的效果，是移动学习成功的关键。

11.2.2 移动学习系统的分类

移动学习是基于移动设备的使用产生的。这些设备必须支持无线技术，可以呈现教学材料，并实现学习者和教师之间的异步或同步通信。现有的广泛的移动设备和无线技术为实现不同的移动学习系统提供了可能。这些系统中有些只适用于学校教学系统，有些可以在教育机构之外更广泛地使用。与此同时，有些系统只支持用户对管理信息的访问，而有些系统支持对教育材料的访问。Georgieva 等人对现有的移动学习系统进行归纳和分类，覆盖了目前主流的分类方法，具体分类如下。

1. 基于信息和通信技术

根据信息和通信技术，移动学习系统的分类基于以下主要指标：用于学习的移动设备类型，比如笔记本电脑、平板电脑、掌上电脑、智能手机等；用于访问学习材料和管理信息的无线通信类型，比如 GPRS、GSM、IEEE 802.11、蓝牙、IrDA 等。

2. 基于教育技术

根据教育技术，移动学习系统的分类基于以下主要指标：支持同步、异步教育；支持电子学习标准；移动学习系统与用户之间永久互联网连接的可用性；用户的位置；获得学习材料、管理服务的可能。

3. 基于教师和学生之间信息共享的时间

根据教师和学生之间信息共享的时间，移动学习系统可以分为以下几类：（1）支持同步教育的系统。这类系统支持学生与教师和其他学生进行实时交流，交流方式以语音通信和聊天为主，以视频通信为辅。（2）支持异步教育的系统。在这类系统中，学生不能与教师和其他学生进行实时交流，主要采用电子邮件或 SMS 来发送异步信息。（3）支持同步和异步教育的系统。这类系统兼顾了上面两种系统的不同特点。

4. 基于用户获取教材的方式

根据移动学习系统用户在移动设备上获得教材的不同方式，现有的移动学习系统可以按照以下方式进行划分：（1）在线移动学习系统。这些系统需要系统和用户的移动设备之间的永久通信，如 Mobile Quest 和 Learner Support System。（2）离线移动学习系统。学习材料被上传到用户的移动设备中，移动学习系统与移动设备之间不需要进行无线通信，如 University 360 Mobile 和 Agilix Mobilizer。（3）在线和离线结合的移动学习系统。部分学习资料是在线访问，其余资料是离线访问（必须先上传到手机等设备）。

5. 基于用户的位置

根据用户所在的位置，现有的移动学习系统可以分为三类：（1）校园系统，可以在大学、学校和公司内部访问。访问此类系统的典型方式是使用笔记本电脑或平板电脑，通过无线局域网访问教育机构。学校的内部网、共享学习资源等都属于这一类系统。(2)校外系统，可以在大学、学校和公司之外访问。这些系统的接入是通过平板电脑或智能手机实现的，因为这些设备支持长距离无线通信，提供更多的移动性。大学移动门户就是这类系统的一个例子，它可以发送包含新闻和重要消息的短信到用户的手机。(3)可以从教育机构内部和外部访问的系统。现有的移动学习系统的主体部分——移动教育平台、慕课、可汗学院等都属于这一类。

11.2.3　如何设计移动学习系统

如何在技术层面实现一个有效的软件系统以支持高效的学习活动，是保证移动学习取得预期学习效果的关键。

1. 移动学习系统的设计原则

从移动学习的定义来看，软件系统设计必须关注以下四个方面的要求。

(1)以学习理论为指导，融合游戏学习设计模式

首先，保持移动学习系统软件的简单易用是最基本的要求。学习者不会花几小时去研究一个非常复杂的学习软件，他们大多是利用工作之间的零碎时间来学习的，所以每一个学习活动应该控制在五步操作之内。其次，为更好地体现以学为中心，达到深度参与学习活动的目的，学习活动的控制权必须交给学习者。学习者要能够控制学习活动的整个过程，能够在学中不断观察、不断体验、不断反思、不断交流沟通。最后，移动学习设计的一种普遍形式是将学习解决方案游戏化。游戏化是一种互动的培训机制，它利用人类的游戏天性来获取奖励，传授持久的知识。游戏化的具体定义是通过推出基于分数的奖励系统、排行榜或其他游戏类功能以增加积极竞争并推动移动学习的参与度。目前，游戏化设计与移动学习有合流的趋势。在一个新工作场所开始工作的员工有大量的文件要处理，他们还必须了解公司提供的产品和服务。为了减少这种烦琐的工作体验，游戏化是非常有效的。比如创建基于移动设备的课程，其中每个任务允许用户赚取积分和奖励。通过这个过程，员工不会感到不知所措，他们可以真正享受自己的工作，同时更多地了解自己的工作职责和公司文化。另外，通过游戏化使用移动学习的另一个经典例子是帮助员工理解工作场所的行为准则。这类练习通常通过计分测验的过程来实施，让员工不仅可以在自己的专业领域内遵守规则，而且可以感到轻松愉快。

(2)结合员工的素质模型和个人兴趣，以提升企业人才素质和员工能力为目标

作为一种新的学习模式，移动学习要被企业认可，并作为一种培训服务和知识管理工具提供给广大员工，就必须在辅助企业人才素质的提升和学习型组织的建设方面表现出自己的优势。为了提升员工的学习兴趣和积极性，在考虑企业素质模型的同时，可以考虑结合员工的兴趣爱好，增加一些娱乐、国学、体育、音乐、生活等相关的学习内容，并对这些内容进行游戏化的改造，让员工享受整个学习的过程，并乐在其中。这种设计原则对于增强平台用户黏度有重要的指导意义。简单来说，移动学习系统的设计必须以素质模型、员工兴趣、企业组织架构、员工角色为基础进行游戏化、个性化的设计，让员工能够有获取知识的兴趣，又让企业及时了解到员工的学习效果和能力提升。

（3）移动优先，特别是以智能手机终端为核心的研发平台

智能手机终端作为必备的通信、工作和娱乐平台，深受大家的欢迎。因此，以智能手机终端为核心的研发平台能更好地推进移动学习系统的应用。对于使用智能手机的员工来说，他们常常需要在不同的工作任务之间切换，比如回电子邮件以及参加工作会议等，不同的工作任务之间往往存在时间间隔。移动学习系统必须保证员工使用工作任务间隔的这一小段时间进入学习状态而不耽误其工作任务。如果一个移动学习系统不允许用户在学习和其他工作模式之间顺利切换，那它无疑是失败的。

（4）以 Web 2.0 理念为指导，充分考虑用户互动

Web 2.0 的核心理念为"用户交互"，用户既是网站内容的浏览者，同时也是内容的生产者。在千禧一代、Z 世代这些深受互联网影响的员工成为企业的核心时，对他们的培养和管理不可避免地要引入新的理念。在 Web 2.0 下，手机调研、微博、播客、论坛都将成为移动学习系统不可忽略的内容，员工不仅是移动学习系统的消费者，也是这个系统的创作者和内容生产者，系统可以通过提供评论、弹幕、社区的方式为员工的移动学习构造良好的互动交流平台，促进互联互通，共同学习，共同促进氛围的形成。

2. 移动学习系统的结构设计

云计算中的分布式计算及大规模异构系统资源共享为解决移动学习系统的基本问题提供了理想的技术解决方案。IBM 的蓝云计算平台（blue cloud）以及亚马逊公司的弹性计算云（elastic compute cloud）等云计算模型的出现为移动学习系统的构建注入了新鲜血液。阿里云、华为云以及北森等一系列云计算供应商也为移动学习系统的搭建提供了肥沃的土壤。一个典型的移动学习系统大体由客户端、移动通信网或无线网、基于三层架构（UI、BLL、DAL）的网络平台以及云计算平台四个部分构成。

（1）客户端

客户端是用户的移动终端，其支持设备一般是智能手机、平板电脑等移动设备，一般以 App 的形式呈现。移动学习的客户端用于呈现系统内容给用户，是用户与系统交互的媒介。随着大数据分析技术的发展，系统在对用户的学习状态进行分析后可以为不同类别的用户提供不同的界面和功能。

（2）移动通信网或无线网

5G 等移动通信技术的发展促进了移动学习的普及。移动客户端需要利用高速、流畅、低延时的移动通信网络与网络平台进行通信。无线网络既可以是一些机构建立的专用网络，也可以是网络运营商提供的公共网络，只要保持一定的带宽就行。

（3）基于三层架构的网络平台

该平台不承载具体数据内容，它是整个系统的基础，包含三层架构、五个模块。它的作用主要是识别用户需要什么样的服务，然后通过接口调用云计算平台提供相关服务。

①三层架构包括表示层、业务逻辑层和数据库访问层。

表示层（UI），是指用户和系统交互的界面，负责和用户的会话处理。它主要通过移动设备的浏览器运行程序，实现用户与业务逻辑层通信。

业务逻辑层（BLL），负责处理表示层的应用请求，对其进行业务处理的逻辑判断。如果通过分析和处理后发现业务要进一步交由数据库访问层处理，那么业务逻辑层就

会调用数据库访问层提供的服务，将业务交由数据库访问层进行处理。

数据库访问层（DAL），负责接收来自业务逻辑层的业务处理，通过进一步的分析与处理将业务过程通过接口程序递交给云计算平台。如果通过分析和处理后发现业务不需要递交给数据库访问层，则直接通过接口程序递交给云计算平台，由云计算平台进行处理。

②该平台的五个模块分别是管理模块、学习模块、交流模块、存储模块和应用软件模块。

管理模块对用户基本信息进行管理，完成用户注册并对用户的权限进行设置与管理。本系统有三种用户类型：学生、教师、系统管理员。

学习模块是最主要的模块，它为学习者提供一个自主学习和自我管理的场所，而且支持教师对学习者学习进度和知识掌握情况进行跟踪。该模块提供多种学习类型供不同性格特征的学习者选择。这些学习类型有短消息型、游戏型、虚拟社区型、浏览型、链接型、多媒体呈现型等。

交流模块提供教师与学习者、学习者与学习者、教师与教师之间的信息交流环境。它是学习者进行学术讨论、交流学习经验的重要途径。学习者可通过论坛、Blog、WIKI、推特等针对不同的学习内容和主题进行实时和非实时的交流。交流模块以主题内容分区形式出现。另外，此模块中还可以设置答疑专区。

存储模块提供虚拟硬盘功能，学习者可以随时随地地使用自己的学习资料进行学习，也可以将自己的学习资料与他人共享。用户需要分类存储自己的各种资源，并做方便记忆的标识。

应用软件模块是为解决移动终端不能运行一些学习软件、安装维护软件费等问题而设计的。软件根据功能性质分为若干功能区，比如文字处理软件区、图形处理软件区等。用户找到自己所需要的软件点击就可以使用，用户不仅可以使用该软件观看学习内容，还可以运用相应软件进行在线编辑。

（4）云计算平台

云计算平台是系统的核心部分，也是整个系统功能的最终执行模块。用户需要的服务通过接口与云计算平台连接，全部交由云计算平台处理，处理完毕再由接口将数据依次传给用户。它包括数据存储、计算和管理三大模块。其中，数据存储模块与基于三层架构的网络平台对应，又分为用户信息库、学习资源库、交流库、存储库、软件库五个子模块，分别存储相应的信息。计算模块主要是将来自用户的计算任务拆分，然后再派发到云中具备相应功能的节点进行分布式的并行计算。进行全部相关计算之后，再将最终的结果收集并统一整理，然后返还给用户。管理模块实现数据的自我管理和自调优，以方便查询搜索。

3. 移动学习系统的功能设计

构建一个功能完整，使用方便，实时性、灵活性和互动性较强，学习设备自适应的移动学习系统是云计算时代移动学习的迫切要求。在设计移动学习系统时，需要考虑多种因素，比如学习效果、学习资源、学习对象、学习成本等。基于云计算的移动学习系统应具备以下几个功能特征。

（1）提供分层管理

移动学习系统分两部分管理，云端和客户端各有一个管理入口。云端有一个专业的管理团队，这个团队决定了系统是否能有效运行。客户端也有一个管理入口，主要针对某一学科或某一领域的管理，管理者就相当于一个班长或一个班主任，这个层次的管理主要是为了保证学习者的学习质量。客户端基本上是裸机，没有任何应用软件，云端提供了所有学习需要的软件。软件架构在各种标准和协议之上。当用户需要使用某个应用软件时，不必下载即可使用。系统还能为每一位用户分配操作系统，并且统一由云端进行维护，这避免了操作系统与学习软件的不兼容，用户也不用担心系统被病毒攻击导致整个移动设备瘫痪。

（2）提供动态的存储空间

学习者能够将自己所有的资源存储到云端，随时存储随时取用。学习者不用担心存储空间是否够用，也不用买最大的存储卡，不用担心信息丢失的问题。云端的存储空间的容量是可以无限扩大的，并且由专业的人员负责保管。云计算时代不仅扩充了云端学习资源，也最大限度地实现了资源共享，并且没有时间和空间的限制。

（3）提供动态的数据服务

数据包括原始数据、半结构化数据和经过处理的结构化数据。设计移动学习系统功能时一定要提供大规模数据分享、管理、挖掘、搜索、分析等智能化服务，这样学习者才不会出现"迷路"的情况。另外，系统能动态完成对教学内容的修改和格式转换，根据设备的支持能力将相同的信息描述转换为终端设备所支持的信息形式，并实现设备的自适应。

（4）提供丰富的学习资源

数字时代学习资源的开发不再局限于某个教育机构或教育者，更没有地域的限制。资源的多元化使学习者可以不再局限于某一学科的学习。同时，学习者将自己的学习资料存储在云端，通过分享，可以使学习资源更加丰富，满足各类学习者学习。利用云计算技术，扩大目前移动学习系统的规模，相当于把无数个移动学习系统集合在一起，可以提供诸多学科的学习资源，学习者也扩大为多类人群。

（5）提供多元化的交流互动区

用户可以通过移动设备查看、发表文章，视频聊天，随时随地与教师或者其他学习者进行互动交流，还可以自主创建多元化的虚拟社区进行学习交流。当用户不联网时，会通过手机短信等即时通信方式通知用户去查看与自己相关的信息。

4. 企业移动学习系统的提升策略

（1）实用性与仪式感并重

提高企业移动学习系统课程内容的浏览率，关键是激发学员的学习兴趣。激发学员的学习兴趣，就要让学员了解学习的意义，认识到课程内容对下一步工作的帮助。此时，"实用性＋仪式感"就非常重要。无论是网络课程还是线下培训项目，如果"实用性"不够，都无法激发学员的学习兴趣，甚至可能产生不良影响。在保证"实用性"的前提下，增强"仪式感"，可以让学员关注在线培训的课程内容，在企业内部营造良好的学习氛围。那么，在企业网上培训过程中，如何增强"仪式感"？例如，举办在线学习启动仪式，让学员了解本次培训的整体安排；设置高管留言环节，让学员了解公司对自己的期望和利益；通过课程介绍帮助学员了解课程能够解决的挑战；通过宣传海报激发学员的好奇心；通过小组竞赛活动激发学员的学习积极性等。这些都是可以借鉴的方法。

(2)学习共同体与即时反馈结合

成年人的学习主要是为了自我完善，相对功利，在学习中容易感到孤独。尤其是在企业在线培训平台上学习的时候，很多学员会觉得"自己学得很无聊"。为了让学员摆脱孤独，建议提醒他们适度学习，创造一个互动的环境，这时打造学习共同体就显得尤为重要。例如，建立微信群，要求学员分组，增加小组学习的意识；建立学习图表，不断跟进，并给予相应的奖励或积分，不仅记录个人积分，还记录小组积分；设置阶段性任务或活动，要求学员学习后分组竞争，以保持团队的活跃度。此外，即时反馈也是激发学员学习积极性的好方法。例如，当学员的实践被看到和被评论，或者学员的问题被有效地收集和回答时，他们继续学习的主动性自然会得到提高。

(3)多轮学习与实时跟踪相结合

与传统的线下企业培训相比，可以轻松进行多轮学习是移动学习系统的重要优势之一。传统的线下企业培训课程通常只有一轮，而在企业移动学习系统上，课程内容可以无限查看。多次学习有助于更扎实地掌握知识，学员可以更清楚地感受到自己的成长。当然，大多数员工不会主动进行多轮的学习，这就需要培训管理者控制课程长度，并做必要的指导。为了在有限的时间内教授最有价值的内容，高质量的 10 分钟网络课程的选词造句往往极为精细。也就是说，学员经过第一轮学习，就能知道课程的大致内容。当在工作中遇到课程中涉及的情况并试图加以处理时，学员需要开始第二轮学习。

对移动学习效果的评价可以进行逐步跟踪：第一步，看学员是否学会了；第二步，看学员是否掌握了知识，记住了多少；第三步，要求学员给出反馈并记录自己的实践故事。通过"三步走"，HR 人员既可以清楚地了解学员的学习成绩，也可以看到他们学习的应用效果。同时，方便的工具分类提示也能有效增加学习应用的便利性。

11.3 移动学习的发展趋势与挑战

移动学习在进一步的发展过程中表现出以下趋势，也面临一些挑战。

11.3.1 移动学习的发展趋势

移动学习在发展中表现出以下十大趋势。移动学习与新兴技术的紧密结合，加上教育监管制度的革新，将在很大程度上改变教育的整个生态。

1. 自带设备成为主流

随着移动设备在学习领域的广泛应用，学习者希望使用自己的设备进行学习，从而保障学习的灵活性、一致性和持续性。虽然仍有一些组织在犹豫是否允许员工使用个人设备并承担由此可能带来的相关风险，但许多组织已在努力维持设备自由与控制工作和学习之间的平衡。自带设备(BYOD)能够为组织发展和员工学习带来很多好处。首先是营造积极的工作环境。允许员工使用自己的设备进行工作和培训，可以提升员工的愉快体验。其次是提高工作效率。自带设备消除了在不熟悉设备上学习所需要的适应过程，使员工能够立即将所有重点放在针对特定工作的培训上。最后是降低成本。

自带设备可以降低组织的信息技术设施成本。

2. 移动优先设计在学习内容开发中扮演越来越重要的角色

移动优先设计的方式在 Web 开发领域是众所周知的，特别是涉及响应式设计的网站。无论是在桌面设备还是移动设备上查看，这些网站都会呈现相同的效果。为移动设备设计的课程和学习内容不应该是事后考虑的，必须进行事先规划。所有课程和学习内容的设计都应假定它们将主要在移动设备上访问和消费，而不是在 PC 或更大的计算机设备上。

当前，市场上流行的学习管理系统（LMS）推出的以移动学习为目的的应用程序，以及部分企业开发的在线培训学习平台，同时支持 PC 端与移动端（可集成钉钉、KK 等移动 App），可以全面满足员工利用碎片化时间进行移动学习的需求。随着应用程序开发的改进，移动应用程序能够在流畅、整洁的导航，增强的视觉吸引力，响应式设计等方面提供更好的用户体验。

移动应用发展的另一个趋势是转向云端。随着每天生成大量数据，组织越来越多地将其信息技术基础设施移动到云上。学习应用程序越来越多地托管在"浪潮"等服务器上，云技术消除了学习者移动设备上可用空间的限制。

移动应用的快速增加使得通过移动设备提供正式学习成为可能。虽然我们通常将正式的传统学习想象成长达一小时的课堂教学模式，但移动学习能够让学习模块化从而提高学习的灵活性，如在旅途中的碎片化学习。具有内容标记功能的强大学习平台使其可以更快地搜索学习内容，移动学习平台还有助于产生个人学习路径，可以更好地满足学习者的个性化需求。

3. 视频内容为主，语音交互为辅

移动学习将以指数方式增加视频培训的使用，这主要得益于其能够以正式和非正式的形式提供更高的参与率和更好的学习体验。随着 5G 时代的到来，移动通信能够提供更快的速度和更可靠、更稳定的连接。在移动学习中，5G 服务器连接将进一步提高连接速度，慢速缓冲将成为过去。人们可以进一步期待更多高质量的音频和视频内容流等的快速增长。

在交互方面，除了传统的触屏交互，语音交互也越来越方便，成为移动学习快速普及的助力。语音助手现在广泛应用于智能手机、平板电脑，如 Google 助手、Apple Siri 等，它们可以执行各种任务，使我们的生活更轻松。云上托管的这些语音助手将通过人工智能服务器和机器学习功能变得更智能。

在学习领域，通过使用语音助手和智能音箱可以看到许多新的创新。例如，在线培训学习平台内置智能机器人，用户可以通过语言查询各类知识、发起相关流程等。

4. 游戏化的广泛采用

游戏化能够让员工更好地参与并激励员工完成培训。移动学习为学习者提供了随时随地学习的灵活性和便利性，但能够大幅度提升学习者体验的是游戏化。通过游戏化增加学习者的探索和决策，增加学习者的参与度，并让学习者充分利用社交媒体的特性，将他们的分数发布到社交网络平台，利用社交媒体的扩散和竞争性质，激励学习者的学习，促进学习者对学习内容的协同讨论。游戏化学习还具备投资回报率最大化的特点。实际上，在强大的学习平台支持下，游戏化和移动学习结合可以延长学习资产的保质期,提高投资回报率。

在线培训平台支持"闯关学习""答题竞赛""学习地图"等多类型游戏化学习场景,可根据不同职能员工设置不同的学习路径图,并设置多个"关卡",使学习就像闯关一样,增强了挑战性与成就感;也可以将知识融入试题中,策划多类答题竞赛,员工可以闯关答题或者比赛互动,赚取知识积分。

5. 人工智能和机器学习带来更好的个性化体验

毫无疑问,个性化和情境感的体验更能吸引用户。随着移动设备和可穿戴设备上GPS功能的增强,基于位置的技术可以实现通过将学习内容个性化到所需的地理位置来增强学习体验。而人工智能和机器学习更是大大增强了移动学习的个性化体验。随着机器学习算法能力的提高,学习早已经与几年前不同。如今,智能手机、平板电脑等移动设备以及 Alexa、Siri 等其他设备都有强大的机器学习算法作为后盾,可以实现个性化用户体验。

在移动学习领域,人工智能和机器学习可以集成到移动学习应用程序中,并通过向学习者推荐和建议学习内容及方法来促进学习。基于知识图谱等应用,在线培训学习平台可以根据不同职能员工的需求推荐相关个性化学习内容。

6. 线下学习成为在线学习的一部分

移动学习是学习者随时随地进行学习活动,而离线学习则是随时随地提供真正学习的关键。学习者希望能够在任何情况下学习,即使在没有互联网连接的情况下。一个设计良好的学习平台可以让他们离线学习,然后在回到在线状态后自动同步他们的进度,这是目前为止让学习继续下去的最好方法,并确保不会有一秒钟的学习数据被学习平台遗漏。

7. 移动微测验兴起

移动微测验提供了培训后持续跟踪的一种方式。企业培训师可以创建简短的、两到三个问题的评估,然后在完成课程后的几天、几周甚至几个月内发送给员工,以测试他们的习得效果。有些平台甚至允许工作人员通过文本消息获取这些微测验,而无须登录到应用程序或基于云的系统。通过在线培训学习平台,管理员、导师可以向相应员工推送"每日一学""每日一考"等内容,快速检测员工的学习成效,帮助知识巩固。

8. 移动指导成为员工培训的必备项目

通过移动指导,员工的口袋里总是有一个主题专家(SME)。例如,在进行重要的销售宣传之前,员工可以登录他们的移动指导应用程序,与导师或培训师进行实时视频聊天,这可以为他们提供最后一分钟的建议并增强他们的信心。如果当时导师或培训师不在线,员工还可以搜索和观看主题专家的视频,以了解他们将要执行任务的最佳实践。员工甚至可以录制自己的视频,在演讲或会议上练习,以便导师或培训师观看评分和留下反馈。在线培训学习平台可与钉钉等移动 App 进行集成,学员与导师随时可以直接进行语音、视频互动。学员也可以通过"在线课堂"模块,随时观看导师和相关专家的录制课程视频。

9. 增强现实和虚拟现实让移动学习的绩效支持功能更强

当移动学习与增强现实(AR)结合使用时,对绩效支持的力度会明显提升。有了增强现实的支持,员工可以将手机放在他们正在工作的任何地方,并在屏幕上获得实时信息，为他们提供指导。尽管很多公司在学习上做了一系列安排，但大部分的员工学习仍然是在他们不在工作岗位的情况下进行的。意识到这一点，波音、空客和爱科（AGCO）等公司已经部署了专有的增强现实驱动的应用程序，在制造引擎、故障排除与维修或在大型仓库中查找零件时为工人提供所需的帮助。

虚拟现实开发工具变得越来越便宜，这一工具必然会在学习领域取得越来越广泛的应用。例如，捷豹路虎（Jaguar Land Rover，JLR）与服务提供商合作，为员工设计培训应用程序。该应用程序的目标是在不拆卸和重新安装车辆仪表板的情况下培训新技术人员。学员只需将 iPad 的摄像头指向车辆的仪表板即可开始培训。随着智能手机、平板电脑等移动设备支持虚拟现实与增强现实功能，移动学习的未来更加令人期待。

10. 智能化 AI 的应用

人工智能等信息技术将对未来的教育学习产生很大的影响，市场对 AI 技术的期待是解决学习内容定制化、学习培训流程管理和工作场景化的应用。

传统的学习方式面临各种各样的挑战，学习内容难以在实际工作中起到作用。比如，面授难以根据每个学员的需求和喜好进行"因材施教"式的高效率学习；传统在线课程丰富多元，但学员难以在众多课程中识别出自己需要并符合自身现阶段水平的内容；培训学习的内容与工作场景缺乏关联性，学员难以学以致用；等等。智能化 AI 技术能够帮助企业解决这些痛点：首先，根据学员个体特征情况，给予定制化、个性化的课程和内容；其次，在流程上有效地管理监督学员的学习行为与结果；最后，提供工作场景式的培训学习场景，让学习培训与商业结果之间建立更直接的联系。

【拓展阅读 11-1】

现在，人们有了功能强大、与高速无线网络相连的移动设备，许多引人注目的移动学习应用软件实现了最近几年才发展起来的"随时随地学习"的概念，并积极吸引全世界教育工作者、学生、终身学习者和更多领域专业人士的注意。

欧洲有许多激动人心的移动学习计划，例如 Mobilearn 移动学习框架 5 号计划（mobile learning framework 5）和 Kaleidoscope 移动学习倡议。移动学习专业兴趣小组（mobile learning special interest group，SIG）为欧洲内外的研究者提供一个核心平台，让他们分享关于移动学习、情境学习（contextual learning）和环境学习（ambient learning）的新发现与新技术。

国内也有许多这样的移动学习计划，比如在小学中发起移动学习计划，采用大约 40 个有 GPS 功能的 4G PDA 电话收集数据，在机场进行现场采访调查，在 GPS 和录像功能的辅助下，通过互联网将数据上传至后台服务器进行实时分析，以支持课堂外的学习活动。除了使用移动设备来学习和测评外，新技术还持续地推动新领域研究的融合和高速发展，例如"寓教于乐"的教育式娱乐。具有代表性的例子是数字化游戏学习（digital game based learning，DGBL），这种方式将严肃学习与互动娱乐通过一种趣味性强、参与度高和非常刺激的媒介结合在一起。

11.3.2 移动学习的挑战

移动学习已经成为学习的未来趋势。与此同时，移动学习的发展也面临以下挑战，需要在发展的过程中得到解决。

挑战1：捕捉学习情境和跨情境学习

教育评价的一个主要任务是识别和分析学习是发生在同一情境内的，还是跨情境的。对于移动学习而言，人们的兴趣不仅在于学习如何在各种情境中发生，还在于人们如何通过互动创造新的学习情境，以及如何跨情境推进学习。这对移动学习的评估者提出了一个重大的挑战。

挑战2：移动学习的效果评估

移动学习面临的第二个挑战是对学习过程和结果的评估。在传统的学习环境中，有形成性评估(旨在向学生反馈他们的进步)和总结性评估(旨在判断和总结学生的成就)两种类型的评估。其中，总结性评估经常被用来衡量教学的成果以及学习的有效性；而形成性评估主要关注教学过程，体现对学习质量的把控，具有更大的潜力来帮助和补充教与学。在正式的学习环境中，因为学习目标和期望的结果事先已经明确，那么总结性评估是有意义的。但是在移动学习中，学习既具有个人特点，又难以捉摸。学习既可能是由个人发起的，又可能是组织要求的，因此不可能提前确定学习的目标，也不能提前确定学习可能发生在哪里、学习如何进行、学习的结果如何。另外移动学习一般发生在多种设备和多种技术方案中，这种情况下跟踪学习进度也是困难的。

挑战3：移动设备的可靠性

移动学习的评估通常会考虑移动设备的固有局限性，如屏幕小、电池寿命短、间歇性连接和相关的人为因素，这些因素都会影响其可用性。随着研究的重点从技术的移动性转移到学习者的移动性，以及学习者跨越多个移动设备，包括个人设备和公共设备，学习可能在短时间内在多个地点移动，这种情况下额外的问题出现了：从技术交互中提取学习交互需要跨多个设备和接口同步数据捕获和分析。评估移动技术的可用性和它与移动学习实践结合的有效性仍然是移动学习面临的一个挑战。

挑战4：技术与社会的互动

制度跟社会的变革往往会落后于技术的进步。Oliver和Harvey(2002)提出了教育技术的四方面影响：对学生学习的影响、对个人学术实践的影响、对机构的影响以及对国家的影响。评估移动技术的影响同样需要考虑移动技术对个人学习、对组织机构、对社会文化以及对国家政策等方面的影响，综合考虑在这些背景下学习是如何发生的，分析机构在支持移动学习方面的技术成熟度，并研究个人和机构学习之间的关系。它需要通过分析长期的变化过程来解决这些背景下的即时学习者体验如何与现有实践相融合或对抗的问题，从而推动新的实践。这些变化要求我们把移动学习看作一个技术不断演进的过程。

挑战5：正式学习与非正式学习的融合

移动学习通常是根据决定学习体验的技术来定义的：如果技术是移动的，那么学习也是移动的。然而，移动性并不是技术的专有属性，它也存在于学习者的生活方式中。他们在日常生活中从一个环境移动到另一个环境，转换位置、社会群体、技术和话题等也具有移动性。另外，学习通常发生在不显眼的地方，或者是在这些过渡之间的短暂空隙中。虽然这种学习的观点包括正规教育背景，但它特别适用于日常的非正式学习。在数字时代，将学习经验定性为正式或非正式可能是复杂的。例如，学生在学校（一个无可辩驳的正式学习环境）参观线上博物馆（在很大程度上被认为是一种非正式学习环境）的学习是正式学习还是非正式学习？移动学习的发展，以及无缝学习时代的到来将进一步模糊正式学习与非正式学习之间的界限，对技术支持、教师的教学理念与科技应用能力、学生的角色适应和学习自主性提出了新的挑战，学生、教师以及整个社会需要为此做好准备。

【拓展阅读 11-2】移动学习，让学习成为一种习惯

本章小结

随着便携设备的广泛运用，5G 技术以及云计算的出现，移动学习全面改变了传统远程教育的模式，代表着下一代的学习方式。移动学习呈现出自身独特的优点，并对员工学习及企业培训带来深远的影响。本章首先在对移动学习定义的基础上，介绍了移动学习在学习形式的移动性和碎片化、学习方式的数字化、学习内容的互动性和普适性等方面的优点，以及移动学习平台的特点。构建一个成功的移动学习平台并不容易，需要具备简单易用、内容有用、互动分享及激励反馈等特点。随着移动学习技术的发展，移动学习在企业中有各种广泛运用。其次介绍了移动学习的支持系统、移动学习系统的功能以及如何设计移动学习系统。云计算为移动学习带来了诸多革命性的影响。以学习者为中心、基于"云"服务的个人学习环境将是云计算时代的发展趋势之一。在云计算的支持下，构建一个功能完整、使用方便，实时性、灵活性和互动性较强、学习设备自适应的移动学习系统是满足云计算时代个性化学习需求的迫切要求。最后指出了移动学习的发展趋势以及进一步发展将面临的挑战。

复习思考题

1. 什么是移动学习？移动学习的特点有哪些？
2. 一个好用的移动学习平台需要具备哪些特点？
3. 移动学习目前在企业中有哪些应用？
4. 如何设计移动学习系统？
5. 移动学习系统需要具备哪些功能？
6. 如何有效改造企业的移动学习系统？
7. 云计算对移动学习有哪些影响？
8. 移动学习有哪些发展趋势？
9. 移动学习的发展面临哪些挑战？

案例分析

美的集团与小米集团的移动学习平台

第12章 数字时代的知识管理

【学习目标】
➤了解知识管理的概念及技术发展趋势对它的影响
➤掌握人力资源管理人员在知识管理中的角色
➤掌握知识管理、群组软件与团队合作的相互关系
【关键术语】
知识管理(KM)、知识管理系统(KMS)、知识经济、知识管理小组

开篇案例

网易游戏的知识管理

网易游戏是一家非常年轻且有创造力的公司，2023年营收达1 035亿元。这个"年轻"并不是指公司成立时间短(2001年成立)，而是指员工的平均年龄不到29岁。游戏行业快速迭代、日新月异的变化特点需要网易游戏通过知识管理(knowledge management，KM)进行服务创新，把二十几年的资产沉淀，运用在业务上，推动公司战略达成。

网易游戏在知识管理内容运营、用户运营和活动运营方面有自己的独到之处，也积累了丰富的知识管理成果。

在内容运营方面，网易游戏的策略是从点、线、面、体等全方位布局，形成立体的知识管理体系。所有的知识都是从点开始，员工分享一篇开发类技术文章、上传一个报告文档，这些都是很小的知识点。知识点通过知识之间的关系建立联系，形成知识线，可以在KM平台上构建"同知识系列"。最后由知识管理工作人员（KMer）把一系列知识整合成知识面。很有意思的一点是，Kmer不会随意挑选知识点做成知识面，而是挑选火爆的、大家比较关心的知识点。比如，KMer会在网站首页放一篇话题文章，如果短期内访问量很高，那么KMer可以很快形成"同系列知识"，这种引爆知识点的方法非常有效。对于员工特别喜欢和火爆的知识专题，KMer就将其打造成品牌知识，持续地投入运营。

在用户运营方面，网易游戏通过营造仪式感、组织感、归属感和参与感打造社区氛围。例如，KMer给发明专利的员工提供一定额数的奖金和奖杯，由大老板发放并合影拍照，让员工在这种正式的仪式感下保持活力，持续创造。线下，公司也会经常把一些有共同话题爱好的同事组织在一起，交流感情，互相分享；还建立了作家群等，让这些愿意分享的员工找到归属感。

在活动运营方面，网易游戏的理念和实践是"从有的放矢到成长性"。有的放矢的

活动运营可以在短期内营造知识分享和学习氛围。一旦活动结束，员工的积极性又会下降，因此具有成长性的活动运营才是王道，这一点网易游戏一直在探索和实践中。这里介绍几个有的放矢的活动运营案例：

- 在"七夕"当天，从公司内部挑选年轻的女性员工给曾经在 KM 平台分享知识的专家送花，这让很多第一次收到女性员工鲜花的专家激动万分。
- 全民兑奖活动，通过大家平日的知识分享积分来兑换礼物。
- 年度 H5 页面的知识盘点，平台总结一年内的知识贡献和学习情况，并赠送类似"知识大拿"的称号，与支付宝的年度盘点类似。

这种活动也有不足之处，就是第二年再开展类似的活动时，参与感和新鲜感明显下降，所以需要不断创新和改革。

知识管理运营策略可以积累员工对知识管理的口碑，但如果缺乏常态化运营、制造新鲜感的运营，将会逐步消耗员工对知识管理积累的口碑和人情。网易知识服务部门有三大职责：知识运营、平台建设和培训，而部门一共仅有十余人，所以其知识切入业务才是地道的知识管理运营。

（1）把学习体系做成产品。传统的培训往往是讲师在台上讲得兴奋，学员在台下听得认真，中间可能加一些互动和讨论环节，最后安排考试、给学员的学习情况评分。这种方式的缺点是：学员的学习效果不好评估，而且可能没有现实作用。对此，网易游戏把每次培训做成一个项目，跟踪学习后的应用情况，比如学完之后要求学员制订2个月的执行计划并去实施，最后再接受考核。

（2）内部分享。网易游戏的内部分享拒绝分享时间长、主题复杂的内容。比如"UI游戏装备设计经验"这种主题内容多，讲解人讲起来累，听众也吸收不了，体验较差。因此他们要求分享者的分享主题单一，一个知识点就行。典型的主题，比如《射手的头盔颜色搭配》，时间不能超过 40 分钟，PPT 也不需要特别复杂，白底黑字就行。如果PPT 做得太花哨容易给后面的分享者带来压力，那么就没有人愿意分享。网易游戏还要求把内部分享的内容做成短视频，提供给需要的人学习。经过几年积累，网易游戏已积累了超过 6 800 个视频学习材料。

除此之外，网络游戏还有新人在线视频培训和线上作业、项目知识库等，这些都与实际业务相结合。

网易游戏的知识管理职责可以用三个词来概括：链接、系统、长效，即把已有知识链接起来，提供给需要的人；系统性提供知识服务，让员工随时能获取知识；把每件知识管理的事情长效地执行下去。

思考与讨论：

1. 简述网易游戏的知识管理是怎么做的。
2. 网易游戏的知识管理是如何契合自身的企业文化的？
3. 如何利用数字技术提升知识管理的工作效率？

本章将重点介绍数字时代知识管理的概念、技术发展趋势对知识管理的影响，以及知识管理在数字时代的特殊地位及重要性。本章可以带领读者了解到知识管理术语的基本定义，认识到知识管理经历的三个不同时代、特点及面临的挑战。本章还将重点介绍数字时代人力资源管理人员在知识管理中扮演的特殊角色，以及以钉钉、飞书为代表的群组软件对知识管理与团队协作的作用。通过本章的学习，读者将会对数字时代的知识管理、人力资源管理的新角色以及群组软件的作用等问题产生思考。

12.1 知识管理与知识管理系统

12.1.1 知识管理的概念

自 20 世纪日本学者野中郁次郎与竹内弘高出版了《创新求胜》(*The Knowledge-Creating Company*)一书以来，知识管理的重要性虽然已经得到诸多企业的注意，但并未在现实中得到普遍实践。近几年，随着企业数字化水平的提高，尤其是大数据、云计算、人工智能等新兴科技的应用，世界进入了知识管理的新阶段。特别是在新冠疫情大流行后，远程办公、在线会议、办公软件广泛应用等实际情况使众多企业再一次认识到知识管理在维持企业发展的稳定性、保障企业的可持续性方面的重要价值。

知识分为显性知识和隐性知识两大类。显性知识一般是指有形的、可定义、可存取的知识，可用文字、科学程序或数字表达，可以沟通，也容易通过学习掌握。显性知识可以通过记录知识的媒介进行学习。而隐性知识则是事物固有的、内含于个人心中的非具体的主观经验，模拟式、情境特殊性的知识技能，以及思考模式、信仰、认知模式等。隐性知识侧重精神层面，和个人的经历体验、信念、价值观等相关。隐性知识通过人与人面对面的交流沟通，凭借个人五官的感知和观察来间接学习。野中郁次郎认为，西方占主导地位的知识形式是显性知识，而隐性知识在受到传统东方哲学深厚影响的东亚文化中更为重要。知识管理是指可以以增值的形式创建组织知识，并提供给组织内任何需要组织知识的人来创造高质量的产品或服务的过程(Husain & Ermine，2021)。知识管理包含不同的知识过程，包括知识的获取、创建、打包、应用和重用。它还提供了一个协作的知识共享平台，目标是提高员工在组织中的学习和绩效(Kumar & Gupta，2012)。企业通过知识管理对这两类知识进行组织和利用。

随着全球化和数字化转型的加速，国内企业也开始加速实施知识管理项目，并通过"人"和"信息和通信系统"之间的新关系，有效地分享和创造新的知识。表 12-1 对显性知识和隐性知识的特点进行了对比，这也是企业在知识管理过程中，开展知识管理、运用群组软件、建立各类团队合作方式的重要依据。

知识管理不仅仅是整理那些可以看得到的知识，更要想办法把隐性知识挖掘出来，转化为组织的知识资产。知识分享在这个过程中是一个至关重要的形式，安达信公司提出了一个知识管理公式(见图 12-1)，后来其他公司又做了一些延展解读。在这个公式中，"KM"是知识管理的缩写，指实施知识管理要实现的目标。括号代表开展知识管理的生态环境。"P"指人员，既包括个体角色，也包括学习型组织，可以是全职的知识人才官，也可以是临时性的知识管理者的角色。"K"指知识，既包括知识本身，也包括知识的活动。"+"指技术，包括方法、工具。"S"指分享，是一个动态的过程，包括知识管理的流程、知识管理的应用创新。这个公式表达了知识管理工作是在公司内外现实环境中通过技术、工具、活动等整合人员的显性知识和隐性知识，使组织知识资本化并实现指数级增长。

表 12-1　显性知识和隐性知识对比

对比项目	显性知识	隐性知识
含义	用正式语言、印刷品或电子媒体描述的"学术知识"或"已知知识"，通常基于既定的工作流程，使用从人到文件的方法	"实践的、以行动为导向的知识"或基于实践的"专业知识"，通过个人经验获得，很少公开表达，往往类似于直觉
工作流程	有组织的任务、例行程序、协调的、假设可预测的环境，线性的、重用化的编码知识，并创建知识对象	自发的、即兴的、类似网络的，响应一个不断变化的、不可预测的环境，引导个人的专业知识，创造知识
学习方式	在专业领域中自学以实现工作目标和组织设定的目标	主管或团队领导促进和加强开放和信任，以增加知识和商业判断的共享
教学方式	教师设计教学大纲，使用组织选择的格式，根据组织的目标和需求教学；可以外包	一对一教学，导师，实习，教练，在职
思维类型	逻辑思维，基于事实，使用经过验证的方法，主要是趋同思维	创造性的、灵活的、未知的，导致发散性思维，发展洞察力
知识分享	根据客户、电子邮件、电子讨论和论坛的需要，从个人、代码、存储和重用中提取知识	利他主义分享、建立网络、面对面接触、视频会议、聊天、讲故事、个性化知识
动机	通常是基于满足特定目标的需要	通过领导力、愿景和与员工频繁的个人接触来激励员工
奖励	与商业目标挂钩；在工作场所内竞争，为稀缺的奖励而竞争；可能不会因为信息共享而获得奖励	结合内在的或非金钱的动机和直接分享信息的奖励，识别创造力和创新
关系	可以是从主管到下属，或者从团队领导到团队成员的自上而下的关系	开放的、友好的、非结构化的，基于开放的、自发的知识分享
技术	与工作相关的技术，基于可用性和成本，在信息技术(IT)上投入大量资金，利用现有知识开发具有数据库层次结构的专业库	通过一种工具来选择个性化的信息，促进对话，交流隐性知识，在 IT 框架中适度地投资，使人们能够找到彼此
评估方式	基于有形的工作成就，而不一定是基于创造力和知识分享	基于所展示的表现，持续地、自发地评估

资料来源：Smith E A, "The role of tacit and explicit knowledge in the workplace," *Journal of Knowledge Management*，2001，5(4)：311-321.

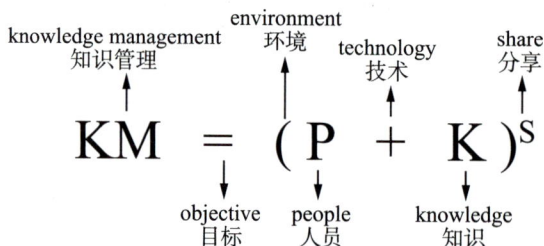

图 12-1　知识管理公式

12.1.2　知识管理系统(**KMS**)

知识管理系统(knowledge management system，KMS)是为满足组织的战略需求所实施的、在组织内部的知识处理流程当中满足各项知识功能的现代信息通信技术平台，其目标是为企业的知识管理活动提供必要的支撑，最终提高组织的创新能力和创造价值的能力(王悦，2014)。开发知识管理系统，启用匹配实际需求的群组软件，建立内部知识管理的跨团队协同流程，是实现企业知识资本指数级增长的关键手段。

基于野中郁次郎的知识创造螺旋模型，知识在组织内部和外部之间有序流动。知识持续地从隐性到显性，然后再到隐性，按照社会化、外化、结合和内化的流程(SECI)有序地流动。知识管理系统(KMS)的功能设置和流程设置均是基于此，同时这一个循环过程也对应着知识生命周期理论的基本思想。知识管理系统按照这一思想设置的具体功能对应知识管理的各项任务：知识的创造、构造、识别、采集、获取、选择、评价、组织、链接、结构、规范化、可视化、传递分布、保持、维护、提炼、修订、变迁、访问、检索和应用。知识管理系统(KMS)包括目标、情境、流程、参与者、手段、服务、平台等要素。

1. 目标

知识管理系统提供面向个人以及组织的知识工具，进而改善组织内部知识管理工作的生产力，其目标就是提高组织效能和效率。

2. 情境

知识管理系统对知识进行编码化处理，同时也重视系统和使用人的交互，尤其是对知识产生的活动、行为等情境进行阐释。

3. 流程

知识管理系统要对知识密集型流程、任务和项目提供支持，即创造、构造、识别、采集、获取、选择、评价、组织、链接、结构、规范化、可视化、传递、分布、保持、维护、提炼、修订、变迁、访问、检索和应用，也即前述知识的生命周期循环过程。

4. 参与者

通过系统化地处理员工使用知识管理系统时的情境，将编码化的知识内容和员工(系统用户)连接起来，系统才能发挥其应有的价值。对于不一样的用户，可以提供的知识以及其提出的知识方面的需求也不一样。为了实现用户的隐性知识显性化、显性知识编码化，需要对各种不同的用户进行辨别、评估、交互和反馈，进而促进组织的知识管理效率提升。

5. 手段

组织内不同的部门、不同的项目，对知识管理系统的需求不同，需要知识管理系统提供不同的匹配工具，提供不同的支持功能，来满足各部门、各项目在知识管理方面的具体需求。例如最佳实践共享、知识网络构建等。

6. 服务

组织内的协同、知识管理流程管理、知识文档管理、知识搜索等基础性服务，是知识管理系统提供的必备内容。同时，知识管理系统可以提供诸如个性化分析与匹配、知识空间共享、图形化导航、高级搜索技术，甚至基于网络拓扑分析识别相似的兴趣和学习行为等扩展性服务。

7. 平台

组织的发展阶段不同、人员规模不同、业务性质不同，甚至其阶段性发展战略的差异，使得组织在知识管理工作开展的过程中存在明显的需求差异。组织内部不同个体、不同部门、不同项目对实施知识管理工作的需求也不尽相同。基于信息技术建立的知识管理系统，其内部的知识管理体系为组织提供了一个动态、综合的通用平台，以满足各类差异性需求，以及不同个体、部门与知识管理系统之间交互的需求。

上述几个要素，其中面向业务流程的有目标、流程、参与者等，他们构成了以用户为中心的知识管理系统应用结构。平台则是通过信息技术提供的工具，支撑面向服务的功能。

12.1.3 知识管理与群组软件

知识管理实施到位可以帮助企业的知识资本实现指数级增长，大幅度提升企业的效益，还可以解决人员退休（人口老龄化）、人才流失等情况带来的知识崩溃风险。企业应积极运用先进技术，使用匹配的知识管理系统和群组软件，建立知识管理协同机制，创新性地开展各类知识管理的活动，真正落实知识管理，支撑企业核心竞争力的提升。

企业通过知识管理系统落实知识管理的过程中，为了更好地促进知识内容与员工日常工作的有机结合，应引入带有社交属性的群组软件。作为知识管理系统和员工日常工作无缝衔接的媒介，群组软件的运用，充分地利用了员工以及外部人员的显性和隐性知识，实现了知识资本的指数级增长。群组软件可以自主研发，也可以采购外部的专业产品。目前市面上群组软件市场占有率较高的主要有钉钉（阿里巴巴）、企业微信（腾讯）和飞书（字节跳动），表12-2对这几款产品进行了简要对比。

表 12-2 国内主要企业群组软件对比

产品	定位与功能	用户体量（2021 年 9 月数据）
钉钉	注重企业内部管理，助力企业组织数字化和业务数字化，实现阿里云和钉钉云钉一体，有文档协同及企业百科等知识管理功能	服务超过 1 900 万家企业，月活跃用户 1.96 亿
企业微信	由腾讯扎根微信生态推出，主打客户管理，实现内外高效协同，有文档协同、微盘等知识管理功能	服务超过 250 万家企业，月活跃用户 8 889 万
飞书	专注效率与协同的互联网工具，有知识库等知识管理模块	月活跃用户 460 万

1. 钉钉

2015 年 1 月上线的钉钉是现在企业办公应用市场中占有率较高的一款软件。它是阿里巴巴推出的一款协同办公和应用开发平台。钉钉主打企业商务社交，通过降低沟通协同的效率，降低企业管理成本。钉钉一旦发出信息之后，App 会显示哪些人已读，哪些人未读，而且对未读的人还可以"DING 一下"实现信息必达，即使对方手机没有网络或者没有安装钉钉 App 均可收到 DING 消息。"聊天上微信，工作用钉钉"是钉钉成功塑造的用户认知。

钉钉的定位注重企业内部管理，以组织为切入点，强调自上而下的管理，适合中心化、强执行的团队。这在其功能设计上有明显的体现。例如 DING 一下、已读/未读等功能。钉钉负责人陈航曾发内部信，称反人性（指当时有内部声音反对诸如已读/未读功能）是自律产生自由的条件，不能只看到老板可以 DING 员工，员工根据自己情况也可以 DING 老板。以前老板不回复员工消息，但钉钉迫使老板必须做出回应。这是一种人人平等的职场理念。正是这种从企业管理角度出发的功能，使钉钉在推广前期快速获得大量企业用户。

作为一款企业社交软件，其功能涵盖企业内部管理、协同，也具备外部跨企业沟通的功能。具体涵盖的各项功能可通过钉钉官网（www.dingtalk.com）查阅，下面重点讨论和知识管理及团队协同相关的主要功能。

（1）钉钉文档

钉钉文档是钉钉内的一个企业协同办公套件，包含文档、表格、脑图、团队空间等在线创作和文档管理工具。钉钉文档中有一个团队空间（原知识库）功能，这个功能可以构建公司内部的文档协同、知识库建设。功能使用起来比较容易上手，团队成员均可在线共享，同步协同。团队空间"公开发布＋审批"功能，可以帮助钉钉用户将文档对外分享给组织以外的好友、客户，同时也可以将文档生成链接对外发布，无须登录也可以查看文档内容，大大提升了企业信息的流转效率。其"主管审批"功能不仅能保证内容安全可控，同时也能提升内容发布审核效率。

（2）企业百科

企业百科是钉钉内部针对企业提供的一个功能，钉钉称之为一部企业信息高效汇聚和传递的百科全书。企业通过提炼工作中的"词条"，将其收录到"企业百科"，可以有效降低知识的获取成本，有利于企业知识高速汇聚。在群组聊天窗口中，如果有人提到某个百科词条，那么这个词的下方就会出现下划线，点击该词条就可以出现"词条卡片"，查看企业内部对该词条的定义、解释，以及相关内部文件、资料等。

（3）DING 功能

DING 功能是钉钉中最受关注的功能。其最大的特点是若发出消息后对方一直未读，可以通过这个功能 DING 一下，来提醒对方阅读。使用 DING 功能后，可以选择发送钉钉应用内消息提醒，也可以选择免费短信或者免费电话方式提醒对方。即便对方没有网络或者没有安装钉钉都可以收到消息。对方收到短信或者电话，可以直接语音或者回复钉钉，比较方便。

【拓展阅读 12-1】
小米集团的跨地域/
企业/团队协同

（4）消息已读/未读

已读/未读功能是指在钉钉聊天窗口中，包括群聊窗口，发出的消息会显示对方或群内成员是否已读，群聊会显示已读人数、未读人数，点击人数会显示已读名单和未读名单，可以给未读名单全员发送"DING 一下"。

请同学们下载并注册钉钉后，在工作台搜索"Teambition"，以小组为单位模拟项目功能使用。

2. 企业微信

腾讯发布企业微信，是和微信全方位连接的，定位是为企业提供通信与办公的工具，致力于帮助企业提高沟通效率。企业微信不同于钉钉的切入点"组织"，企业微信的切入点是"人"，侧重把外部客户接入。企业微信对企业的价值贡献关键词是"营销"和"增长"。

企业微信集成文档、日程、会议等协作工具及打卡、审批等 OA 应用，提供丰富的第三方应用，同时支持接入由服务商代开发及企业自建的应用。另外，其自带的一些功能也比较受市场认可。

（1）文档

文档继承了腾讯文档丰富的编辑能力和稳定体验，可以邀请同事、微信客户、上下游组织成员加入文档共同编辑查阅。可在文档内@成员快速发起讨论，在文档动态进行评论互动。可邀请微信上的客户、上下游组织成员和其他联系人加入文档一起协作，可以和微信、企业微信的其他功能联动。例如，可以将个人或群组名片插入文档，也可以将聊天记录、日程、待办事项等插入文档，@成员即可提醒成员加入日程、完成分配等。文档也可以设置不同成员的不同编辑和浏览权限，自定义水印，记录修改和浏览痕迹等。

（2）会议

会议功能和腾讯会议的功能基本一致。例如，预约会议时，支持周期会议及预定会议室。可邀请同事、微信客户、上下游组织成员一起开会，客户在微信也能收到会议邀请通知，打开腾讯会议或小程序均可参会。同时会议功能也支持会议各方的屏幕共享、各自分组探讨话题等交互。

（3）微盘

微盘提供了灵活的权限配置和完善的企业管理能力，可以与同事、微信客户、上下游组织成员实时共享工作资料，安全又方便。在共享空间，所有文件的修改都可实时同步，每次打开都是最新版本。可绑定组织架构，新入职员工自动加入空间，团队共享更便捷。支持为成员分配不同权限，还支持灵活配置成员允许的操作，保障企业文件安全。

3. 飞书

飞书是字节跳动开发的一款企业沟通和协同工作应用，整合了办公应用市场中的大部分功能，例如视频会议、即时消息、日历、云文档、邮箱、工作台等功能。"协同"是飞书的最大亮点，它以各种办公工具为切入点，帮助企业实现工作目标的一致性，激活团队。

（1）飞书文档

飞书文档是丰富的创作工具，可以实时协同编辑，如@同事、添加评论、插入任务列表等，支持主流 Markdown 功能，也可一键开启演示模式。

飞书文档具备一般群组软件中协同文档的常见功能（例如插入图表、链接其他文档、@同事等），同时又具有一些特色功能。例如 Markdown 功能，Markdown 是一种格式化输入文本的快捷方式，主要是通过一些快捷操作，使用户在编写文档时不用再去菜单栏打开某个格式要求去手动调整格式。另外还有翻译功能，可以自动翻译。对于特定的语言，用户可以选择开启自动翻译功能，系统将在打开该语言的文档时自动将文档内容翻译为设置的目标语言。

（2）飞书知识库

飞书知识库是一个面向企业的内容管理系统，通过多人共建、集思广益的方式，提升企业知识溯源、传播和分享效率，减少人员流动影响，降低内部知识的流转成本。知识库由多个知识空间构成，知识空间由多个文档页面构成。用户可在列表视图和网格视图间自由切换，高效美观地查看全部知识空间。

（3）飞书 OKR

OKR 是 Objective and Key Results 的缩写，即目标与关键结果法。OKR 是国内外盛行的一款绩效过程管理工具，能通过不断地对齐目标，确保组织上下向一个方向前进。字节跳动公司在国内外设有多个办公场所，员工远程沟通场景较多，为了保障协同结果、了解远方的同事在做什么、目标是什么，公司开发了这个工具。目前，飞书 OKR 已经作为一款单独的商业产品在企业级客户市场上推广。

（4）飞书服务台

飞书服务台是助力企业运营开发的智能服务平台，可以完美解决因职能部门处理大量重复提问、员工遇到问题找不到对的人来解答所带来的效率低下的问题。系统管理员或者服务台发起人可以使用服务台的知识库，添加问题分类和内容。员工可以通过 AI 机器人自助查询常见问题，或通过人工客服解答复杂难题——两者搭配，有效地提高了答疑效率。在群聊中可以使用指定服务台的机器人，即当员工在群组内讨论业务或流程遇到难题时，可以直接@机器人入组来答疑。

（5）飞书任务

飞书任务作为轻量级的团队任务管理工具，可有效帮助成员集中管理任务，将分散在会话中的消息直接转为任务，有序规划工作节奏；追踪任务进度，及时了解任务的执行进展，尽早规避任务逾期的潜在风险；推进团队协作，与团队成员们协作完成任务，共同达成团队目标。

12.2　知识管理与技术趋势

在知识管理中，人是核心，信息技术是基础。人和信息技术组成了知识管理的两个重要部分，两者相互关联，不可分割。信息技术大大提高了知识的编码、存储、传输、扩散速度，简化了方式，降低了成本，使不断更新的知识广泛传播。知识管理通过信息技术将业务流程与知识员工有机连接起来，在交流和互动过程中实现知识的共享、利用和创新，提升企业运营效率，实现知识创造价值的管理目标。知识管理只有在充分重视技术基础的

【拓展阅读 12-2】
物美知识管理升级

情况下才会成功。图 12-2 整理了我国知识管理的发展阶段及其每个阶段的技术应用情况。可以说，知识管理在国内发展 20 多年以来每个阶段的进步，都离不开技术的发展。

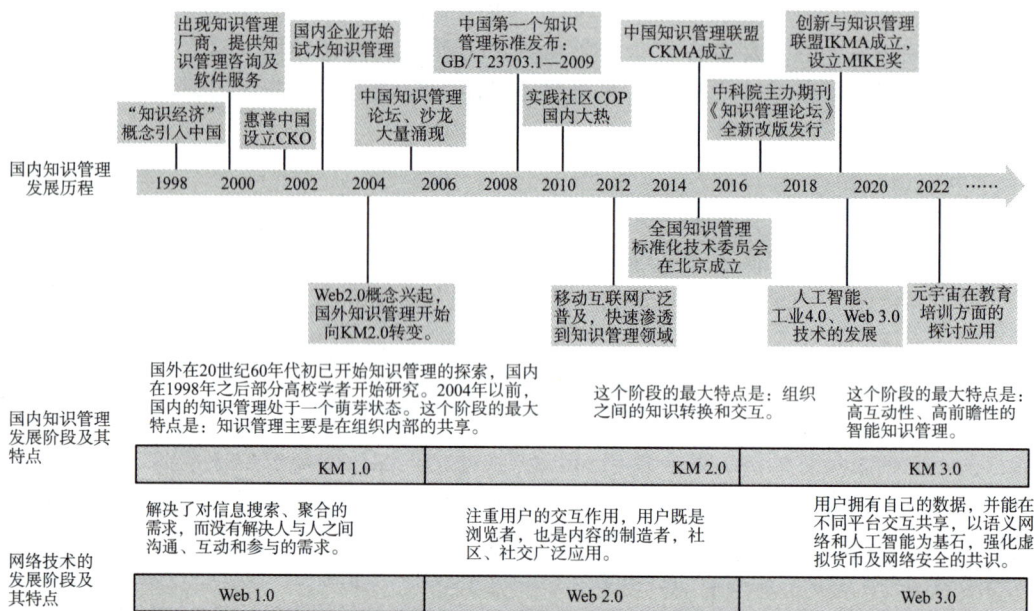

图 12-2　技术发展与我国知识管理发展历程

资料来源：改编自吴庆海：《知识管理实践三次大迭代》，载《企业管理》，2016(11)：20-23。

12.2.1　KM 1.0：组织内部的知识转移

1996 年，世界经济合作与发展组织发布《以知识为基础的经济》，其中明确界定知识经济就是以知识为基础的经济。随着知识经济学的发展，组织的内部知识越来越成为组织的重要资源。在这一时期，知识管理（KM）被认为是一门研究获取、创建、共享、整合、记录、访问、更新和创新知识过程的学科，目的是提高组织效率和创新。"知识经济"这个词频繁出现在大众的视野中是在 1998 年之后，当时国内许多公开媒体频繁使用这个词语，高校的学者们也开始对知识管理进行研究。麦肯锡、贝恩、埃森哲等知名管理咨询公司以及 IBM、微软等 IT 厂商感知到国内知识管理的发展趋势，纷纷提倡知识管理，与此同时，中国知网（CNKI）、中国知识管理网等网站上线。

此时国内的互联网技术还处在 Web1.0 的发展阶段。技术停留在通过网页解决人们对信息的搜索、浏览等需求的层面，并没有解决人与人之间沟通、互动和参与的需求。以文档管理、知识分类、权限设置、知识搜索等为主要内容的歧义知识库系统构建是当时企业知识管理工作的重点。规范化、标准化、一体化是当时企业发展过程中努力的目标。一些公司基于自己的业务性质和特点，都在摸索如何在自己内部把知识管理做起来。联想、海尔、TCL 等国内知名大企业开始成立知识管理团队，寻找知识管理的有效模式。长城战略研究所、蓝凌、中国知识管理中心、CKO 网站等国内知识管理企业也先后成立，并为客户提供知识管理方面的培训、管理咨询、相关软件实施等服务。2009 年，中国颁布国家知识管理标准 GB/T 23703.1—2009。

12.2.2 KM 2.0：跨组织的知识转移

在全球化的背景下，知识管理的特点逐渐发生变化，从原来的组织内部进行知识转移，发展为组织间的知识转移。这就是 KM2.0 的重要特征。由于经济全球化，许多公司开始扩大全球市场，并建立了海外研发实验室。股东们希望看到从海外子公司和母公司之间的知识转换中获得价值和利益。这一阶段的一个明显特征是跨国公司的崛起和研发中心的内在化。

在 KM2.0 时代，企业都渴望找到全球范围内的合作伙伴。这意味着，跨国公司不只考虑将海外国家作为生产和制造基地，而且还考虑作为知识转移或合作研发的合作伙伴。为了满足当地市场的需求，一些跨国公司希望在海外建立研发中心，开发具有当地市场特色的产品。他们甚至雇用当地的技术人才来满足团队的需求。此外，基于Web 2.0 技术的发展（例如即时通信、VoIP 或其他社交媒体技术），许多公司开始使用IT 工具来改进不同组织之间的知识转移。

Web 2.0 对知识管理领域也带来了巨大的影响，移动互联网应用逐步兴起。知识管理系统（KMS）在企业内广泛应用，各大厂商、提供知识管理的服务企业大力推广知识管理应用。腾讯、阿里巴巴、百度、中国航天、宝钢股份等大型企业开始进入知识管理领域，通过建立知识社区、设置专家黄页、整理发布百科词条等方式，继续实践和摸索知识管理的合适模式。中国的知识管理正式迈入 2.0 时代。

12.2.3 KM 3.0：大数据驱动的知识管理

随着大数据和人工智能技术的发展，如何提高从巨大的非结构化数据中获取和利用知识的能力已成为一个热点话题。许多企业正在关注和讨论大数据、云计算和人工智能技术，并相信这些能力将成为一个重要的、不可或缺的竞争优势。KM3.0 时代也可以称为大数据驱动的知识管理阶段，通过数据进行创新的知识成为知识管理的关键。此外，人工智能和其他技术的结合将成为知识管理过程中的重要支撑。在大数据挖掘技术的帮助下，知识管理与多个领域相结合，更加注重深度挖掘和知识创造过程的微观机制，拓展了组织知识的边界，帮助企业提高知识吸收能力，并创造更多效益。

这一时期，人工智能、大数据等前沿技术被普遍应用。斯坦福人工智能研究中心尼尔逊教授说："人工智能是关于知识的学科——怎样表示知识以及怎样获得知识并使用知识的科学。"一方面，一些企业的工作岗位正在被具有人工智能的机器代替；另一方面，为了提高人工智能的水平，需要更多的人来研究人工智能技术，例如知识的获得、表示和使用等。知识管理工作者将会越来越受到认可和重视。

12.2.4 KM 3.0 时代知识管理的挑战

今天比以往任何时候都有更多的数据从更多的来源流入组织。但是，对于每个企业来说，仅仅收集和存储数据是不够的，必须将它们转换为组织可用的形式，以便在需要时轻松访问。大量增加的信息促使多种形式的新技术诞生，随着新技术的快速发展，企业在各方面的创新与突破实现指数级增长，各行各业在新技术应用上面临激增的场景。与业务类型不断增加成正比的业务规则规范标准化越来越普及，那些简单重复的工作将慢慢被人工智能替代，这将使企业员工有更多精力从事新技术的开发和创新。但是，与此同时，技术的快速发展也给知识管理工作带来诸多挑战。

1. 分析多源和非结构化数据的困难

社交媒体行业是综合性数字业务的典型代表。社交网络（如微信）、移动网络和其他智能工具正在产生大量的数据。互联网信息的爆炸已经导致了真正有价值信息的稀缺。在数字环境中，人们对知识消费的需求大幅增加，导致了对知识供给的极大渴望。比如，互联网的发展使包括 Quora 和知乎在内的各种开放的知识平台迅速发展。如何分析和利用这些外部实时生成的知识成为组织的一大难题。此外，随着 5G 技术的发展，业务流程中将产生更多的基于传感器的数据。从这些平台中生成的数据具有大量和多种类型的特征，如网页、语音、视频、基于传感器的数据等。因此，迫切需要人工智能算法、大数据处理平台和新的数据处理技术来实时处理这些大数据，并在大量数据中挖掘隐藏的知识。

2. 重新审视知识的概念

环境的快速变化，使人们需要重新定义知识的概念。数字环境中的大量数据和丰富的知识互动，不同知识活动的主体、行动和过程（如知识交换和知识共享）在数字时代已经有了新的内涵。研究者和从业者应该理解和探索个体在新环境中的行为规律，并分析数字环境中知识创造的过程模型。数字环境下，不同的知识活动可能会发生不同的机制，可以通过数字化平台的丰富数据，探索不同的活动、不同的企业特征、不同的平台特征，甚至不同的行业特征对知识创造过程的影响。

3. 呼唤新的知识管理计算理论

在数字化转型的时代，知识的形式和速度与过去都非常不同。过去的知识创造理论很可能无法解释现有环境中的知识现象。未来的研究应该在新的知识管理理论的指导下，深入探索数字环境中知识创造和创新的形式与理论机制方面的问题。例如，如何建立一个敏捷的知识管理模型，以准确地预测知识创造过程，服务于企业创新发展。

12.2.5 KM 3.0 时代知识管理系统的特点

1. 基于 SaaS 的知识管理系统

云计算技术有三种服务模式：IaaS、PaaS 和 SaaS。其中，SaaS 模式是当前企业在开发实施知识管理系统时普遍应用的模式。在这个模式下，员工不需要考虑前期硬件软件的投入成本，也不需要安装本地驱动程序，只需要连接网络，登录系统即可。SaaS 技术使得不懂技术的员工也可以轻松浏览和获取知识管理系统中的诸多知识，使用其中的各类功能。

云计算技术带来的巨大优势是，员工可以随时随地登录访问企业的知识管理系统。如今的知识管理系统大都与手机兼容，随时随地提供信息。有调查显示，全球超过一半的搜索查询都发生在手机上，这说明移动运用是知识管理的一个明显趋势，这种移动端的知识信息的提供，促进了更高的生产力、更好的决策能力和无边界的协作。

2. 知识管理系统的用户体验大幅度提升

传统的知识管理系统由冗长的文件和指南组成。这些沉重的文本让员工把头埋在"沙子"里，寻找一切机会不使用这样不友好的系统。在传统的知识管理系统中，搜索资料往往是一个费力的过程，因为员工必须浏览大量的数据才能找到正确的文章。这种乏味笨拙的知识管理系统在今天已经成为过去式。数字时代，企业内的知识管理系统软件一般都拥有友好的用户界面为员工轻松导航，并且已经融入了社交元素，可以让对相关主题感兴趣的员工一起交流、分享和工作。

毋庸置疑，融入社交元素是近两年最大的知识管理趋势之一。每个行业都改变了他们的营销、沟通和工作方式……企业的内部网也是如此：易于导航，用户友好，以人为本……这些都是描述当今知识管理趋势的流行语。一个以人为中心的平台通过有机的、自由的交流促进了知识共享和协作。通知、活动流、评论、投票和点赞是一些比较流行的社交元素，它们让员工和系统交谈，和志同道合的其他员工一起工作，而这些高效交流只需点击一个按钮就可完成。现在，知识管理系统不仅展示公司的项目和撰写内容，还展示员工的个人兴趣和成就。这种设计的目的是建立有意义的关系，帮助员工共同成长。

3. 知识库的内容可以根据个人情况自定义

今天的企业都很重视知识管理系统的定制化和灵活性，以更好地发挥知识管理系统的价值。随着大数据技术的发展，知识管理系统也开始出现"千人千面"的特点。用户界面会基于员工的浏览记录呈现他感兴趣的内容，同样员工也可以自行设置相关内容。现在的知识管理系统已经可以在一定程度上实现定制化，具有较大的灵活性。员工可以改变知识库的每一个地方，从布局、结构，到颜色、主题、字体和背景图片等。定制功能虽然看起来主要是定制知识库的外观和使用感觉，但是这个功能大幅度提高了员工使用知识管理系统的积极性和主动性。

4. 人工智能技术下的搜索更加智能

知识管理系统包含企业所有有价值的知识信息，但如果员工在需要的时候无法轻松找到所需内容，那么这个知识管理系统也就失去了价值。今天的知识管理系统正逐渐变得更容易导航、搜索和使用。检索相关信息几乎不需要付出任何努力。只需在搜索栏中输入与主题相关的关键字、问题或语句。人工智能支持的搜索系统会解码搜索词的上下文，并浏览内容，几乎能做到立即提供智能建议。与普通的搜索系统不同，人工智能支持的搜索在分析了用户的搜索历史和查询的上下文后，会产生最相关的结果。知识管理系统的最终目标是使知识收集成为一个无缝的、不间断的过程。以 Chat-GPT 为代表的新一代知识机器人可以帮助实现这一点，它们能够通过聊天或语音媒介快速提供相关的答案。员工可以问任何他们需要的问题，例如："你能分享最新的营销报告吗?"或者"我们团队的最新成员张三的电子邮件是什么?"知识机器人扮演着个人助理的角色，随时为员工提供他们所需要的一切，且提供的知识具有高速度、高准确性和无缝性特征。因此，知识机器人的应用成为当前主要的知识管理趋势之一。

5. 知识管理系统呈现出强大的协作能力

知识管理系统正在慢慢成为一种通用工具，各公司现在正试图将其用于知识共享和协作。基于知识的管理系统的主要好处之一是，它促进了全公司范围内的知识交流。

知识管理系统的功能，如任务管理、工作空间和社区论坛——所有这些都是推动员工之间协作的有效工具。这也意味着员工不需要在不同的工具之间切换来完成工作。一个一体化的知识管理工具将满足所有必要的工作要求。知识管理和协作工具的融合把员工置于一个单一的体系下，他们可以进行交互和协作，从而产生惊人的协同效果。

工作区概念的出现就是知识管理系统促进员工协同工作的一个例子。知识管理系统是一个共享、组织和安全的存储信息的平台。随着企业的发展、员工的增加和部门的扩大，知识管理系统中可能会出现信息过载现象。如果每个部门都没有自己的私有空间来管理知识和任务，那么内部网环境可能会变得复杂，并危及团队的生产力和性能。工作区是知识管理中的一种新思想，它使内部网保持分割和组织，简化跨部门管理和共享知识。工作区为所有的部门和团队提供了一种简单的方式，让他们完全专注于自己的工作，同时与其他员工合作。工作区是分开的，但它们都存在于同一个屋檐下，即公司的内部网。

12.3　人力资源管理人员的角色与知识管理

上一节介绍了当前社会技术发展的趋势对知识管理的影响，本节将介绍人力资源管理人员如何在企业中实施知识管理。知识管理的实施有许多不同的方法，表 12-3 列出了目前企业常用的几种实施方法，以及 HR 人员在其中承担的角色和作用等。这些方法各有优劣，是否成功取决于它的应用场景是否合适。需要强调的是，一旦采取了一种实施方法，最好坚持下去，如果在不同实施方法间摇摆，更容易导致失败。

表 12-3　各种知识管理实施方法及 HR 人员在其中的角色

方法	描述	HR 角色	HR 作用	优势	劣势
自下而上	知识管理是基层员工发起，管理层不支持	引导者	1. 鼓励员工保持，争取资源推动知识管理逐步规范化；2. 用实际效果和案例，争取获得管理层的支持	知识管理有基层员工基础，他们意识到它的价值和重要性	知识管理地位不高，在公司重要紧急事项中经常被推后
自上而下	管理层主导，通知大家如何做知识管理	执行者	1. 拟定知识管理落地具体工作规划并实施；2. 协调和指导各个部门初期知识管理的实际操作；3. 宣导知识管理理论和价值	落地速度比较快。相对适合集权明显的企业文化环境	1. 传递中容易信息变形，落地易阳奉阴违；2. 高管层的变动容易引起知识管理重视程度的变化
机会牵引	在寻找业务机会和逐个解决的过程中引入知识管理	引入者	1. 发现引入知识管理的恰当时机；2. 把知识管理翻译成业务惯用语予以推行	推行成本相对较低。借助时机，快速获得认可	局部引入知识管理，全面引入难度依然较大

续表

方法	描述	HR 角色	HR 作用	优势	劣势
按战略规划实施	HR 设计整体知识管理体系，得到管理层认可之后，按计划逐步实施	变革者	1. HR 基于实际设计合理的知识管理整体体系框架； 2. HR 汇报并获得管理层支持； 3. HR 主导规划的实施，并不断校正	可以快速铺开整个框架体系	如果策划的知识管理体系不适合实际情况，就容易导致全面引入失败
单个知识管理产品实施	先开始推行落地某个知识管理产品，例如搜索栏、实践社区等	推动者	1. 协同 IT 部门、研发部门做好产品规划、上线等； 2. 宣导员工使用新产品	可以检测每个产品的功能情况	从实践来看，这个办法一般是失败的，单个产品难以体现知识管理的价值
组织内局部试点	局部业务板块试运行简化版的知识管理体系，发现问题、完善体系，进而在其他业务板块推广	推动者	1. 选择合适的业务板块和恰当的进入时机； 2. 监控实施过程，随时调整体系，使之完善； 3. 快速复制，在其他业务板块推行	安全、稳健，可以一步步推行，并及时调整	可能被组织结构调整破坏进展。或许局部到全面推广时间久，影响管理层对知识管理价值的认可

下面将从几个方面阐述人力资源管理人员如何实施知识管理，并讲解其在这一过程中承担的角色和作用。

12.3.1　组建知识管理小组

在确定要实施知识管理前，HR 部门需要先明确企业对实施知识管理的需求，最好一开始先获得管理层支持并明确相关预算，因为知识管理系统的开发成本一般来说都不低。HR 部门可以先有一个初步的规划，与管理层协商后确定大致的实施方案。一旦企业确定了大致的实施方案，HR 部门就开始落实职责。为了使大家更全面地了解 HR 人员在知识管理实施中承担的角色和发挥的作用，本节将 HR 人员作为主导者的角色来阐述。因为 HR 团队在主导的过程中也包含了推动、执行与引导等角色职责。

1. 知识管理小组的设置及其职责

为了更好地实施知识管理，在条件允许的情况下，公司可以在人力资源管理部门内部设置知识管理小组，也可以由人力资源管理部门主导，协同公司管理层及各业务管理层组成公司知识管理虚拟小组。由知识管理小组负责知识管理的整体框架设计，并将其在各个业务线部门内推行。知识管理小组承担以下职责：协助管理层拟定知识管理的战略规划、目标及考核指标；基于拟定的战略规划，有序推动工作开展，保质保量，按时完成结果交付；搭建内部知识管理体系框架，试点并完善，保障知识管理体系在企业内部的有效运转；通过知识管理工作的开展，为业务团队提供有力支持，促进公司业绩的提升；宣传和讲解知识管理战略规划，提升员工对知识管理目标的理解和认识。

2. 知识管理小组对 HR 人员能力的要求

知识管理小组的人员规模由企业本身的规模及小组工作量来评估确定。小组中 HR 人员需要具备多种技能，以完成人力资源管理部门主导和推动的角色职责。主要的技能要求有业务技能、引导技能、知识组织技能、变革管理技能、写作和新闻技能、IT 技能、项目管理技能等。

其中，业务技能是指 HR 人员需要对公司的业务有相对全面的了解，不因对业务的不了解而导致工作安排出现失误。引导技能是指 HR 人员需要对其他小组成员进行引导培训，以更好地帮助小组成员完成知识管理过程中需要引导技能的相关工作。知识组织技能是指 HR 人员能够把员工的知识组织起来的能力，尤其是对显性知识的组织。变革管理技能是指 HR 人员要能发挥其影响力，引导变革，最终改变原有的企业文化。

上述各种技能可以使 HR 人员具备完成小组工作的能力，而正确的工作态度和价值观是影响工作交付的重要因素。HR 人员要树立正确的工作态度和价值观，也要激发小组成员对知识管理的热情，帮助团队成员参与社区实践，树立对知识管理工具的正确认识，从而提高工作质量。

【课堂互动】

讨论：知识管理小组除了对 HR 成员的技能有要求以外，对他们的工作风格、性格和在职时长是否有要求？

3. 知识管理小组内的角色划分

在知识管理小组内部，还需要细分角色，由不同的人员承担各自的知识管理小组角色。

(1)项目经理

项目经理负责整体知识管理小组的管理工作，包括拟订项目计划、管理预算、定期汇报项目进展等。项目经理不同于知识管理总负责人，项目经理侧重执行，知识管理总负责人侧重组织在知识管理方面的变革管理。

(2)知识组织专家

随着知识的不断产生和积累，企业需要建立自身的知识库，同时要协调所有知识管理涉及的员工积极参与实践社区，在企业内部发起有关知识管理的主题活动。负责这些工作的人，称为知识组织专家。

(3)沟通负责人

这个角色专门负责小组内外的沟通协调，需要具备熟练的沟通技巧。在大型组织中，需要设置多名沟通负责人。这个角色应该是 HR 团队的正式编制成员，大部分情况下不可以由知识管理小组的其他临时人员担任。

(4)知识管理工作者和教练

知识管理工作者和教练是小组深入业务部门开展合作、实践组织知识管理活动的人。他们负责执行知识管理小组的各项计划，包括试点验证知识管理的规划是否可行和有效。

可见，知识管理工作实施的每个构成部分需要有专门的人来负责，例如 IT 专家负责知识管理工具的开发。但前提是项目经理要协调各组成部分，使大家围绕一个目标开展工作，不能犯本位主义错误，只考虑自己的局部工作利益。否则开发和部署的知识管理框架就可能无法以一个完整的系统运行。

通过以上陈述可以看出，一个知识管理小组涉及各种技能型人才，不同的人担任不同的角色，工作任务复杂多样，对知识管理的实施都有着重要的价值。所以，能否有效开展知识管理的各项计划，是一个优秀的知识管理团队的关键。

12.3.2　实施知识管理的主要步骤

1. 制订知识管理计划及目标

知识管理实施小组建立后要做的第一件事就是建立知识管理计划目标。这个目标需要以企业成果的形式来表达。虽然"提供更好的知识利用"或"改善知识的创新和保留"之类的目标很吸引人，但在业务方面这些都不是有用的目标。企业的存在不是为了保留知识或提供利用知识的途径，而是为了盈利、提供服务或销售产品。知识管理需要与这些企业目标联系起来，这样每个人都清楚知识管理的目的是支持企业的核心业务。企业全体员工都需要明白实施知识管理有哪些意义，能够帮助他们实现哪些功能、哪些目标。

2. 评估企业当前知识管理的状态

了解清楚当前企业业务面临的实际情况，制订合理的知识管理计划。但是需要注意，知识管理涉及全员一些行为习惯的改变、思维方式的改变，会在企业内引起一定程度的波动。为了顺利实施知识管理，HR 人员需要评估企业当前知识管理的现状，和业务线高层管理人员协商确定一套基准衡量的指标，并确定衡量的方式方法，让大家能直观地看到知识管理计划的实施给企业带来的变化。主要衡量指标包括查找信息的时间、新员工获得能力的时间、项目或运营成本、产品和服务质量、客户满意度等。

3. 试点推行并引导变革

试点推行是促进企业实施知识管理的有效措施。局部试点，可以帮助知识管理小组发现工作计划中的不足，调整计划使之更匹配企业的实际情况。实施过程中产生的负面影响和损失也较低，避免大面积实施带来的风险。在这个过程中，HR 人员除了要制定知识管理流程，推动各项流程落地之外，还要引导员工的工作方式发生转变，促进变革，重点需要做好以下工作。

（1）制造知识管理实施的氛围

在知识管理实施初期，HR 人员需要"唤醒"企业的员工，激发大家对知识管理的热情。为了更好地让试点范围内的员工感受到启动知识管理的必要性和紧迫性，HR 人员可以通过组织内部会议，由企业高层宣讲当前业务面临的外部环境压力，以及内部开展知识管理可以帮助大家提升的优势，使企业内部员工客观正确地认识到开展知识管理的价值和意义，以及为其带来的直接利益。

(2)创建和传递知识管理愿景

在知识管理实施初期，知识管理小组和高管层对于知识管理的具体目标可能存在各种不同的想法。此时，HR人员要做到"先破后立"，知识管理的上层结构设计的优劣是知识管理能否落地、能否成功的关键。HR人员通过组织管理层知识管理专题研讨会，统一认知，明确知识管理对企业的价值，并总结出公司层面的知识管理愿景目标。愿景拟定后，HR人员要以"布道者"的身份，在企业内不断地宣传愿景，通过各类活动、会议等反复传递，使之深入人心。

(3)树立榜样，显化成果

在项目启动初期，HR人员和知识管理小组默默做事情，尽管很努力，可能难以取得进展，甚至在推动中受到各类抵触。由于知识管理在员工心中的认知比较模糊，项目实施早期需要创造一些让员工感受到的成绩，树立榜样，给予激励。这样可以激励大家对知识管理的热情并坚持走下去。项目计划可以设置短期阶段性目标，每达成一个阶段性目标就加大宣传力度和成绩展示，既塑造知识管理小组的形象，又能体现HR人员在知识管理方面的能力。

知识管理在各方努力下会取得一些成果，但是如果HR人员和知识管理小组不坚持持续推动，那么这些成果，尤其是可以产生这些成果的员工行为，将难以保持。所以知识管理的落地，是对企业文化的变革，是对员工行为的变革。一定要让知识管理的理念和行为融入企业文化中，使得员工的日常工作和知识管理有机结合起来。HR人员要像做文化宣导一样，不断宣导知识管理的进展、益处，让员工持续感受到知识管理带来的好处。HR人员也要持续激励做出突出贡献的员工，让他们得到大家的认可，成为员工的榜样。

4. 全面实施知识管理的阻力

基于试点的结果，HR人员可以开始组织整体的知识管理计划的实施。开放平台，让每位员工都可以共享知识、学习知识，提高员工的知识水平，促进企业发展。在全面实施过程中，HR人员经常会遇到各个方面的阻力，这时就要承担起引导者的角色，化解阻力。最常见的拒绝实施知识管理的理由主要有以下几种。

(1)"我们已经这样做了"

"我们已经有培训计划了""所有这些在员工入职仪式中已经包括了""我们有个图书馆负责这个""我们有Share Point"……当HR人员解释知识管理不是单一的工具时，可能会遭遇上述各种拒绝的理由，因此需要再次解释知识管理为何是一个包含人员、流程、技术和治理的框架。

(2)"我们试过知识管理，但没有用"

针对这样的拒绝理由，HR人员需要解释为什么要再次尝试。对此，HR人员需要首先了解上次为什么失败了，然后解释如何从上次失败以及其他公司的成功实施中学习，并演示这次将有何不同。

(3)"它在这里没用，我们的情况不同"

从本质上说，知识管理就是解决关于人如何有效地工作，同时与他人互动和相互学习的问题。所有组织都是由有效工作的人组成的，除非他们不愿意与其他人一起工作，不想跟其他人学习与对话，否则他们的理由就站不住脚。

（4）"我们的人太忙了，顾不上这个，它太费时间了"

"太忙了，没时间学习"只是推托之辞，重新制作解决方案、解决老问题同样需要花费精力和时间。回到知识管理业务案例和 ROI（投资回报率）分析，HR 人员需要解释知识管理是节省时间的活动，可以把项目时间最多削减多少，并且指出这是效率高的人通常会采取的工作方式。

（5）"这很简单——我们来做吧"

这实际上不是拒绝，而是误解，它忽略了有效实施知识管理所需的精心准备、规划和资源。知识管理看起来简单，但并不容易实现。让人们改变他们优先考虑事情的方式，从把知识视为个人财产转变为把它看作集体财产，这需要重大的文化变革才能实现，而文化变革从来就不容易。

【课堂互动】

讨论：HR 人员在实施知识管理体系过程中，遇上上述问题或其他困难，确实超出解决范围的，应该如何向上级反馈才能获得支持？

5. 知识管理的绩效管理

知识管理要真正嵌入行为和文化，就需要把它与奖惩联系起来。如果员工因为在知识管理方面表现得好而受到奖赏，那他们就会更认可知识管理；而表现不佳的人会感到知识管理影响了他们获得奖励。所有具备知识管理角色职责的个人（知识经理、知识工程师、实践社区社长、知识库管理员等），应该将这个角色明确记入他们的个人目标，在年度评估期间接受评审，并通过加薪、奖金和晋升的常规方式获得奖励。项目中的知识管理活动，如经验教训回顾和经验教训吸取，应该在项目结题阶段接受审查，并呈现在项目总结报告中，这样知识管理就能和项目经理的业绩挂钩。

在实际工作中，五花八门的问题、各种看似和知识管理无关的现象，经常困扰和影响 HR 人员实施知识管理。HR 人员需要通过现象分析看到本质，找到那些需要重点关注和解决的问题，不要被一大堆问题弄得手忙脚乱、顾此失彼。同时，HR 人员也要与员工进行沟通，积极主动反馈问题。知识管理小组全员各自发挥各自的角色价值，整体推动知识管理计划实施的效率和效果。

12.3.3　实施知识管理需要的团队合作

HR 部门在实施知识管理的过程中需要协同多个部门，跟信息与数据管理部门、信息安全部门、风险管理部门、IT 部门、内部沟通部门等进行合作。这些部门均需要明确对接人，列入虚拟知识管理小组。对接人对前边所讲述的知识管理体系方面的问题都负有某方面的责任。在一些情况下，知识管理体系在和 HR 及各部门之间还可能存在灰色地带或者模糊的边界。这个时候 HR 需要搞清楚所要合作的各个部门他们目前在做的是什么，并发现他们在做的事情中聚焦知识差距的地方，并基于此开展合作。

1. 启动知识管理小组

虚拟知识管理小组的建立，使 HR 部门和各协同部门之间的合作更进了一步，即在小组内进行明确结构化分工，各自承担应负责的工作内容，并按时间节点交付结果。这比单纯的 HR 人员联系各部门负责人进行协同效果要好，也提高了各部门的参与度，将原来需要 HR 人员说服他们的"共同目标"变更为一起参与共同完成的"互补目标"。

HR 人员在建立知识管理小组后，要在小组内牵头组织知识管理实施启动会。每个协同部门的对接人代表各自部门对知识管理不同的认知和期望，也包含不同程度的动机。启动会的任务就是统一目标、统一认知，让小组全员达成对知识管理一致的认知和期望，就下一步如何开展知识管理活动达成一致协议，例如，讨论是先试点还是直接全面铺开实施计划。启动会一般包括以下四个阶段。

(1)需求评估

知识管理小组需要对当前知识管理的情况、开展知识管理要克服的主要问题或挑战有共同的理解，并对要解决的根本原因达成共识。根据各个协同部门在实施流程中的定位，各部门对知识管理体系实施的需求进行专业视角的分析并提供宝贵的意见。小组成员相互听取并反馈意见。

(2)制定共同的愿景

HR 部门拟定实施知识管理的整体战略，同时需要明确实施知识管理体系的目的和目标，描绘出一个令大家向往的愿景。知识管理小组成员需要讨论和介绍这个愿景，必要时做出修正，以最终达成一致认同，并作为后期知识管理活动实施的总目标。

(3)界定收益和代价

知识管理小组成员需要开诚布公地讨论参与知识管理给他们带来的好处和代价。HR 人员往往擅长讲述项目为企业带来的整体上的收益。但是对于实际参与知识管理实施的各个部门来讲，他们的直接收益是什么、具体需要付出什么样的工作代价也是需要明确讨论和界定的。各小组成员还需要公开自己的约束条件和挑战，以及参与的潜在成本。也许 HR 部门本身就有诸如人才盘点等项目要启动，也许 IT 部门正在实施求职者关系管理(CRM)项目且进展不顺利。

(4)确定目标和贡献

对好处、代价和约束条件有了强烈的共识之后，知识管理小组成员就需要商定知识管理实施下一阶段的目标。作为知识管理实施的一部分，他们需要商定如何为这些目标做贡献，对角色、责任和问责的期望是什么(最好明确清晰可衡量的考核指标)。他们需要寻求该计划与他们的其他优先事项和其他需求在时间和资源上的平衡。

2. 建立合作共享的文化

知识管理的关键是人而不是技术。这是因为分享知识和学习知识都是人的行为。尽管知识管理系统(KMS)可以有效帮助人提炼知识、传递知识，但是要想发挥知识管理的最大价值，依然需要员工把自己深刻总结的隐性知识分享出来。而这些行为都需要员工具有支持知识管理和愿意分享知识的心态。这种合作共享的文化，在一部分企业被 HR 人员视为开展知识管理的前提。其实，HR 人员可以通过自己的引导或者文化机制的建设，去建立这种文化氛围，而不是等待员工自主改变后再启动知识管理。

有的企业本来就已经形成了知识分享的文化氛围，在这种情况下，HR 人员的工作重点就是化解跨部门障碍，提供合作指导，促进知识本身在组织内的流动。但是有很多企业本身没有分享知识的传统，在这种情况下，HR 人员依然专注知识管理方法去改变员工行为是不可能的。这时候，HR 人员需要先建设合作共享的文化氛围，同时实施知识管理的措施，提高员工知识管理的能力。也就是说，HR 人员要在先确认或培养好分享的文化土壤的前提下，积极参与到各个业务团队的知识管理工作中，构建知识管理能力。

HR 人员可以采取一些措施和方式方法来影响员工在知识管理方面的行为，也借此提高自身知识管理的结果交付能力。

（1）管理层以身作则

HR 人员首先要获得管理层的支持，要求他们能以身作则，在公司内营造一个积极变革的氛围。管理层的以身作则，给员工指明了工作行为改变的方向，也能促进各类知识管理工具和方法产生效果，支持知识管理目标的实现。

（2）用业务的语言进行沟通

在实施知识管理的过程中，HR 人员不要为了体现自己的专业性，而大量使用知识管理的专业术语。一些组织可以直接使用知识管理的术语去实施知识管理，但另一些组织则需要避免使用知识管理这类词来讲述计划方案。HR 人员要考虑业务线员工的接受程度，可以使用业务线的习惯用语或者业务线子文化容易产生共鸣的词语进行沟通。

（3）趣味性的知识管理

HR 人员如果能把快乐融入知识管理流程中，那么很快就可以发现员工的积极主动性、创新能力都得到了巨大的提升。

知识管理是一件需要郑重对待的事情，市场上那些优秀的公司通常都有知识共享的工作氛围。在这种知识共享的氛围中，员工愿意自由创造、分享知识，并利用大家的知识去开展工作，共同完成一个目标。

3. 应对合作中的挑战

经过了知识管理小组启动会的磨合，HR 人员与各个部门的合作会更顺畅。但是在知识管理实施过程中，各个部门面临他们自身业务的各种变量，有来自外部环境的、内部工作进度的、团队成员认知情况的等。HR 人员在主导推动知识管理体系实施过程中，将不可避免地面临各种挑战。以下是 HR 人员可能面临的最典型和常见的情景。

（1）过度热情的支持

某公司有明确的业务重点、清晰的战略，公司发展情况良好。HR 部门发起知识管理的前期，成功获得了管理层的支持。在每周一次的公司管理层例会上，HR 部门对于会议上提出的有关知识管理的各种反馈意见都十分重视，并且安排团队成员认真落实整改。一年后却发现，已经完全偏离原规划，未能实现当初的目标。于是管理层像当初决定快速支持一样，快速地撤销了知识管理团队。

这个例子表明，虽然获得支持和认同很重要，特别是在管理层，但可能导致"过多"的支持以及"过多"的利益相关者。在另一种情况下，试图让太多业务冲突的利益相关者参与，也会导致失去重点的灾难性后果。

（2）群起而攻之

在知识管理实施过程中，经常会遇到某个协同部门的人员工作交接质量不佳，影响流程进度，有时候甚至导致系统流程错误等问题，尤其涉及技术方面的内容，影响更大。如果 HR 部门没有建立工作交接的流程和标准，就会出现这种风险。时间一长，使用知识管理系统的人员就会有各种投诉。

HR人员应该如何处理这个问题？当知识管理框架要素（在上面的案例中是技术）中的一些利益相关者想扩大他们的范围，加快步伐，而其他方面，例如人员、流程和治理，声称他们还没准备好，想要慢一点时应该怎么办？知识管理小组应和管理层沟通，提醒他们人员、流程、技术和治理这些要素环环相扣，由管理层最终决定对所有四个要素采取行动。HR人员必须持续指出知识管理体系要素之间的相互依赖，建立一个可视化的框架，让管理层能直观地看到如何控制知识管理才能实现既定目标。

（3）永久复位模式

在知识管理实施过程中，HR人员面临的比较具有挑战性的事情就是项目负责人频繁更替，或者公司CEO出现更替。

怎么才能努力保护核心知识管理团队的连续性？一个办法是在一开始指定项目负责人时尽可能选择在职时间比较久的、稳定的员工。另外，在拟订项目实施计划的同时，也要有知识管理小组人员的继任计划。

（4）搅局者

在知识管理实施过程中，HR人员时常会发现一些不错的机会，从而介入业务，这体现了知识管理的价值。但是很有可能的情况是，HR部门花大力气制定好的流程或者设计好的系统，对方并不认可并明确拒绝使用。

这时，HR人员应采取什么措施来避免出现这种情况？如何处理关键利益相关者明显不合理的行为？一是向上级反馈实际情况，获取支持，但这需要HR人员准备充分的证据。二是和拒绝者深入沟通，找到其拒绝的原因，耐心沟通，争取对方同意。

本章小结

随着企业数字化水平的提高，尤其大数据、云计算、人工智能等新兴科技的应用，世界迎来了知识管理的新阶段KM3.0。随着人工智能、工业4.0、知识工作自动化等应用愈演愈烈，知识管理的实际应用技术越来越成熟，知识管理系统（KMS）正在慢慢成为一种通用工具，各公司现在正试图将其用于知识共享和协作。在当今时代，每个组织都需要自己的KMS来支持其工作流程，并通过提供访问其显性和隐性知识来发展组织的决策能力、组织成员的判断力和学习力，从而帮助组织实现战略发展目标。

HR部门负责推动知识管理的落地实施。在和高级管理层人员沟通确定好知识管理目标后，HR部门要协调各个部门负责人，建立虚拟知识管理小组。小组内要分工明确，各自承担各自的角色和职责，建立具体的知识管理实施规划，并严格落地实行。选择适合企业的落地方法，直面在落地实施过程中遇到的各种挑战、各类拒绝，坚定不移地把知识管理落实下去。知识管理系统和群组软件是落实知识管理必不可缺的工具，是团队顺利合作的载体。HR部门在推动过程中，对知识管理小组要进行强有力的领导，给组员提供必要的工具和指导，确保知识管理能在各部门落实下去。同时，HR部门需要营造变革的氛围，以知识管理系统为载体，充分利用群组软件的各项功能，激活对知识管理的认可和支持。面对来自各部门不同的声音或者挑战，HR部门应带领知识管理小组成员建立知识管理协同机制，创新性地开展各类知识管理的活动，真正落实知识管理，降低企业经营风险，提高企业核心竞争力。

复习思考题

1. 知识管理是什么？知识管理系统是什么？

2. 技术的发展呈现哪些趋势？未来哪几项技术将对知识管理产生重大影响？

3. 数字时代人力资源管理人员在知识管理实施中承担什么角色？发挥哪些作用？

4. 如何衡量知识管理实施的效果？有哪些考核指标？

5. 本章介绍的几款群组软件，你认为哪个更有利于做好知识管理，说明理由。

6. HR 人员在组建和领导知识管理小组的过程中，有哪些关键点需要做好？

7. 知识管理系统由哪几大要素组成？这几大要素之间是什么关系？

8. 把知识管理术语翻译成业务语言，到业务部门中进行沟通和落实。请举几个术语翻译的例子。

案例分析

华为公司的知识管理

第 13 章 数字时代的组织设计

开篇案例

比谷歌更敏捷的"柔术大师"：塞氏公司

从拒绝"不快乐"开始

里卡多·塞姆勒(Ricardo Semler)是塞氏公司(Semco)变革的开创者。他的父亲是奥地利移民，在半个多世纪前创建了塞氏公司，生产具有专利权的植物油离心分离机。到1980年，公司发展为造船设备供应商。这一年，老塞姆勒下决心将工厂交给儿子里卡多·塞姆勒，并让他按照自己的方式经营公司。

由于经济衰退，造船业遭到重创，当时的塞氏公司已经很难拿到新订单。年仅22岁的里卡多·塞姆勒一上任就开始了大刀阔斧的改革，他在一天下午解雇了60%的高层管理人员，并雇用了不少作风强硬的经理。为使公司减少对造船业的过度依赖，他发动了一系列的战略性收购。不久，公司的业绩就实现了快速增长，但新的问题来了，公司员工关系持续恶化，废寝忘食的工作也让塞姆勒的身体状况到了崩溃边缘。而且他发现，一如他一生严谨、勤奋、不苟言笑的父亲，自己和所有员工都仍然很"不快乐"，而这是他曾经最为排斥的。

于是，他开始反思企业的管理方式，工作和生活的平衡点在哪里？通过大量阅读和咨询"外脑"，在克服了一夜之间完成公司改造的冲动之后，他立下了最初变革的三条规定：第一，晚上7点之前，所有人必须离开办公室；第二，给员工最大限度的自由和权利；第三，审视所有规章，能不要的都不要。

由此，塞氏公司的传奇"转身"拉开了帷幕。

塞氏公司突破传统组织设计的行为

(1)自由上下班

塞氏公司用了3个月的时间对弹性工作制进行了一项可行性研究，同时采访了大量的"前员工"，请他们说出对塞氏公司的看法，最后发现，上班时间是管理层和下属之间产生冲突和误解的一个主要原因。于是，他们开始让员工自己决定上班时间，并在 1988 年把弹性工作制延伸到工厂工人身上。这种自由在以前甚至现在的工业界都闻所未闻。弹性工作制使该公司的缺勤率降到零，也极大减少了员工加班的时间。除极个别工种因工作依赖程度高而不能享受弹性工作时间外，每位员工都可以在早上 7 点至 9 点自由安排上班时间，错开早高峰，并在下午相应的时间回家，一天工作满 8 小时即可。

（2）没有规章会更好

塞姆勒力主取消了几乎所有象征等级或压迫的规定，包括门卫例行检查、考勤制度、着装规定等，拆掉了经理们的办公室，进行"走动管理"。为公司高层保留车位的做法也取消了，没有谁真的比别人更重要，同时消失的还有名片、办公室家具、地毯上的身份等级标识。塞姆勒认为那些复杂的规章制度往往阻碍了企业的创造力和适应性，规章制度和创新是不可兼容的。在他看来，常识是最好的选择。丢掉规章制度后，员工开始更多地自主决策，并且往往比他们的主管做得更好。

（3）拆掉"金字塔"

传统企业大多数都是金字塔结构，层级很多。这种组织结构的弊病限制了个人的发展，决策权只掌握在少数人手里，妨碍了信息的沟通。塞姆勒开创性地设计了只有三个层级的圆环结构：第一个圆环包括副总裁及以上级别的人，被称为"顾问"；第二个圆环包含 7～10 个业务部门的领导，被称为"合伙人"；第三个圆环包括所有其他人，被称为"伙伴"。伙伴中的骨干成员作为各部门的"协调人"。这一新的体制拆掉了金字塔，清理了整个管理层，主张所有人都是平等的。每位员工在工作中都可以自主决策，如果在某个问题上没有把握，伙伴可以向协调人咨询；协调人的问题可以在一周一次的小组会议上，向该业务部门的合伙人咨询。新体制保证了每一个人的建议、要求或抱怨能立即被反映到决策层即协调人那里，在下一次周例会时协调人就可以提出来直接与合伙人讨论。因此，生产区的工人在几天内就能得到回复，而在传统体制下他们的诉求很容易被置之不理。

（4）利润共享

塞氏公司采用了一种全新的利润共享计划，不仅能让员工充分理解，而且还由他们自己掌控。在分享财富之前，塞氏公司首先共享了一种更有价值的东西：信息——完全公开各级员工的薪水以及公司的各种财务业绩信息。其次通过与工厂委员会和工会领导者的协商，从塞氏公司的总利润开始算起，扣除 40% 的税金，25% 的股东分红，12% 的再投资，于是剩余 23%。每个季度计算出各个自治单位所赚的利润，并将其中的 23% 分配给该单位的员工。没有利润的时候不发安慰奖。各个自治单位都决定进行平均分配，即每个人都拿到相同数额的金钱，而不是相同的百分比。

（5）自组织管理

在塞氏公司，所有员工都被充分地信任，上班时间、工资福利、工会组织、办公环境等都可由员工自行决定，员工是企业真正的主人，任何人都可以参与企业的决策，而领导者的责任只是创造一个环境，让其他人参与到决策中来，并把这种理念传达到公司的每个角落。这并不代表员工可以随意而为，因为每一位员工都是企业的主人，企业的绩效直接影响他们的收入，因而他们不仅工作更加自觉，而且彼此之间相互监督，每个人都会接受自己所在小组的考核。这样一来，真正实现了企业的自组织管理。但这样并不代表管理者可以什么事都不管，在被雇用或提升到领导岗位之前，他们要被所有将成为其下属的人面试并得到批准。每隔 6 个月，管理者就要由下属评价一次。评价结果会公之于众，评价得分一直很低的人通常都会以不同的方式离开塞氏公司。

（6）防止"大企业病"

塞姆勒认为，如果一个企业规模过大的话，渐渐就会出现规模不经济的现象，就是通常所说的"大企业病"。大企业中央集权的组织不仅使人与人之间的距离越来越远，而且组织效率会越来越低下。他认为，改变这种情况的唯一办法就是让每一个业务部门足够小，这样人们就能够对周围的情况充分了解并及时做出反应。因此他选择了对公司业务进行拆分。拆分后的业务部门往往有更大的自主权，更加专注于自身产品的开发与生产，从而实现效率翻番。塞姆勒发现，在经济繁荣时期，拆分后的工厂要比没有拆分的时候有更强的盈利能力。在经济衰退时期，小工厂也比大工厂能更快地度过危机。

（7）激发员工潜能

泰勒的科学管理理论认为，如果工人的工作变化很少，并且根据他们的人体进行科学设计，那么他们将变得高效。但是塞姆勒认为，泰勒精确的工作描述限制了员工的潜力，束缚了他们扩大工作范围的可能性，阻碍了他们的工作积极性。他认为工作描述不仅包括员工该做什么，还应该包括他们想做什么。在变革后的塞氏公司，工人可以管理越来越多的生产流程，每个人都是多面手，在需要的时候，他们可以选择自己喜欢的岗位进行轮换。在这种模式下工作的工人比那些整天机械地重复同样工作的工人对工作更有热情和兴趣，这一切会转化为更大的生产力。由于塞氏公司没有浪费最伟大的资源——员工，即便在巴西经济萎缩、通胀严重、国家经济政策混乱等糟糕的大背景下，塞氏公司在塞姆勒接手的前 12 年里规模增长了 6 倍，生产率提高了近 7 倍，利润翻了五番，实现了年均 27.5％ 的增长，成为一家制造上千种产品的大型跨国企业。而它也理所当然地成为全球备受推崇的最佳雇主之一，多年来员工离职率一直在 1‰ 以下。很多全球知名企业，如 IBM、通用汽车、福特、西门子、海尔等都将塞氏公司作为借鉴的榜样。

案例来源：CoshCat：《比谷歌更敏捷的"柔术大师"：塞氏公司》，2022-06-22，有修改。

思考与讨论：

1. 数字时代的到来对组织设计提出了哪些新的要求？
2. 数字时代的到来给组织设计带来了哪些机遇和挑战？

在数字化企业的发展过程中，多种组织结构可能是共存的，如职能型、矩阵式、数智化敏捷组织等。职能型组织结构是相对固定的架构，如管理集团、业务部门等；矩阵式组织结构是面对不同时期的战略，组成应对多种业务需求的框架，如项目组等；数智化敏捷组织是通过组织数字化、网络化和智能化，打破组织部门壁垒而建立的数据共享、信息构想和知识共享的组织架构。本章将介绍什么是组织设计，是什么推动了组织设计，如何开展组织设计，以及数字时代组织设计的新趋势。

13.1　组织设计

13.1.1　组织设计的重要性和必要性

在经济动荡、颠覆性技术、全球化和竞争空前激烈的时代，许多企业领导者的首要任务是适应不断变化的环境以提高公司业绩。随着公司的发展和外部环境中的挑战变得越来越复杂，曾经有效的业务流程、结构和系统可能成为组织运行效率、客户服务、员工士气和财务盈利能力的障碍，组织需要通过开展组织设计和再设计来实现更好的发展。组织设计缺位或者不及时可能导致一系列问题，如：

①工作流程效率低下；

②工作冗余行为频发（"我们没有时间做正确的事情，但有时间把它们重新做一遍"）；

③缺乏对客户的关注；

④筒仓心态与地盘之争；

⑤工作职责划分不清晰（"这不是我的工作"）；

⑥掩盖和指责，而不是发现和解决问题；

⑦决策延误；

⑧缺乏解决问题的信息；

⑨工作效率低下；

⑩员工和管理层之间的不信任；

……

大多数生产力和绩效问题可归因于糟糕的组织设计。一家公司纵使具有明确的使命、优秀的员工、称职的领导者，如果组织设计不佳，仍然可能导致绩效表现不佳。为了变得更有效，组织设计必须与业务战略和业务运营所在的市场环境保持一致。因此，组织适时调整和开展组织设计至关重要。即使一个特定的组织设计在过去是成功的，也不意味着它将一成不变。随着企业的发展以及周围环境的变化，旧的组织设计可能阻碍组织目标的实现。此时，就需要将组织设计的新阶段付诸行动。

好的组织设计可以帮助组织获得：①卓越的客户服务；②优秀的盈利能力；③较低的运营成本；④忠诚敬业的企业文化；⑤清晰的管理和发展战略。

13.1.2　组织设计的内涵

组织设计是配置结构、流程、奖励系统和人员实践的深思熟虑的过程，以创建一个能够实现业务战略的有效组织。组织本身并不是目的，它只是完成企业战略任务的工具。一个设计良好的组织可以帮助企业中的每个人有效地完成工作。组织设计通常需要对整个组织及其环境进行审查，以决定什么是有效的、什么是无效的。因此，它通常会涉及对系统、结构、人员、奖惩、绩效、政策、流程、文化和更广泛的环境等方面的全面审查。

如图 13-1 所示，组织设计由组织的战略方向决定，即组织的愿景、使命和目标，组织设计是对组织战略计划的管理和执行。

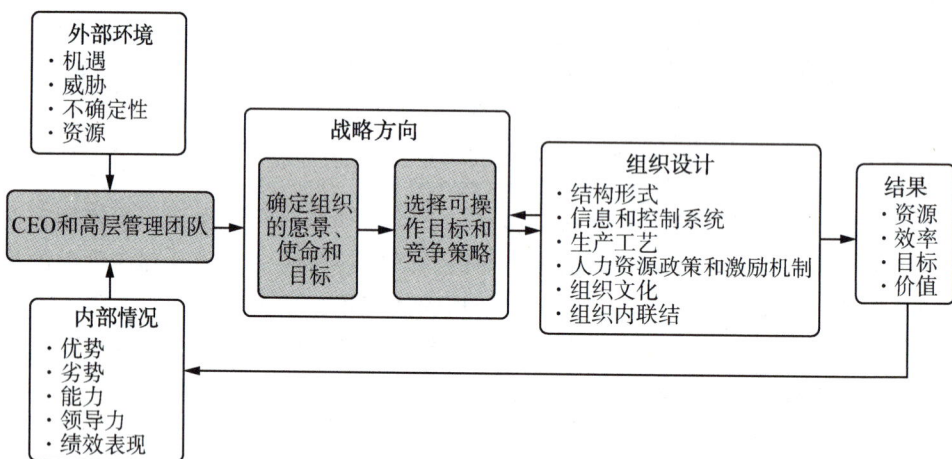

图 13-1　组织设计示例

资料来源：Daft R L，Murphy J，Willmott H.*Organization theory and design*，Hampshire：Cengage Learning，2010.

13.1.3　触发组织设计的因素

组织所处环境的变化、组织战略的变化和现有组织设计的缺陷等会促使组织进行新的设计，以更好地满足组织发展的需要。

1. 组织所处环境的变化

组织所处环境的变化包括内部环境变化和外部环境变化，新技术的引进、竞争对手的加入，或者行政法规的改变等，都可能改变组织所处的环境。

2. 组织战略的变化

出于各种原因，一个组织可能会改变其战略决策，以不同的方式处理工作，甚至改变衡量组织绩效的方式。例如，一家出版公司可能决定减少印刷版的产量，在网上提供更多的免费内容，并致力于从广告中获得更多的利润。在这种情况下，它将不得不为网站参与和广告收入设定新的目标，这反过来又会引发重新设计其组织和结构的需要，以便成功地实现其新的战略目标。

3. 现有组织设计的缺陷

现有组织结构的低效也是促发组织设计的重要原因。例如，某组织一直坚持非常严格的等级结构，到目前为止不愿意提供灵活的工作选择，但最近它注意到这对招聘和管理员工产生了负面影响，员工的缺勤率在上升，工作参与度也很低。如果想继续吸引和留住保持竞争力所需的人才，该组织就需要在组织设计上做出改变。

【拓展阅读 13-1】
企业数字化转型的意义

13.1.4　组织设计的新趋势

1. 组织结构扁平化趋势

随着社会的发展和时代的变化，特别是经济全球化的加速和市场竞争的加剧，企业经营者被迫不断地进行管理创新，以适应形势的需要。越来越多的企业正在减少管理层级，并尝试扩大管理范围到 10～12 个下属，同时，对下属的要求也在增加。因此，训练有素、经验丰富的管理者可以在更广泛的管理范围内工作。在现代企业管理中，注重扁平化结构已成为一种趋势。

2. 组织结构柔性化趋势

随着市场竞争的不断加剧，企业必须对顾客的多样化和个性化需求做出快速反应。过去，组织僵化的规则、做法和结构不能适应组织应对市场竞争的需要，更多地需要依靠临时组织来应对需要。对此，新出现的问题和挑战导致本组织出现跨部门、跨区域项目小组。这些小组不是在本组织现有部门和职位的基础上设立的，而是根据客户不同和不规则的需要迅速部署的人力和其他资源组成的。

3. 组织运行数字化趋势

当前，越来越多的管理人员意识到数字技术在实现和保持组织竞争优势方面所起的关键作用。许多大公司率先利用计算机网络进行电子商务活动，解决了供应链中的时间和成本控制问题，在竞争中领先一步。一些组织利用数字技术将其企业与组织网络联系起来，以实现范围更广、速度更快的合作。

4. 组织管理知识化趋势

网络作为一种通信技术的出现，改变了原组织中的信息通信系统，使传统意义上的管理者不再能够保持对原组织信息的原始垄断。在一个人人都平等的信息时代，管理者通过垄断信息而获得的权威不复存在。在信息共享的时代，管理者改变了原有的指挥管理模式，代之以更人性化的管理行为。管理者通过努力创造一种文化和体系，以促进新知识的创造以及知识的收集、传播和转化。

13.1.5 组织设计模型

1. 麦肯锡的 7S 设计模式

麦肯锡的 7S 模型（见图 13-2）是在 20 世纪 80 年代由麦肯锡顾问 Tom Peters、Robert Waterman 和 Julien Philips 在 Richard Pascale 和 Anthony G. Athos 的帮助下开发的。自推出以来，该模型已被学术界和从业者广泛使用，并且仍然是最受欢迎的战略规划工具之一。它试图强调将人力资源，而不是资本、基础设施和设备等传统大规模生产中的有形资产，作为提高组织绩效的关键。该模型的目标是展示如何将公司的结构、战略、技能、员工、风格、系统和共同价值观这 7 个要素结合在一起，以实现公司的有效性。麦肯锡的 7S 模型同时具有硬元素和软元素，即有形元素和无形元素。硬元素是战略（商业计划）、结构（人们的组织方式）和系统（报告、奖励和资源分配）。软元素是共同价值观（公司文化）、技能（核心能力）、员工（人才）和风格（管理风格）。

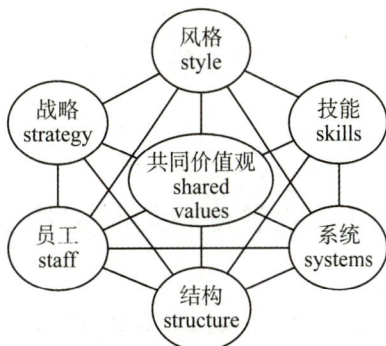

图 13-2 麦肯锡的 7S 模型

2. STAR 模型

一个非常常见的组织设计框架是由 Jay Galbraith 在 20 世纪 60 年代开发的 STAR 模型。在 STAR 模型（见图 13-3）中，管理者能够使用 5 个杠杆的相互作用来形成有效的组织。第一个杠杆是战略，该战略由更高的管理层制定并确定组织的方向。第二个杠杆是结构，它决定了组织如何安排决策权。第三个杠杆是流程，这些过程与信息流有关。第四个杠杆是奖励，奖励如果使用得当，可以为良好行为提供动力。第五个杠杆是人员，在正确的地方选择和发展正确的员工，这确保了组织能够以最大的效率工作。

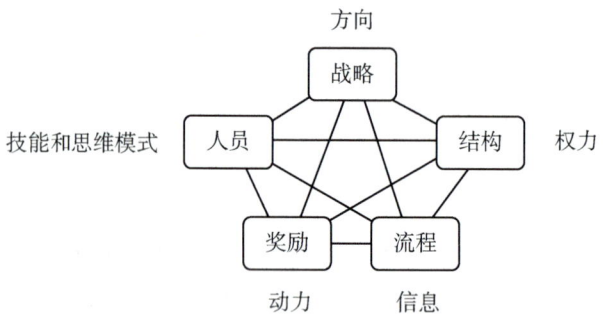

图 13-3　STAR 模型

3. 组织设计中心的转型模型

转型模型是组织设计中心创建和使用的框架(见图 13-4)。它试图解决 7S 和 STAR模型的局限性。除了在 7S 和 STAR 模型中看到的一些硬元素和软元素(战略、系统、结构等)外，该模型还注重外部因素的影响。转型模型将组织的庞大复杂性降低为 7 个关键变量，这些变量必须被理解并均衡发展，组织设计才能成功。关注和理解模型所定义的主要变量将带来客户服务、质量、效率、盈利能力和员工满意度的重大改善。

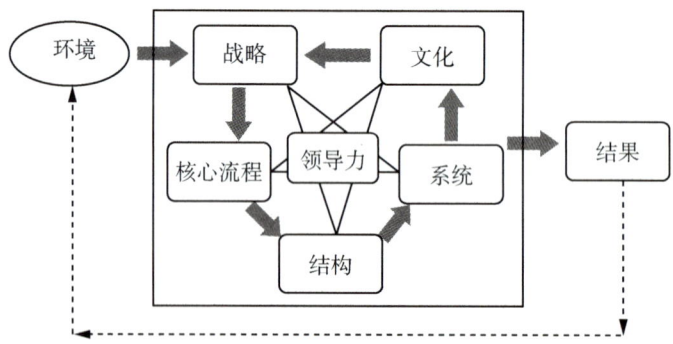

图 13-4　转型模型

13.2　数字化转型与组织设计

13.2.1　企业数字化转型

1. 数字化转型的含义

一般情况下，数字化转型被定义为将数字技术集成到业务的所有领域，从而使得企业的运营方式和向客户提供价值的方式产生根本性的改变。除此之外，数字化转型也是一种文化变革，要求组织不断挑战现状，经常进行实验，并适应失败。数字化转型有时意味着企业需要放弃其原有的业务流程，转而采用相对较新的管理实践。

企业数字化不同于数字化和数字化升级，具体来说，数字化是指将信息和文档从模拟格式转换为数字格式。数字化升级是指将数字技术集成到现有的业务流程中。数字化转型是指对客户体验、业务模型和经营行为的重新思考，试图通过寻找新的方式来提供价值，创造营收，并提高效率。

这种对数字时代业务的重新构想为组织提供了跟上竞争对手并满足不断变化的市场需求所需的工具。这种类型的转型超越了销售、营销和客户服务等传统角色，主要关注组织如何思考和与客户互动。随着新技术的融入，组织有机会重新审视他们如何开展业务，这将极大地增加客户体验。

如果一个组织计划开始一个数字化转型项目，那么应该考虑四个主要领域。

①流程改造：流程改造需要修改业务流程的元素以实现新目标。进行业务流程转型将使组织的流程现代化、集成新技术、节省资金并更好地整合核心系统。

②商业模式转型：通过重塑并增加其当前的成功模式，企业可以实现革新，从而带来重要的新增长机会。

③领域转换：新技术有能力重新定义产品和服务，模糊行业界限，为企业创造新价值提供机会。所有正在进行数字化转型的企业都应该注意领域转换的新机会，这些机会伴随着新技术的融入而出现。

④文化/组织转型：成功的数字化转型不仅需要更新技术或重新设计产品。如果组织未能将其数字化转型工作与其内部价值观和行为保持一致，则可能会对组织的文化产生连锁反应。其负面影响包括数字技术的缓慢采用、市场竞争力的丧失、计划不可避免的失败以及生产力和收入的损失等。反之，全面的协作和努力可以帮助转变组织的文化，以理解、接受和推进数字化转型。因此，领导者应制定清晰的数字化转型愿景，并在整个组织内持续有效地进行沟通。

数字化转型并不会随着新技术的实施而结束。组织应该超越技术来拥抱真正的数字化转型。只有对组织进行彻底改革，企业才能从数字化转型中受益，如提高运营水平、创造协作机会、扩展服务范围并创新客户体验等。

2. 企业数字化转型面临的挑战

每个组织，无论其规模、市场、历史、传统、地点、员工数量、产品数量、客户数量如何，都意识到它需要在敏捷性、灵活性和对变化的响应能力方面更加"数字化"。在组织流程方面，数字化转型需要对当前业务流程进行现代化和简化；从组织结构的角度来看，这意味组织需要减少层级的数量、分散决策和加强员工之间的协作。由于传统的官僚组织模式僵化，在新的市场条件下没有进一步改进的潜力，引入新的组织结构形式势在必行。

数字化转型带来的挑战具体体现在：

①快速发展的环境：利益相关者的需求在发生飞速的变化。

②破坏式创新频现：以数字化为代表的技术进步对原有组织结构造成冲击。

③信息爆炸：信息量的增加和透明度的提高要求组织快速进行多方位的交流协作。

④人才争夺：对人才需求多样化且迫切。

3. 数字化组织的特点

随着数字时代的展开，强大的技术和无处不在的数据为产品、服务和商业模式提供了新的战略选择。数字化组织展示了更高的组织能力，能够以快速变化的技术和市场条件动态部署和重新配置人力和资本资源。这些组织不仅采用数字创新，而且：

①更密集地使用数字数据来制定决策和指导行动；

②进行更广泛的合作，利用各种专业知识迅速应对新情况；

③建立合作伙伴关系、识别人才和寻找专家更容易；

④快速响应客户的个人需求和偏好等。

数字化转型对组织结构和组织流程产生巨大影响，需要组织修改商业模式，改变价值链，并创造新的产品和服务，从而以一种新的、更好的方式为客户提供价值。企业数字化转型是一个漫长的旅程，没有"一刀切"的组织结构，组织将随着时间的推移循序渐进地发生改变。

13.2.2　组织设计的原则

尽管组织的需求是千差万别的，但是总体来说，组织设计需要遵循以下原则（见图 13-5）。

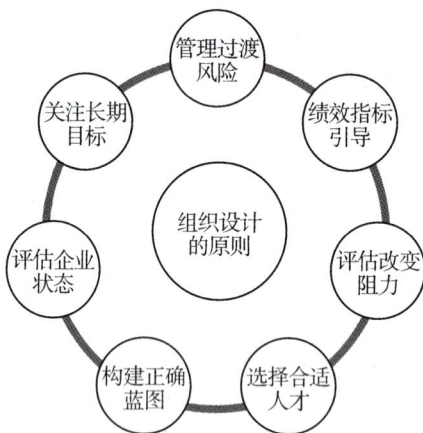

图 13-5　组织设计的原则

1. 关注长期目标

在进行组织设计时，管理者容易犯的一个错误是过分关注公司目前的问题和短板。只为了解决眼前的问题而进行组织设计只会给组织带来更多的问题，正确的做法应该是同时关注短期目标和长期目标。

2. 评估企业状态

有研究发现，管理者在采用新的组织设计之前很少花时间评估其组织的状态，盲目地认为他们对组织当前状况的了解是非常充分的。实际上，这些管理者的认知与企业内部活动的实际执行方式存在脱节。因此，在急于采用新设计之前更好地了解组织有助于发现当前问题的根本原因，帮助组织更好地开展组织设计。

3. 构建正确蓝图

大多数组织的新设计都基于未经检验的假设。尽管直觉决策在某些情况下是有效的，但管理者不应该仅仅依靠他们的直觉。因此，在做出重大销售决策时，不要依赖这种"直觉"，而应咨询所有的利益相关者，从事实和数据结果出发来进行组织设计。

4. 选择合适人才

组织设计应将责任分配给最适合执行这些任务的个人或团队。因此首先需要对职位进行清晰定义，根据职位要求选择合适的人选。

5. 评估改变阻力

管理者应该充分评估到新的组织设计建议被拒绝和反对的可能性。了解这一点后，管理者应该采取的第一步是识别员工对新的组织设计的消极心态并寻求改变他们态度的方案。领导者可以通过多种方式来尝试解决问题，包括对组织设计的内容提供清晰的解释、以身作则来适应新的组织设计等。

6. 绩效指标引导

如果没有任何绩效指标，公司经理也不需要实施新的组织设计，也无法评估公司在采用新设计之前和之后的表现。绩效指标决定了新设计对组织的影响，也为改进组织设计提供方向。

7. 管理过渡风险

在急于实施新战略时，大多数企业管理者忽略了新旧设计过渡的风险。每个新设计都会带来一定的风险，如干扰业务运营、导致员工离职和执行不力等。减少这些风险的最佳方法是及早发现并尽快解决它们。

13.2.3　组织设计需要考虑的因素

组织设计需要考虑的因素（见图 13-6）包括环境、战略、组织规模、组织生命周期、技术等。

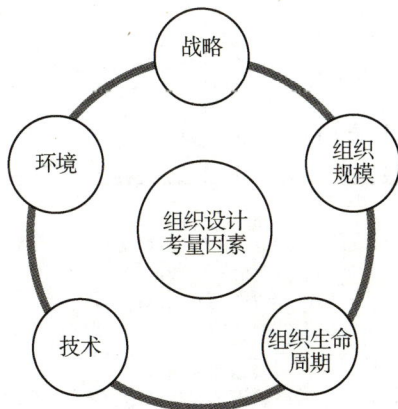

图 13-6　组织设计考量因素

1. 环境

组织的外部环境包括影响组织的各种因素，如经济、社会文化、法律政治、技术和自然环境条件等。组织的外部环境有时是稳定的，有时是动态的。在稳定的环境中，客户的需求很容易理解，并且可能会在较长时间内保持一致。在动态的环境中，客户的需求不断变化，公司使用的技术可能需要不断改进和更新，以应对动态环境的要求。

【拓展阅读 13-2】
PESTEL 框架

2. 战略

一家公司可能决定始终以最新和最好的产品作为市场上的佼佼者（即实施差异化战略），或者以更有效和更具成本效益的方式生产投放市场的产品（即实施成本领先战略）。这些战略都需要一个有助于实现其目标的组织结构。换句话说，组织结构必须适合战略，因为组织结构旨在通过实施战略来实现目标。当战略改变时，结构必须改变。

3. 组织规模

组织规模是影响组织设计的重要因素之一。当一个组织规模较小时——例如一家零售店、一家两人咨询公司或一家餐馆——它的结构就很简单。实际上，如果组织非常小，它甚至可能没有正式的结构。小的组织不需要遵循组织结构图或指定的工作职能，而是简单地根据他们的喜好或能力来完成工作。

然而，随着组织的发展壮大，如果没有更正式的工作分配和授权，组织管理将变得越来越困难。因此，大型组织通过组织设计获得正式的结构。组织越大，其结构就越复杂。任务是高度专业化的，详细的规则和指南规定了工作程序。组织间的沟通主要是从上级到下级，等级关系是权力、责任和控制的基础。

4. 组织生命周期

与人类一样，组织也会经历生命周期，大多数组织都会经历以下四个阶段：初创期、成长期、成熟期、衰退期（见图 13-7）。每个阶段都有对公司结构有影响的重要特征。

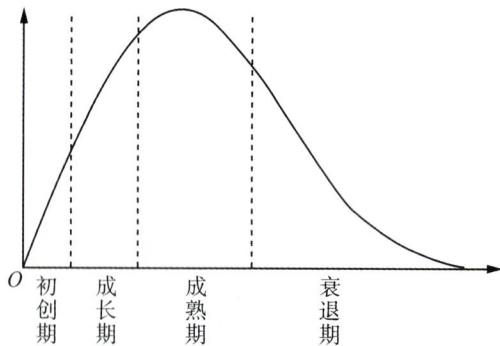

图 13-7　组织生命周期

（1）初创期

在初创期，公司才刚刚开始。处于诞生阶段的组织还没有正式的结构。在一个年轻的组织中，没有太多的权力下放，创始人拥有绝对权力。

（2）成长期

在这个阶段，组织正在努力成长。这个阶段的重点是做大。公司将注意力从创始人的意愿转移到客户的意愿上。在此阶段，组织的结构变得更加有机，形成了正式的组织架构，并进行了一些授权。

（3）成熟期

这个阶段发生在组织取得高度成功的时候。处于中年的组织规模更大，结构更复杂且越来越正式。指挥链中出现更多级别，创始人可能难以保持控制。随着组织变老，它的结构也可能变得更加层级化。

(4)衰退期

进入成熟期后，公司创新能力往往会下降，对扩张不那么感兴趣，而是更愿意将自己维持在一个稳定、安全的环境中，经营重点是提高效率和盈利能力。创新能力的下降和过时的产品可能导致公司的销售额和盈利能力下降，最终走向消亡。然而，成熟期并不是一个不可避免的阶段。经历成熟度下降的公司可能会进行必要的变革以重振活力。

一个组织可以按顺序通过上述四个阶段，也有可能会跳过某一个阶段，或者循环回到较早的阶段，甚至可以通过改变结构来改变其在生命周期中的位置。

正如组织生命周期理论所提到的那样，组织的规模和年龄之间存在关系。随着组织年龄的增长，组织规模也在不断扩大；而随着组织规模的扩大，组织所经历的结构变化与其在整个生命周期中经历的变化是同步的。因此，组织越老、规模越大，就越需要更多的结构、更专业的任务分配和更多的规则。

5. 技术

技术是组织设计中需要考虑的重要因素。现代组织可以被视为复杂且适应性强的系统，是人类和技术交互的混合体。组织可以利用技术工具来提高生产力并为组织启动新的和更有效的结构设计，通过提高沟通和资源流动的效率来影响组织结构和生产力，增加经济价值和竞争优势的潜在来源。

在数字时代，从新技术趋势中出现的组织结构的一个例子是"虚拟组织"，它通过互联网连接组织网络。在互联网上，一个拥有小核心的虚拟组织可以作为其细分市场的领导者在全球范围内运营。

13.2.4　数字化组织设计评估——组织有效性

有效的运营模式使组织能够实现增长和可扩展性、改善客户体验、提高运营效率并发展可持续的业务。组织设计的目标是建立一个有效的组织，即一个能够实现其使命和目标的组织。尽管衡量成功的方法有很多，但许多因素始终显示在有效性指标中。其中包括：组织使命，产品/服务质量和价值，客户满意度，创新和创造能力，适应组织和技术变革，有效的信息共享和沟通，员工吸引力和保留，有效的小组和个人工作，工作生活质量，伙伴关系和联盟，运营效率，形象和品牌。

对于任何给定的组织，有效性的衡量标准都会有所不同，这取决于其使命、环境背景、工作性质、提供的产品或服务以及客户需求。因此，评估组织有效性的第一步是了解组织本身——它是如何运作的，它是如何组织的，以及它强调什么。

著名咨询公司 BCG 提出，组织设计中的以下六个特定因素，可以使公司更有可能成为表现最佳的公司，比同行拥有更快的增长和更高的利润。

1. 敏捷的工作方式

敏捷的工作方式是这些因素中最关键的。敏捷公司成为最佳表现者的可能性是同行的 5 倍。敏捷的工作方式也促成了其他五个因素，这一点至关重要。因为一家综合了六个因素的公司将受益于乘数效应，它成为表现最佳的公司的机会将增加到 50% 以上。敏捷的工作方式对于响应不断变化的客户需求、缩短上市时间、创造价值和获得更好的投资回报非常重要，可以提高整个组织的透明度，并通过消除孤立的业务功能和最大限度地减少可能造成瓶颈的交接来提高效率。最后，敏捷性可以提高员工敬业度，并有助于吸引和留住人才。

2. 增值企业中心

企业中心的传统职责包括分配外部和内部资金以及监督战略发展。然而，在表现最好的公司，企业中心还提供职业技能知识培训，创建、推广标准和最佳实践，确定业务部门合作的机会，并确保员工绩效评估符合公司目标。它还提供了合理水平的运营参与，以提高业务绩效。最有效的企业中心通过特定的组织设计决策来提高公司的绩效，还建立了分享最佳实践的平台和社区，以及强大的人才库，以提高总部职能部门的员工素质。

3. 明确界定的损益(P&L)责任

与竞争对手相比，具有明确划分损益责任的公司获得更快增长和更高利润的可能性要高出3倍。这是因为：一方面，他们确保每个团队与公司的整体战略相匹配，并且可以按照战略实施计划。例如，如果一家公司的运营按地域划分，那么损益责任应该以相同的方式构建。另一方面，他们确保承担责任的团队领导者有权影响结果，包括对潜在的成本结构的影响。

4. 以一线为重点的扁平化管理结构

将企业中心与面向客户或一线业务部门之间的运营距离最小化的公司成为表现最佳的公司的可能性是同行的2倍。企业可以通过减少管理层来做到这一点，从而提高对当地市场的了解并支持面向客户的运营。更扁平的管理结构还可以提高成本效益，加强企业中心与一线之间的沟通，并扩大管理人员的问责制。企业也可以通过将国家业务直接连接到企业中心而不是区域办事处来消除管理层，从而缩短企业中心与一线之间的距离。

5. 有效使用共享服务

能够将繁重的事务管理职能从单个业务部门转移到集中式共享服务的公司成为表现最佳的公司的可能性是其竞争对手的2倍多。它通常涉及将服务中心从纯粹的交易服务运营转变为高效的全方位服务提供商。有效的专业管理可能需要有关结构设计的决策，例如引入在一个屋檐下提供多种功能的多功能共享服务中心，以及离岸外包。

【拓展阅读13-4】
组织设计之前需要思考的问题

6. 对人员和协作的大力支持

强调协作、以人为本的组织文化，使组织成为最佳绩效者的机会加倍。组织赋予个人明确定义的责任，使用简单的决策流程，奖励协作。表现最佳的领导者致力于协作和提高员工敬业度，并在绩效管理目标和相应的人力资源实践中包括能够支持员工的政策。

13.3 多样的数字化组织类型

数智时代的组织设计应该运用敏捷设计的手段，将传统的组织类型和先进的数智技术相结合，构建高效、敏捷的组织。运用上述敏捷设计的思想，先进的数字化组织由传统的组织类型演进出多种被认可的组织结构类型，即数字时代的组织设计融合了传统组织设计的元素，改进了整个组织的运作流程。

13.3.1　职能型组织结构

职能型组织结构（见图 13-8）是一种业务结构，它根据专业领域将公司组织成不同的部门。这些部门作为职能部门，由职能部门经理或部门负责人监督。在每个部门，团队成员向部门负责人汇报，部门负责人反过来向公司的最高管理层报告其职能领域的状态。

职能型组织结构中的部门一般包括销售部门、生产部门、人力资源部门、信息技术部门、营销部门和法律部门。在一些大公司中，这些部门分布在不同的地理区域。在较小的公司中，它们可能只是分布在同一办公楼的不同区域。

1. 职能型组织结构的特点

具有职能型结构的组织往往具有以下特征。

①有一个自上而下的层次结构。大多数职能型结构的公司都有一个高管团队来监督整个公司，但几乎所有其他员工都是一个特定的、孤立的部门的一部分。

②部门负责人向高级管理层报告。公司内的每个部门——无论是销售部、生产部还是研发部——都有一个部门负责人，他要么是高层管理人员的一部分，要么直接向他们汇报。

③员工专门从事某些任务。在职能型组织结构中，员工因其在特定技能方面的专业知识而被雇用。他们很少偏离自己的职责来帮助其他部门的工作。

2. 职能型组织结构的优缺点

①优点：一是具有稳定的工作环境：职能型组织结构提供了一个稳定的环境，员工可以清楚地了解他们的工作范围和组织对他们的期望；二是为组织效率而构建：每个部门都可以独立工作，从而提高效率；三是充分发挥员工优势：职能型组织结构将员工放在最需要他们的地方，并且不会让他们承担超出技能范围的任务。

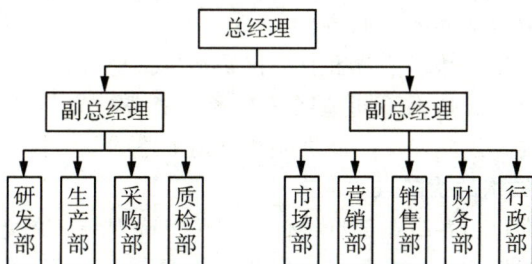

图 13-8　职能型组织结构示例

②缺点：首先表现在部门隔离的可能性上：当员工只在一个部门工作或专注于一项任务时，他们可能缺乏对组织整体目标的感知；其次表现在部门之间的竞争：当部门被明确定义并被赋予特定目标时，竞争可能会阻碍部门间的协作；最后表现在易错过创新机会：当员工被孤立到专业部门时，他们可能会错过从公司不同部门的同事那里获得新想法的机会。

13.3.2 事业部制组织结构

事业部制组织结构(见图 13-9)是一个公司根据产品或市场而不是工作角色对员工进行细分的组织结构。其中,每个事业部都可以对应组织的某一产品或地理区域;每个事业部都包含所有必要的资源和职能,以支持特定的产品线或地域发展要求(例如,它自己的财务、IT 和营销部门)。

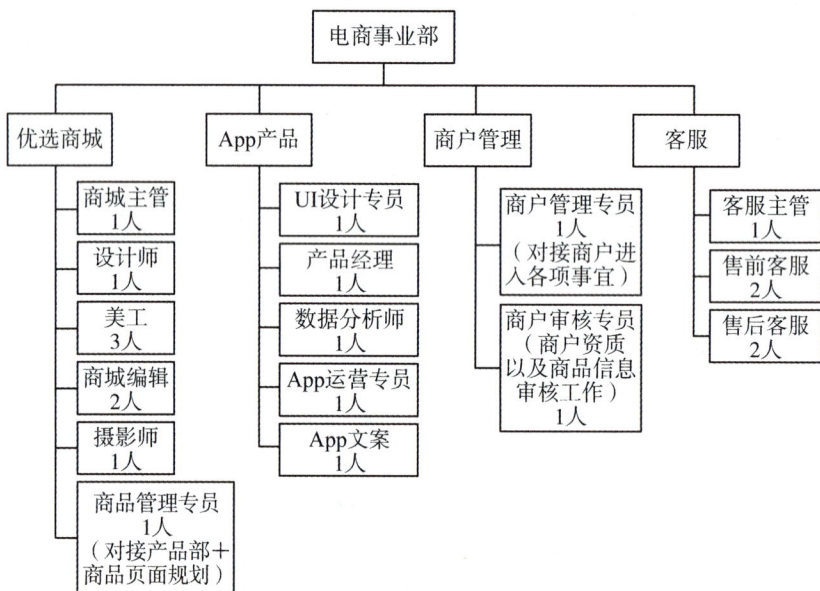

图 13-9　事业部制组织结构示例

1. 事业部制组织结构的特点

①产品事业部化:某一产品或服务相关的各种活动都在一个经理的权限之下。例如,如果该部门生产豪华轿车或 SUV,则 SUV 部门将拥有自己的销售、工程和营销部门,与豪华轿车部门的这些部门不同。

②地理位置事业部化:地理位置事业部化是指根据地理位置对经营活动进行分组,例如亚太或拉丁美洲分部。如果不同地区消费者的消费行为和品牌反应不同,则地理位置事业部化尤其重要,以此保证产品供应和营销策略的灵活性。

2. 事业部制组织结构的优缺点

①优点:一是标准化。各事业部有类似的部门,确保统一制定和执行政策和程序,平等获得和利用公司资源。二是专业化。每个事业部专注于特定的产品、服务或地区,因此,团队对产品、服务或地区有深入的了解,从而提高了服务或产品的性能和质量。三是效率高。由于每个事业部独立运营,因此工作流程顺畅。他们只关注分配给他们的产品和服务,这提高了他们对产品或服务的关注和理解,从而可以更好地服务他们的目标人群,以增加销售收入和客户满意度。四是速度快。由于工作细分和专业化,各部门可以快速完成任务。每个部门和部门都专注于一个专业领域、产品或服务。因此,他们可以高效地完成相关任务。

②缺点:一是成本高。由于需要大量专家,这种结构的开发和实施成本很高。

二是易造成独权。事业部负责人在执行日常职责时是自主的，对事业部具有绝对权威。三是竞争环境不健康。这种结构会造成激烈和不健康的竞争，因为每个部门都试图超越另一个部门，证明他们拥有更好的产品或服务。四是边缘化。各部门独立运作，在某些情况下，它们位于孤立的地理位置，团队往往会感到与同事和整个组织隔绝。他们也倾向于只关注他们的产品或服务，这使他们对其他部门提供的产品或服务一无所知，缺乏信息和沟通使他们更加孤立。

13.3.3　扁平化组织结构

扁平化组织结构（见图 13-10）被定义为高层管理人员与一线销售人员、基层员工以及客户直接接触的实体。在这样的组织中，领导层是分散的，没有中层管理人员的角色和责任。扁平化组织结构的目的是减少层次结构，以便每个人都能熟练地处理他们遇到的任何工作。

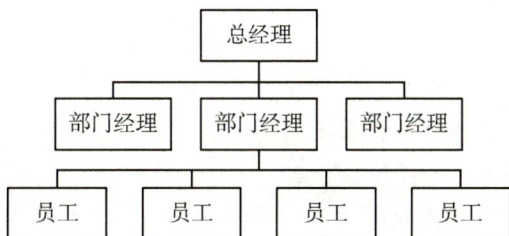

图 13-10　扁平化组织结构示例

在扁平的组织结构中，经理有更多的责任，因为他直接监督的人数很多，而这些较低级别的人依赖他的支持、帮助和指导。创建这种类型的结构是为了赋予员工权力，以便他们能够做出独立的决定。这种结构最适合小型和初创组织，因为它旨在最大限度地减少官僚主义。

扁平组织结构的特点包括：以客户为中心，关注团队，灵活性高，层级少，去中心化。

1. 扁平化组织的优点

①低成本：扁平化组织结构中的管理层很少。这意味着公司的管理层在工资、福利等方面的成本较低，组织可以节省资金并将其用于其他目的。

②高员工保留率：高技能劳动力的创造力在垂直层次结构中受到限制，而在扁平的组织结构中则受到鼓励。当员工有机会展示他们的创造力时，就会产生一种成就感，这会提高员工保留率。

③高员工士气：由于没有中层管理，一线员工的责任感自然会很高。高层希望他们成为各自领域的专家，这有助于减少员工流失并逐渐提高员工士气。

④决策效率高：扁平结构通常赋予领导者独立决策的权力，从而提高了决策效率。

⑤沟通效率高：没有中层管理确保了上层和下层之间的直接联系，信息流清晰而准确，几乎没有误传的机会。

2. 扁平化组织结构的缺点

①管理层失控：这种结构非常适合员工数量可控的初创公司和小型企业。而随着

组织规模扩大，管理层很容易失去控制。

②权力斗争混乱：在扁平的组织结构中，员工有权做出独立的决定，这可能会在管理人员之间造成混乱的权力斗争。

③角色混乱：在扁平化的组织结构中，员工必须同时承担多项职责，这给他们在公司中的实际角色和责任造成了困难。

④决策失误风险高：扁平化组织结构对一线员工的依赖性很大。如果他们没有必要的专业知识，那么可能会导致决策错误等问题，从而给公司造成损失。

13.3.4 矩阵式组织结构

矩阵式组织结构（见图13-11）是两种或多种组织结构的组合。在这种结构中，员工通常具有双重汇报关系，即需要同时向他们的职能经理和项目经理汇报。一般来说，其中一条汇报线总是会优先于另一条汇报线（例如，员工可能必须先向其职能经理报告，然后再向项目经理报告）。

1. 矩阵式组织结构的类型

根据项目经理的权力级别，矩阵式组织结构可以分为三个主要类别。

①职能或弱矩阵：职能经理保留大部分权力，掌管人员和资源。项目经理的角色很小，倾向于执行管理或协调任务。

②强矩阵：项目经理掌握大部分权力和权限，控制项目预算并管理人员。职能经理的角色是有限的。

③平衡矩阵：职能经理和项目经理分享对员工和预算的权力和权威。

在大型组织中，所有这些类型的矩阵结构都可以在企业的不同层次上使用。通过仔细的规划、明确的期望和开放、有效的沟通，矩阵式组织结构可以成为在开展大型项目时提高组织效率的利器。

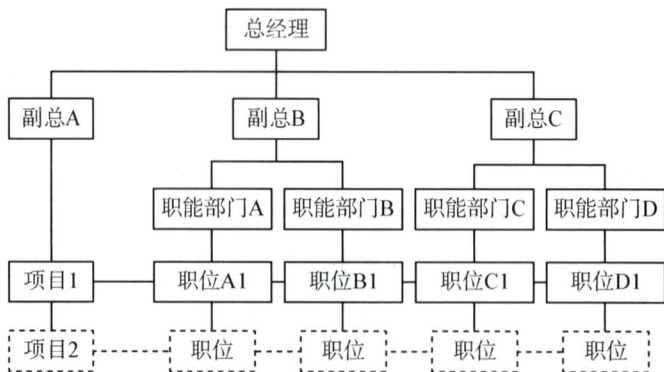

图 13-11 矩阵式组织结构示例

2. 矩阵式组织结构的优缺点

①优点：一是跨部门协作。矩阵式组织结构的最大优势可能在于将来自不同部门的高技能团队成员聚集在一起，使组织能够利用其已有的资源完成任务，而不是从组织外部寻求专业知识和招募项目团队成员。二是将项目和职能管理结构相结合。矩阵式组织结构将项目管理结构与职能管理结构相结合，提高效率，适应不断变化的市场，

更快地响应市场需求。三是跨部门沟通。通过允许不同部门的员工一起工作，矩阵式组织结构营造出更加开放的工作环境，使组织更具活力。四是员工技能的拓展。矩阵式组织结构可以为员工提供加强他们的人际交往能力、沟通能力和新技能组合的机会。

②缺点：一是管理角色模糊。由于职能经理和项目经理之间的权力动态在矩阵中可能没有明确定义，因此可能会出现对特定管理角色的混淆。二是团队角色模糊。当项目中没有明确定义团队成员的角色，或者员工的职能角色和项目角色之间的职责划分不明确时，容易造成员工角色模糊。三是决策效率低。由于涉及多条汇报线，决策效率受到影响。四是工作超负荷。矩阵式组织结构有时也会导致团队成员的工作超负荷，员工在完成本职工作的同时还需要完成项目工作。

13.3.5　网络型组织结构

网络型组织结构（见图 13-12）是指在许多合作伙伴公司或业务实体之间委派和协调任务的系统，其共同目标是生产特定产品。这种安排使公司有机会与其他相关业务实体合作，共同努力实现目标。网络结构是一种较新的组织结构类型，通常更扁平、更分散和更灵活。在这种结构中，管理者需要协调和控制公司内部和外部的关系。

网络组织听起来很复杂，但其核心是一个简单的概念。以一家 T 恤设计公司为例。因为公司领导主要对设计感兴趣，他们可能不想过多地参与制造或零售；但是，这两方面业务都是组织完成其运营所必需的。为了保持对产品的控制，他们可以通过自己的网络租用零售空间，并从拥有自己制造设施的各种合作伙伴组织那里购买生产能力。虽然公司主要专注于设计产品和跟踪财务，但这种伙伴关系网络使其不仅仅只有设计业务。

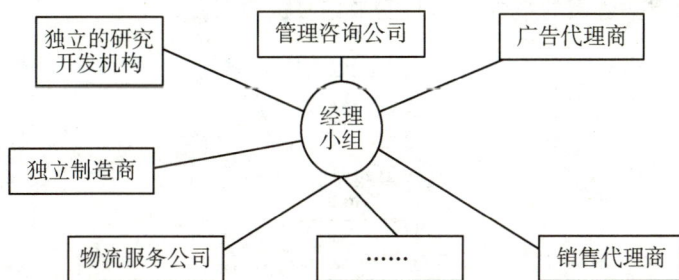

图 13-12　网络型组织结构

1. 网络型组织结构的优点

①经营聚焦：通过放弃除自身核心竞争力之外的所有其他职能，组织可以更专注于自己最擅长的领域。

②降低成本：建立一个部门并运行它比外包该功能要昂贵得多。使用网络型组织结构，可以将工作外包给专门从事该特定工作的其他公司，从而在获得更优质服务的同时降低了成本。

③灵活性高：通过外包工作，组织可以灵活地决定其生产技术、数量、产品设计或完全停止生产，而不会遇到任何重大问题。

2. 网络型组织结构的缺点

①协调管理困难：当一家公司沉迷于网络型组织结构时，它会变得更加分散。随着组织网络的发展，控制如此广泛的网络变得越来越困难。除此之外，分散在不同地区和国家的合作伙伴会增加沟通和交流的困难。

②商业机密外泄风险增加：在追求网络型组织结构的同时，当企业将一些工作外包给另一家公司时，该公司可能也在为其竞争对手工作。企业的秘密信息可能会被泄露给其竞争对手。

③合作伙伴的可靠性对于组织的影响巨大。

13.3.6 沙漏型组织结构

近年来，信息通信技术的发展大大改变了各组织的职能。中层管理人员的作用正在减弱，因为他们所执行的任务正日益被技术工具所取代。沙漏型组织结构（见图 13-13）由三层组成，中间层收缩，该结构的中层管理水平较短且较窄。信息技术将组织的顶层和底层联系起来，带走了许多由中层管理人员完成的任务。只能由一个缩小的中间层来协调不同的底层活动。与传统的中层管理人员不同，他们通常是专家，沙漏型组织结构中的管理者是多面手，执行各种各样的任务。他们将处理跨职能的问题，如市场营销、财务或生产问题。

沙漏型组织结构具有明显的降本增效作用。它还有助于通过简化决策制定来提高响应能力。决策权向接近信息源的方向转移，使决策速度更快。然而，随着中层管理规模的减少，底层管理人员的晋升机会显著减少。在同一水平上的连续性可能会带来单调和缺乏兴趣，并且很难保持较高的动力水平。企业可以通过分配具有挑战性的任务、横向调动和建立适当的绩效奖励制度来克服这些问题。

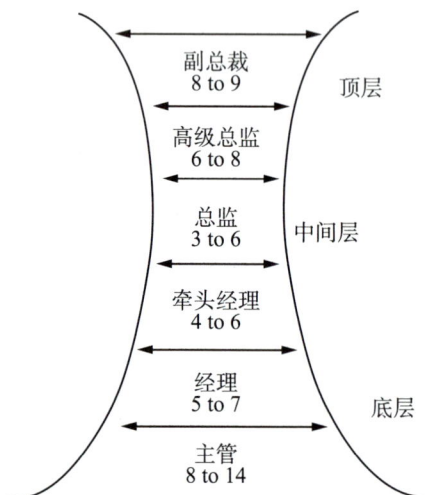

图 13-13　沙漏型组织结构示例

13.3.7 平台型组织结构

平台型组织结构（见图 13-14）即企业将自己变成提供资源支持的平台，并通过开放的共享机制，赋予员工相应的人事权、决策权和分配权，使其能够通过灵活的项目形式组织各类资源，形成产品、服务、解决方案，满足用户的各类个性化需求。在这个过程中，员工变成了为自己打工的创客，而创客和企业都能够从项目的成功中分享可观的收益。

平台型组织是一种用户需求"拉动"型组织，企业的动力来自接触用户的前台项目，前台拉动中台，中台拉动后台。总之，企业去除了以后台管控为主的官僚主义，所有部门、团队、员工围绕用户需求创造价值。

①前台：是传统的利润中心。在平台型组织里，大的销售部门被拆散为若干的小团队，还加上了其他若干职能团队。

②业务中台：多半是传统的成本中心，把后台的资源整合成前台打仗需要的"中间件"，方便被随需调用。如阿里的数据中台、字节跳动的直播中台、腾讯的技术中台等都是典型的业务中台。业务中台也被称为有形的中台，因为他们是有实体部门存在的。

③组织中台：是由财务、人力、战略等部门向前台派出的业务伙伴（business part-ner，BP）组成的团队。他们进入前台的小团队，用专业视角与他们共同作战，同时也代表后台高效配置资源和政策。组织中台也被称为无形的中台，因为他们没有实体部门。

④后台：是传统的费用中心，也可以称为职能部门或后勤部门。这类部门运行四大职能：市场规则设计、宏观调控干预、资源池的建设、整体数据智能化。它们不直接产生效益，更多是创造间接的、长期的贡献，但却奠定了组织的基调。后台的厚度从根本上决定了平台的维系和繁荣。

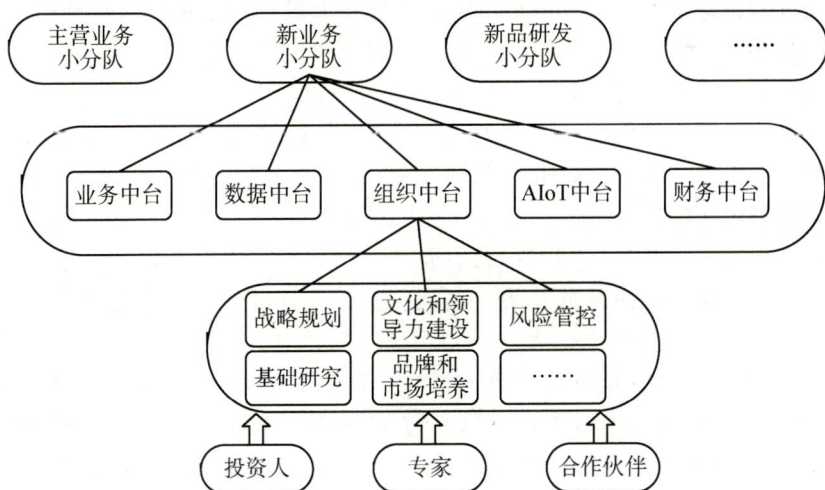

图 13-14　数智化"前台—中台—后台"组织架构

13.3.8　虚拟组织

毫无疑问，商业环境的快速变化要求公司变得更加灵活、更加敏捷，并以越来越快的速度将产品和服务推向市场。传统的组织形式不再能够维持这种快速变化的需求，虚拟组织应运而生。虚拟组织用于描述一个由独立公司组成的网络，这些公司通常是临时联合起来生产服务或产品。虚拟组织通常与虚拟办公室、虚拟团队和虚拟领导等术语相关联。虚拟组织的最终目标是即时提供创新、高质量的产品或服务,以响应客户需求。它在信息充分的时候,通过竞争招标或者自由选择成为合作伙伴,这样不仅能够在各领域中有优势,还能够整合外部资源,同时节省成本,来完成单个组织或企业不能承担的市场功能,如产品开发、生产和销售等。

虚拟企业的建立和运作依赖于信息网络、知识网络、物流网络和契约网络。沟通是为了支持工作和学习所进行的信息和知识的创造、交换、存取、应用、分配、保存、更改及共享。由于信息在虚拟商务中扮演着复杂而重要的角色,因此沟通变得至关重要,必须仔细规划以充分利用信息基础设施。知识网络的构建是虚拟企业真正实现共享合作的前提。企业的核心能力与优势往往只是组织记忆中保留的一种无形的知识形态,这种核心能力网络是虚拟企业能够实现资源最大化的关键。物流网络是虚拟企业克服组织地方分权、实现客户需求快速响应的基础。契约网络是虚拟企业合作关系的维护者。虚拟组织中的暂时性的合作关系具有交易性和联盟性,只有在共同利益的基础上才能以低成本维持。

虚拟组织的优点有很多。首先,实体组织需要高昂的成本来维持。而虚拟组织没有特定的办公场所和物理空间,可以极大地降低运营成本。其次,由于不受物理空间的限制,虚拟组织可以轻松开拓新市场,不断拓展新的客户群体。再次,在虚拟组织中,可以通过在线媒体以更快的速度访问相关信息,无须从储藏室中查找文件。这有助于公司提供快速响应,从而能够快速满足市场需求。最后,虚拟组织能够实现高效率和高员工满意率的平衡。一方面,在虚拟组织中,团队负责人会为员工提供所需的信息,通过几次按键或单击鼠标就可以很容易地将人员从一个项目转移到另一个项目;另外,远程雇用员工可以让虚拟组织接触到更大的人才库,这些人才可以属于任何人群。通过这种方式,企业可以扩大其潜在的劳动力市场,雇用来自世界各地的最优秀人才。另一方面,在虚拟组织中工作的员工会体验到更高的工作满意度,管理成本的下降可以带来员工薪资的提高,并且为员工提供灵活的工作时间和地点的选择,可能从而极大地提高员工的满意度。

然而,虚拟组织也存在一切局限性。首先,在传统的办公环境中,员工可以通过每日的面对面交流感受到团队凝聚力,这促使员工为团队更加努力地工作;而在虚拟组织中,互动机会的减少使得员工之间关系的纽带无法建立。持续的变动和重组,会导致员工角色、目标、责任不明确。其次,在虚拟组织当中,信息传递往往通过远程在线传递的方式,这就使得信息的安全性难以保障,机密的组织信息有可能遭到破坏或者网络黑客的攻击,被第三方截取甚至滥用。最后,在虚拟组织当中,管理人员对公司的主要职能缺少强有力的控制,其中任何一个环节的失误都会对整个组织造成极大的危害。

**【拓展阅读 13-5】
阿米巴管理模式**

13.3.9 数智化敏捷组织

2022 年,阿里云智能总裁在《数智化敏捷组织:云钉一体驱动组织转型》一书中,结合当今科学技术的发展和商业世界的演进提出了数智化敏捷组织的定义,并对其进行了详细的阐述(见图 13-15)。数智化敏捷组织是由"数据+算力+算法"赋能的、以用户价值为共同目标、以成员的自驱力和创造力激发为根本、以业务和组织的网络协同为机制、以共治共生为文化，能够柔性动态敏捷响应外部环境变化的新型组织模式。这样的组织将用户价值当作组织共同的目标，构建柔性动态的组织结构，强调组织成员的自驱共创和文化价值的共治共生，以网络协同为流程机制，以数据智能作为驱动机制。

构建数智化敏捷组织的机制和要素包括：①全局感知：以万物智联为基础，获取数据，实现数物融合。②在线协同：以服务用户为导向，连接生态，促进价值增长。③智能洞察：以数据分析为驱动，分析洞察，做到精细运营。④实时灵活：以智能决策为支撑，实时处地推动效能提升。⑤敏捷创新：以自主创新为中心，快速迭代，实现模式升级。

总之，本章介绍的数字时代的组织类型与传统组织设计有诸多不同（见表 13-1），这些不同造就了数字时代企业成功的关键。

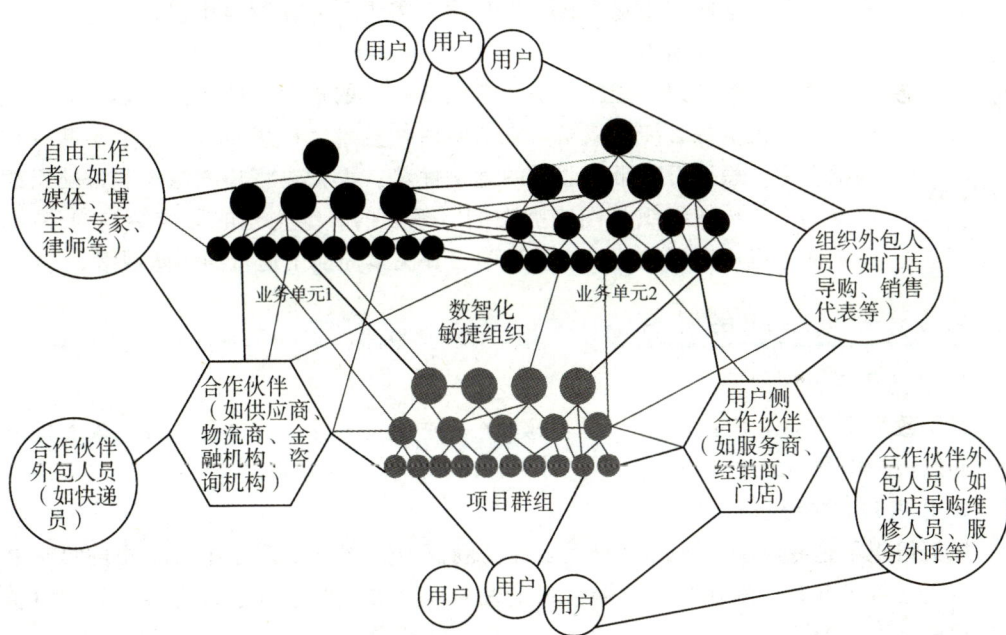

图 13-15　数智化敏捷组织示意图

表 13-1　数智化敏捷组织结构

对比维度	传统组织	数智化敏捷组织
动机	"业务—管理—决策"的治理架构	数据驱动的"小前台—大中台—强后台—富生态"的服务架构
机制	一成不变的僵化架构	战略导向的动态排兵布阵的机动架构
沟通	高墙林立的封闭架构	数据流动的开放架构
协同	员工钩心斗角、相互推诿的内卷架构	鼓励员工共同奋斗、相互学习的协同架构
生态	追求短期利益最大化的高熵架构	资源综合配置效率最优的可持续生态架构

13.4 打造敏捷组织

13.4.1 敏捷组织的含义

数字时代的到来，增加了组织生存的易变性、不确定性、复杂性和模糊性（VU-CA）。在数字化转型过程中，组织敏捷性的精髓在于随着环境的变化而调整自身，即一种精于变化的能力，包括感知（sense）变化、理解（perceive）变化、响应（response）变化、利用变化和创造变化。作为这些能力的综合体，敏捷性不仅仅能够帮助企业和组织被动地对外部变化进行及时反应，而且更重要的是使企业和组织具有主动应对变化的意识和准备。因此，敏捷性是指在一个不断变化、不可预见的环境中，企业组织能够从发展战略、结构、功能和运行方式等角度不断地进行自我调整，实现快速、灵敏、有效、积极地响应市场变化、满足顾客需求，并在竞争中赢得优势，从而能够驾驭变化的能力。

越来越多的组织正在意识到组织敏捷性的价值。即使是成熟的公司也在实施变得更加敏捷的战略，它们明白在技术、市场需求和竞争不断变化的世界中，敏捷可以带来明显的竞争优势。麦肯锡将传统组织和敏捷组织区分如下：传统组织是围绕静态的、孤立的、结构化的层次结构构建的；而敏捷组织可以被描述为在快速学习和决策周期中运行的团队网络。

【拓展阅读 13-6】
VUCA 时代

13.4.2 敏捷组织的特点

1. 共同目标

组织致力于通过投资于员工的发展来建立一种专注于员工的文化，鼓舞人心的领导力和以人为本的组织文化将员工与公司的愿景和目标联系起来。

2. 以客户为中心

敏捷组织不是专注于优化运营流程以提高利润率，而是专注于了解客户的需求并创建定制的解决方案。盈利对于敏捷组织来说同样重要，但它是通过为客户创造价值来实现的。

3. 团队网络

敏捷组织通常保持传统的顶级层级结构，但公司的其余部分被构建为具有共同目标和愿景的自治团队网络系统。

4. 开放式沟通

敏捷组织建立了一种透明和开放的沟通方式，使个人和团队更容易获得做出正确决策所需的信息，这种开放的沟通和透明度增加了员工参与度。

5. 快速学习和决策周期

为了快速响应不可预测且不断变化的环境，敏捷组织的学习、产品开发和决策周期都很短。这使他们能够进行持续的小而有针对性的更改，从而逐步增加价值。

6. 技术整合

敏捷组织不是简单地将所有现有流程数字化，而是将新技术真正集成到运营流程中。例如，新的协作、沟通、预算和管理工具不仅引入了一种新的协作方式和项目管理方式，而且还旨在节省大量时间。

13.4.3　敏捷组织设计的准则

传统组织设计与敏捷组织设计的区别如图 13-16 所示。在进行组织设计时，需要坚持一些组织设计的准则。

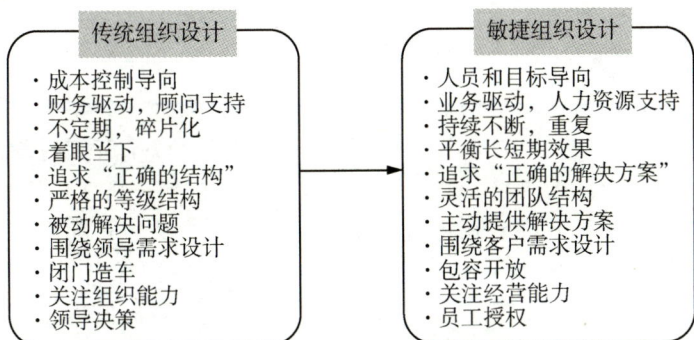

传统组织设计

· 成本控制导向
· 财务驱动，顾问支持
· 不定期，碎片化
· 着眼当下
· 追求"正确的结构"
· 严格的等级结构
· 被动解决问题
· 围绕领导需求设计
· 闭门造车
· 关注组织能力
· 领导决策

敏捷组织设计

· 人员和目标导向
· 业务驱动，人力资源支持
· 持续不断，重复
· 平衡长短期效果
· 追求"正确的解决方案"
· 灵活的团队结构
· 主动提供解决方案
· 围绕客户需求设计
· 包容开放
· 关注经营能力
· 员工授权

图 13-16　传统组织设计与敏捷组织设计的区别

1. 以创造客户价值为核心

随着时间的推移，组织优化的目标已经从问责制和效率转向关注价值创造。这意味着，组织内所有的努力都应该围绕价值创造或者直接为价值创造做贡献，否则就是资源浪费，应该被组织淘汰。敏捷组织的核心目标是为客户创造价值。因此，组织设计时应当以客户需求为导向，以实现客户价值为最终目标。

2. 赋权自组织团队

组织的工作是复杂的，组织价值的创造需要组织内的人员充分发挥其主动性和创造性。敏捷的组织设计应该为创造价值的人提供价值驱动的目标，把工作的决定权交给真正做这项工作的人。通过向员工赋权，创建富有才华、在层级制结构外运作的小型团队，解决公司的首要优先事项。批准这些团队运用敏捷的方法和流程，在耗费精力且进展缓慢的传统流程和决策层级制度之外进行运作。

3. 提高沟通效率

持续、有效且快速的沟通是组织敏捷的重要保障之一。为了提高沟通的效率，在进行组织设计时，沟通的线路应该尽可能地短，且沟通的数量应该尽可能地减少。

4. 持续学习

为了增加生存的机会，尝试创造一个可以让组织进行大量学习的组织环境是有意义的。敏捷学习文化是一种注重灵活性、协作和速度的培训和开发方法。从本质上讲，它创造了一种使员工能够为自我发展和他人发展承担责任的文化。通过培养敏捷学习的文化，组织可以跟上不断变化的市场需求，适应新技术，并调整其运营模式，以保持领先地位。

5. 领导力

组织设计应当帮助组织培养敏捷的领导者。敏捷领导者优先考虑创建强大的团队，而不是奖励占主导地位的个人。他们了解团队成员的优势，并知

【拓展阅读 13-7】
乐高的"敏捷组织"之路

道如何发挥这些优势。他们知道如何培养高绩效团队以保持他们在竞争中的表现。当员工未达到绩效目标时，敏捷领导者知道如何制订绩效改进计划以使他们重回正轨。

在这样一个快速变化的时代，组织敏捷不是一种选择，而是一种必须。如果真正做到，它将成为组织的核心竞争优势。对于领导者来说，推动组织转型，打造敏捷能力，是时代的召唤，也是组织赋予的使命。

🎬 本章小结

本章主要介绍构建敏捷反应的有机组织，并从组织设计、典型组织类型和数字时代的组织设计三个方面进行阐述。通过学习本章，读者可以了解到组织设计的必要性和重要性，以及组织设计的内涵。触发组织设计的因素包括环境变化，组织战略变化，以及现有组织设计存在局限性。在进行组织设计时，应当关注长期目标，评估企业状态，构建正确蓝图，选择合适人才，评估改变阻力，绩效指标引导，管理过渡风险。组织设计的关键要素包括工作专业化、部门化、命令链、控制跨度、集权与分权、正规化。常用的组织设计模型包括麦肯锡的 7S 模型，STAR 模型和转型模型。本章还介绍了不同的组织类型，包括经典的组织类型和新型的组织类型，并指出了不同的组织类型的优点和缺点。最后，本章讨论了数字化转型对组织设计的要求，提出打造敏捷组织是企业应对数字化转型的可由之路。

🎞 复习思考题

1. 影响组织设计的因素有哪些？
2. 组织设计的关键要素有哪些？
3. 常见的组织类型有哪些？它们的优缺点分别是什么？
4. 数字化转型对组织设计提出了什么样的要求？
5. 敏捷组织的特点是什么？

✆ 案例分析

扫一扫，看资源

平安银行转型背后的数字化力量

第14章　打造以创新为本的组织文化

【学习目标】
▷掌握创造力与创新的定义及区别
▷熟悉创造力与创新的模型
▷掌握组织文化的定义和作用
▷了解数字化转型的定义及类型
▷熟悉数字化如何赋能组织创新

【关键术语】
创新、创造力、组织文化、知识经纪人

🎥 开篇案例

黑科技的脑洞有多大?

2021 年 11 月 17 日,上海——"索尼中国,激励创新"索尼在华员工创新大赛(Inspire Innovation Sony China,简称 IISC 大赛)2021 提案展会在上海市黄浦区博荟广场举办,现场共展出了 41 个来自索尼多家在华企业的员工创新提案。这些提案大多结合了当下热门的 AI(人工智能)、XR(扩展现实)、视听技术、3D 打印等前沿技术,涉及娱乐、健康关怀、消费电子产品、社会化营销等多个领域。这是索尼首次对外展出内部员工的创新提案,吸引了不少业界人士及市民到场观展,与提案负责人面对面地进行沟通、交流。

IISC 大赛是面向索尼在华企业的员工创新大赛,旨在发扬索尼创新基因,在企业内部传承勇于创新的企业文化。员工可基于自身的兴趣、技能和知识储备,利用索尼掌握的技术、产品、娱乐内容和平台服务等资源,针对当下社会和行业的实际需求,进行原创型或优化型创新。

大赛每年 4 月启动,经初选、重点项目甄选会、线下展会及高管评委评选后,决出获奖的创新提案。索尼集团内部会对优质提案进行针对性的商业化支持,包括委任导师、给予特别资金、参与集团层面创新交流、外部合作对接等。

截至 2021 年,IISC 大赛已举办六届,其间累计收到 575 个提案,有 41 个提案获奖,产生了许多具有深刻洞察和独特创意的提案。例如"轻型动作捕捉系统 Golem 应用场景开发提案"对索尼技术结合娱乐场景的实际应用进行了探讨。Golem 是索尼独有的一套动作捕捉系统,仅需佩戴 6 个小型传感器就可使全身动作以较高精度被捕捉,它不受环境所限,不易受到遮挡影响,该系统在运动、娱乐、教育等方面将具有广泛的应用场景,如需要动作捕捉且不能对玩家活动有过多限制的 VR、体感游戏、虚拟形象开发／使用、远程交互娱乐等。

来自索尼中国专业系统集团（PSC）的常铖、梁文耀、赵京赫、郑浩翔提出了以 BRAVIA 索尼商业显示器为核心开发的"索尼智能办公空间解决方案"，它包含便捷高效的办公空间中控管理系统、自助式前台接待和办公区域线路指引系统，以及融入了物联网技术的智能会议室、企业信息展示 4K 数字标牌系统，还配备了索尼专业音视频解决方案，可满足大型会议、培训等多种活动需求。有效提高了办公空间利用率，优化了设备管理、简化了工作流程，为企业人士提供了轻松高效的新型办公空间。

索尼（中国）董事长兼总裁高桥洋先生对于 IISC 大赛首次走向外部感到非常激动，他表示："索尼的企业宗旨是'用创意和科技的力量感动世界'，从 1946 年创立至今，一代又一代的索尼人勇于创新，创造出了许多如 walkman 音乐播放器一样引领潮流的黑科技产品。今后我们会将这个创新的赛事平台开放给更多外部企业、高校等合作伙伴，在对外提供索尼各类创新资源和经验的同时，引入外部力量和资源，催生一系列符合中国市场需求的创新成果，最终在全社会范围内推动一股创新风尚，达到多方共赢的局面。"

案例来源：《黑科技的脑洞有多大？索尼在华员工创新点子大赛首次对外展出》，https://baijiahao.baidu.com/s? id＝1716750593887941942&wfr＝spider&for＝pc，2023-07-02。

思考与讨论：

创新并不像喊口号那么容易，以索尼为例谈谈企业应当如何给员工赋能，如何刺激他们的创新，如何管理员工的创意。

习近平总书记在二十国集团领导人第十五次峰会上强调，要主动应变、化危为机，深化结构性改革，以科技创新和数字化变革催生新的发展动能。面对数字化变革的发展形势，企业应当抓住机遇，深化数字化转型，打造以创新为本的数智化敏捷高效的组织文化。本章将从数字时代创新的重要性、激活员工的创造力与打造创新型组织、数字时代的组织文化特征以及如何构建创新的组织文化等方面进行阐述。通过本章的学习，读者可以了解创造力和创新的基本概念，学习组织文化与创新的作用模式，更好地认识创新组织文化的必要性，并厘清数字化打造创新型组织的过程，探讨如何才能使企业更好地进行数字创新。

14.1 数字时代创新的重要性

首先，在工业 4.0 环境下数字技术已渗透到经济和社会活动的各个方面，数字技术的应用涵盖从农业、制造业到服务业的所有领域。人工智能、自动化、机器人、增材制造以及人机交互等技术正在改变传统产品的特性，从而产生能够通过物联网（IoT）进行交互的智能产品。除了对产品的影响外，数字技术还有助于促进组织改进流程。例如，通过数字模拟加速创新过程，通过自动化流程来提高员工效率，或是将数字技术整合到产品中以影响竞争结构、模糊行业边界、革新产品和服务等，这些过程都离不开创新。

其次，改善顾客体验是大多数组织的首要任务。数字时代的环境变化使得顾客的期望也在急剧而迅速地发生变化，顾客对产品以及服务的要求不仅基于他们与产品或服务供应商的互动，还基于他们所有的数字体验。正如 Forrester 副总裁兼首席分析师奈杰尔·芬威克（Nigel Fenwick）所说："当我通过亚马逊购物，第二天在家收到货时，亚马逊的物流速度改变了我对所有物流的期望。当我的酒店允许我从手机上操作来选择房间并在我到达之前办理入住手续时，我对所有自助服务的期望都提高了。"每一次好的体验都会稍微提升顾客对下一次购买产品或服务的期望。因此，在数字时代不断创新以满足顾客持续增长的需求是组织得以长久发展的重要因素。

最后，数字经济的一个基本特征是，基于数字技术的创新可以形成一定的壁垒，提高企业遏制模仿的能力，并且具有极强的规模效应，即多生产一个单位的产品或多服务一个客户的边际成本往往为零或接近零，最终形成"赢者通吃"的局面，让企业长期处于竞争优势地位。数字经济时代，企业与互联网发生深度融合，使得个体与组织间的层级关系逐渐转变为"联盟"关系，对信息传递方式、组织作业模式提出了新的要求。同时电商领域的快速崛起，使营销渠道结构、硬件渠道结构、成本结构等发生了明显变化，市场竞争也从传统的主要是产品层面的竞争转变为以差异化的服务为重点的竞争，而创新能够提高企业的敏捷性和运营效率，对组织的发展起促进作用，一旦创新成功，企业可以借此机会将自己推向新常态，并让自己能够承受未来的冲击。

【拓展阅读 14-1】创新的演变

因此，组织和员工可能需要适应甚至从根本上改变自己，激活创造力，不断创新，以便在持续发展的数字世界中取得成功。

14.2　数字化打造创新型组织

《中华人民共和国经济和社会发展第十四个五年规划和 2035 年远景目标纲要》提出，要加快建设数字经济、数字社会、数字政府，以数字化转型整体驱动生产方式、生活方式和治理方式变革。数字技术和数字化带来的创新使企业发生了巨大变化，传统观念中与数字产品、服务、流程和业务模式相关的创新不再是以技术为中心的公司的"专属"，而是所有行业公司必不可少的。在数字转型的背景下，如何更好地将创新活动整合到组织中是一项长期的挑战。为了更好地应对这一挑战，我们需要了解数字时代组织创新的特征，厘清数字化打造创新型组织的过程。

14.2.1　数字时代组织创新的特征

"创新"这个词来源于拉丁语动词"innovare"，意思是更新。在今天看来，创新指应用新思想，创造出新事物，为商业组织、政府和社会创造价值。创新是一种工具，是一种在组织内成功实施创造性想法，更好、更智能地开展工作，广泛使用新概念的方式。同时，创新也是一个过程，通过应用新流程，引入新技术或提出新颖的想法来创造新价值，从而更新领域、产品或服务。价值的创造是创新的决定性特征。

数字时代的创新具备三种特征。

第一，数字技术改变了创新管理问题的基本假设：创新过程和结果不再是有界限的，创新过程和创新结果是互动的、动态的。数字技术将创新的边界打破，扩大了创新参与者的范围。在信息时代，大学、资本提供者和中介机构都被纳入创新体系中。而在数字时代，由于数字化平台的产生，创新变成一种集体行为。创新主体不再是集中的，而是具有分散以及多样化的特点。数字时代企业通过建立平台让外部伙伴参与其创新的过程，用户、供应商和竞争对手等都将成为重要的创新者。

第二，数字化基础设施带来的技术可供性可以增加企业商业模式创新的机会。总体来说，一方面数字化平台和基础设施可以为创新主体赋能，促进创新成员间的沟通；另一方面可以为用户赋能，通过分析用户数据进行大规模定制。用户嵌入企业的创新过程中，产品的个性化定制和模块化，将是创新的重要形式。

第三，创新生态成为重要的创新组织形式。首先，在数字时代，平台的出现，使得创新的组织从过去的正式合作形式向基于生态的方式转移。平台生态系统关注参与者如何围绕技术平台进行组织。平台生态系统研究的焦点是平台本身，是一种核心技术，互补技术可以通过标准或开放接口将补充产品和服务连接到核心技术。当互补者接入技术平台后，他们可以使用共享的技术资产，产生互补性创新，并且可以接触平台用户。越多的互补者接入平台，就能创造越多的价值。其次，创新生态的组织是一个非等级化的组织形式，是基于价值的创造、获取和分享。

【拓展阅读 14-2】
Anyyogi：瑜伽社区平台

14.2.2 数字时代如何创新

1. 激活员工个体创造力

创造力这种说法在日常情形中很常见，比如优秀的艺术家、作家、音乐家、摄影师或设计师，可能会被称为"有创造力的人"；你对所在企业存在的问题提出了新的想法，或者你在课堂上，以自己独有的方式回答了问题，这些都是创造力的表现。创造力是指超越传统思维方式或行为方式，产生新的原创的想法、方法或对象的能力。所创造的事物可以是无形的，如一个想法、一个科学理论、一个音乐作品等；也可以是有形的，如发明的物品、印刷的文学作品、画作等。无论有形或者无形，其产生的事物必须是有价值的。创造力的定义包含以下几方面。

（1）创造力是一种能力

创造力也是个体的一种特定技能。创造力绝不是少数人才有的特质，而是每个普通人都具备的能力，只要付出时间和精力，任何人都可以拥有。

（2）超越了传统的思维方式或行为方式

超越意味着已经认识到传统的局限性，并试图改变现状，改变的可能是原有的思维方式，也可能是行为方式。

（3）产生新的和原创的事物

创造力是原有事物的创新发展，产生的方法或想法必须是新的和原创的，而不应该是原来的无意义延伸。但是，人们也可以从已经存在的方法和想法中汲取灵感，以制造新的和独特的事物。

（4）创造有价值的事物

创造的新事物必须要有益于任务的完成或问题的解决，也就是说，它必须是有价值的、正确的、可行的，或者在某种程度上符合特定的目标。一个事物是否具有创造性取决于它是否被熟悉其领域的人认为具有创造性。

由于创造力在企业绩效中的重要作用，激活员工个体创造力成为企业获取可持续竞争优势的关键策略。

2. 正确认识创造力和创新的关系

创造力和创新之间的关系似乎是无可争议的，创造力是创新成功的必要先决条件，在数字时代组织进行创新也应优先考虑创造力。创造力作为人力资本最重要的特征，影响着创新的实施，是创新的基础并贯穿于全过程。哈佛大学商学院教授阿马比尔（Amabile）在 1983 年提出了个人层面的创造力成分模型（见图 14-1）。根据该模型，个人创造力依赖于内在和外在的激励因素。

内在激励因素是指我们每个人内心的驱动力，包括领域相关技能（domain-relevant skills）、创造力相关过程（creativity-relevant process）以及工作动机（task motivation），创造力在三个内在激励因素的交叉区域上最强。

其中，领域相关技能是指相关领域的专业知识。在数字时代，个人除了需要掌握基本知识、专业知识外，还要学习数字技术技能。

创造力相关过程是指有助于产生新思维的认知过程，包括有助于独立、冒险、对问题采取新视角的认知风格和个性特征。

工作动机具体是指出于兴趣、享受或个人挑战感而参与活动的内在动机。只有激发了内在动机，外在动机才能与之一起发挥作用，即内在动机原则。

外在激励因素是指工作环境，或者更确切地说是社会环境，例如高层管理人员保守的、追求低风险的态度，不支持新想法的组织规范，组织内部的政治问题，过度的压力等都会阻碍个体的创造力。而工作的挑战性，具有协作性、技能多样化、注重创意的工作团队，鼓励发展新颖想法的主管，促进新思想阐发的机制等，则会激发员工的创造力。

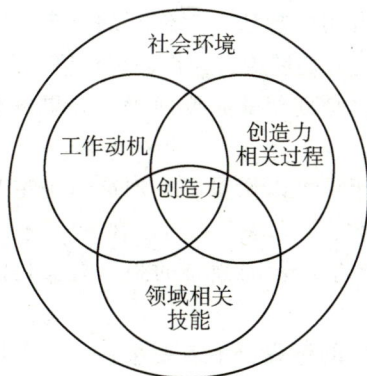

图 14-1　个人层面的创造力成分模型

1988 年，阿马比尔对创造力成分模型进行扩展，将组织的创新和个体的创造力都包含在内。个体创造力的基本模型保持不变，同时增加了四个要素（任务领域的资源、创新管理技能、创新动机以及环境），描述了个体创造力和组织创新二者相互影响的方式（见图 14-2），即个体创造力可能会影响组织创新，反之，社会环境也会影响与个体创造力相关的过程。

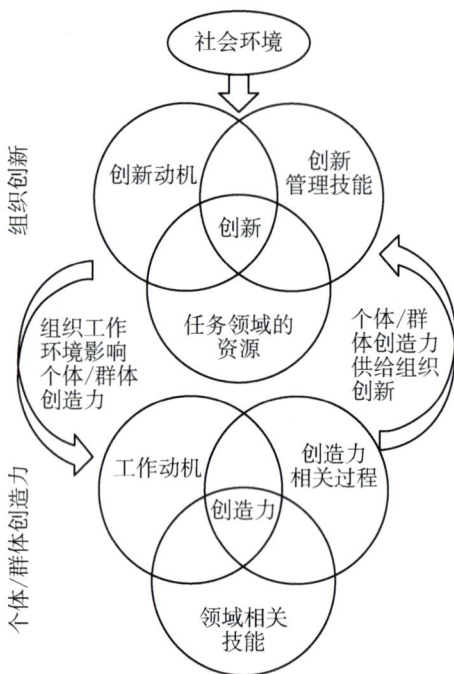

图 14-2　创造力与创新模型

创新和创造力都是主观建构的，受历史、时间、地点等条件约束。一方面，在某个领域内被认为是新颖的事物，会随着该领域的发展而变得不再新奇；另一方面，即使在特定时间、特定领域内，人们对是否有价值的看法也可能会有所不同。创造力与创新的区别如表 14-1 所示。

从定义上来看，创造力和创新可以看作本质上相同但处于不同阶段的两个概念，创造力主要关注产生新颖和有用的想法，而创新的重点是实施。也就是说，思考新想法并将其付诸实践的品质或能力是创造力，将创意付诸实践的行为就是创新。

从时间先后来看，创造力是创新的必要前提，如果没有富有创造力的人，创新就不会发生。

创造力无法衡量，但创新是可以衡量的。创造力是主观的，而创新是新事物的创造，无论是新产品、新想法还是新方法，都可以在一定程度上进行衡量。

从内容来看，创造力与产生新颖而独特的想法有关，而创新与向市场引进更好的产品、营销、服务等有关。

创造力是一个应用想象力的过程，不需要金钱支出，同样也没有回报。而创新是一个富有成效的过程，需要资金支持，并转化为真正的收入和利润。

创造力没有风险，而创新总是与风险有关。例如，公司组织了一个头脑风暴会议，会上提出了几十个新想法，这就已经表现出了创造力，但必须有人承担风险，才能将创意转化为创新。

表 14-1　创新和创造力的区别

比较依据	创造力	创新
定义	产生新颖和有用的想法	创造性想法的实施
时间先后	在前	在后
能否衡量	无法衡量	可以衡量
内容	思考新事物	引进应用新事物
支出与回报	无	有
是否有风险	否	是

一个企业的流程、商业模式、营销策略甚至核心技术都是可复制和可扩展的，但是有创造力的人却不能复制。了解创造力和创新之间的区别，有助于管理者正确激励团队成员，建立一种支持创新价值观的氛围与文化。

3. 打造组织创新流程

当组织作为主体时，数字创新的过程大体上可以分为五步，分别是准备、启动、设计、实施和价值创造（见图 14-3）。

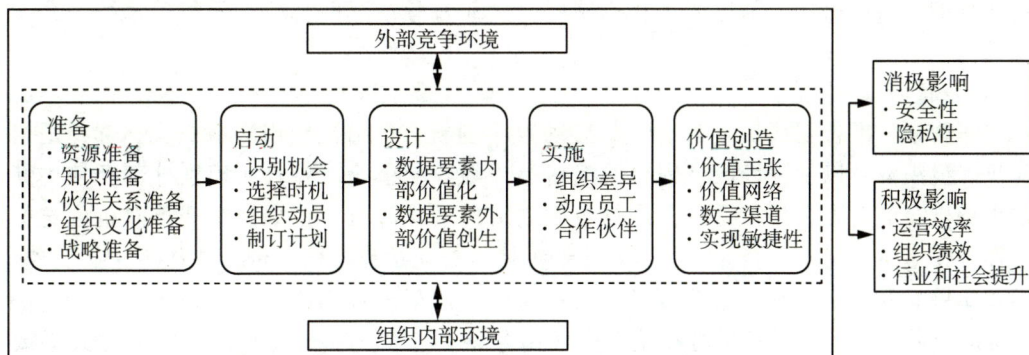

图 14-3　数字化打造创新型组织的过程

（1）准备

数字创新的准备是指组织需要具备利用数字技术启动创新的能力，并为此采取的行动。只有当组织准备好不断改变其创新方法时，才能进行创新。准备的内容包括以下几方面。

①资源准备，指财务、技术和人力资源等。第一，组织数字创新前期的准备，后期的启动与实施都离不开资金的支持，这是组织能够正常开展活动的基础；第二，技术的基础设施应稳定、配套，与数字创新相关的技术应具备，数字技术贯穿了创新活动的整个过程，可以加速开发并促进交流和协作；第三，人力资源也十分重要，需要识别、使用、培训、激励能够促进企业数字创新的人才。企业不仅需要具备这些资源，还需要将资源更好地进行配置，灵活使用资源。例如，应将组织中的员工安排到与之匹配的岗位，将资金分配到重点项目等。

②知识准备，指组织中促进数字创新的知识库，例如员工的知识、技能和适应性。

数字化是新兴领域，许多员工可能不太了解数字化的相关知识，不具备所需的技能，对数字化可能带来的业务流程改变也知之甚少。因此，员工需要具备相关知识和技能，以迅速适应转型中的各种变化，应对无法预料的挑战。个人和组织都需要做好知识和技能准备。

③伙伴关系准备，指建立外部利益相关者与组织数字创新的联系。数字创新需要组织寻求广泛合作伙伴的帮助，包括软件和硬件供应商、顾问以及客户。通过与其合作，有利于建立一种良性的生态系统，使企业能够更好地降低转型中可能出现的非系统性风险。

④组织文化准备，是指培养、建立起能够促进数字技术应用、员工适应变革的文化，例如乐于分享知识、勇于冒险与创新、以人为本等。组织文化是建立数字创新组织的核心力量。在组织文化的背景下，组织还应使员工发展出数字化思维，能够应对数字技术使用带来的问题。

⑤战略准备，指组织为促进数字创新而开展的一系列管理活动。基于这些颠覆性的改变，组织应当进行数字业务战略和数字化转型战略响应，找出保持竞争力的方法。数字业务战略(DBS)是指通过利用数字资源创造差异化价值来制定和执行的组织战略，数字化转型战略(DTS)即以新技术为基础，专注于产品、流程和组织方面的转型战略。依靠数字技术，组织应制定适合环境发展与企业自身情况的战略，为数字化转型奠定基础。

(2)启动

一切工作准备就绪后，第二步是启动数字创新，包括识别市场新机会、选择适当时机、组织动员以及制订数字创新的战略及计划等。企业需要具备识别外部环境中新的市场机会的能力，判断是否是进行数字创新的最佳时机。正如组织变革时机的选择一样，在常态情况下，企业只要仍然能够维持常态化运作，数字创新往往不是必要的，但是如果非要等到企业无法在市场上保持竞争力，逐渐被淘汰时再关注数字创新，必然为时已晚。因此，时机的选择是有效实施数字创新的前提。除此之外，企业还需要制订数字创新的计划，从整体上把握数字创新的流程、时间、预期效果以及可能面临的问题和挑战。

(3)设计

数字创新最重要的要素是数据。数据是新工业革命的资本，能够掌握大数据的组织将成为创新的领导者。围绕数据要素，数字化赋能企业创新有两种方式。第一种方式是数据要素内部价值化赋能企业创新。数据要素主要是通过参与企业生产过程而产生效用，包括促进技术进步和经济增值。其中，数据的高流动性、融合性和非排他性是其赋能企业生产的基本条件。在这一实现过程中，焦点企业通过破解数据孤岛，促进生产要素的均衡分配和组合结构优化，实现数据要素与劳动、管理、技术等现实要素的深度融合；而"数据禀赋＋算力"则进一步催生了企业创新动力和创新方式，创造了新的要素价值。

第二种方式是数据要素外部价值创生赋能企业创新。数据要素裹挟劳动力要素和资本要素，依托供应网络实现逆向整合和跨界流转，从外部获取异质性创新资源实现开放式创新。重点集中在用户(或消费者)参与方面，技术的原始创新和产品设计创新被广泛地认为是用户和企业的合作行为。基于价值共生逻辑，包括用户在内的多边主体不再仅局限于从事发掘创新元素、传递创新信息等外源创新活动，而是与企业、供应商等形成创新共同体。多主体参与下，多重网络和技术模块粘连、耦合、裂变，引发创新要素优化再分配。

（4）实施

实施是指执行数字创新计划，提供创新空间，以新的价值推动创新，同时开发协作生态系统，使创新活动以用户需求为中心，紧密的客户合作得以实施。具体来说，组织可以采用以下两种方式。

第一，建立及完善数字化基础设施。数字化基础设施主要是指以大数据、云计算、人工智能、物联网、3D打印、AR等数字技术为主要应用的新型基础设施。数字化基础设施是在数据成为关键生产力要素的时代背景下，在软硬件一体化的基础上，以知识产权为核心价值，用数据表达新型生产力结构和生产关系，并用以支撑组织数字建设的底层架构和技术基础。因此，组织应当抓住机遇，选择适当的数字技术应用于日常工作流程，使员工将数字技术与创新融合，打破创新各环节的界限，增进不同创新要素、创新主体之间的信息流动，降低要素供需双方之间的信息不对称，促进时间和空间上的重叠，从而提高要素流动速度和配置效率。

第二，打造数字化平台。数字化平台是融合技术、聚合数据、赋能应用的机构数字服务中枢，以智能数字技术为部件、以数据为生产资源、以标准数字服务为产出物。数字化平台能够使机构业务创新和高效运营，助力机构数据管理和价值挖掘，降低机构技术运营和技术管理复杂度。同时，数字化平台能够对外提供可调用、松耦合、有弹性的标准化数字服务，通过数字服务纵向链接产业链上下游，横向链接企业各机构部门，为其提供快速、灵活的数字化能力。数字化平台为创新要素提供了信息与资源有效共享的机会，也为创新提供了新的可能性。比如，工业互联网平台通过大量汇集产业链上下游资源及信息，推动构建以需求为引领的高效协同创新机制，形成开放、灵活、快速以及贴近用户的创新发展模式。

为了实现数字创新，组织还应在实施过程中注意以下几点。

第一，组织间存在差异。不同的组织，其所拥有的人员、信息技术等各种资源也不同，因此，数字创新计划需要与组织战略、组织结构保持一致。另外，不同文化和国家背景也塑造了不同的组织创新变革。

第二，动员全体员工。管理层可以影响组织数字创新的过程和结果，但这种影响程度是有限的，只有员工的广泛参与才能够使数字创新真正实施。

第三，有效利用合作伙伴关系。在实施数字创新时组织要尽可能地与供应商、顾问以及客户等合作，通过平台接口实现交互和协同，及时获得信息及反馈。例如，爱彼迎（Airbnb）依靠信任与分享机制，通过大数据整合闲置房产资源，利用社交媒体平台开展营销，通过改进营销策略重建生态系统，颠覆实体酒店行业的运作模式。

总之，在实施数字创新时，需要考虑企业自身特点并充分利用所掌握的资源，推动创新发展。

（5）价值创造

实现价值创造是数字化赋能的最终体现。在数字化条件下，组织利用数字技术进行数字创新创造的价值主要有以下几种。

①价值主张。数字创新能够创造新的价值主张，例如组织通过使用数字技术从产品销售过渡到提供服务，通过提供创新的解决方案来满足客户的需求，并收集有关顾客与产品和服务互动的数据。

②价值网络。公司可以使用数字创新绕过中介机构，实现价值网络参与者（例如客户）之间的直接交换，使参与者之间能够进行密切的协作和协调，数字技术还赋予客户在价值网络中成为价值共同创造者的可能。

③数字渠道。组织使用数字创新来改变其分销和销售渠道。一方面，组织可以创建新渠道，例如使用社交媒体与消费者对话；另一方面，数字技术也提供了自动化和智能采购等算法决策。

④实现敏捷性。数字创新可以提升组织敏捷性，帮助企业快速适应环境的变化，通过分析技术和物联网来优化现有的业务流程并减少闲置资源。

以上五个步骤是进行数字化赋能创新的一般流程，组织在实际应用中还要结合外部竞争市场的环境以及组织内部的实际情况，根据需求进行数字创新。

成功的数字创新不仅可以提升企业的运营效率，包括自动化、业务流程的改进以及节约成本，使企业更快响应并提供更智能的产品和服务，还有利于组织绩效的提高。数字创新可以通过提高客户参与度，为公司带来更高的利润，也可以使公司更广泛地感知环境，以便快速响应。在行业和社会层面，数字创新也改善了个人生活质量，例如医疗保健行业使用的各种电子健康记录、大数据和分析技术，既方便了人们的生活，也有利于塑造良好的企业形象。

但数字创新在安全和隐私领域也存在一些问题。员工、消费者在使用网络工具工作时，也在网络中不可避免地留下了痕迹，这些数据规模庞大、结构复杂并且有很高的商业价值，有些企业可能会为了一时的利益侵犯消费者的隐私权、知情权，随意买卖与公开消费者、员工的隐私，导致大数据杀熟、信息茧房、人肉搜索、信息垄断等伦理问题时有发生。

【课堂互动】

列举一家在新冠疫情期间使用数字技术获得成功的公司，分析为什么该公司能够成为赢家，并讨论创新是否在其中起到了作用。

14.3 数字时代的组织文化

14.3.1 组织文化的定义与功能

1. 组织文化的定义

1970 年，波士顿大学组织行为学教授戴维斯在《比较管理——组织文化的展望》一书中首次正式提出了"组织文化"一词。到 20 世纪 80 年代初期，美国根据对日本面对石油危机中展现出的强劲发展态势的反思，掀起了组织文化研究的浪潮。

组织文化的关键要素是价值观与道德规范，是一种精神力量，用来调动激发目标对象，使之为企业的发展做出贡献，尤其强调了组织文化对员工精神起到的较大的激励与凝聚作用。因此，组织文化是指组织在发展过程中受内外部影响而形成的具有本企业特色的精神财富及其物质形态。

2. 组织文化的功能

组织文化的功能包括以下几个方面。

（1）导向功能

组织文化可以引导整个组织的价值观，并使组织中每个成员的行为符合组织所设定的要求。将组织的共同价值观与个人价值观相互渗透，能够使组织产生一套自我调节机制，引导组织中员工的行为。

（2）约束功能

组织文化可以约束和规范员工的思想、心理和行为。组织文化的约束不是硬约束，而是一种软约束，这种软约束实际上是一种群体的行为准则和道德规范。

（3）凝聚功能

当组织文化得到组织员工的共同认可时，它将成为一种黏合剂，从各个方面团结成员，从而产生强大的凝聚力。组织取得成功的一个重要原因就是员工有共同的目标和愿景。

（4）激励功能

组织文化能够使员工发自内心地勤奋进取、为组织工作，它可以最大限度地发挥员工的积极性和开拓精神。强调以人为本的组织文化往往不是靠外在的动力激励，而是靠内在的引导，它不是被动地满足人们实现自身价值的心理需求，而是通过塑造组织文化，让每位员工自发自愿为组织奉献。

（5）辐射功能

组织一旦形成相对稳定的组织文化，这种文化不仅会在组织内部发挥作用，对组织的员工产生影响，还会通过多种渠道对社会产生影响。组织文化的传播树立了组织在公众中的形象，对社会文化的发展有很大的影响。

（6）品牌功能

企业品牌在公众心目中是一种集产品和服务等硬件以及基于企业文化的软件为一体的复杂形象。优秀的企业文化对提升品牌形象起到巨大的作用。品牌价值是时间的积累，也是企业文化的积累。

14.3.2　数字时代组织文化的重要性

在组织中，文化包括共同的价值观和实践，这些价值观和实践关注集体与个人，并帮助组织在特定的环境中取得成功。尽管组织文化十分重要，但它也很容易被忽视，尤其是在组织的数字化转型过程中。

首先，在数字时代，数字技术使企业与其客户之间的互动急剧增加，这导致组织变得更加复杂和分散。市场成熟度的提升和全球化的发展也提高了客户的标准，客户不仅要求产品的基本质量有所保证，而且要求服务交互也应当出色。企业越来越难以让每位员工都围绕一个共同的客户议程进行协调，事无巨细地管理员工应该如何行事的每个细节，既效率低下，也不可能完成。因此，组织需要一种文化，使员工能够做出自发的、创造性的决定。

其次，在当今竞争激烈、节奏快、技术驱动的数字时代，唯一不变的是变化。随着经济日益以全球化的商业、广泛可用的信息和快速的技术进步为特征，保持敏捷和创新的能力是当今组织保持竞争力的关键因素。现实情况也是这样，不创新的公司注定会失去市场份额，并被更敏捷的组织超越，因为这些敏捷组织有着在必要时重塑自我的能力。而对于任何组织来说，创新都不是一次性的活动。在瞬息万变的数字时代，组织需要始终如一地超越以前所做的工作，以保持优势。这意味着组织必须建立一种文化以及相关的结构和流程，将创新概念深入组织的骨髓中，并使其成为一种日常生活方式。

最后，数字时代的组织文化转型与变革必不可少。除了改变员工完成工作的方式和过程的业务流程转型、改变传统商业模式的商业模式转型以及进入不同的领域的市场领域转型之外，组织更应该重视组织文化转型。采用或利用新技术只是数字化转型的一部分。真正有意义的变革涉及组织的态度、行为和整个组织文化的巨大转变。与其他类型的数字化转型不同，组织文化转型是实现技术变革的基础，只有与新技术新流程适配的组织文化，才能将数字化转型的成果沉淀下来。如果企业无法使组织内的员工在心理与情感上接受数字化转型，那么用户和消费者也将不会购买该企业的产品和服务。

【拓展阅读 14-3】
迪士尼娃娃的
魔法之旅

14.3.3 数字时代创新的组织文化特征

皮萨诺（Pisano）认为，那些促进企业创新的积极的文化特征，例如鼓励试验、容许失败、愿意承担风险、注重奖励等只是其中一方面，组织要想真正实现创新，组织文化中还需要包含更强硬的一些特征，如严格的纪律、强有力的领导等。因此，管理者应在创造宽松的氛围与实施强硬的管理中权衡，并据此提出以下创新导向的组织文化特征。

1. 容忍失败，但不容忍无能

由于创新是对未知领域的探索，"失败"能够提供前进道路的宝贵经验与教训，因此，组织应对失败持有包容的态度。然而，尽管创新组织能够容忍失败，却不应该容忍无能。促进企业创新的组织文化鼓励员工勇于探索、敢于冒险，但同时也为员工设定了极高的绩效标准。如果员工创新探索的失败是由自身技术技能平庸、思维草率、设计考虑不周、管理不善、工作态度不佳等因素造成的，组织也不能视而不见。

2. 愿意尝试，但高度自律

愿意尝试的组织能够适应环境产生的不确定性和模糊性。他们不会刻意追求预先知道所有的答案，也不会过分期望通过分析来洞察所有事物，而是愿意为了学习进行尝试。然而，大胆尝试并不意味着没有要求、可以随意地进行探索与实验。

一般来说在探索初期可以是不受限制的，团队或员工阅读有关该主题的文章，了解相关知识以构思新的科学见解。所有的想法，无论看起来多么不合理都应该被接受。而在进行实验检验时，组织除了要证实最初的想法，还要设计实验以最大限度地暴露这个想法的缺陷，尽早了解自己的错误，然后迅速朝着更有前途的方向前进。

3. 心理安全，但坦率残酷

心理安全是一种组织氛围，在这种氛围中，员工愿意诚实、公开地谈论问题，而不用担心遭到报复，因此有助于组织的学习和创新。相反，如果员工们害怕被批评，不愿公开讨论或者质疑他人的观点，创新就无法产生。

人们都喜欢畅所欲言，也都希望被倾听，但心理安全是双向的。如果我批评你的想法是安全的，那么你批评我的想法也一定是安全的，无论你在组织中的地位比我高还是低。这就要求员工之间要互相坦率和尊重，批评是锋利的，只有尊重提供反馈的人的意见，才有可能乐意面对彼此的想法，接受批评。

4. 精诚合作，但责任清晰

在合作文化中，员工们往往具有集体责任感，认为向同事寻求帮助或者帮助同事是很自然的事，而不管这种帮助是否在正式工作职责范围内。一个运转良好的创新系统需要组织中成员的通力合作，但对于快速决策和解决与转型创新相关的复杂问题来说，必须有人做出最终决定并对其负责，也就是说，需要明确责任，厘清谁应该做出决定并承担什么样的后果。责任和协作可以是互补的，承担责任有助于更好地合作，因此组织创新文化应既注重合作又注重问责。

5. 文化扁平，但领导有力

通过组织结构图我们可以了解到一个公司的结构是否是扁平的，但组织结构图不能揭示组织的文化是否是扁平的。在文化扁平化的组织中，组织通常可以更快地对急剧变化的环境做出反应，因为决策是分散的，更接近相关信息的源头；员工们有很大的自由度来采取行动，做出决定并表达自己的意见。由于综合了来自不同员工的更广泛的知识、专长和观点，文化扁平化组织往往比等级制组织产生更丰富的多样化想法。

然而，缺乏等级制度并不意味着缺乏领导力。矛盾的是，扁平化组织比等级制组织需要更强的领导能力。当领导层未能设定明确的战略重点和方向时，扁平化组织往往会陷入混乱。

🔵 【课堂互动】

扫描右侧二维码阅读材料，了解国内外知名企业的价值观，讨论企业的价值观如何有利于激发员工创造力与组织创新，并简述原因。

【拓展阅读 14-4】
知名科技企业的价值观

14.4　创新的组织文化构建

在外部环境急剧变化的数字时代，新的技术和新的模式正在颠覆我们的工作方式和生活模式。这种冲击形成了一种随时建构的组织观念：没有一成不变的模式，要随时建构新的组织生态和运作模式。由此，一个关于组织的新观念应运而生，这就是"敏捷"。数智化的敏捷组织要求企业树立用户至上、敢于创新、合作共生、以人为本以及精益求精的文化价值观。创新对于企业的数智化转型及发展至关重要，而打造有利于创新的组织文化，需要组织进行以下实践。

14.4.1　提升数字时代的敏捷领导力

领导力往往与一些能力和行为相关联，例如诚信、判断力、韧性、决策能力、分析能力、魅力和沟通技巧等。然而，由数字技术和业务模式变化驱动的数字时代需要一种新的管理方法，我们称之为敏捷领导。与之相对应，敏捷领导应具备以下四种领导力。

1. 谦逊

谦逊是指领导者应当接受反馈并承认他人拥有比自己更了解某些事物的能力。在快速变化的数字时代，了解你不知道的东西同样有价值。敏捷领导者需要开放性地学习，并且相信他人比自己了解得更多。因为领导者通常没有时间进行个人投资，但可以投入时间和资源来保持员工学习最新状态，鼓励个人和团队贡献他们的知识，以使组织内的知识充分共享。谦逊意味着能接受团队成员、同事和员工的知识来提升业务水平。在与客户打交道时，尊重他人的思想和知识也很重要，积极寻求理解并深入获得客户的见解是敏捷领导者的重要特征。

2. 适应

变化是持续的，毋庸置疑，适应能力在复杂多变的环境中至关重要。然而，变化信息的适应性是一种独特的能力，敏捷领导者能够在短期内根据他们的决策能力调整行为。适应性是组织和敏捷领导者成功的关键。在组织层面，这意味着随时准备创新，并对出现的机会和威胁做出反应。在个人层面，这意味着对新想法持开放态度，在必要时及时改变意见，并成功地将修改后的意见传达给相关利益相关者，如同事、团队和客户。有些人认为，改变主意或想法是一种缺乏信念的标志，但在面对不断变化的信息时，改变更应该被视为一种优势。

3. 远见

远见指即使面对短期的不确定性，也应有明确的长期方向。对于一个领导者来说，必须要对组织的未来有一个清晰的愿景。有远见的领导者对组织的未来有明确的想法，即便领导者无法确切地说明该想法如何实现。在技术和商业模式快速颠覆的时代，战略已经从长期的固定线路转变为更灵活的行动，因此在短期内适应的同时保持愿景"真实"已成为领导者的关键能力。事实上，有远见总是与适应性相冲突，但敏捷领导者应既能够通过愿景来激励组织成员，也可以快速适应当前的商业情境。

4. 参与

参与是指领导者愿意倾听、互动，与内部和外部利益相关者沟通，并对新兴趋势具有强烈的兴趣和好奇心。敏捷领导者，无论他们在组织层级中处于什么位置，无论面对客户、合作伙伴、供应商、团队成员，还是更广泛的社会和工业生态系统，都必须参与其中。这种探索、发现、学习和与他人讨论的观念，既是一种思维模式，也是一种以业务为中心的行动。

敏捷领导者既是倾听者也是沟通者，他们需要花费大量的时间与外界进行互动。这种互动可能是面对面的，也可能是虚拟的。因此，虽然谦逊意味着敏捷领导者知道自己能力的极限，但参与是领导者能够尽可能保持与时俱进的最佳方式。

【拓展阅读 14-5】
阿里巴巴的领导力
梯队建设

14.4.2　让创新成为每个人的责任

在很多组织中，创新被认为是高管团队或研发部门的责任，但创新本质上是一种协同合作，应该渗透到整个组织中，通过团队或集体的想象力产生新的商机。因此，组织需要围绕创新是什么、创新的类型有哪些以及创新将为组织做些什么来与员工建立共同的理解。

在数字化企业中，组织可以利用内部沟通系统促进员工互动，推进线下文化宣传的线上化，提高文化触达效率，随时随地传递组织的文化理念，鼓励员工深度参与文化落地。

此外，企业创新文化的建设要激发员工的工作热情。例如，一些组织借助线上系统中的积分、点赞、祝福等应用激发员工的积极性和创造性，在组织中形成利他共赢的氛围。还有一些组织充分利用钉钉，推动多人在线协同工作，通过授权机制定义每个人的工作权限，激发员工的责任感和团队精神。

14.4.3　雇用和发展有创造力的员工

所有的创新都依赖于新想法的产生，如果没有人类的创造力，就不会产生任何新的想法。因此，招聘过程要甄选具有创造潜力的员工。

然而，组织也不能只关注招聘有创造力的新员工，还应适当培训与发展组织中原有的具有创新潜力的老员工，以培养"知识经纪人"。知识经纪人是指不断收集新想法并以独特而有价值的方式将它们结合起来的个体。他们通常不是这些想法的提出者，但他们有能力保持新想法的活力，并察觉到这些想法会走向何方。组织中较为年长的员工可能会失去创新的火花，但他们可以担任知识经纪人，以保持创新火花的活力。

14.4.4　打造激发创新的人力资源系统

组织的人力资源管理系统应当设计相应的实践来发展创造力。

例如，为了让员工到其最擅长的岗位上发挥才能，一些组织使用钉钉人才盘点系统，用员工招聘、学习、项目群、绩效等系统积累的数据对员工能力进行交叉分析，得出整合的数据模型，从而将人才推荐到最适合的项目和部门，助力员工的职业发展；一些组织通过数智化的员工画像能基于员工的行为模型对其做出职业提升的推荐等。

此外，人力资源系统还可以设计允许创新失败的实践，以帮助员工创造心理安全感，使其能够在宽松氛围下进行创新。

14.4.5　激发员工持续学习的动力

组织在尝试创新想法的过程中会面临各种失败，失败并不可怕，但组织需要不断从失败中学习和改进，这样才能使"失败"得到回报。

组织可以通过数字技术沉淀和知识传播赋能每一位员工，鼓励员工不断学习新知识。通过精神激励与物质激励，例如对积极创新并表现优秀的员工给予表扬，优先给予绩效、晋升等奖励，并为其提供展示才能的机会，组织不仅可以使员工获得实实在在的经济利益，还能够提升员工主动学习的意愿，营造包容多元的轻松氛围，从而激发员工潜能，让员工乐于创新、敢于创新。

14.4.6　注重以人为本的员工关怀

员工是企业持续发展的根基。创新导向的组织文化不是通过硬性考核和严厉的纪律约束员工，而是坚持"以人为本""自我驱动"理念，使员工真正认可企业，自发为企业尽心尽力地服务。例如，让一线员工与用户直接接触，激发员工的责任感；员工的工作成绩能被公司所有同事看到和认可，从而体会到工作的成就感；关注员工的心理健康，想方设法解决员工的实际困难，增强员工的归属感。使员工从"被动"工作转变为"主动"工作。

以人为本的员工关怀拉近了管理者和员工之间、员工和员工之间的距离，使员工产生舒适感，是组织文化建设的重要内容。

本章小结

本章介绍了如何打造以创新为本的组织文化，主要探讨创新与组织文化两个主题，分别从数字时代创新的重要性、数字化打造创新型组织、数字时代的组织文化的重要性、数字时代创新的组织文化特征以及如何建设等方面进行阐述。第一节主要解释数字时代创新的重要性。组织和员工需要适应甚至从根本上改变自己，激活创造力，不断创新，以便在持续发展的数字世界中取得成功。第二节从员工个体创造力和组织创新两个角度说明数字化打造创新型组织的方法和流程。通过创新和创造力模型使读者更深入地理解创造力和创新的影响因素。第三节聚焦数字时代的组织文化，主要介绍了组织文化的定义以及导向、约束、凝聚、激励、辐射、品牌等功能，引出数字时代组织文化的重要性。组织需要一种组织文化，使员工能够做出自发的、创造性的和灵活的决策。而组织要想真正实现创新，还需要管理者在创造宽松的氛围与实施强硬的管理中权衡。第四节主要讨论如何从组织层面打造创新型的组织文化来激活员工的创造力。

复习思考题

1. 简述创造力和创新的区别。
2. 数字时代创新的特征有哪些？
3. 在数字时代组织如何进行创新？
4. 组织文化的功能有哪些？
5. 创新的组织文化特征有哪些？
6. 谈一谈你对敏捷领导力的理解。

案例分析

扫一扫，看资源

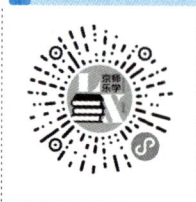

数字化转型文化先行

第15章 技术发展趋势与
人力资源管理的未来

【学习目标】
▷了解新兴技术及可能的运用场景
▷了解科技发展导向及其对人才供给的影响
▷思考未来人才需要掌握的技能
▷把握并思考新兴技术对人力资源管理的影响及其具体体现
【关键术语】
数字经济、工业5.0、未来的人力资源管理、未来人才技能

🎥 开篇案例

未来的工作会是什么样的?[①]

在我们正在迅速创造的世界中,我们会看到越来越多的新事物看起来像是科幻小说,以及越来越少的事物看起来像工作。我们的车很快要开始自动驾驶,这意味着我们用不着那么多的卡车司机了。我们将把 Siri 与 Watson(沃森,IBM 人工智能程序)结合起来,用它来自动化目前由客户服务代表、故障排除人员和诊断人员完成的大量工作,我们已经把 R2-D2[②]涂成橙色,让它在仓库里搬运货架,这意味着我们需要更少的人在这些过道上走来走去。大约 200 年来,人们一直在讨论我要告诉你们的事情——技术性失业时代即将到来——从大约两个世纪前英国的卢德分子砸碎织布机开始。事实上,他们一直是错的,我们一路至今的经济发展已经在持续接近充分就业。

这就引申出一个关键的问题:如果技术性失业是真的,那预言为何没有成真? 导致现实与预言不符的原因是,我们的机器在最近几年才开始展示出前所未有的技能。这些技能包括理解、说话、听、看、应答、写作,并且它们还在掌握新的技能。例如,移动的仿真机器人仍然很原始,但美国国防部的研究机构刚刚启动了一项竞赛,要让这些机器人来完成维修工作。如果机器人能完成这些工作,那这次竞赛将会非常成功。所以当我环顾四周,我觉得那天应该不远了。当我们通过机器人做了很多我们的工作,我们正在创造一个技术越来越丰富、就业机会却越来越少的新世界,我和埃里克·布赖恩约弗森(Erik Brynjolfsson)试图将其命名为"新机器时代"。

需要牢记的是,这绝对是个好消息,这是我们这些天来最好的经济新闻。主要有

---

① 本文演讲者为麻省理工学院教授安德鲁·麦克费(Andrew McAfee)。
② R2-D2 是电影《星际大战》系列中的一个机器人角色,能完成相当困难的任务。

两个原因：第一，技术进步使得我们继续维持令人惊叹的产出。此外，在数量和质量继续爆炸式增长的同时价格却在下降。现在，有些人看到这个会联想到浅层的唯物主义，但这绝对是错误的理解方式。这种物质丰富正是我们对现有经济体系的期待。第二，一旦机器人开始承担工作，我们就不需要再插手，可以从辛苦的劳动中解放出来。

现在，当我与剑桥和硅谷的朋友提起此事时，他们都认为："太棒了。从此再没有辛苦，再没有劳累。这使我们有机会想象一个完全不同的社会，一个创作者、发现者、表演者和创新者与他们的赞助者和资助者一起讨论问题、娱乐、启迪、相互激荡的社会。"这样的社会，看起来很像 TED 大会。实际上大量的真相就在这里，我们看到了令人惊异的蓬勃发展。在这个我们可以像打印文档一样生成物体的世界，我们有令人惊异的无限可能。那些曾经的手艺人和业余爱好者，现在是决策者，负责大量的创新工作。那些以前受到各种限制的艺术家，可以尝试前所未有的创作，远胜先人。所以这是一个伟大的时期，我们环顾四周，越发相信物理学家弗里曼·戴森（Freeman Dyson）的箴言，一点都不夸张。它只是对事实的平实陈述而已，我们正处在一个非常时期。

"技术是上帝的恩赐，是仅次于生命的恩典。它是文明、艺术和科学的母亲。"

——弗里曼·戴森

这就引出另一个大问题：在这新的机器时代，哪些东西会走上岔路？当我们深入我们正在创造的未来时，将面临两个真正棘手的挑战。首先是经济方面，这通过一个杜撰的故事已经有很好的总结。故事是关于亨利·福特二世（Henry Ford II，汽车生产商）和沃尔特·鲁瑟（Walter Reuther，汽车工人工会的领袖）的。他们一起参观最现代化的汽车工厂，然后福特开玩笑地对鲁瑟说："嘿，沃尔特，你怎么让这些机器人来支付工会会费？"鲁瑟回答："嘿，亨利，你怎么能让他们买你的车？"在这个故事中，鲁瑟面临的问题实质上是面对一个充满机器的经济体，很难去提供人的劳动。我们可以在统计数据中非常清楚地看到过去几十年的资本收益，即企业利润在增长，而且目前正处于历史最高水平。对比一下劳动力，换句话说，在经济体中总工资的发放，我们会看到这一数据空前的低。两者非常迅速地朝着相反的方向偏离。所以这就是鲁瑟的坏消息（工人少，会费少）。看起来它可能是福特的好消息，然而实际上不是。如果你想要卖出数量巨大的昂贵商品，就需要一个大型的、稳定的、繁荣的中产阶级。

经历了整个战后时期，美国已经形成了这样一个中产阶级，但中产阶层显然正处在巨大的威胁中。我们都知道很多统计数据，只提其中一个，在美国，中产阶级收入的减少已经持续了 15 年，我们处在陷入持续恶化的不平等与两极分化的恶性循环的危险之中。这些由于不平等现象带来的社会挑战值得关注。相比这些严峻的社会挑战，我倒不会担心这种被机器人逆袭的危险，这不是我所担心的那种社会问题。这个世界从不缺当我们的机器拥有自我意识，决定崛起和发动对我们的攻击的反乌托邦式幻想。在我的电脑意识到我的打印机的那一天，我才会开始担心这些问题。

所以机器人的进攻并不是我们真正需要担心的。为了让大家对新机器时代的社会挑战有更好的理解，我想讲一个关于两个典型的美国工人的故事。第一个是接受了大学教育的，专业的、创造性的类型代表，如管理者、工程师、医生、律师等，我们称他为"Ted"。他处在美国中产阶级的顶层。与之对应的是未受过大学教育的普通工人和职员，我们称他为"Bill"。

如果在 50 年前，Bill 和 Ted 的生活差别不大。例如，1960 年他们两人很有可能都有全职工作，一周工作 40 小时。但根据社会研究员查尔斯·默里的记载，当我们开始经济自动化——1960 年正是计算机开始进入商用时，我们开始逐步将技术自动化和数字化注入 Bill 和 Ted 的命运。在这个时间轴上，Ted 继续保持一份全职工作，而 Bill 却没有。在大多数情况下，Bill 甚至已完全无法维持生计，而 Ted 几乎不会出现这种状况。随着时间的推移，Ted 的婚姻一直很快乐，而 Bill 却并非如此。Ted 的孩子们在双亲家庭中长大，然而 Bill 的孩子们却没有这么幸运。Bill 会在其他方面与社会脱节吗？越来越少的 Bill 参与总统选举的投票，越来越多的 Bill 开始光顾监狱。我没法给大家展示一个乐观的社会趋势，而他们（Bills）也没有任何改变自己的迹象。这是一个普遍的事实，无论他们是在哪一个民族、哪一个社会群体，都已经变得如此严重。这才是我所说的压倒性的社会挑战，即便我们的公民权利运动已经有所进展。而我在硅谷和剑桥的朋友，他们都是 Ted，过着忙碌、富有成效的生活，并从中受益。然而，Bill 却过着完全不同的生活。他们实际上都验证了伏尔泰（Voltaire）的箴言："工作把人从三大罪恶——无聊、堕落、贫乏——中拯救出来。"

那么，面对这些挑战，我们如何去做？在短期内机器人还不至于揽下我们所有的工作，所以经典的经济学剧本也可以发挥效用：鼓励创业精神，加大基础设施建设，并通过教育制度培养相应的技能。但从长期来看，如果我们正在进入一个重技术轻体力的经济体，那么我们就必须要考虑一些更激进的干预措施，如最低收入保障。现在，这些可能会造成在座各位的反感，因为这种想法曾与极端左翼联系在一起，他们采用非常激进的手段来重新分配财富。我对此做了一些研究，它可能会让一些民间的反感趋于冷静。如果你发现自己正在担心，诸如最低收入保障正在扼杀我们成功的动力，让我们洋洋自得，你可能会有兴趣知道，社会的流动性这一让美国引以为傲的方面，现在却比不上北欧的国家，它们有着更为慷慨的社保网络。

经济方面实际上相当简单，社会方面却更具挑战。我不知道设计怎样的社会剧本才能让 Bill 重新参与和介入社会生活。我只知道教育是不可或缺的一部分，对此我深有体会。我在蒙特梭利接受了几年的低龄教育，这种教育让我认为这个世界非常有趣，而我的工作就是要去探索它。可是学校在三年级时就停办了，然后我进入公立学校系统，我感觉就像被派到劳改营。现在我知道这种教育是为我成为一个职员或技工做准备的，但与此同时我也觉得这种教育让我卷入了无尽的厌烦之中。我们必须做得更好，我们不能把下一代继续变成 Bill。我们已经看到有些好转的苗头。我们看到技术已经深深地影响了教育，吸引各个层次的求知者，从新生一代到我们这些老骨头。我们听到非常显著的来自商界的声音，告诉我们要反思那些我们一度坚持的事物。我们看到非常严肃和持久的数据驱动的努力，以了解如何去干预那些最不安的群体。但是，我们现在仍面临非常严峻的挑战。仅举一个例子，有大约 500 万美国人已经失业至少 6 个月了。我们没法通过将他们送回蒙特梭利的幼儿园来解决失业问题，我最担心的是，我们要创建的世界虽有闪闪发光的技术却还是一套破旧的社会体制，由不公而非机会所维持的经济。但我并不认为我们会维持现在的所作所为，我认为我们会做得更好。原因很简单：事实已经呈现在眼前。新机器时代已经到来，经济的变革也更加广为人知。如果我们想要加快这一进程，可以做的事情有很多，比如让我们最好的经济学家和政策制定者对人工智能程序发出"危险"警告；我们可以通过自发的公路游行向国会传达。如果我们做了足够多的这类事情，这种意识就会渗入社会，情况就会发生变化。然后我们就出发去行动，因为我一刻也不相信我们会忘记如何解决严峻的挑战，或者我们已经变得太冷漠、麻木，甚至不敢尝试。

我通过引用文豪的名言开始我的演讲，现在让我用政治家的言论来结束演讲。1949 年温斯顿·丘吉尔（Winston Churchill）来到麻省理工学院，他说："如果我们要带领广大人民群众走向繁荣富裕，只能通过不懈地改进一切技术生产手段。"亚伯拉罕·林肯（Abraham Lincoln）认识到另一个方面，他说："我是一位对人民有坚定信心的人。如果给他们真相，他们可以面对任何国家的危机。最重要的是，给他们真正的事实。"所以乐观地说，我想要留给你们的是，新机器时代的到来已经是显而易见的事实，我有十足的信心，我们可以驾驭机器来通过充满挑战的社会课程，迎接我们正在创造的经济繁荣。

资料来源：整理自 TED 演讲《What will future jobs look like?》，2020-10-11。

思考与讨论：

1. 你是否认同案例中关于"技术性失业"的观点？关于这一猜想，你持怎样的观点？

2. 你未来想从事什么工作？你认为这一工作在新机器时代是否还会存在，或它将会如何变化？

2022 年第 2 期《求是》杂志发表了习近平总书记的重要文章《不断做强做优做大我国数字经济》。文章强调，互联网、大数据、云计算、人工智能、区块链等技术加速创新，日益融入经济社会发展各领域全过程，数字经济正在成为重组全球要素资源、重塑全球经济结构、改变全球竞争格局的关键力量。对此，文章指出要充分发挥海量数据和丰富应用场景优势，促进数字技术与实体经济深度融合，赋能传统产业转型升级，催生新产业新业态新模式，不断做强做优做大我国数字经济。当前，数字经济及其相关技术的发展给社会带来了深刻的变革。管理，特别是人力资源管理作为一种兼具人际互动与技术底色的社会活动，也将被重塑。把握技术发展趋势，了解并思考其在人力资源管理领域的应用，是相关从业者构建中国特色管理理论、探索中国本土管理实践、助力中华民族伟大复兴的必由之路。

15.1 新的发展导向与工业革命

科技发展带动经济与社会的变革。展望未来，数字经济将成为带动经济发展的新引擎，智能制造逐渐成长为振兴实体经济的关键。不仅如此，随着相关部门治理能力的提升，人力资源也在政策的引导下，向着高端、创新导向和产业支撑的方向流动。同时，经济模式、制造能力和供给充沛的人力资源同步交织，构建并最终实现工业5.0 愿景。新的发展模式使人力资源管理迎来了新的机遇和挑战。

15.1.1 数智技术日趋成熟

近年来，知识更新迭代速度不断加快，科学技术发展突飞猛进。信息化、数字化浪潮催生出诸多极具发展前景的技术，并把他们带入生产实践，极大地促进了生产力的发展。当前技术趋势主要以实现人工智能、人机协作为核心，包括智能自动化、人机交互等相关技术。其中较有代表性，且能对人力资源管理产生一定影响的技术主要有机器学习、自然语言处理、情感计算、机器人流程自动化和组织网络分析等。由于大数据、云计算和机器学习等已经在前几章有过详细的介绍，本小节将重点介绍自然语言处理和情感计算这两种先进技术。

自然语言处理（natural language processing，NLP）是人工智能的一个分支领域，其主要内容是建立自然语言与计算机语言之间的联系，从而实现人类通过自然语言与计算机的通信。所谓自然语言，即人们日常使用的语言。计算机则泛指所有运用计算机技术，以计算机技术为核心的工业机器。自然语言处理的发展，为实现人机交互和人机协作提供了可能。以 chatGPT 为代表的通用模型为人力资源管理的发展带来了无限想象空间。当下，自然语言处理最具潜力的应用场景当属语音自动识别。如以 Apple Siri，华为 YOYO 和小米小爱同学等为代表的语音助手，以聊天机器人为基础开发的线上智慧教育系统等，都是这一应用场景的代表产品。人力资源方面对自然语言处理技术的运用同样大多数基于相关领域的研究，例如，北森的 AI 面试——闪面，使用自然语言处理技术对候选人录制的面试视频进行分析，从中提取候选人的胜任力特征、情绪特征等对人才决策有价值的信息。

【拓展阅读 15-1】

光学字符识别

光学字符识别（optical character recognition，OCR），简称文字识别，主要用于对图像中的字符进行分析识别，并将其转化为文本格式。将 OCR 技术与 NLP 技术结合，通过 OCR 技术识别图像上的文字，利用 NLP 技术对文字块进行自然语言语义分析，从而进行完整的知识抽取，这是智慧化管理文献资料的有效解决方案。

情感计算（affective computing）是指帮助计算机建立识别、理解和表达情感的能力，以形成更高级的智能。情感计算扎根于心理学和医学等领域对情感的认知和探索，在心理学领域情感被定义为一种评价和体验，包括情绪等短期但强烈的内心体验，也包括强度低但持久的心境。基于情感本身复杂的特性，情感识别（此外还有情感建模和情感反应）成为情感计算领域中最为基础、重要的步骤。在对情感进行测量时，主要关注的是情感维度、表情和生理指标。情感维度即情感应该从哪些角度去衡量，如何分解到各个维度上。表情和生理指标则主要是指个体所展现出的内外部身体状况，包括面部表情、姿态、心率、血压等。例如，当我们测量某个个体的紧张程度时，可以通过观察其面部表情、身体姿态与表达流畅度，对其血压、激素水平进行测量，同时通过量表测量其主观感受等综合评估其紧张程度。情感计算，则是基于计算机、传感技术等将这一流程自动化、标准化，并在此基础上进行建模并做出反应。

情感计算在医疗、就业、教育、执法等领域展现出了巨大的应用潜力。在医疗领域，安抚患者情绪是医生的工作重点，情感计算技术的运用使得人工智能产品能够在相关领域开发一定功能，以满足需求。在就业领域，特别是人力资源管理方面，情感计算技术传统的应用场景，包括面部表情识别、姿态变化、语音理解以及多模态计算等都得到了充分的应用。例如，在面试中，特别是在线上面试中，通过候选人的表情和姿态识别候选人回答特定问题时的情绪，有助于帮助面试官准确把握候选人状态，辅助其做出决策。类似地，在刑事侦查中，情感计算能够协助审讯者识别虚假供述问题，从而提升审讯效率和准确性。

【拓展阅读 15-3】

【拓展阅读 15-2】
强化学习在酒店
排序中的应用实践

情感计算

情感计算让机器人学会"察言观色"。人的情感由语言、声音和表情共同表达，而这些都可以通过情感计算进行度量。通过人的面部动作识别人脸表情，通过对人的音质、韵律等声音特征识别人的语音语调，通过关键词模糊匹配和词汇关联等技术实现对言语信息的识别。此外，基于空时注意力模型等可以完成对人肢体行为的特征识别。将各方信息综合起来，作为输入信息，机器人能够对人类的行为做出细致入微的反应。

15.1.2 数字经济发展迅猛

数字经济作为继农业经济、工业经济之后的主要经济形态，早已展现出巨大的发展潜力，其辐射范围之广、影响程度之深前所未有。在过去的几年中，我国数字经济发展取得了一系列成就，其中最引人注目的是领先全球的信息基础设施和稳步推进的产业数字化转型：当前我国已建成全球规模最大的光纤和第五代移动通信（5G）网络；农业、服务业、工业以及工业企业生产设备的数字化水平均持续提升。然而我国数字经济发展也面临诸多问题和挑战：关键领域创新能力不足；产业、区域乃至群体之间的数字鸿沟日益扩大；数据资源未能得到有效、充分利用；数字经济治理体系亟待完善。对此，国务院印发了以创新引领、融合发展、应用牵引、数据赋能、公平竞争、安全有序、系统推进、协同高效为原则的《"十四五"数字经济发展规划》。为实现数字经济发展目标，在充分发挥统筹协调、资金支持、全民数字素养和技能教育、试点示范等保障措施的基础上，我国将围绕优化升级数字基础设施、充分发挥数据要素作用、大力推进产业数字化转型、加快推动数字产业化、营造繁荣有序的产业创新生态、健全完善数字经济治理体系、强化数字经济安全体系、拓展数字经济国际合作八个数字经济发展关键着手点发力。

15.1.3 智能制造成为趋势

实体经济是一国经济的立身之本，是国家富强的重要支柱。制造业作为实体经济的主体，其兴衰强弱与能否振兴实体经济休戚相关。随着产业基础和人才技术的积累，我国制造业开始谋求从"中国制造"向"中国智造"的转变。展望未来，智能制造已逐渐成为我国制造强国建设的主要方向，在制造业的持续发展和实体经济的巩固中扮演着重要角色。特别是在新一轮科技革命和产业变革的浪潮与我国正在进行的经济转型相互交织的态势下，面对激烈的科技和产业竞争压力，要实现产业升级、建成现代产业体系以完成新型工业化等目标，亟须在智能制造方面实现突破。2021 年 4 月，为实现智能制造有效、可持续性发展，国务院出台了《"十四五"智能制造发展规划》（以下简称《规划》），以期在同美、日、德等世界制造业强国的竞争中抢占全球制造业新一轮竞争制高点。《规划》强调了涵盖"智能制造技术攻关行动"六个专栏中的"加快系统创新，增强融合发展新动能""深化推广应用，开拓转型升级新路径""加强自主供给，壮大产业体系新优势""夯实基础支撑，构筑智能制造新保障"四个重点任务。为促进相关目标的实现，《规划》从统筹协调、财政支持、公共服务和开放合作四个方面提出了保障措施。

15.1.4　人力资本供给结构深刻变革

随着数字技术的发展，工业时代形成的"橄榄型"人才结构将逐步朝着"杠铃型"人才结构转变（见图 15-1）。AI 等新兴技术将逐步替代中间这部分具有重复性、标准化、容易被指令描述的、不需要太多技术含量的行业及人员，而留下需要大量原创性工作内容的最顶层（如科研、设计、文化创意产业、娱乐业、教育业等）和最底层（如理发、化妆、餐饮等服务业）的行业及人员。

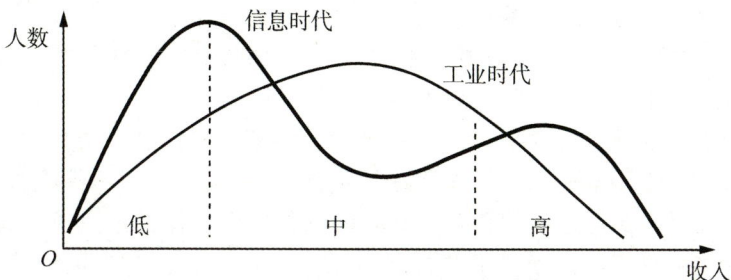

图 15-1　工业时代与信息时代的人才结构

当前我国正处于实现民族复兴的关键时期，世界正处于百年未有之大变局。人口结构变化、复杂多变的国际环境相互交叠，对我国的发展质量和发展水平提出了新的要求。特别是在数字经济快速发展、制造业向智能制造升级迫在眉睫的当下，原始性、基础性创新不足，核心技术、底层技术受制于人等问题制约我国发展的态势已愈加明显。破除上述诸多发展障碍的关键在于人才，而我国当前人才队伍面临诸多困境。一方面，我国高精尖人才储备不足，在国际科技文化领域具有影响力的学者有限，特别是能够带动关键领域取得突破性发展的战略科学家极为稀缺。到目前为止，我国培养的理工类诺贝尔奖得主仅 1 人，在我国全职任职的图灵奖得主也仅 1 人。另一方面，我国高水平技术技能人才严重不足，人才培养与产业需求脱钩，难以满足新动能转化和产业升级的需求。此外，我国同样缺乏将创新和技术进行市场化的产业人才，科技和技术创新市场转化的速度慢、效果差，进而抑制了科技领域的进一步创新和发展。凡此种种，形成了我国人才队伍"大而不强"、高精尖人才匮乏、产业人才缺失的局面。对此，"十四五"期间，我国调整了人才发展思路：以产业聚集为引领，回应行业产业发展需要，培育集聚一大批支撑科技创新和产业升级的高精尖人才和产业人才；以战略为导向，建立并加强领军人才、创新人才、专业人才和实用技术技能人才构成的人才生态体系，为实施创新驱动发展战略提供有效支撑。具体而言，"十四五"期间，我国将持续提升原始性和颠覆性创新能力，形成一支与世界强国相匹配的高精尖人才队伍；弥合人才培养和产业需求的错位，形成适应产业发展实际需求的产业人才培养体系；提升人才培养中不同主体的参与度，打造面向"问题解决"的技术人才培养体系，建立政府、产业部门、行业院校人才培养联动机制。可见，与以往的人才发展思路不同，"十四五"期间我国人才发展思路从强调人才队伍的规模、素质向关注人才的能力和贡献转变。

15.1.5 由工业4.0演进到工业5.0愿景

无论是数字经济还是智能制造，均是工业4.0时代具有代表性的发展方式和重点产业。当前我国社会正处于向工业4.0迈进的关键时期，相关产业升级已取得一部分进展。同时，在工业4.0方兴未艾之时，已有少部分前沿科技企业开始探索工业5.0技术场景和技术应用。然而，需要注意的是，无论是工业4.0还是工业5.0，对人才的要求趋势是一贯的。产业聚集、高端创新的人力资源供给，始终是支撑产业变革和维系的关键。

1. 工业4.0与工业5.0愿景

工业4.0的主题是"面向未来的智能制造"，它的目标与之前的工业革命类似，即使用创新技术提高生产力并实现大规模生产，依靠物联网、大数据、云计算、机器人技术与人工智能、3D打印、智能工厂、智能物流等朝着智能制造的目标迈进。而关于工业5.0，目前出现了两种愿景。一种是人机协作：机器人和人类将随时随地一起工作，人类将专注于需要创造力的任务，其余的工作则由机器人来完成；另一种是生物经济：智能地将生物资源用于工业目的将有助于实现生态、工业和经济之间的平衡。工业4.0和工业5.0的愿景对比详见表15-1。

表15-1 工业4.0和工业5.0的愿景对比

项目	工业4.0	工业5.0(愿景1)	工业5.0(愿景2)
主题	智能制造	人机协作	生物经济
动机	大量生产	智慧社会	可持续性
能量源	电力 化石燃料 可再生能源	电力 可再生能源	电力 可再生能源
涉及技术	物联网(IoT) 大数据 云计算 机器人技术与人工智能	人机协作 可再生资源	可持续农业生产 仿生学 可再生资源
涉及研究领域	组织研究 流程改进与创新 工商管理	智能环境 组织研究 流程改进与创新 工商管理	农业 生物学 防止浪费 流程改进与创新 工商管理 经济学

2. 工业 4.0 与工业 5.0 对组织的影响

（1）积极影响

组织作为员工开展工作、相互协作的承载体，其形态和架构对员工的要求和管理产生决定性的影响。工业 4.0 和工业 5.0 以深刻的方式，影响组织的方方面面，从而对组织中的员工及对员工的管理——人力资源管理产生作用。近年来，学者们在机器人和人工智能（AI）研究方面取得了重大进展，市场上也出现了价格合理的各种用途的机器人。根据相关学者的研究，随着机器人与人工智能等数字技术在工作中的应用，组织行为、组织结构和工作流程、职业道德、工作环境、相关部门角色等也在逐渐发生变化。

①组织行为的变化：当前组织行为研究的重点是人际关系。然而，随着工作场所机器人数量的增加，企业引入大量的智能操作流程、电子移动设备、网络协同工具等，需要员工通过学习新技术、新方法、新流程，来适应人机协作、电子化智能化的新环境，组织行为研究的重点将转向人机交互，主要关注人类与机器人协作完成工作任务。

②组织结构和工作流程的变化：传统组织一直采用科层制的组织结构进行运作管理，但新技术的引入对信息传递方式、组织作业模式提出了新的要求，使得个体与组织间的层级关系逐渐转变为"联盟"关系，机械型的科层制向扁平化、柔性化、网络化的在线架构过渡，以提高组织的敏捷度。工作流程将工作活动分为定义明确的任务、角色、规则和程序，过去这些任务、规则和程序完全由人类操纵，引入了信息技术后，工作场所的流程部分或全部由信息系统自动化来执行任务。

③职业道德上的影响：职业道德是一种文化规范，主张基于工作具有内在价值的信念对自己所做的工作负有个人责任。高职业道德的员工会非常重视努力工作，自主、公平、明智有效地利用时间和工作的内在价值。随着机器人进入我们的工作场所，人类可能无法与无私、没有野心、勤奋、忠诚、不会说谎的机器人竞争，因此肯定会对当前的职业道德价值观产生影响，需要在工作场所使用一套新的工作道德规范。

④机器人工作场所的重新设计：我们现有的工作环境都是为人类设计的，在大多数办公室，我们都有办公室、桌子、咖啡室、厨房、厕所等人类的基础设施。但机器人基本不需要这些，它们需要的是充电室、洁净室、维修室等。因此，我们需要重新设计工作场所以应对机器人的投入使用。

⑤人力资源部门角色的转变：进行工作分析、制定岗位描述、确保人岗匹配是人力资源部门的重要职责。随着机器人成为组织的一部分，人力资源部门将面临新的挑战。除了目前的职责外，他们还需要确定机器人要处理的工作，以及明确如何在人类与机器之间合理分配任务与责任。

⑥信息技术部门的角色转变和机器人部门的兴起：随着数字化变革的发展，技术的使用对组织来说不可避免，信息技术（IT）部门的重要性也在增加。为了实现人机协作的愿景，组织需要找到一种获取和维护机器人的方法。起初，这项任务可能会分配给 IT 部门，后期组织可能会创建专门的机器人部门，负责获取和维护组织中的机器人。人机协作会使保护工作中的信息和隐私变得复杂，这对信息技术部门或者将来的机器人部门来说是一个不小的挑战。

（2）带来的问题

此外，工业 4.0 和工业 5.0 也给组织和员工带来了法律和监管、接受机器人的个人偏好、员工心理、人机协作的社会意义、道德伦理等一系列问题。

①法律和监管问题：首先，我们需要从法律上定义机器人是什么。虽然机器人有科学定义，但只有机器人的法律定义对企业和组织具有约束力。除了定义外，法律或其他相关法规应明确可用于工作场所的机器人类型、机器人的角色和责任、允许机器人对人类的决策类型、机器人故障的类型、机器人软件是否遵循某些编码规则或允许学习和发展、认证机器人要求、认证机构及其责任等。

②接受机器人的个人偏好问题：有人会渴望与机器人一起工作，也有人会强烈反对与机器人一起工作，组织应该了解员工的这些个人偏好，如果组织主要由对机器人持消极态度的员工组成，那么他们向人机协作环境的过渡将不是一件容易的事，甚至是不可能的。

③人机协作导致的心理问题：先进的科技对人类有一定的心理影响。有些人对智能手机有着强烈的依恋，甚至还有一种叫"nomophobia"的恐惧症，指由于无法使用手机而导致的压力状态。我们目前不知道是否会有"robophobia"或"norobophobia"。但是，机器人等先进技术很可能会对许多员工产生各种前所未有的心理影响。

④人机协作的社会意义：人是社会动物，当人类工作场所中的机器人数量增加时，人类的数量可能会减少，而限制人类之间的社交互动。即使人类员工的数量保持不变，将机器人引入工作场所也可能对工作场所的社交互动产生前所未有的影响。有些人可能更喜欢表现出社交行为的机器人，而有些人会认为机器人表现出的社交行为只是计算机编程，是不真实的。另外，当机器人处于上级位置时，人类可能会对是否应该尊重机器人上级而感到困惑。

⑤人机协作导致的伦理问题：诚实、勤奋和乐于助人是人类员工所期望的道德行为，而无私、没有野心、勤奋的机器人肯定会对我们如何看待当前的职业道德价值观产生影响。因此，需要伦理规范来规定人类和机器人之间的相互作用，也必须确定机器人在工作场所的道德地位。

⑥偏好使用的机器人类型（学习或基于规则的机器人）：一方面，具有机器学习能力的机器人可能会表现出不可预测的行为，如果这种不可预测的行为频繁发生，那么人类将不愿意将重要任务分配给机器人，甚至拒绝使用机器人；另一方面，基于规则的机器人是可预测的，但是其学习能力将受到限制。因此，人们可能会在使用的机器人类型上进行权衡。

⑦学习使用机器人：人机协作对于员工来说是新鲜事物，需要时间来学习并习惯与机器人一起工作。此外，人类也将需要学习如何使用不同类型的机器人。

⑧由于劳动力萎缩而对机器人的负面态度：虽然当前人工智能或工业机器人并不具备替代复杂工作的能力，只对低技能劳动力具有替代效应，但公司的员工可能会顾虑自身的技能和知识过时，担心自己遭遇淘汰或者丧失原有地位，因此会对机器人产生负面态度。

⑨人类与机器人竞争或相辅相成：有人认为应将机器人置于与人类工作相辅相成的角色，这样人类不会失业，不会受到机器人的威胁，大多数人甚至可能更喜欢听话的机器人助手。此外，随着机器人接管简单烦琐的任务，人类将有更多时间关注需要创造力和更高智力的任务。有些人主张机器人可能甚至应该占据人类的位置，与人类

竞争来提高人类员工的绩效。

⑩人机协作工作环境中的隐私和信任：尽管工作场所是公共场所，但员工仍然期望有一定程度的隐私。机器人与人类不同，它们能够记录一切并且不会忘记。另外，机器人可以配备人类没有的传感器，例如将来机器人可能能够使用脑电图（EEG）观察人类的思想。这些都会使人类产生隐私被侵犯的不安全感。

【拓展阅读 15-4】
人们为什么会
厌恶人工智能

15.2　未来的人力资源管理

随着科技的不断进步、商业社会的快速演进，人力资源管理也必将产生诸多重大的变化。本节将从未来人才需要的技能、人员分配、招聘、选拔、培训、绩效管理、团队动力和员工离职 8 个模块，介绍人力资源管理的未来趋势。

15.2.1　未来人才需要的技能

市场对人力资源的需求将持续朝着多元化和动态化的方向发展，将有更多的岗位被创造，更多的雇用方式被发明。岗位需求的流动方向将始终与经济社会发展方向高度一致，岗位需求的波动形势将在很大程度上与时代进程的主旋律同频。而先进科技则是推动经济社会发展与时代进程共振的最佳职业指针。在未来，人才将有更多实现自我的机会，也将面临更激烈的竞争和更严峻的挑战。为在竞争中夺取先机，在挑战来临时自如应对，未来的人才应当在如下几个方面做出努力。

1. 认识并接纳自我

"我是谁？"这不仅是终极的哲学问题，也是每个人生活的起点，同样也是职场上每个人该思考的问题。在人工智能和机器人等技术快速发展的背景下，人自身将成为未来企业竞争力的核心。员工自我实现、自我潜力发掘的程度，决定了企业的绩效水平。因此，未来企业的管理将更加人性化，凸显以人为本的管理理念。未来的企业组织将更加松散化，致力于激发员工的内在潜力，每个个体都将成长为独当一面的超级自我，而企业对个体而言则可能仅仅是随时可被替换的平台。基于此，发现自我、认识自我，并选择适合自我的职业发展方向愈发重要。人无完人，只有将自身特点、兴趣爱好与职业结合起来，才能在职业生涯中实现自我。此外，在认识自我的基础上，每个人都要学会不断接纳自我。只有正视自己的不足，才有可能在此基础上有所改进。同样，面对紧张的竞争环境和复杂多变的挑战，坏情绪、坏心情不可避免。当坏情绪来袭，看见自身的坏情绪、接纳自身的焦虑和不安，同样有助于保持心态的稳定性，发挥自我应有的水平。

2. 拥抱不确定性

在数字化这样不确定性时代，除少数人外，大多数人无法以一种工作贯穿整个职业生涯。换工作，甚至频繁换工作可能成为常态。

知识方面，未来的人才应当深刻认识到必须保持持续学习，不断进行知识的更新换代。不断学习新的事物，有助于保持心态的开放性，从而不被时代所抛弃，维持与时代的同步性。

能力方面，未来的人才应当注重开发可迁移的能力。当代职场人经常忽略的一个问题是，自我的职业成功大多都建立在一定的体系之内，脱离类似体系，自身积累的经验和能力将很难发挥作用。这提示未来的人才要注意积累和培养那些脱离体系依旧能够存在并创造价值的能力，如沟通能力、人际交往能力、表达能力、逻辑思维能力等。

心态方面，未来的人才应当具备时刻重新开始的勇气。不确定性时代，团队、企业、甚至行业随时都有迎接风暴甚至覆灭的可能。个人必须时刻准备以一种全新的身份，迎接新的挑战，而不是将时间花费在惊愕和恐惧当中。

3. 把握先进生产力的发展方向

纵观文明史、科技史，社会分工的内容和形式始终在不断改变。每当发生科技和技术上的重大变革，一大批新的岗位被创造出来，相应地也有一大批旧的岗位消亡。更值得注意的是，回顾工业革命以来的几百年，这种科技和技术变革的频率越来越高。因此，未来的人才必须牢牢把握先进生产力的发展方向，始终将自己的职业发展与相关领域结合起来。

一方面，熟知当前先进的科技发展方向，努力在自身岗位消亡或被取代之前步入新的职业生涯。例如，曾经火及一时的职业——电报员早就消失。当前人工智能、大数据技术、机器人和区块链技术等高速发展，智能化、自动化、数字化潮流席卷全行业。在此背景下，不久的将来，相当多的重复性或机械性的工作岗位将被智能机器人取代。另一方面，熟知当前先进的科技发展方向，将有助于延续自我的职业生涯。具有变革性的科技和技术革命都具有两大特点：一是能够对大多数行业或大多数个人产生影响；二是迅速推广开来，且在爆发的早期极度缺乏相应的人才。基于以上两点，在变革初期，以积极的心态投入变革当中，作为跨界人才，能够有效延续自身的职业生涯。

具体而言，面对工业4.0革命的冲击，在机器替代和自动化方面，智能机器目前或即将能够执行哪些任务和活动，以及对劳动力市场的影响是什么等问题，是劳动者必须思考并及时做出调整的。总体而言，员工面临的工作岗位数量将有所增加，但性质将会发生变化。人机混合活动中发展出来的人机伙伴关系促进新工作的产生，而新兴的人机混合活动也需要员工具备一些"融合技能"，具体包括以下方面。

①重新人性化地分配时间——投入更多时间进行创造性研究以解决紧迫问题。

②负责任的规范化——塑造与个人、企业和社会相关的人机交互的行为规范。

③判断整合——当机器不确定要做什么时，基于判断来决定行动方案的能力。

④智慧询问——知道如何最好地询问AI问题，跨越抽象层次，以获得需要的见解。

⑤授权机器人——与人工智能合作，以扩展人类能力并在业务流程和职业生涯中创造超能力。

⑥整体（心理和身体）融合——人类创建机器如何工作和学习的心智模型，使机器捕捉用户的表现数据，以促进他们的交互。

⑦互惠学习——与人工智能一起工作，使人类可以学习新技能，能够在与人工智能合作的流程中更好地工作。

⑧不懈地重新构想——从零开始创建新流程和商业模式，而不是简单地将旧流程自动化。

以上这些技能基于人类未来如何与机器合作的预测，对现有的人际交往和技术技能进行了一系列补充。其中最重要的融合技能是"重新构想"如何将 AI 用作改变工作、生活和学习的资源。

15.2.2　未来的人员分配

人力资源分配的核心关注点在于提升企业人力资源的利用效率，做到人尽其用，有效支撑企业战略发展。广义上的人力资源分配涵盖人力资源管理的方方面面，可以说本质上，企业中存在的各种人力资源管理行为均是人力资源分配的具体方式或细节的体现。狭义上的人力资源分配则主要关注人力资源在组织中为什么要流动，以及如何流动的问题。展望未来，随着组织结构形式的趋势性变化和科技的进步，人力资源分配将产生变革性的发展。

1. 未来的人力资源分配将更强调战略导向

随着知识迭代速度的不断加快，大部分企业很难有精力在多个维度保持竞争力。聚焦自身的竞争优势，在非核心优势领域与其他企业展开合作，是众多企业的新选择。这种边界模糊化甚至无边界的组织，可以通过外包的方式获取大量人力资源。其内部人力资源多聚焦其核心发展方向，这就使得企业必须谨慎对待人力资源的分配和调整。在对人力资源进行调整和分配时，强调发展战略的指导作用，将最优秀的人才和力量聚焦于企业的主攻战略方向。可以说，企业竞争的新态势为人力资源分配的战略导向提出了需求。与此同时，企业的数字化、扁平化趋势让人力资源分配贯彻战略导向成为可能。企业组织层级的扁平化，从客观上拉近了一线员工与决策者之间的距离，使得信息的双向传递更为迅速高效、决策者能够获取更为真实的基层信息。同时，管理体系的精简也为人力资源的分配降低了难度。此外，企业的数字化同样提升了人力资源管理者对企业整体人力资源状况信息的获取能力。凡此种种，都使得相关管理者在进行人力资源分配时拥有更多的信息和能力通盘考量，查漏补缺，不断调整人力资源配置为企业战略服务。

2. 未来的人力资源分配将由以岗为基准向以人为基准转变

将企业整体的目标分解为各部门的目标，再根据权力和职责的分配以及制度的设计形成若干岗位，并将合适的人才安排在恰当的岗位上。这一传统人力资源分配的方式与企业未来的发展方式存在难以弥合的矛盾。一方面，创新是驱动企业发展的不竭动力，而创新的本质在于具有创造性的人才。创造力作为一种难以衡量的潜质，难以为其设置专门的岗位。特定的岗位也难以持续获得具有创造性的人才。另一方面，随着人工智能和机器人技术的发展，未来的重复性工作，甚至需要一定思考的工作都将面临被机器人和人工智能取代的风险，未来人类将主要从事以高度原创性和高度社会性为主的工作。鉴于上述发展趋势，未来的组织形式更倾向于以团队的形式存在。在团队中，具有高贡献价值的员工将突破岗位的限制，以自身的特点和专长承担特定的工作内容。低贡献度的员工则以完成任务的形式谋求自身能力的全面发展，进而寻求自身擅长或感兴趣的领域精进，同样不被束缚在特定的工作岗位上。由此可见，无论是未来企业发展对于人才的需求，还是以核心团队为主的企业组织形式，都不可避免地走向以人为基准的人力资源分配方式。

3. 未来的人力资源分配将更科学、高效

无论是以岗位为基准的满足需求岗位的人力资源分配方式，还是以人为基准的激发员工潜力的人力资源分配方式都具有同样的目标，即追求人力资源的更高效配置。然而，除辞退外，在微观层次上主动调整人力资源配置的客观标准始终是缺失的。当组织辞退员工时，只需要确保员工不再被组织需要即可。然而，将某位员工调入新的岗位是否合适、批准哪位员工的晋升申请对组织整体更有益处、新成立的团队应当如何挑选员工等一系列问题，看似拥有严格规范的程序，但却始终无法将其与企业关注的具体绩效结果直接联系起来。即使相关的学术研究指明了两者之间的联系，受限于情境等多方面的因素，相关的联系在特定企业是否成立也无法确定。为解决这一问题，管理学家和人力资源管理从业者将目光转向了机器学习和大数据。大数据技术基于海量运算能够帮助管理者直接发现事务与事务的相关关系，从而获得具有一定规律性的结论；机器学习基于经验数据做出判断的能力则能够完美解决管理中的情境化问题，沿着规律性的方向发现属于特定企业的最佳管理实践。两者的结合，将帮助企业自动高效地完成人力资源的分配。

【拓展阅读 15-5】
基于模糊博弈的
人力资源优化配置

15.2.3 未来的招聘

作为人力资源管理中一项重要而又艰巨的任务，招聘长期占据企业人力资源系统大量资源。将新的工具和技术运用其中，对招聘工作进行优化从而提升其有效性，是诸多相关从业者不断追求的目标。当前技术发展的新趋势——人工智能、机器学习、大数据等为这一目标提供了新的发展空间和方向。特别是对于招聘工作中最为重要的两个环节——让目标群体知悉组织的招聘信息以及在候选者中真实有效地识别人才，上述技术均能得到有效的应用。

商业招聘网站和电子招聘系统等在线招聘工具的运用使招聘者得以在招聘会等传统招聘渠道之外获得更多发布、宣传招聘信息的窗口。然而，更便捷的手段并不意味着更有效的宣传，当招聘者使用招聘网站进行招聘时，招聘网站的偏好（为应聘者尽可能多的推送备选项的以彰显自己有用性）使招聘者不得不面临诸多本不构成竞争的企业对应聘者注意力的竞争。在应聘者检索之后，模糊匹配为其推送大量的可选项，有限的精力则使其不可避免的忽视一些更合适的岗位。这客观上降低了每一个招聘者的曝光度，从而减弱了招聘者发布和宣传招聘信息的有效性。新兴技术中，机器学习技术对搜索引擎的优化将缓解这一点。在用户的允许之下，更多信息被主动纳入检索过程中，从而为应聘者显示更为匹配的目标岗位，使其得以将有限的精力分配在少量的候选岗位中，从客观上提升了特定目标群体知悉特定组织招聘信息的可能性。

运用机器学习技术，来自东京理工大学的研究强调从另一个角度提升这种匹配的有效性。在该研究中，研究者通过对求职者的年龄、教育程度、工作类型、跳槽次数、经验和技能等几方面指标构建分类模型，并通过来自@type（位于日本的一家求职网站）的 23 403 个数据对模型进行训练和验证（见图 15-2）。最终得出结论将数组分为三组

最为有效：第一组包括 9 497 人，平均年龄为 39 岁，大多从夜校①毕业，平均工作 6 年，平均跳槽次数为 3 次，以建筑行业从业者为主。第二组包括 8 942 人，平均年龄为 28 岁，大多从职业学校毕业，主要从事建筑业具有一定的技术，平均工作三年且具有一次跳槽经验。第三组包括 4 962 人，平均年龄为 48 岁，大多数具有学士学位，平均工作 13 年换过 2 次工作，从事过企业管理工作并具备一定的技能。在进行运用时，如果企业更喜欢具有长期工作经验的申请人，则可以在第三组中进行选择。如果企业不想要多次换工作的申请人，可以选择第二组中平均换工作一次的申请人。

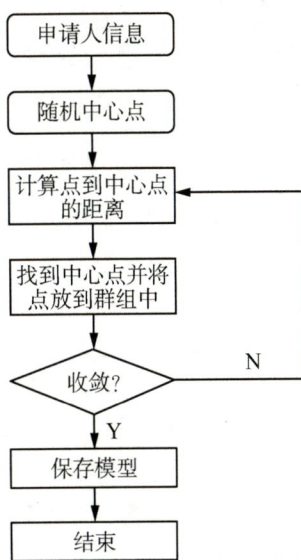

图 15-2　分类模型构建流程

　　同样，技术的进步使社交媒体得以在招聘中发挥出新的作用。与传统依赖于社交网络的主动转发不同，基于潜在候选人社交媒体信息进行招聘信息的精准推送是一种更为有效的方法。该推荐系统通常使用机器学习算法，将用户的交互数据和社交关系数据组成的个人资料与适合的岗位进行匹配，并在恰当的时候推送给用户。此外，诸多数据提取方法的面世使得众多企业建立属于自己的人才招聘数据库成为可能。企业通过算法可以对多种格式的简历进行分析，并提取有效信息，以代替人工填写和格式转化。来源广泛的简历信息，以全自动的形式转化为企业内部的数据库信息，企业以更小的成本获得属于自己的招聘数据库，从而提升其岗位需求的推广能力。

　　不断扩展的渠道将招聘信息送到目标群体面前，有意向的应聘者将他们的信息传递给招聘组织，以成为岗位的候选人。在对候选人进行排序、筛选并确定最终招聘名单的过程中，新兴技术同样能够发挥其优势。例如，基于机器学习开发的半自动语义工具，能够自动对简历信息进行语义处理，并将候选人的技能与每个特定职位描述的要求相匹配，以减少招聘人员的处理时间。基于社交媒体的筛选工具，能够基于候选人在社交媒体中的个人资料和交互信息对候选人进行性格特征和专业能力的评估，在解决候选人简历造假等问题的同时能够帮助企业更全面地考查候选人。与此同时，在这一过程中，由于招聘人员拥有根据需求设置权重和排序规则的权限，诸多心理学、人力资源专业领域研究进展可以被纳入人才筛选的过程中，使招聘标准变得更加科学。此外，这一系统还能解决长期困扰招聘人员的"专业性"问题，在诸多的招聘活动中，人力资源从业者只能承担一部分内容，在相对专业的领域，例如设计、编程等，人力资源从业者并不具备审查候选人的能力和资格。这客观上拉长了招聘流程、给业务部门造成了更大负担。然而，基于知识库，文本挖掘、自然语言处理和分类算法等技术开发的专家系统，能够协助人力资源从业者对候选者的专业技术能力做出初步的判断。基于图像分析的数字面试能在面试进行的过程中将候选人的语言和非语言行为图像转化为心理档案，从而降低面试者本身的偏见对面试结果的影响，也降低了面试人员的

―――――――――

①　日本成人教育的一种。

培训难度。不仅自动化、专业化、智能化等技术方向能对招聘中人才的甄选产生影响，区块链技术这一特殊的技术也能发挥其作用。例如在背景调查中，区块链技术能够大大降低获取可信信息的成本。

15.2.4 未来的选拔

选拔的本质在于比较和决策，其中最为关键的是标准的科学性和统一性。基于机器学习、数据挖掘等技术开发的辅助决策模型正逐渐被应用到各类组织的选拔过程中。值得注意的是，与传统的自动化、信息化方式不同，新的技术手段对选拔的提升并不仅仅局限于以自动化的方式提升工作效率，更重要的在于其对选拔效果的改善。自泰勒科学管理理论问世，其构建"标准"的思想始终贯穿于组织中对人的管理。泰勒强调为组织挑选"一流的工人"在于其能够把握评价工人的标准。但是随着知识经济时代的逐步深入，如何为知识型员工制定标准成为困扰诸多人力资源从业者的难题。长期以来，人力资源从业者将解决问题的思路诉诸自身的经验和专业的职业资格评审机构。凭借自己对岗位的经验性把握，以及对候选人过往工作经历、拥有的专业证书的审查，将候选人与对应的岗位相匹配。而这一过程充斥着诸多的主观性，对候选人入职之后的表现预测性有限，且对选拔者自身的素质具有较高的要求。

辅助决策模型的出现，为改善选拔的标准、提升选拔的有效性提供了新的思路。例如，基于数据挖掘的辅助决策模型通过发现关联规则、分类等方式提升对候选人入职后表现的预测能力。通常来讲，通过数据挖掘支持选拔决策可大致分为九个步骤：①定义问题和结构化目标；②数据收集与准备；③使用数据挖掘算法对数据进行约简并提取规则；④使用约简确定特征；⑤使用步骤③中生成的规则调整不平衡数据实例；⑥生产决策规则；⑦验证规则；⑧解释和提取知识；⑨使用发现的知识。在整个过程中，步骤①和⑧均需要人力资源从业者的深度参与，以确保数据收集和分析的有效性，虽然依旧无法完全摆脱主观部分，但定义问题和结构化目标时反复充分的论证、基于大量数据的全面决策细节、标准稳定的管理策略输出等都极大地提升了选拔标准的科学性和有效性。在此基础上，针对特殊企业项目和岗位要求的动态性特点，辅助决策模型进一步发展出自适应能力，在数据挖掘过程中加入自适应规则以处理人员选择策略的变化。

当前，诸多企业已采用类似决策模型辅助选拔。在数据挖掘过程中，除基本的个人属性和特征（如年龄、性别、工作经验、教育水平、学校排名等）外，不同的行业还侧重于关注员工不同维度的能力。由于容易面临突发情况，酒店行业更关注员工的随机反应能力和心理素质；IT领域更为看重候选人主要科目的成绩；保险行业的员工保留率则受到员工过往工作性质的影响（如是否是文员）。

除此以外，数据挖掘与大数据、心理测验学结合起来更能展现其极具吸引力的前景。在西方国家的政治选举中，最具决定意义的是摇摆群体的选票，让摇摆群体做出有利某一方的选择是所有参选人面临的共同难题。一个基本的思路是定位摇摆人群并采取特定的宣传策略。然而，如何预测特定个体的政治倾向，如何识别传统民调中受访人基于政治正确所做出的虚假回应，长期以来未能得到有效解决。相关数据团队曾使用数据挖掘技术对投票人的政治倾向进行预测。鉴于政治倾向的特性与投票人员的广泛性，大数据与心理测验同样被运用其中。具体而言，他们以在线测验的形式向被测试者提供问卷，根据其回答计算被测试者个人"大五人格分数"，然后将结果与被测试者的其他在线数据进行比较。例如，他们在脸书上点赞、分享或发帖的数据，以及性别、年龄、居住地点等数据。基于此，数据团队能够建立被测试者的特定网络行为与其个性特质之间的关联。通过不断地优化模型，数据团队平均基于脸书上的 68 个赞，就可以预测用户的肤色（准确度 95％）以及政治倾向（准确度 85％）。基于同样的原理，相关技术可以被运用到企业组织中，通过数据构建特定的模型预测个人的绩效水平，为组织中人才的选拔提供参考。

15.2.5　未来的培训

　　面临越来越不确定的市场环境和日益激烈的竞争，在未来人力资源管理中培训将占据更为重要的位置。一方面，在高度不确定的竞争环境下，产品、技术迭代频繁，企业间的竞争更凸显为人才的竞争。人才更受重视，企业在组织外部获取人才的难度也随之加大，提升内部培训水平、不断对企业本身具有的人力资源进行开发就变得更为重要。另一方面，呈爆炸式增长的知识也对员工提出了更高的要求，员工需要不断学习，对自我知识和技能进行更新、强化以迎合时代发展。员工迫切希望企业能够提供一定的培训渠道，以实现自我的提升。因此，在企业与员工双方的共同需求之下，人力资源管理中的培训活动受到更多的关注和重视。需求的提振带动投入与研发的繁荣，当前多种技术在培训活动中展现出了巨大运用价值，能够弥补当前普遍运用的培训技术存在的不足，为企业打造具有科学性和普适性的培训体系提供了可能。

1. 未来的培训活动更具准确性

　　谁需要培训，他们需要学习什么，以及他们已经学习了什么是培训发起者首先需要考虑的问题。这意味着培训者需要对员工当前水平进行评估，进而进行广泛的统计调查，以确定员工的培训需要。在此基础上统筹协调，寻求培训需求的最大公约数以确定培训的群体和目标。这不可避免地形成实际需要与内容供给的偏差，导致培训资源的错配。而机器学习技术、人工智能等技术的运用将有效解决这一问题。首先，基于人工智能的员工自助服务系统，将使员工能够自主管理自身的培训数据，而不再基于人力资源从业者进行注册。过往的"点菜式"培训，变成了丰富多样的"自助餐"。人力资源从业者得以从繁杂的文案工作中解放出来，致力于培训内容的开发。其次，基于机器学习语言关联规则算法开发的系统，能够帮助企业和员工识别其培训需求。在培训的过程中，基于分类算法的系统能够根据员工的表现和学习行为，对员工培训的有效性进行评价，以保障培训的有效进行。

2. 未来的培训活动更具规划性

　　首先，培训的核心目的在于为企业开发人力资源，增强人力资源供给，以更有效地进行市场竞争。而这不仅意味着培训需要帮助员工做好当前的事，更需要为员工未来将要发挥的作用提供支持。这就要求培训不能仅局限于企业内部技术和经验的推广，而要向相关领域和行业的先进企业看齐，把握先进技能需求方向。然而，并不是所有经验都适合在特定企业大范围推广，除了一些普适性的培训项目外，相当多的内容需要进行一定的适应性调整才能适应自身企业需要。而大数据技术能够帮助企业识别培训项目与员工表现之间的关系，从而使量化观测培训项目的组织适应性成为可能。在企业进行大规模的培训之前，培训试点与大数据运算相结合可以帮助企业确定培训项目的价值，从而预测其对企业战略实现的有效性。其次，培训活动的规划性不仅体现在对培训内容的选择上，更体现在对员工职业发展的规划上。随着员工职业技能水平的变化，其职位和工作内容也将进行一定的调整。然而，能力与职位的变化并非完全同步，基于岗位的岗前培训也不能完全弥合两者间的差距。机器学习算法为该问题提供了更好的解决办法。基于机器学习的算法可以预测员工在特定时段内的职业水平，为员工提供更具前瞻性的职业指导和培训。

3. 未来的培训活动更具多样性

培训活动的多样性主要包括内容和手段两个维度。内容的多样性主要体现在人工智能、机器人、机器学习等技术的运用上，本身就涉及较多的信息处理和逻辑推理知识。因此，无论在企业中推广何种技术都需要对员工进行相应的培训。此外，机器学习算法和大数据技术对员工社交网络信息的挖掘能够帮助企业更准确地把握员工的心理资本等内在特点，从而结合工作需要开展一定的培训。新兴技术对培训手段的影响更为深刻。一方面，新兴技术为培训提供更为逼真的环境，例如人工智能能够模拟不同的环境，既能提升培训中的交互程度，也能为员工提供更多的学习机会；另一方面，新兴技术能够提升培训适用性，诸如智能培训师等能够根据参与者的行为对参与者的状态进行实时的评估，从而修正其培训内容和目标。与此同时，该技术还能为参与培训的员工提供及时准确的反馈，以增加其参与感和成就感，提升学习效果。此外，始终存在于在线培训中的参与度和孤独感等问题也将随着机器人等技术的运用得到缓解。

15.2.6 未来的绩效管理

绩效管理是以绩效考核为核心的一系列循环往复的管理活动，其目的在于将组织战略与员工行为相结合，从而尽可能实现组织目标与个人目标的一致。由于涉及众多流程、参与者，绩效管理是人力资源管理中最易于引入先进技术的模块。随着新兴技术的发展、应用，未来的绩效管理将在多个方面得到改善。

1. 以人为本的绩效管理理念将得到更普遍认可

关于绩效管理理念的争执长期存在于不同场景的管理实践中，绩效管理究竟应当是以奖励高绩效者、惩罚低绩效者为核心的成本控制方式，还是指导、塑造员工，帮助员工提升自我、并实现组织目标的管理工具？虽然大部分的管理者和学者都更愿意采取后者的观点，但是在诸多企业中，受限于资源和管理能力、管理者的个人素质，无法有效地对员工进行指导，更难以实现员工与组织目标的结合，绩效管理不可避免地退化成以绩效考核为核心，不利于对员工进行长期有效的管理。而电子绩效系统、人工智能、机器学习等技术的应用，将困扰企业的管理问题转化为技术问题。借助外部相关团队的专业知识，企业不需要雇用大量的人力资源管理专业人员或为直线管理者提出过多管理要求以维护复杂的绩效管理体系。在现成的智能系统下，只需要少量的人力投入就能在绩效管理过程达成以人为中心的柔性管理。此外，与过去刚性的绩效管理系统不同，机器学习语言加持的绩效管理系统允许管理者设计适当的策略，并在给定策略后自动化调整低绩效员工的绩效，从而提升其满意度和士气。

2. 绩效管理不同主体参与权重将得到改善

绩效管理需要人力资源管理者、员工、直线管理者甚至顾客等多方面的参与。尽管，有部分企业也采用了诸如 360 度绩效考核法等涵盖多参与主体的绩效管理工具，但受制于成本和多主体的不可控性，绩效管理在大多数管理实践中仍局限于直线管理者、人力资源从业者和员工三者的参与。而在绩效管理进行中，也主要是以直线领导者为主导，在员工和直线领导者之间进行的，人力资源管理者主要承担支持作用。而随着企业数字化和电子绩效监控系统的推广，企业内部的工作任务节点、客户的满意度等多种信息均被数据化导入企业内部数据库，为优化绩效考核标准、扩展绩效管理主体提供了基础。此外，在电子绩效监控系统中引入机器学习算法和大数据技术，能够帮助人力资源管理者实时、准确、专业了解员工的绩效水平和工作状态。人力资源管理者得以突破专业和场所限制，使其取代直线管理者成为员工绩效管理的第一负责人，使为员工提供更为专业的绩效管理服务成为可能。直线管理者负担减轻，无须直接全程参与员工的绩效管理，转而以绩效管理标准和流程制定者的身份参与其中。

3. 绩效计划更为科学有效

如何将员工目标与企业目标相整合是长期困扰管理者的一大难题。一个行之有效的办法是管理者与员工共同确定其工作目标和评估方法、评估标准，这种做法在绩效管理中称之为绩效计划。在这一过程中，员工和管理者都面临多重困难，员工无法把握目标的真实难度，管理者难以全面准确地知悉员工实际工作水平。而现在，管理者和员工可以依靠机器学习算法，根据员工的背景数据和绩效特征来预测员工的绩效水平，从而制订科学合理的绩效计划。

4. 绩效评估更为客观专业

知识型员工以其生产过程的隐蔽性和工作结果的创新性难以依赖传统的绩效评估工作做到有效评价。而如果仅通过管理者对知识型员工做出评价又难以摆脱其中的主观性和偏见。因此，在绩效管理中亟须动态客观的评价工具。文本分析和自然语言处理在相关领域的运用为这一问题提供了可能的答案。通过文本分析和自然语言，评估者可以对非结构化数据进行分析和挖掘，并在此基础上给出更为客观的评估结果。

5. 绩效管理对员工绩效的促进作用更为明显

绩效管理不仅强调起始的绩效计划和最终的绩效评估，在两者之间频繁进行的绩效沟通和反馈同样重要。在员工需要的时候给予员工反馈，是领导者分内之事。但是受限于领导者的能力，其能够提供给员工的反馈并非总是及时和准确的，员工则会因为距离、成本、人际关系等在向领导者寻求反馈时有所顾虑。电子绩效监控系统在帮助管理者获取员工绩效信息的同时，也能够为员工提供关于自身当前绩效的全面信息，员工可以依此掌握自身绩效目标进展，自助获取关于绩效行为的反馈，从而对相关行为及时进行修正。此外，虚拟化技术也可运用到该过程中，依托于系统的数据信息将通过虚拟化人物传导给管理者和员工，有效增强人与系统的互动感。

一个最为基本的例子是模糊数据挖掘技术在企业绩效评估中的应用，其一般流程如图 15-3 所示。模糊数据挖掘是指在模糊数据集中发现知识和数据中经常发生的模式，以强调非精确非线性的模糊集理论为基础。与经典的数据挖掘方法不同，模糊数据挖掘基于模糊聚类方法，并不要求一个对象属于或不属于一个簇，而是允许对象同时属于多个簇。考虑到实际情况中复杂的数据环境，模糊数据挖掘相对于数据挖掘中其他的方法，具有更广泛的适用性。基于该流程，收集数据进行标准化、构建模糊相似模型并在此基础上进行模糊聚类分析便能得到初始的评估模型。最后通过现有数据对模型进行优化得到可以运用于指导实践的预测模型。

15.2.7 未来的团队动力

在不确定性挑战日益增多的今天，作为一种组织形式，团队以其高效和独特的灵活性受到企业的广泛青睐。与传统的部门不同，团队不强调以权力和制度规范成员的行为，而是期望以高度凝聚的方式通过协调合作实现自身目标。

1. 未来的团队将拥有更为合理的人员配置

恰当的人员搭配对团队的有效性至关重要，这不仅需要考量员工在能力上能否胜任，还需要考虑团队成员之间能否相处融洽并有效开展合作。特别是，考虑到工作团队经常涵盖不同技术和专业领域的人才，其工作内容上的差异本就不利于相互之间的沟通，成员之间个性和行事风格的匹配度更为重要。当前的团队在确定团队成员时，通常基于组织者的个人经验挑选成员，过于依赖组织者的个人能力，且具有一定的风险性。对此，有两种新的技术趋势能够解决该问题。其一是将协作技能作为一种独特的能力进行考查，在其他方面类似的情况下选择协作能力高的个体。具体而言，在员工进入企业后，对其进行特定的访谈，以访谈记录构建基础数据，通过机器学习算法对员工的协作技能进行判别分析，获得员工协作技能的信息，并构建相应数据库。领导者在组建团队时可以根据相关数据指标做出判断。同时，为适应员工个体能力的动态发展，可以通过员工团队会议的表现对数据库中员工的相应指标数据进行更新。同样，在这一过程中可以使用数据挖掘技术检测并分析频繁的交互模式，从而实现数据更新的自动化。其二是在确定团队成员时基于机器学习构建自动推荐团队成员的智能系统，这种方法更为便捷、有效。与关注员工协作技能的能力判别系统不同，团队成员自动推荐系统关注更广泛的员工能力维度，具有更复杂的算法，且具有更全面的数据来源（如相关内部数据库、社交网络、员工简历以及过往团队成员和领导者的评价等）。

2. 未来团队的管理将更加细致化

团队强调整体，强调全体成员的凝聚力，在完成任务时经常采用合作分工的形式，不同员工负责不同的部分。这一方面使得员工之间的贡献难以直接比较，另一方面增加了管理者统筹协调的难度。差异化的个体、差异化的任务不仅使得管理者在进行绩效管理时难以使用标准化的方法，而且不利于管理者快速有效把握特定团队的管理着力点。管理者不知道该从何处入手，也不知道已经开展的管理措施是否有效。因此，团队管理者迫切需要更加细致的微观指标。机器学习的相关研究进展，能够在一定程度上满足团队管理者的需求。互动模式、活跃度以及包含上述内容的团队绩效预测系统相继面世。通过运用上述工具，管理者能够准确把握员工的相关状态，同时可以根据员工相关指标的变化确定自身管理措施的有效性，从而在进入团队后能快速准确地

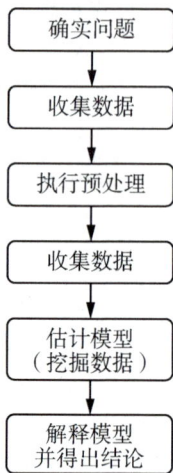

图 15-3　数据挖掘流程

[确实问题]
↓
[收集数据]
↓
[执行预处理]
↓
[收集数据]
↓
[估计模型（挖掘数据）]
↓
[解释模型并得出结论]

探索出合适的管理方式。此外，相关工具的发展能为管理者寻求恰当的着力点提供了帮助，例如基于事件日志的数据挖掘技术能够帮助管理者把握历史团队流程活动的资源分配规则。团队管理者通过把握与对比历史团队和当前团队的团队属性和组成模式，对当前团队的资源分配规则进行优化。

3. 未来的团队成员之间的联结、沟通将更加和谐

随着经济全球化的持续深入，团队远程协作的现象日益普遍。然而，沟通、非正式交流匮乏等问题长期困扰虚拟团队等诸多存在远程协作需求的团队。特别是考虑到与围绕权力分配和制度执行构建的组织不同，团队在沟通与协作方面具有更高的要求。管理者控制感的丧失、员工在线沟通低效、居家办公带来的工作生活边界消融等极大影响了在线团队的工作效率。然而随着企业数字化进程推进和虚拟现实等技术的运用，一些沟通的鸿沟都将被弥合。首先，企业的数字化意味着流程的标准化和规范化以及工作任务的模块化，这一方面降低了线上团队沟通的需求量，另一方面也使员工逐渐熟悉与电子系统的交互。虚拟现实等技术的运用，使得远程员工得以通过另一种方式参与到团队的互动中。此外，新兴技术除了可以对线上团队的沟通交流进行优化，同样也可以对线下团队成员的沟通提供帮助。在组建团队时，人们总会发现高手聚集的团队并不一定有战斗力。其背后的原因也很简单，在发生冲突时这类团队的成员之间更不容易选择退让，因而对团队的领导者和团队成员的情绪感知和驾驭能力都有更高的需求。当前基于机器学习语言的智能系统，为这一问题提出了优化方案，此类系统通过智能传感系统能够实时分析员工的情绪状况，并预测其对团队整体氛围的影响。在进行团队会议，或面临意见冲突时，该系统可以帮助员工感知自我和他人的情绪状态，从而使及时调整沟通策略成为可能。

15.2.8　未来的员工离职

员工离职是企业中一种正常的现象，保持一定的人员流动率有助于维持企业的活力和创造力。离职管理在过往的人力资源管理实践中受到的重视程度严重不足，在大多数企业中，离职管理均局限于同劳动者解除劳动关系这一行为，少有企业会与离职后的员工产生主动的互动。这一方面是因为大多数企业并没有对离职员工进行管理的需求和意识；另一方面是因为离职后的员工与企业再次产生联系的可能性有限，对此投入资源得不偿失。然而，随着当代企业扁平化、灵活化的发展趋势持续深入，加之员工和企业思想的转变，二次甚至多次入职的现象时有发生。此外，即使员工离开组织，在社交媒体等新兴传媒方式的加持下，其对组织仍能产生持续性的影响。基于此，未来的离职管理将包含更广阔的内容，涵盖更多的人力资源管理环节。

1. 未来的离职管理有助于保障人力资源的持续供给

保证拥有相关资格的人在恰当的时刻出现在恰当的岗位上始终是人力资源管理的第一要务。当面临员工的突然离职，管理者必须及时做出反应，对岗位缺失人员进行补充，以保证相关工作的稳定运行。然而，恰好合适的人才并不多见，且入职后的培训也需要一定的时间。可见，在员工离职中，完全的被动反应为招聘和培训等工作增加了许多困难，也不利于业务部门的平稳运行。特别是在人员流动率日益升高的当今，完全被动的反应更加无法满足企业的需求。如何转变工作思路，变被动适应为主动管

理，来自机器学习领域的相关研究给出了答案。与预测员工入职后的表现类似，机器学习可以通过类似的算法，通过诸如年龄、性别、出生地、婚姻状况等统计学变量，和晋升次数、加薪、在职时间和工龄等个人因素预测员工的离职概率。人力资源管理者或员工的上级领导者可以以此为依据，在恰当的时候采取一定的管理措施，以避免员工离职，减少由此带来的成本，甚至在员工离职之前提前储备相关岗位的继任者。在这一过程中，还可以将体现员工重要性的多个维度形成新的指标，在考虑员工离职率的同时，考虑其对组织的重要性，以对不同员工采用差异化的策略，确保资源的高效利用。此外，人工智能系统能够定期或于特殊日期（如员工生日）向已离职员工主动发送信息，并根据员工的回复进行相应的互动。这有助于帮助企业与已离职的员工建立并维持相对日常化的交互，从而扩展和维持企业人才库。

2. 未来的离职管理有助于优化组织管理

无论员工的主动离职还是被动离职都在一定程度上意味着人员与岗位的不匹配。其中多少能够映射企业中存在的潜在管理问题。在员工离职的过程中，获取员工真实的看法，对改进和优化组织的内部管理具有一定的价值。然而，在离职面谈的过程中，特别是员工基于组织本身原因主动离职的情况下，相当多的员工并不愿意表露真实的想法。这就需要离职面谈人员在对离职员工具有一定程度了解的基础上，采取恰当的对话策略，以获得更多真实的信息。这一过程的难点在于如何快速有效了解员工的信息，以及如何选择恰当的面谈主题和策略。在未来的离职管理中，文本分析、数据挖掘和机器学习技术将被运用其中。人力资源从业者可以使用文本分析和数据挖掘技术，对员工的各种信息进行综合处理，以准确快速把握员工的人格特点、行事风格和工作水平。经过训练的机器学习算法将根据员工的个人特点、绩效表现以及情绪状态为面谈者提供合适的参考问题和策略指导。离职面谈获得的信息，将直接或在被讨论后被用来优化组织管理，例如调整招聘或选拔过程中的决策辅助算法等。

3. 未来的离职管理有助于企业形象的管理

离职后的员工虽已退出组织，但在其社交网络内，依旧是与企业联系最紧密的个体。该员工对企业的评价和看法，将对周边人对企业的看法产生重要影响。在离职过程中，甚至离职之后，积极的体验将改善其对公司的评价，形成一定的口碑效应。

本章小结

本章主要介绍与人力资源管理息息相关的新兴技术的发展方向，并结合技术发展导向和人力资源管理实践两个角度介绍了新的技术将如何影响人力资源管理。具体而言，本章首先简要介绍了机器学习、自然语言处理、情感计算、机器人流程自动化和组织网络分析等在人力资源管理领域具有巨大应用前景的技术发展方向及其应用场景和运行机制，并从经济社会发展的角度切入，分别探讨了数字经济、智能制造等经济发展方式和重点产业对人力资源供给的影响；其次从组织角度出发，介绍了工业4.0和工业5.0对组织的影响，启发学生思考新型组织下人力资源管理的实践状况；最后聚集未来的人力资源管理趋势，从未来人才需要的技能、人员分配、招聘、选拔、培训、绩效管理、团队动力和员工离职8个方面详细探讨新兴技术对人力资源管理的影响。

复习思考题

1. 对人力资源产生影响的新兴技术有哪些？
2. 国家人才发展规划是否能对企业的人力资源管理产生影响，如何产生影响？
3. 工业 4.0 和工业 5.0 如何影响组织和组织中的人力资源管理？
4. 未来的人力资源管理将如何发展？
5. 畅想未来职场，你认为自己需要加强哪方面的学习？

案例分析

扫一扫，看资源

会议的未来——利用 AI 改善团队协作

参考文献

Abed A A，El-Halees A M. Detecting subjectivity in staff perfomance appraisals by using text mining：Teachers appraisals of palestinian government case study[C]. Palestinian International Conference on Information and Communication Technology (PICICT)，Gaga，2017：120-125.

Abele A E，Spurk D. How do objective and subjective career success interrelate over time? [J]. Journal of Occupational and Organizational Psychology，2009，82(4)：803-824.

Abel J，Klohs K，Lehmann H，et al. Sentiment-analysis for German employer reviews[C]. International Conference on Business Information Systems，Poznań，2017：37-48.

Adams J S. Inequity in social exchange[J]. Advances in Experimental Social Psychology，1965，2：267-299.

Alavi M，Leidner D E. Review：Knowledge management and knowledge management systems：Conceptual foundations and research issues [J]. MIS Quarterly，2001，1(10)：107-136.

Albertazzi G D，Ferreira M G G，Forcellini F. A wide view on gamification[J]. Technology，Knowledge and Learning，2019，24(1)：191-202.

Alderfer C P. An empirical test of a new theory of human needs[J]. Organizational Behavior and Human Performance，1969，4(2)：142-175.

Allal-Chérif O，Aranega A Y，Sánchez R C. Intelligent recruitment：How to identify，select，and retain talents from around the world using artificial intelligence[J]. Technological Forecasting and Social Change，2021，169：120822.

Allen D G，Mahto R V，Otondo R F. Web-based recruitment：Effects of information，organizational brand，and attitudes toward a Web site on applicant attraction[J]. Journal of Applied Psychology，2007，92(6)：1696.

Amabile T M，Pratt M G. The dynamic componental model of creativity and innovation in organizations：Making progress，making meaning[J]. Research in Organizational Behavior，2016，(36)：157-183.

Amabile T M. The social psychology of creativity[M]. Berlin：Springer，1983.

Anitha J. Determinants of employee engagement and their impact on employee performance[J]. International Journal of Productivity and Performance Management，2014，63(3)，308-323.

Ashford S J，Caza B B，Reid E M. From surviving to thriving in the gig economy：A research agenda for individuals in the new world of work[J]. Research in Organizational Behavior，2018，38：23-41.

Avery L, Macpherson A, Flicker S, et al. A review of reported network degree and recruitment characteristics in respondent driven sampling implications for applied researchers and methodologists[J]. Plos One, 2021, 16(4): e0249074.

Bada S O, Olusegun S. Constructivism learning theory: A paradigm for teaching and learning[J]. Journal of Research & Method in Education, 2015, 5(6): 66-70.

Baishya Bishwajit. Mckinsey 7S framework in corporate planning and policy[J]. International Journal of Interdisciplinary Research in Science Society and Culture (IJIRSSC). 2015, 1(1): 165-168.

Bandura A. Self-efficacy: Toward a unifying theory of behavioral change[J]. Psychological Review, 1977, 84(2): 191-215.

Barro R J. Human capital and growth[J]. American Economic Review, 2001, 91(2): 12-17.

Baruch Y, Rousseau D M. Integrating psychological contracts and ecosystems in career studies and management[J]. The Academy of Management annals, 2019, 13(1): 84-111.

Behrend T S, Thompson L F. Similarity effects in online training: Effects with computerized trainer agents[J]. Computers in Human Behavior, 2011, 27(3): 1 201-1 206.

Beigi M, Shirmohammadi M, Stewart J. Flexible work arrangements and work-family conflict: A metasynthesis of qualitative studies among academics[J]. Human Resource Development Review, 2018, 17(3): 314-336.

Bell B S, Kanar A M, Kozlowski S W J. Current issues and future directions in simulation-based training in North America[J]. The International Journal of Human Resource Management, 2008, 19(8): 1 416-1 434.

Ben-Ner Avner, Kong Fanmin and Lluis Stéphanie. Uncertainty, task environment, and organization design: An empirical investigation[J]. Journal of Economic Behavior & Organization, 2012. 82(1): 281-313.

Bennett N, Lemoine G J. What VUCA really means for you[J]. Harvard Business Review, 2014, 92(1/2): 27.

Black J S, Gregersen H B. It starts with one: Changing individuals changes organizations[M]. 3rd ed. London: Pearson FT Press, 2013.

Black P, Wiliam D. Assessment and classroom learning[J]. Assessment in Education: Principles, Policy & Practice, 1998, 5(1): 7-74.

Bondarouk T, Ruël H. The strategic value of e-HRM: Results from an exploratory study in a governmental organization[J]. The International Journal of Human Resource Management, 2013, 24(2): 391-414.

Boud D. Assessment and learning: Contradictory or complementary[J]. Assessment for Learning in Higher Education, 1995: 35-48.

Brown S D, Lent R W. Social cognitive career theory at 25: Progress in studying the domain satisfaction and career self-management models[J]. Journal of Career Assessment, 2019, 27(4): 563-578.

Burton Richard M. Organizational design: A step-by-step approach[M]. Cambridge: Cambridge University Press, 2020.

Campion M A, Cheraskin L, Stevens M J. Career-related antecedents and outcomes of job rotation[J]. Academy of Management Journal, 1994, 37(6): 1 518-1 542.

Cernian A, Sgarciu V. Boosting the recruitment process through semi-automatic semantic skills identification[C]. Proceedings of the World Congress on Engineering, London, 2017: 605-607.

Chamorro-Premuzic T, Akhtar R, Winsborough D, et al. The datafication of talent: How technology is advancing the science of human potential at work[J]. Current Opinion in Behavioral Sciences, 2017, 18: 13-16.

Chien C F, Chen L F. Data mining to improve personnel selection and enhance human capital: A case study in high-technology industry[J]. Expert Systems with Applications, 2008, 34(1): 280-290.

Chin T, Jawahar I M, Li Genyi. Development and validation of a career sustainability scale[J]. Journal of Career Development, 2022, 49(4): 769-787.

Cho V, Ngai E W T. Data mining for selection of insurance sales agents[J]. Expert Systems, 2003, 20(3): 123-132.

Cooke F L, Liu Mingwei, Liu L A, et al. Human resource management and industrial relations in multinational corporations in and from China: Challenges and new insights[J]. Human Resource Management, 2019, 58(5): 455-471.

Corlett D, Sharples M, Bull S, et al. Evaluation of a mobile learning organizer for university students[J]. Journal of Computer Assisted Learning, 2005, 21(3): 162-170.

Csikszentmihalyi M. Beyond boredom and anxiety: Experiencing flow in work and play[M]. San Francisco: Jossey-Bass, 1975.

Cummings T G. Self-regulating work groups: A socio-technical synthesis[J]. Academy of Management Review, 1978, 3(3): 625-634.

Damnik G, Proske A, Narciss S, et al. Informal learning with technology: The effects of self-constructing externalizations[J]. The Journal of Educational Research, 2013, 106(6): 431-440.

Datta A, Yong J T T, Braghin S. The zen of multidisciplinary team recommendation[J]. Journal of the Association for Information Science and Technology, 2014, 65(12): 2 518-2 533.

Daugherty P R, Wilson H J. Human + machine: Reimagining work in the age of AI[M]. Boston: Harvard Business Press, 2018.

Deci E L, Ryan R M. Intrinsic motivation and self-determination in human behavior[M]. Berlin: Springer Science & Business Media, 2013.

Deci E L. The effects of contingent and noncontingent rewards and controls on intrinsic motivation[J]. Organizational Behavior and Human Performance, 1972, 8(2): 217-229.

Demerouti E, Bakker A B, Nachreiner F, et al. The job demands-resources model of burnout[J]. Journal of Applied Psychology, 2001, 86(3): 499-511.

Demir K A, Cicibaş H. The next industrial revolution: Industry 5.0 and discussions on industry 4.0[M]//Gülseçen S, Reis Z A, Gezer M, et al. Demir K A, Döven G, Sezen B. Industry 5.0 and human-robot co-working[J]. Procedia Computer Science, 2019, 158, 688-695.

De Vos A, Van der Heijden B I J M, Akkermans J. Sustainable careers: Towards a conceptual model[J]. Journal of Vocational Behavior, 2020, 117: 103196.

Doherty R. Getting social with recruitment[J]. Strategic HR Review, 2010, 9(6): 11-15.

Dweck C S. Self-theories: Their role in motivation, personality, and development [M]. Philadelphia: Psychology Press, 1999.

Fabrice Roghé, Andrew Toma, Stefan Scholz, et al. Boosting performance through organization design: The new new way of working series Boston consulting group [J/OL]. https://www.bcg.com/publications/2017/people-boosting-performance-through-organization-design, 2017.

Folkman S, Lazarus R S, Dunkel-Schetter C, et al. Dynamics of a stressful encounter: Cognitive appraisal, coping, and encounter outcomes[J]. Journal of Personality and Social Psychology, 1986, 50(5): 992-1 003.

Fritts M, Cabrera F. AI recruitment algorithms and the dehumanization problem [J]. Ethics and Information Technology, 2021, 23(4): 791-801.

Galbraith Jay R. Designing organizations: Strategy, structure, and process at the business unit and enterprise levels[M]. New York: John Wiley & Sons, 2014.

Galbraith Jay R, Kates Amy. Designing your organization: Using the STAR model to solve 5 critical design challenges[M]. New York: John Wiley & Sons, 2015.

Galbraith Jay R. The future of organization design[J]. Journal of Organization Design, 2012, 1(1): 3-6.

Garg S, Sinha S, Kar A K, et al. A review of machine learning applications in human resource management[J]. International Journal of Productivity and Performance Management, 2022: 1 590-1 610.

Georgieva E, Smrikarov A, Georgiev T. A general classification of mobile learning systems [C]. International conference on computer systems and technologies-CompSysTech, Varna, 2005(8): 6-14.

Gheidar Y, ShamiZanjani M. Designing a conceptual framework for digital employee experience[J]. Iranian Journal of Management Studies, 2021, 14(4): 669-680.

Ghosh N，Itam U. Employee experience design：An innovation for sustainable human capital management practices[M]//de Pablos P O，Zhang X，Chui K T. Handbook of Research on Managerial Practices and Disruptive Innovation in Asia. Hershey：Gibbons M. The self-directed learning handbook：Challenging adolescent students to excel[M]. New York：John Wiley & Sons，2002.

Guan Y，Arthur M B，Khapova S N，et al. Career boundarylessness and career success：A review，integration and guide to future research[J]. Journal of Vocational Behavior，2019，110(2)：390-402.

Gupta S，Suma V. Prediction of human performance capability during software development using classification[C]. ICT and Critical Infrastructure：Proceedings of the 48th Annual Convention of Computer Society of India-Vol II，Visakhapatnam，2014：475-483.

Hackman J R，Brousseau K R，Weiss J A. The interaction of task design and group performance strategies in determining group effectiveness[J]. Organizational Behavior and Human Performance，1976，16(2)：350-365.

Hackman J R，Oldman G R. Motivation through the design of work：Test of a theory[J]. Organization Behavior and Human performance，1976，16(2)：250-279.

Hall D T，Yip J，Doiron K. Protean careers at work：Self-direction and values orientation in psychological success[J]. Annual Review of Organizational Psychology and Organizational Behavior，2018，5(1)：129-156.

Handke L，Klonek F E，Parker S K，et al. Interactive effects of team virtuality and work design on team functioning[J]. Small Group Research，2019，51(1)：3-47.

Hartnell，Chad A，et al. A meta-analytic test of organizational culture's association with elements of an organization's system and its relative predictive validity on organizational outcomes [J]. The Journal of Applied Psychology，2019，104 (6)：832-850.

Hax Arnoldo C，Majluf Nicholas S. Organization design：A case study on matching strategy and structure[J]. The Journal of Business Strategy. 1983，4(2)：72-86.

Heil S，Drechsel M，Gaedke M. Supporting the development of team-climate-aware collaborative web applications[C]. 15 th International conference on web engineering，Rotterdam，2015：663-666.

Herzberg F. One more time：How do you motivate employees[M]. Boston：Harvard Business Review，1968.

Herzberg F. Work and the nature of man[J]. Psychological Review. 1966，4：154-160.

Horesh R，Varshney K R，Yi J. Information retrieval，fusion，completion，and clustering for employee expertise estimation[C]. 2016 IEEE International Conference on Big Data(Big Data)，Washington DC，2016：1 385-1 393.

Hu A Y. The application of information entropy theory based data classification algorithm in the selection of talents in hotels[J]. Italian Journal of Pure and Applied Mathematics，2017，38：253-260.

Hulin C L，Blood M R. Job enlargement，individual differences，and worker responses[J]. Psychological Bulletin，1968，69(1)：41-55.

Ibrahim W K W，Hassan R. Recruitment trends in the era of industry 4.0 using artificial intelligence：Pro and cons[J]. Asian Journal of Research in Business and Management，2019，1(1)：16-21.

IGI Global，2020：110-127.

Industry 4.0 from the MIS perspective. Bern：Peter Lang GmbH，2019.

Jing H. Application of fuzzy data mining algorithm in performance evaluation of human resource[C]. 2009 International Forum on Computer Science-Technology and Applications，Chongqing，2009，343-346.

Johnson R D. Human resource information systems：Basics，applications，and future directions[M]. New York：Sage Publications，2017.

Kabir N，Carayannis E. Big data，tacit knowledge and organizational competitiveness[J]. Journal of Intelligence Studies in Business，2013，3(3)：54-62.

Kapoor S. HR Trends in the era of artificial intelligence[M]//Garg V，Agrawal R. Transforming management using artificial intelligence techniques. Boca Raton：CRC Press，2020：51-61.

Karasek Jr R A. Job demands，job decision latitude，and mental strain：Implications for job redesign[J]. Administrative Science Quarterly，1979，24(2)：285-308.

Karasek R，Theorell T. Healthy work：Stress，productivity，and the reconstruction of working life[M]. New York：Basic Books，1990.

Kautish S，Deepmala S. Knowledge management and web 3.0[M]. Boston：Walter de Gruyter GmbH，2022.

Kazanjian R K，Drazin R. Implementing internal diversification：Contingency factors for organization design choices[J]. Academy of Management Review，1987，12(2)：342-354.

Keller S，Meaney M. Attracting and retaining the right talent[J]. McKinsey & Company，2017.

Kelly E L，Moen P，Oakes J M，et al. Changing work and work-family conflict：Evidence from the work，family，and health network[J]. American Sociological Review，2014，79(3)：485-516.

Khan Z，Vorley T. Big data text analytics an enabler of knowledge management[J]. Journal of Knowledge Management，2017，21(1)：18-34.

Kirkpatrick J D，Kirkpatrick W K. Kirkpatrick's four levels of training evaluation[M]. Alexandria：Association for Talent Development，2016.

Kumar S，Gupta S. Role of knowledge management systems KMS in multinational organization：An overview[J]. International Journal of Advanced Research in Computer Science and Software Engineering，2012，210：8-16.

Lee H W，Pak J，Kim S，et al. Effects of human resource management systems on employee proactivity and group innovation[J]. Journal of Management，2016，45(2)：819-846.

Lee Y，Shin S. Job stress evaluation using response surface data mining[J]. International Journal of Industrial Ergonomics，2010，40(4)：379-385.

Levy F，Murnane R. Dancing with robots：Human skills for computerized work[J]. Washington DC：Third Way NEXT，2013.

Li C S，Goering D D，Montanye M R，et al. Understanding the career and job outcomes of contemporary career attitudes within the context of career environments：An integrative meta-analysis[J]. Journal of Organizational Behavior，2021，43(2)：286-309.

Li H，Ge Y，Zhu H，et al. Prospecting the career development of talents：A survival analysis perspective[C]. Proceedings of the 23rd ACM SIGKDD International Conference on Knowledge Discovery and Data Mining，Halifax，2017：917-925.

Locke E A. Toward a theory of task motivation and incentives[J]. Organizational Behavior and Human Performance，1968，3(2)：157-189.

Lokuge S，Sedera D，Grover V，et al. Organizational readiness for digital innovation：Development and empirical calibration of a construct[J]. Information & Management，2019，56(3)：445-461.

Losavio M M，Chow K P，Koltay A，et al. The Internet of things and the smart city：Legal challenges with digital forensics，privacy，and security[J]. Security and Privacy，2018，1(3)：e23.

Maltz E，Souder W E，Kumar A. Influencing R&D/marketing integration and the use of market information by R&D managers：Intended and unintended effects of managerial actions[J]. Journal of Business Research，2001，52(1)：69-82.

Mankins M，Garton E，Schwartz D. Future-proofing your organization[J]. Harvard Business Review，2021，99(5)：42-48.

Marler J H，Fisher S L，Ke W. Employee self-service technology acceptance：A comparison of pre-implementation and post-implementation relationships[J]. Personnel Psychology，2009，62(2)：327-358.

Maslow A H. A theory of human motivation[J]. Psychological Review，1943，50(4)：370.

Masuda A，Matsuodani T，Tsuda K. A comparative study using discriminant analysis on a questionnaire survey regarding project managers' cognition and team characteristics[C]. 2017 IEEE 41st Annual Computer Software and Applications Conference(COMPSAC)，Turin，2017：643-648.

McClelland D C. Human motivation[M]. Cambridge：Cambridge University Press，1987.

McDonald P K. How "flexible" are careers in the anticipated life course of young people? [J]. Human relations, 2018, 71(1): 23-46.

McKelvey H, Frank J. Improving onboarding with employee experience journey mapping: A fresh take on a traditional UX technique[J]. Weave Journal of Library User Experience, 2018, 1(9): 115940037.

McKinsey Global Institute. Jobs lost, jobs gained: Workforce transition in a time of automation[R]. 2017.

Menshikova M, Fedorova A, Gatti M. Introducing smart-working in the conditions of digital business transformation: Analysis of an employee's experience[M]// Digital Transformation and New Challenges. Berlin: Springer, 2020: 59-71.

Milton N, Patrick Lambe. The knowledge manager's handbook[M]. Lodon: Kogan Page, 2016.

Minbaeva D. Disrupted HR? [J]. Human Resource Management Review, 2021, 31(4): 100820.

Morgeson F P, Humphrey S E. Job and team design: Toward a more integrative conceptualization of work design[M]//Martocchio J J. Research in personnel and human resources management. London: Emerald Group Publishing Limited, 2008: 39-91.

Mowshowitz Abbe. Virtual organization: A vision of management in the information age[J]. The Information Society, 1994, 10(4): 267-288.

Navimipour N J, Charband Y. Knowledge sharing mechanisms and techniques in project teams: Literature review, classification, and current trends[J]. Computers in Human Behavior, 2016, 62: 730-742.

Neilso G, Saddi J, Gouto V, et al. Management spans and layers: Streamlining the out-of-shape organization, strategy [J/OL]. https://www.strategyand.pwc.com/gx/en/insights/2002-2010/management-spans-layers-streamlining-shape.html, 2023.

Ng T, Feldman D C. Evaluating six common stereotypes about older workers with meta-analytical data[J]. Personnel Psychology, 2012, 65(4): 821-858.

Ng T, Feldman D C. The relationships of age with job attitudes: A meta-analysis[J]. Personnel Psychology, 2010, 63(3): 677-718.

Nikitinsky N, Kachurina P, Sergey S, et al. Generation theory in HR practice: Text mining for talent management case[C]. Proceedings of the international conference on electronic governance and open society: Challenges in Eurasia, St. Petersburg 2016: 262-266.

O'Boyle E H, Aguinis H. The best and the rest: Revisiting the norm of normality of individual performance[J]. Personnel Psychology, 2012, 65(1): 79-119.

Oliver M, Harvey J. What does' impact' mean in the evaluation of learning technology? [J]. Educational Technology and Society, 2002, 5(3): 18-26.

Oreg S, Bartunek J M, Lee G, et al. An affect-based model of recipients' responses to organizational change events [J]. Academy of Management Review, 2018,

43(1)：65-86.

Organizational design framework-the transformation model[J/OL]. The Center for Organizational Design，https://centerod.com/framework/,2015.

Pan Y，Froese F，Liu N，et al. The adoption of artificial intelligence in employee recruitment：The influence of contextual factors[J]. The International Journal of Human Resource Management，2022，33(6)：1 125-1 147.

Parker P，Khapova S N，Arthur M B. The intelligent career framework as a basis for interdisciplinary inquiry[J]. Journal of Vocational Behavior，2009，75（3）：291-302.

Parker S K，Andrei D M. Include，individualize，and integrate：Organizational meta-strategies for mature workers[J]. Work Aging & Retirement，2020，6（1）：1-7.

Parker S K，Bindl U K，Strauss K. Making things happen：A model of proactive motivation[J]. Journal of Management，2010，36(4)：827-856.

Parker S K，Jorritsma K. Good work design for all：Multiple pathways to making a difference[J]. European Journal of Work and Organizational Psychology，2021，30(3)：456-468.

Parker S K，Morgeson F P，Johns G. One hundred years of work design research：Looking back and looking forward[J]. Journal of applied psychology，2017，102（3）：403.

Pasban M，Nojedeh S H. A Review of the role of human capital in the organization[J]. Procedia-social and Behavioral Sciences，2016，230：249-253.

Pasmore W，Francis C，Haldeman J，et al. Sociotechnical systems：A North American reflection on empirical studies of the seventies[J]. Human relations，1982，35(12)：1 179-1 204.

Petruzzellis S，Licchelli O，Palmisano I，et al. Personalized incentive plans through employee Profiling[C]//ICEIS 2006，Paphos，2006：107-114.

Pisano G P. The hard truth about innovative cultures[J]. Harvard Business Review，2019，97(1)：62-71.

Pitt C S，Botha E，Ferreira J J，et al. Employee brand engagement on social media：Managing optimism and commonality[J]. Business Horizons，2018，61（4）：635-642.

Porter M E，Heppelmann J E. How smart，connected products are transforming competition[J]. Harvard Business Review，2014，（11）：65-88.

Provost F，Fawcett T. Data science and its relationship to big data and data-driven decision making[J]. Big Data，2013，1(1)：51-59.

Putz L，Hofbauer F，Treiblmaier H. Can gamification help to improve education? Findings from a longitudinal study[J]. Computers in Human Behavior，2020，110：106392.

Qian X, Ohwada H. Application of data mining classification in job-changing[C]. Proceedings of the 2018 10th international conference on machine learning and computing, Macau, 2018: 107-110.

Rabcan J, Vaclavkova M, Blasko R. Selection of appropriate candidates for a type position using C4. 5 decision tree[C]. 2017 International conference on information and digital technologies(IDT), Zilina, 2017: 332-338.

Ravid D M, Tomczak D L, White J C, et al. EPM 20/20: A review, framework, and research agenda for electronic performance monitoring[J]. Journal of Management, 2020, 46(1): 100-126.

Renkema M. Consequences of artificial intelligence in human resource management [M]//Strohmeier S. Handbook of research on artificial intelligence in human resource management. Cheltenham: Edward Elgar Publishing, 2022.

Roberts B W, Mroczek D. Personality trait change in adulthood[J]. Current Directions in Psychological Science, 2008, 17: 31-35.

Robson K, Plangger K, Kietzmann J, et al. Understanding gamification of consumer experiences[J]. ACR North American Advances, 2014, 42: 352-356.

Roger K Allen. The design process[J/OL]. The Center for organizational design, https://Centerod. Com/2012/02/Organizational-Design-Process/, 2015.

Rombaut E, Guerry M A. Predicting voluntary turnover through human resources database analysis[J]. Management Research Review, 2018, 41(1), 96-112.

Rosen C C, Slater D J, Chang C H, et al. Let's make a deal: Development and validation of the expost i-deals scale[J]. Journal of Management, 2013, 39(3): 709-742.

Rudolph C W. Lifespan developmental perspectives on working: A literature review of motivational theories [J]. Work, Aging and Retirement, 2016, 2(2): 130-158.

Safronov E. Transformation of capitalism in the 21st century: "Surveillance Capitalism" concept by shoshana zuboff [J]. Sociological Research, 2021, (4): 165-172.

Savickas M L. Career construction: A developmental theory of vocational behavior [M]//Brown D. Career choice and development. 4th ed. San Francisco: Jossey-Bass, 2002: 149-205.

Savickas M L. Career construction theory and practice [M]//Brown S D, Lent R W. Career development and counseling: Putting theory and research to work. 2nd ed. New York: John Wiley & Sons, 2013: 147-183.

Schwarzer R, Bäßler J, Kwiatek P, et al. The assessment of optimistic self-beliefs: Comparison of the German, Spanish, and Chinese versions of the general self-efficacy scale[J]. Applied Psychology, 1997, 46(1): 69-88.

Schwarz G M, Bouckenooghe D, Vakola M. Organizational change failure: Framing the process of failing[J]. Human Relations, 2021, 74(2): 159-179.

Senge P. The fifth discipline: The art and practice of the learning organization[M]. New York: Doubleday, 1990.

Shabahat Husain, Jean-Louis Ermine. Knowledge management systems: Concepts, technologies and practices[M]. Leeds: Emerald Publishing Limited, 2021.

Sharples, M. Future Gazing for Policy Makers[C]. BT Government Innovation Centre, 2006.

Shivakumar S K. Introduction to employee experience platforms[M]//Shivakumar S K. Build a Next-Generation Digital Workplace. Berlin: Springer, 2020: 1-22.

Siren P M A, Anthony S D, Bhatt U. Persuade your company to change before it's too late[J]. Harvard Business Review, 2022, 100(1): 49-53.

Skinner B F. The behavior of organisms: An experimental analysis[M]. Cambridge: BF Skinner Foundation, 2019.

Smircich L. Concepts of culture and organizational analysis[J]. Administrative Science Quarterly, 1983, 28(2): 339-359.

Smith A. The Wealth of Nations: An inquiry into the nature and causes of the Wealth of Nations[M]. Petersfield: Harriman House Limited, 2010.

Smith E A. The role of tacit and explicit knowledge in the workplace[J]. Journal of Knowledge Management, 2001, 5(4): 311-321.

Spreitzer G M. Psychological empowerment in the workplace: Dimensions, measurement, and validation[J]. Academy of management Journal, 1995, 38(5): 1 442-1 465.

Spreitzer G, Sutcliffe K, Dutton J, et al. A socially embedded model of thriving at work[J]. Organization Science, 2005, 16(5): 537-549.

Spurk D, Hirschi A, Dries N. Antecedents and outcomes of objective versus subjective career success: Competing perspectives and future directions[J]. Journal of Management, 2018, 45(1): 35-69.

Stouten J, Rousseau D M, De Cremer D. Successful organizational change: Integrating the management practice and scholarly literatures[J]. Academy of Management Annals, 2018, 12(2): 752-788.

Strohmeier S, Piazza F. Artificial intelligence techniques in human resource management—a conceptual exploration[M]//Kahraman C, Onar S C. Intelligent techniques in engineering management: Theory and applications. Berlin: Springer, 2015: 149-172.

Stufflebeam D L. The CIPP model for evaluation[M]//Stufflebeam D L, Madaus G F, Kellaghan T. Evaluation models: Viewpoints on educational and human services evaluation. Berlin: Springer, 1983: 279-317.

Taylor F W. Shop management[M]. New York: Harper & Brothers, 1911.

The Journey to Agile[J/OL]. The JoshBersin Company. https://joshbersin. com/, 2022.

Tilmes N. Disability，fairness，and algorithmic bias in AI recruitment[J]．Ethics and Information Technology，2022，24(2)：1-13.

Tong S，Jia N，Luo X，et al．The janus face of artificial intelligence feedback：Deployment versus disclosure effects on employee performance[J]．Strategic Management Journal，2021，42(9)：1 600-1 631.

Trist E L，Bamforth K W. Some social and psychological consequences of the long-wall method of coal-getting：An examination of the psychological situation and defences of a work group in relation to the social structure and technological content of the work system[J]．Human Relations，1951，4(1)：3-38.

Truică C O，Barnoschi A. Innovating HR using an expert system for recruiting IT specialists-ESRIT[J]．Journal of Software & Systems Development，2015：762987.

Ulrich D，Kryscynski D，Brockbank W，et al．Victory through organization：Why the war for talent is failing your company and what you can do about it[M]．New York：McGraw-Hill Education，2017.

Upadhyay A K，Khandelwal K. Applying artificial intelligence：Implications for recruitment[J]．Strategic HR Review，2018，17(5)：255-258.

Van Wingerden J，Bakker A B，Derks D. Fostering employee well-being via a job crafting intervention[J]．Journal of Vocational Behavior，2017，100：164-174.

Vroom V H. Work and motivation[M]．New York：John Wiley & Sons，1964.

Vygotsky L S，Cole M，John-Steiner V，et al．The development of higher psychological processes[M]．Cambridge：Harvard University Press，1978.

Walker H J，Feild H S，Giles W F，et al．The interactive effects of job advertisement characteristics and applicant experience on reactions to recruitment messages[J]．Journal of Occupational and Organizational Psychology，2008，81(4)：619-638.

Wiernik B M，Kostal J W. Protean and boundaryless career orientations：A critical review and meta-analysis[J]．Journal of Counseling Psychology，2019，66(3)：280.

Zhao Q，Cai Z and Zhou W，et al．Organizational career management：A review and future prospect[J]．Career Development International，2022，27(3)：343-371.

Zhou W，Guan Y and Xin L，et al．Career success criteria and locus of control as indicators of adaptive readiness in the career adaptation model[J]．Journal of Vocational Behavior，2016，94：124-130.

敖玲敏，吕厚超，黄希庭．社会情绪选择理论概述[J]．心理科学进展，2011，19(2)：7.

曹艳红，杨启光．移动学习支持下的教育质量与公平：国际研究与实践的新进展[J]．比较教育研究，2017，39(3)：60-66＋88.

车文博．心理咨询大百科全书[M]．杭州：浙江科学技术出版社，2001.

陈春花．共生：未来企业组织进化路径[M]．北京：中信出版集团，2018.

陈春花，宋一晓，曹洲涛．中国本土管理研究的回顾与展望[J]．管理学报，2014，11(3)：321-329.

陈国权，王婧懿，林燕玲. 组织数字化转型的过程模型及企业案例研究[J]. 管理评论，2021，33(11)：28-42.

陈佳贵. 企业管理学大辞典[M]. 北京：经济科学出版社，2000：235.

陈艳中. 现代企业人力资源管理数字化转型[J]. 中国集体经济，2021，(26)：119-120.

段宇波，侯芮. 作为制度变迁模式的路径依赖研究[J]. 经济问题，2016，(2)：24-31.

冯绚，胡君辰. 工作游戏化：工作设计与员工激励的新思路[J]. 中国人力资源开发，2016，(1)：14-22.

高群，吴真玮，董凌峰. 变革型领导、组织承诺与员工主动行为：自我效能的调节作用[J]. 南昌航空大学学报(社会科学版)，2016，18(4)：62-68.

管佳，李奇涛. 中国在线教育发展现状、趋势及经验借鉴[J]. 中国电化教育，2014，(8)：62-66.

郭琳. 论国有企业的组织变革[J]. 辽宁经济，2004，(6)：26-27.

国家图书馆研究院.《中华人民共和国数据安全法》将于9月1日起施行[J]. 国家图书馆学刊，2021，30(4)：63.

韩雪亮. 组织变革准备研究回顾与整合[J]. 心理科学，2016，39(5)：1 248-1 255.

郝俊英. 领导风格与组织文化对企业创新绩效的影响研究[D]. 山东科技大学，2018.

黄成云，左明章，荣先海. 基于云计算的移动学习系统设计[J]. 现代教育技术，2010，20(8)：102-105.

黄荣怀，杨俊锋，胡永斌. 从数字学习环境到智慧学习环境——学习环境的变革与趋势[J]. 开放教育研究，2012，18(1)：75-84.

黄晓朦. 个性化信息推送背后的束缚——浅析算法时代"信息茧房"效应[J]. 传播力研究，2019，3(7)：235-236.

卡拉·欧戴尔，辛迪·休伯特. 知识管理如何改变商业模式[M]. 胡瀚涛，郭玉锦，姚楠，译. 北京：机械工业出版社，2016.

拉兹·海飞门，习移山，张晓泉. 数字跃迁：数字化变革的战略与战术[M]. 北京：机械工业出版社，2020.

李惠青，胡同泽. 体验式激励：重塑互联网时代下员工激励模式——以"i福励"忠诚度管理云平台为例[J]. 中国人力资源开发，2016，(16)：6-10.

里卡多·塞姆勒. 塞氏企业：设计未来组织新模式[M]. 师冬平，欧阳韬，译. 杭州：浙江人民出版社，2016.

梁迪. 基于工作设计的创业企业员工激励机制研究[J]. 现代商业，2014，(29)：123-124.

廖慧英. 人力资源管理的数据化[J]. 科学咨询(科技·管理)，2017，(11)：25-26.

刘富逯，杨改学. 移动学习系统应用现状及建议[J]. 中国信息技术教育，

2009，(8)：100-101.

刘启雷，张媛，雷雨嫣，等. 数字化赋能企业创新的过程、逻辑及机制研究[J].科学学研究，2022，40(1)：150-159.

刘淑琴，温伟胜. 浅析大数据信息技术对伦理的挑战[J]. 数字技术与应用，2021，39(11)：49-51.

柳卸林，董彩婷，丁雪辰. 数字创新时代：中国的机遇与挑战[J]. 科学学与科学技术管理，2020，41(6)：3-15.

龙立荣，方俐洛，凌文辁. 组织职业生涯管理与员工心理与行为的关系[J]. 心理学报，2002，(1)：97-105.

马海刚. HR＋数字化：人力资源管理认知升级与系统创新[M]. 北京：中国人民大学出版社，2022.

马海刚，彭剑锋，西楠. HR＋三支柱：人力资源管理转型升级与实践创新[M].北京：中国人民大学出版社，2017.

梦想加空间，迈点研究院. Z世代办公行为报告[R]. 2021.

尼克·米尔顿，帕特里克·拉姆. 知识管理：为业务绩效赋能[M]. 吴庆海，张丽娜，译. 北京：中国工信出版集团，人民邮电出版社，2018.

彭剑锋. 从二十个关键词全方位看人力资源发展大势[J]. 中国人力资源开发，2015，(2)：6-11.

戚聿东，肖旭. 数字经济时代的企业管理变革[J]. 管理世界，2020，36(6)：135-152＋250.

齐振兴，朱必祥. 组织文化、知识管理与零售企业创新绩效分析[J]. 商业经济研究，2020，(21)：122-125.

清华大学技术创新研究中心，蓝凌. 知识生产力：2021China MIKE奖案例精编[R]. 2021.

石伟. 组织文化[M]. 上海：复旦大学出版社，2010.

斯蒂芬·罗宾斯，蒂莫西·贾奇. 组织行为学[M]. 16版. 孙健敏，王震，李原，译. 北京：中国人民大学出版社，2016.

宋书文. 管理心理学词典[M]. 兰州：甘肃人民出版社，1989.

孙剑华. 未来计算在"云端"——浅谈云计算和移动学习[J]. 现代教育技术，2009，19(8)：60-63.

孙锐. "十四五"时期人才发展规划的新思维[J]. 人民论坛，2020，(32)：44-47.

汤跃明，付晓丽，卜彩丽. 近十年移动学习研究现状评述[J]. 中国远程教育，2016，(7)：36-43＋80.

唐波，李志. 人工智能对人力资源的替代影响研究[J]. 重庆大学学报(社会科学版)，2021，27(1)：203-214.

唐庆鹏. 大数据时代监视资本主义及其政治经济学批判[J]. 当代世界与社会主义，2021，(5)：107-114.

唐轶睿. 关于Z世代员工人力资源管理的思考与探索[J]. 四川劳动保障，2021，(8)：32.

特许公认会计师公会(ACCA)，国际会计师联合会(IFAC). 生生不息：Z世代与会计行业的未来[R]. 2021.

田鹏颖，戴亮. 大数据时代网络伦理规制研究[J]. 东北大学学报(社会科学版)，2019，21(3)：221-227.

田文静，景思达. Z世代最佳理想雇主特征探究[J]. 合作经济与科技，2021，(10)：110-112.

托马斯·达文波特，金镇浩. 成为数据分析师：6步练就数据思维[M]. 盛杨燕，译. 杭州：浙江人民出版社，2018.

王陆，马如霞. 意见领袖在虚拟学习社区社会网络中的作用[J]. 电化教育研究，2009，(1)：54-58.

王悦. 企业信息管理与知识管理系统构建研究[M]. 北京：中国人民大学出版社，2014.

王忠军，温琳，龙立荣. 无边界职业生涯研究：二十年回顾与展望[J]. 心理科学，2015，38(1)：243-248.

习近平. 不断做强做优做大我国数字经济[J]. 先锋，2022，(3)：5-7.

习近平. 勠力战疫 共创未来——在二十国集团领导人第十五次峰会第一阶段会议上的讲话[J]. 中华人民共和国国务院公报，2020，(34)：7-9.

谢小云，左玉涵，胡琼晶. 数字化时代的人力资源管理：基于人与技术交互的视角[J]. 管理世界，2021，37(1)：200-216＋13.

徐艳. 大数据时代企业人力资源绩效管理创新[J]. 江西社会科学，2016，36(2)：182-187.

雅克·菲茨恩兹，约翰·R.马托克斯二世. 人力资源与大数据分析：新时代HR必备的分析技能[M]. 赵磊，任艺，译. 北京：人民邮电出版社，2018.

严景. 人工智能中的算法歧视与应对——以某公司人工智能简历筛选系统性别歧视为视角[J]. 法制博览，2019，(14)：127-128.

殷丙山，郑勤华. 2019移动学习十大发展趋势[J]. 中国教育网络，2019，(5)：37-40.

于斌，林勇智. 中国企业组织变革关键影响因素关联性实证研究[J]. 现代管理科学，2017，(12)：15-17＋69.

苑茜，周冰，沈士仓，等. 现代劳动关系辞典[M]. 北京：中国劳动社会保障出版社，2000.

张峰，王旦旦. 从Y世代到零零后——新生代员工的管理对策研究[J]. 中国商论，2019，(22)：119-120.

张福公，徐强. 亚当·斯密的分工理论及其哲学意蕴再研究[J]. 东吴学术，2019，(6)：104-111.

张国君. 主动性人格与主动行为研究综述[J]. 合作经济与科技，2015，(17)：104-105.

张继辰. 华为之人力资源管理：中国优秀企业价值创造、评价和分配机制揭秘[M]. 深圳：海天出版社. 2018.

张佳欣. 马斯克：Neuralink 脑机接口有望明年用于人类[N]. 科技日报，2021-12-09.

张建锋，肖利华，叶军，等. 数智化敏捷组织：云钉一体驱动组织转型[M]. 北京：人民邮电出版社，2022.

张丽娜，夏庆利. 高校人力资源管理的现实困境与对策——基于大数据思维下高校人事档案信息化建设的探讨[J]. 学术论坛，2016，39(4)：157-161.

张欣瑞，范正芳，陶晓波. 大数据在人力资源管理中的应用空间与挑战——基于谷歌与腾讯的对比分析[J]. 中国人力资源开发，2015，(22)：52-57＋73.

张新红. 数变：数字时代的企业生存法则[M]. 北京：经济日报出版社，2021.

张一弛，刘鹏，尹劲桦，等. 工作特征模型：一项基于中国样本的检验[J]. 经济科学，2005，(4)：117-125.

周文霞，谢宝国，辛迅，等. 人力资本、社会资本和心理资本影响中国员工职业成功的元分析[J]. 心理学报，2015，47(2)：251-263.

朱孔村. 大数据发展现状与未来发展趋势研究[J]. 大众科技，2019，21(1)：115-118.

朱丽雅，张珺，洪亮，等. 数字人文领域的知识图谱：研究进展与未来趋势[J]. 知识管理论坛，2022，7(1)：87-100.

祝智庭，孙妍妍. 无缝学习——数字时代学习的新常态[J]. 开放教育研究，2015，21(1)：11-16.

宗和，纯之. 深度解读"十四五"规划与2035远景目标纲要——记"数字中国新征程"政策圆桌会[J]. 上海质量，2021，(4)：10-12.